高等学校工程管理系列教材

工程经济学

（第 2 版修订本）

刘玉明　编著

扫描二维码，获取本书配套教学资源

清华大学出版社
北京交通大学出版社
·北京·

内容简介

本书是高等学校工程管理系列教材之一,全面系统介绍工程经济学的基本原理知识,以及工程建设全过程中涉及的经济问题及常用分析方法,并详细介绍了实物期权理论在项目投资决策中的应用。全书共分14章,主要内容包括工程经济学概论、资金的时间价值与计算、工程经济分析的基本要素、市场预测、建设项目的投资估算、建设项目的融资方案、建设项目的经济评价与单方案选择、建设项目的多方案经济比选、建设项目的财务评价、国民经济评价、不确定性与风险分析、价值工程、设备更新的经济性分析、实物期权理论在项目投资决策中的应用。

本书可作为高等学校工程管理专业、房地产开发与管理专业、土木工程及其他工程专业的教材或教学参考书,也可供建筑业、房地产业、投资咨询业等行业的相关人员学习参考。

本书封面贴有清华大学出版社防伪标签,无标签者不得销售。
版权所有,侵权必究。侵权举报电话:010—62782989　13501256678　13801310933

图书在版编目(CIP)数据

工程经济学/刘玉明编著. —2版. —北京:北京交通大学出版社:清华大学出版社,2013.12(2020.8修订)

(高等学校工程管理系列教材)

ISBN 978-7-5121-1739-6

Ⅰ.① 工… Ⅱ.① 刘… Ⅲ.① 工程经济学-高等学校-教材 Ⅳ.① F062.4

中国版本图书馆CIP数据核字(2013)第308516号

工程经济学
GONGCHENG JINGJIXUE

责任编辑:张利军
出版发行:清华大学出版社　邮编:100084　电话:010-62776969
　　　　　北京交通大学出版社　邮编:100044　电话:010-51686414
印　刷　者:艺堂印刷(天津)有限公司
经　　销:全国新华书店
开　　本:185 mm×260 mm　印张:20.75　字数:518千字
版 印 次:2020年8月第2版第1次修订　2020年8月第5次印刷
印　　数:10 501～13 000册　定价:49.00元

本书如有质量问题,请向北京交通大学出版社质监组反映。对您的意见和批评,我们表示欢迎和感谢。
投诉电话:010-51686043,51686008;传真:010-62225406;E-mail:press@bjtu.edu.cn。

出 版 说 明

基本建设是发展我国国民经济、满足人民不断增长的物质文化需要的重要保证。随着社会经济的发展和建筑技术的进步，现代建设工程日益向着大规模、高技术的方向发展。投资建设一个大型项目，需要投入大量的劳动力和种类繁多的建筑材料、设备及施工机械，耗资几十亿元甚至几百亿元。如果工程建设投资决策失误或工程建设的组织管理水平低，势必会造成工程不能按期完工，质量达不到要求，损失浪费严重，投资效益低等状况，给国家带来巨大损失。因此，保证工程建设决策科学，并对工程建设全过程实施有效的组织管理，对于高效、优质、低耗地完成工程建设任务，提高投资效益具有极其重要的意义。

随着21世纪知识经济时代的到来和世界经济一体化、产业国际化、市场全球化的发展趋势，以及我国改革开放进程的加快和加入WTO，为我国建筑业的进一步发展带来了机遇和挑战，对我国建筑业提出了更高的要求。为了增强国际竞争力，我们在重视硬件（主要指建筑技术、建筑材料、建筑机械等）发展的同时，不能忽视软件（工程管理）的发展，必须在实践中研究和采用现代化的工程管理新理论、新方法和先进的手段，培养造就一大批工程建设管理人才，逐步缩小我们与世界领先水平的差距。

工程管理专业在我国的发展历史并不长，属于新兴专业。由于种种原因，目前还没有一套完整的工程管理系列教材。为满足教学与实际工作的需要，我们根据工程管理专业的主干课程，专门组织具有丰富教学与实践经验的教师编写了高等学校工程管理系列教材。这套教材包括：《建设项目管理》（第2版）、《工程建设监理》（修订本）、《建设工程监理案例分析》（第2版）、《建设工程招投标与合同管理》、《房地产开发与经营》（第2版）、《建筑企业管理》、《建设工程定额及概预算》（第2版）、《国际工程管理》、《工程造价管理》（修订本）、《工程经济学》（第2版修订本）、《工程项目评估》、《建设工程质量与安全控制》、《工程管理实践教程》等。

本套教材的主要特点：① 内容新颖，整套教材力求反映现代工程管理科学理论和方法，反映我国工程建设管理体制改革的新成果及当前有关工程建设的法律、法规及行政规章制度；② 实用性强，整套教材遵循理论与实践相结合的原则，在详细阐述管理理论的同时，更加注重管理方法的实用性和可操作性。

本套教材能够顺利出版，得益于清华大学出版社与北京交通大学出版社的大力支持，在此表示衷心的感谢！

高等学校工程管理系列教材编委会
2020年8月

序

  2004 年 7 月国务院发布了《国务院关于投资体制改革的决定》，决定进一步深化投资体制改革，并通过深化改革和扩大开放，最终建立起市场引导投资、企业自主决策、银行独立审贷、融资方式多样、中介服务规范、宏观调控有效的新型投资体制。随着新型投资体制的建立，建设项目的前期可行性研究、经济评价和项目决策分析将是至关重要的一项基础工作，是决定建设项目取舍的最重要的依据，是充分发挥市场对资源配置的基础性作用的主要方式。对于广大工程管理专业人员来说，全面系统地掌握工程经济学的基本原理与基本知识及熟练运用工程经济学的基本原理知识从事项目可行性研究、经济评价、项目决策和战略决策，是迎接新型投资体制乃至市场经济体制建立所带来的机遇与挑战的一项紧迫任务。

  刘玉明老师在自己多年教学与科研的基础上，编著了《工程经济学》一书，全面系统地介绍了工程经济学的基本理论与方法，同时，对工程建设过程中涉及的经济问题和分析方法进行了较为完整的介绍。在此基础上，还对市场预测与决策、项目方案选优、项目不确定性与风险分析等内容做了深入细致的论述。

  当然，该书的最大特点是将最新发展的实物期权理论引入工程经济学，该理论解决了传统的净现金流量折现方法忽略项目投资决策过程中管理人员柔性管理策略所具有的价值的理论缺陷，能更好地评估不确定性程度较高的投资项目价值。该书设计了该理论在项目决策中的具体运用案例，丰富了工程经济学的研究方法和内容。同时，该书紧密结合我国建设项目前期管理决策的实践，注重与国家现行的涉及工程经济方面的法律法规或标准相衔接。另外，该书中编写了大量例题、实际应用案例及大量习题，便于加深对工程经济基础理论方法的理解与运用。

  因此，该书是一本前瞻性、系统性和实践性相结合的工程经济学方面的参考书。希望该书的及时推出，能为从事项目可行性研究、经济评价、项目决策和战略决策等工作提供有益的参考和帮助，能为培养我国工程管理专业人才做出贡献。

第2版前言

自2006年4月《工程经济学》(第1版)出版以来,我国工程建设领域取得了举世瞩目的辉煌成果,一大批世界级的重大工程建设项目建成并投入使用,如三峡大坝、青藏铁路、西气东输、京沪高铁、国家体育场、首都机场T3航站楼等,这些重大建设项目不仅包含大量的高新技术,也蕴含着工程经济学的基本思想、理论与方法,体现了技术与经济的辩证统一关系。同时,《建设项目经济评价方法与参数》(第三版)和《中华人民共和国企业所得税法》分别于2006年和2007年发布施行,使得建设项目经济评价所涉及的视角、范围、方法、基准参数等均发生了变化。基于上述背景,很有必要修订出版《工程经济学》。

《工程经济学》(第2版)的基本目的是使学生全面系统地掌握工程经济学的基本原理知识及工程建设全过程中涉及的经济问题的常用分析方法,初步具备运用工程经济学的基本原理、方法从事项目可行性研究、经济评价、项目决策和战略决策的能力,培养具有从经济视角解决工程建设过程中实际问题的思维方式与能力。

《工程经济学》(第2版)在保留第1版知识结构体系的同时,对部分章节的安排略做调整,同时结合我国的政策法规环境及工程实践,又增添了一些新的内容,使全书的内容更加丰富翔实,与工程实践更加紧密结合,体现了前瞻性、系统性和实践性等特色。

《工程经济学》(第2版)的主要变化如下。

(1) 与最新的政策法规与市场环境接轨。《工程经济学》(第2版)以《建设项目经济评价方法与参数》(第三版)为基本参考依据,在建设项目投资构成及计算方法、建筑安装工程费用构成及计算方法、经济评价方法与计算指标、税率、汇率、利率、基准收益率、案例与习题设计等方面与最新的政策法规与市场环境全面接轨。

(2) 对全书的章节安排略做调整。《工程经济学》(第2版)删除了第1版中的第4章"工程项目可行性研究";将第5章"市场预测与决策"改为"市场预测",并将该章中关于决策树分析的内容调整到第11章"不确定性与风险分析",这样全书由第1版的15章变为第2版的14章;此外,还对部分章节的名称进行了精简和提炼,从而使得全书的结构更加合理、顺畅。

(3) 对全书的例题及思考题进行了修订,并增加了案例分析题和部分思考题的参考答案。《工程经济学》(第2版)在保留第1版大量例题及思考题的基础上,对部分章节的例题及思考题进行了修订、精炼和增减。同时,在第9章"建设项目的财务评价"的思考题中提供了3个案例分析题。另外,全书提供了部分课后思考题的参考答案,便于读者学习和对照检查。

(4) 增设了"小栏目"。《工程经济学》(第2版)结合工程经济实践,特别是我国重大工程建设实践,在部分章节开设了"小栏目",增加了与工程经济紧密相关的工程实践案例回顾,包括工程案例数据和相关图片。开设"小栏目"的目的是希望在介绍工程经济学基本原理与方法的同时,能让读者感知工程经济学的实践情况,以期提高本书的实践性和趣味性。

《工程经济学》的修订再版参考了许多专著、教材和资料，作者的研究生和本科生也参与了参考答案的编写，在此向有关人员付出的辛勤劳动表示衷心的感谢。

限于作者的学术水平和实践经验，书中的缺点和谬误在所难免，敬请各位尊敬的读者予以批评指正，本人将不胜感激。

2020 年 8 月

第1版前言

"工程经济学"属于"建设部高等工程管理学科专业指导委员会"讨论通过的"工程管理专业"的经济类课程,是一门为工程管理专业提供有关工程经济基础的课程,目的是使学生全面系统地掌握工程经济学的基本原理、基本知识,以及工程建设全过程中涉及的经济问题及常用分析方法,初步具备运用工程经济学的基本原理知识从事项目可行性研究、经济评价、项目决策和战略决策的能力,培养具有从工程经济角度解决工程建设过程中实际问题的思维方式与能力。

本书在知识结构体系的设计上,力求体现了以下原则。

(1) 前瞻性。随着全球进一步融入经济一体化和市场竞争的加剧,项目投资决策所面临的市场环境的不确定性程度增加,而传统的净现金流量折现方法忽略了项目投资决策过程中柔性管理策略所具有的价值,因此无法更好地评估不确定性程度较高的投资项目价值。实物期权理论认为投资项目价值等于净现金流量折现法计算的净现值与所包含的期权价值之和,提出了项目价值分析的扩展净现值公式,是一种比较理想的评估不确定性程度较高的投资项目价值的方法和思维模式。目前,实物期权理论在项目投资领域中的应用研究是最热门的前沿课题之一。鉴于多数投资项目决策面临较高的不确定性,本书把最新发展的实物期权理论引入工程经济学,并设计了该理论在投资项目决策中的具体运用案例,丰富了工程经济学的研究方法和内容。

(2) 系统性。本书对工程经济学的基本理论与方法进行较为完整的阐述和介绍,同时对工程建设过程中涉及的经济问题和分析方法进行了较为完整的介绍。在此基础上,还对市场预测与决策、项目方案选优、项目不确定性与风险分析等内容做了深入细致的论述。

(3) 实践性。在编写过程中,本书紧密结合我国工程项目前期管理的实践,注重与国家现行的涉及工程经济方面的法律法规或标准相衔接。另外,本书编写了大量例题和实际应用案例,每章都编有大量的习题,以加深对工程经济基础理论方法的理解与运用,力求进一步缩小理论学习与实际操作之间的差距。

本书的编写,参考了许多专著、教材和资料,在此向他们付出的辛勤劳动表示衷心的感谢。在本书的编写过程中,得到了刘长滨教授、刘伊生教授的帮助和指导,在此向他们表示衷心的感谢。

限于作者的学术水平和实践经验,书中缺点和错漏在所难免,敬请各位尊敬的读者予以批评指正,本人将不胜感激。

刘玉明　2006年4月

目 录

第1章 工程经济学概论 (1)
  1.1 工程经济学概述 (1)
  1.2 工程经济分析的基本原理与基本要求 (4)
  思考题 (9)

第2章 资金的时间价值与计算 (10)
  2.1 项目的现金流量 (10)
  2.2 资金的时间价值 (12)
  2.3 资金等值计算 (22)
  思考题 (37)

第3章 工程经济分析的基本要素 (39)
  3.1 工程项目建设的投资 (39)
  3.2 项目运营期的成本费用 (44)
  3.3 项目运营期的收入与税费 (52)
  3.4 利润、所得税和利润分配 (57)
  思考题 (60)

第4章 市场预测 (62)
  4.1 市场调查 (62)
  4.2 市场预测 (65)
  4.3 因果分析法 (67)
  4.4 时间序列预测法 (74)
  思考题 (83)

第5章 建设项目的投资估算 (85)
  5.1 建设项目投资估算概述 (85)
  5.2 建设项目投资简单估算法 (89)
  5.3 建设项目投资及流动资金分类估算法 (92)
  思考题 (109)

第6章 建设项目的融资方案 (110)
  6.1 建设项目的融资模式 (110)
  6.2 建设项目的资金筹措 (120)
  6.3 建设项目的融资方案分析 (122)

思考题 (132)

第7章　建设项目的经济评价与单方案选择 (134)
　7.1　建设项目经济评价概述 (134)
　7.2　建设项目经济评价指标与评价方法 (138)
　　思考题 (155)

第8章　建设项目的多方案经济比选 (156)
　8.1　建设项目方案概述 (156)
　8.2　建设项目互斥型方案的经济比选 (159)
　8.3　建设项目独立型方案的经济比选 (174)
　8.4　建设项目混合型方案的经济比选 (180)
　　思考题 (184)

第9章　建设项目的财务评价 (187)
　9.1　财务评价概述 (187)
　9.2　财务评价的基础数据与参数确定 (192)
　9.3　新设法人项目的财务评价 (197)
　9.4　既有法人项目的财务评价 (214)
　　思考题 (217)

第10章　国民经济评价 (220)
　10.1　国民经济评价概述 (220)
　10.2　经济效益与费用的识别 (222)
　10.3　经济效益与费用的估算 (225)
　10.4　国民经济评价的指标与报表编制 (228)
　10.5　国民经济评价的参数 (230)
　　思考题 (231)

第11章　不确定性与风险分析 (232)
　11.1　不确定性分析 (232)
　11.2　盈亏平衡分析 (234)
　11.3　敏感性分析 (240)
　11.4　风险分析 (247)
　　思考题 (257)

第12章　价值工程 (259)
　12.1　价值工程概述 (259)
　12.2　价值工程的基本方法 (262)

12.3 价值工程在建设项目方案选择中的应用 ……………………………………… (275)
思考题 ……………………………………………………………………………… (280)

第 13 章 设备更新的经济性分析 …………………………………………………… (283)
13.1 设备的磨损与补偿 …………………………………………………………… (283)
13.2 设备的经济寿命与估算 ……………………………………………………… (285)
13.3 设备更新方案的基本原则与时机选择 ……………………………………… (289)
13.4 设备租赁与购买方案的经济性分析 ………………………………………… (294)
思考题 ……………………………………………………………………………… (299)

第 14 章 实物期权理论在项目投资决策中的应用 ………………………………… (301)
14.1 期权理论概述 ………………………………………………………………… (301)
14.2 实物期权理论 ………………………………………………………………… (306)
14.3 实物期权理论在项目投资决策中的应用 …………………………………… (313)
思考题 ……………………………………………………………………………… (318)

参考文献 ………………………………………………………………………………… (319)

第 1 章

工程经济学概论

1.1 工程经济学概述

1.1.1 工程经济学的概念

随着科学技术的飞速发展，为了用有限的资源来满足人们的需要，可能采用的工程技术方案越来越多。怎样以经济效果为标准把许多技术上可能的方案互相比较，做出评价，从中选择最优方案的问题，就越来越突出，越来越复杂。工程经济学（engineering economy）这门学科就是在这样的背景下产生的。工程经济学是一门为工程技术进行经济分析或从经济角度在一组方案中选择最佳方案提供科学原理和技术方法的应用经济学科。

1.1.2 工程经济学的产生背景与发展历史

1. 工程经济学的萌芽与形成（1887—1930 年）

工程经济学的发展历史已经有 100 多年。1887 年，美国土木工程师亚瑟姆·惠灵顿（Arthar M. Wellington）出版了《铁路布局的经济理论》（*The Economic Theory of Railway Location*）。作为一名土木工程师，惠灵顿认为，资本化的成本分析法可应用于铁路最佳长度或路线曲率的选择，从而开创了工程领域中的经济评价工作。工程经济（学）也从此破土萌芽了。惠灵顿认为，工程经济并不是建造艺术，而是一门少花钱多办事的艺术。

20 世纪初，斯坦福大学教授菲什（J. C. L. Fish）出版了第一部直接冠名《工程经济学》（*Engineering Economics*，1915 年第一版，1923 年第二版）的著述。他将投资模型与证券市场联系起来，分析内容包括投资、利率、初始费用与运营费用、商业与商业统计、估价与预测、工程报告等。与此同时，戈尔德曼（O. B. Goldman）教授在其著作《财务工程学》(Financial Engineering)一书中提出了用复利模型来分析各个方案的比较值。他还颇有见地地指出:"有一种奇怪而遗憾的现象就是许多作者在他们的工程著作中,没有或很少考虑成本问题。实际上,工程师的最基本的责任是考虑成本,以便取得真正的经济效益,即赢得最大可能数量的货币,获得最佳的财务效率。"

然而真正使工程经济学成为一门系统化科学的学者则是格兰特(Eugene L. Grant)教授。他在1930年发表了被誉为工程经济学经典之作的《工程经济原理》(Principles of Engineering Economy)。格兰特教授不仅在该书中剖析了古典工程经济的局限性,而且以复利计算为基础,讨论了判别因子和短期评价的重要性及资本长期投资的一般方法,首创了工程经济的评价理论和原则。他的许多理论贡献获得了社会公认,故被誉为"工程经济学之父"。

从惠灵顿到格兰特,历经43年的曲曲折折,一门独立的、系统化的工程经济学终于形成了。

2. 工程经济学的发展(1950—2000年)

第二次世界大战之后,工程经济学受凯恩斯主义经济理论的影响,工程经济学的研究内容从单纯的工程费用效益分析扩大到市场供求和投资分配领域,从而取得重大进展。当然这与和工程经济学密切相关的两门学科的重大发展有关。这两门学科,一是1951年由乔尔·迪安(Joel Dean)教授开创的新应用经济学——管理经济学;另一是战前就已存在,但在20世纪50年代发生了重要变化的公司理财学(企业财务管理学)。二者对研究公司的资产投资及把计算现金流量的现值方法应用到资本支出的分析上起了重要作用。更重大的转折发生于1961年,因为乔尔·迪安教授的《资本预算》一书不仅发展了现金流量的贴现方法,而且开创了资金限额分配的现代分析方法。

20世纪60年代以来,工程经济学(包括公司理财学)研究主要集中在风险投资、决策敏感性分析和市场不确定性因素分析等3个方面。主要代表人物是美国的德加莫、卡纳达和塔奎因教授。而提供投资分析和公司理财一般理论基础和方法的则是4位先后获诺贝尔奖的大经济学家莫迪里安尼(Franco Modigliani)、马克维茨(Harry Markowitz)、夏普(William Sharpe)和米勒(Merton Miller)。德加莫教授偏重于研究工程企业的经济决策分析,他的《工程经济》(1968年)一书以投资形态和决策方案的比较研究,开辟了工程经济学对经济计划和公用事业的应用研究途径;卡纳达教授的理论重视外在经济因素和风险性投资分析,代表作为《工程经济学》(1980年);塔奎因教授等人的理论则强调投资方案的选择与比较,他们提出的各种经济评价原则(如利润、成本与服务年限的评价原则,盈亏平衡原则和债务报酬率分析等)成为美国工程经济学教材中的主要理论。美国J. L. 里格斯教授1977年出版的《工程经济学》可为其代表作。

近十几年来,西方工程经济学理论出现了宏观化研究的趋势,工程经济中的微观部门效果分析正逐渐同宏观的效益研究、环境效益分析结合在一起,国家的经济制度和政策等宏观问题成为当代工程经济学研究的新内容。

1.1.3 工程技术的两重性

人类发展工程技术是为了经济的目的，因而技术不断发展的过程，也就是其经济效果不断提高的过程。随着技术的日新月异，人类越来越能够用较少的人力、物力获得更多更好的产品或劳务。从这一方面来看，技术的先进性是同它的经济合理性相一致的。但是另一方面，在技术的先进性和其经济的合理性之间又存在着一定的矛盾。某种技术在某种条件下体现出较高的经济效果，而在另一种条件下就不一定是这样。可能从远景的发展方向来看，应该采用某种技术，而从近期的利益来看，则需要采用另一种技术。

这类的例子是很多的。英法两国联合试制的"协和"式超音速客机在技术上完全达到了原来的设计要求，是世界上最先进的。但是由于耗油量太大，噪声太高，尽管速度快，也并不能吸引足够的客商，由此蒙受了极大的损失。在同等的通货膨胀率下，"协和"式客机的票价比普通客机的票价上涨得快得多。所以，随着机票价格的上涨，很快"协和"式客机的机票价格就远远地超过了人们的接受能力。经过27年的商业运营，世界上著名的超音速客机"协和"式终于在2003年10月结束了它的飞行生涯。它给航空迷留下了美好的回忆，但被商界公认为投资决策失误的典型例子。由此可见，联系到具体的自然条件和社会条件，并非一切先进的技术都是经济合理的。

小栏目

协和式超音速客机自从1969年首航以来，从未发生任何事故，使其获得了全球最安全的客机的名声，飞机从欧洲的伦敦或巴黎到纽约的航程只需要不到三个半小时。但协和式超音速客机的票价高昂，一张伦敦至纽约的往返票价逾9 000美元，因此搭乘协和式客机往返欧美大陆成为许多人自幼以来的梦想。

因此，为了保证工程技术很好地服务于经济建设，最大限度地满足社会的需要，就必须研究在当时当地的具体条件之下采用哪一种技术才是适合的。这个问题显然不是单单由技术是先进或落后所能够决定的，而必须通过效益和成本的计算和比较才能够解决。

归纳以上所述，可见工程技术有两类问题：一类是科学技术方面的问题；另一类是经济分析方面的问题。前者是研究如何把自然规律应用于工程实践，这些知识构成了诸如工程力学、工程材料学等学科的内容；后者是研究经济规律在工程问题中的应用，这些知识构成工程经济类学科的内容。

1.1.4 工程经济学研究的出发点

工程项目的经济方面研究还有一个出发点的问题。在以市场机制为导向的经济中，可以证明，在满足完全竞争的市场均衡、不存在外部效果和公用物品等一系列前提条件下，从企业角度出发的利润最大化的决策和从社会角度出发的资源配置效率最大化的目标是一致的。尽管这些前提、假设很难得到完全的满足，从社会角度的经济分析，还是可以在企业角度分析的基础上进行修正。因此，可以把从企业（或投资者）角度的分析作为基本的平台和框架。也就是通过产出的收益和投入费用的计算比较得出结论，而这些计算多数是以市场价格为基础，以货币量为单位的，因为在市场经济中，我们还没有办法找到比价格和货币更为一般的度量尺度。

1.2 工程经济分析的基本原理与基本要求

工程经济分析是帮助决策者做出正确的决策的过程，它是与工程技术的考虑紧密地联系在一起的，贯彻于决策和设计的全过程。经验表明，很多决策失误往往不是具体计算的失误，而是由于分析时运用的基本原理与基本要求选择不当。因此，有必要对这些基本原理与基本要求做必要的说明。

1.2.1 工程经济分析的基本原理

1. 工程经济分析的目的是提高工程经济活动的经济效果

工程经济活动，不论主体是个人还是机构，都具有明确的目标。工程经济活动的目标是通过活动产生的效果来实现的。由于各种工程经济活动的性质不同，因而会取得不同性质的效果，如环境效果、艺术效果、军事效果等。但无论哪种技术实践效果，都要涉及资源的消耗，都有浪费或节约问题。由于在特定的时期和一定的地域范围内，人们能够支配的经济资源总是稀缺的。因此，工程经济分析的目的是，在有限的资源约束条件下对所采用的技术进行选择，对活动本身进行有效的计划、组织、协调和控制，以最大限度地提高工程经济活动的效益，降低损失或消除负面影响，最终提高工程经济活动的经济效果。

2. 技术与经济之间是对立统一的辩证关系

经济是技术进步的目的，技术是达到经济目标的手段和方法，是推动经济发展的强大动力。技术的先进性与经济的合理性是社会发展中一对相互促进、相互制约的既有统一又有矛盾的统一体。

（1）技术进步促进经济发展，而经济发展则是技术进步的归宿和基础。技术进步是经济发展的重要条件和物质基础。技术进步是提高劳动生产率、推动经济发展的最为重要的手段和物质基础。经济发展的需要是推动技术进步的动力，任何一项新技术的产生都是经济上的需要引起的；同时技术发展是要受经济条件制约的。一项新技术的发展、应用和完善主要取决于是否具备必要的经济条件，是否具备广泛使用的可能性，这种可能性包括与采用该项技术相适应的物质和经济条件。

(2) 在技术和经济的关系中，经济占据支配地位。技术进步是为经济发展服务的，技术是人类进行生产斗争和改善生活的手段，它的产生就具有明显的经济目的。因此，任何一种技术在推广应用时首先要考虑其经济效果问题。一般情况下，技术的发展会带来经济效果的提高，技术的不断发展过程也正是其经济效果不断提高的过程。随着技术的进步，人类能够用越来越少的人力和物力消耗获得越来越多的产品和劳务。从这方面看，技术和经济是统一的，技术的先进性和它的经济合理性是相一致的。

3. 工程经济分析所讨论的经济效果问题几乎都和"未来"有关，是科学预见活动的结果

工程经济分析的着眼点是"未来"，也就是对技术政策、技术措施制定以后，或技术方案被采纳后，将要带来的经济效果进行计算、分析与比较。工程经济学关心的不是某方案已经花费了多少代价，它是不考虑"沉没成本"（过去发生的，而在今后的决策过程中，我们已无法控制的、已经用去的那一部分费用）的多少，而只考虑从现在起为获得同样使用效果的各种机会（方案）的经济效果。

既然工程经济学讨论的是各方案"未来"的经济效果问题，那么就意味着它们含有"不确定性因素"与"随机因素"的预测与估计，这将关系到工程经济效果评价的计算。因此，工程经济学是建立在预测基础上的科学。人类对客观世界运动变化规律的认识使得人可以对自身活动的结果做出一定的科学预见，根据对活动结果的预见，人们可以判断一项活动目的的实现程度，并相应地选择、修正所采取的方法。如果人们缺乏这种预见性，就不可能了解一项活动能否实现既定的目标、是否值得去做，因而也就不可能做到有目的地从事各种工程经济活动。以长江三峡工程为例，如果我们不了解三峡工程建成后可以获得多少电力，能在多大程度上改进长江航运和提高防洪能力等结果的话，那么建设三峡工程就成为一种盲目的活动。因此，为了有目的地开展各种工程经济活动，就必须对活动的效果进行慎重的估计和评价。

4. 工程经济分析是对工程经济活动的系统评价

因为不同利益主体追求的目标存在差异，因此对同一工程经济活动进行工程经济评价的立场不同，出发点不同，评价指标不同，因而评价的结论有可能不同。例如，很多地区的小造纸厂或小化工厂从企业自身的利益出发似乎经济效果显著，但生产活动却排出了大量废弃物，对有关河流、湖泊和附近的人或组织造成了直接或间接的损害，是国家相关法规所不容许的。因此，为了防止一项工程经济活动在对一个利益主体产生积极效果的同时可能损害到另一些利益主体的目标，工程经济分析必须体现较强的系统性。系统性主要表现在以下3个方面：① 评价指标的多样性和多层性，构成一个指标体系；② 评价角度或立场的多样性，根据评价时所站的立场或看问题的出发点的不同，分为企业财务评价、国民经济评价及社会评价等；③ 评价方法的多样性，常用的评价方法有以下几大类：定量或定性评价、静态或动态评价、单指标或多指标综合评价等。

由于局部和整体、局部与局部之间客观上存在着一定的矛盾和利益摩擦，系统评价的结论总是各利益主体目标相互协调的均衡结果。需要指出的是，对于特定的利益主体，由于多目标的存在，各方案对各分目标的贡献有可能不一致，从而使得各方案在各分项效果方面表现为不一致。因此，在一定的时空和资源约束条件下，工程经济分析寻

求的只能是令人满意的方案，而非各分项效果都最佳的最优方案。

5. 满足可比条件是技术方案比较的前提

为了在对各项技术方案进行评价和选优时能全面、正确地反映实际情况，必须使各方案的条件等同化，这就是所谓的"可比性问题"。由于各个方案涉及的因素极其复杂，加上难以定量表达的不可转化因素，所以不可能做到绝对的等同化。在实际工作中一般只能做到使方案经济效果影响较大的主要方面达到可比性要求，包括：① 产出成果使用价值的可比性；② 投入相关成本的可比性；③ 时间因素的可比性；④ 价格的可比性；⑤ 定额标准的可比性；⑥ 评价参数的可比性。其中时间的可比是经济效果计算中通常要考虑的一个重要因素。例如，有两个技术方案，产品种类、产量、投资、成本完全相同，但时间上有差别，其中一个投产早，另一个投产晚，这时很难直接对两个方案的经济效果大小下结论，必须将他们的效果和成本都换算到同一个时间点后，才能进行经济效果的评价和比较。

在实际工作中，工程经济活动很多是以工程项目的形式出现的。因此，本书对工程经济原理及方法的应用主要针对工程项目展开。

1.2.2 工程经济分析的基本要求

（1）工程经济分析强调的是技术可行基础上的经济分析。工程经济学的研究内容是在技术上可行的条件确定后，也就是在技术可行性研究的基础上进行经济合理性的研究与论证工作。工程经济学不包括应由工程技术学研究解决技术可行性的分析论证内容。它是为技术可行性提供经济依据，并为改进技术方案提供符合社会采纳条件的改进方案的途径。

（2）形成尽可能多的备选方案。迄今为止，多数情况下的设计、决策变量还不可能是连续的，只能在给定方案中进行选择。所谓决策，就是在两个或两个以上的备选方案（alternatives）中做出选择。因此，形成尽可能多的备选方案是提高工程设计和决策水平的基础。如果一旦忽略了潜在的、可行的备选方案，就有可能失去进一步优化决策的机会。

在形成备选方案过程中，工程技术人员的创新精神是极为重要的。工程技术人员经常要多问诸如"还有没有其他可行的方案？"此类的问题。例如，大到发电厂方案是建火电还是水电？在火电方案中是用煤、油还是天然气？每台机组功率是 90 万千瓦还是 75 万千瓦？小到在厂房结构上是用钢结构还是钢筋混凝土结构？

在这些备选方案中，有一个是特殊的方案，这就是保持原有的情况延续的方案，所谓"不干什么"或"无项目方案（doing nothing）"。实际上，最终选定的项目方案都得与这个"无项目方案"进行评价比较，这就是所谓的"有、无对比法（with vs. without）"。"有"这个项目与"没有"这个项目进行比较选择，以确定项目是否实施。例如，在考虑改善城市道路的交通项目时，方案一是新建干线，方案二是对原有干线拓宽。如果比较选择的结果是方案一（新建干线）较好，最后还要与既不新建也不拓宽的维持现有道路延续的"无"方案进行比较。有可能因为投资太大，暂时不建为好。对"无"项目的界定要合情合理，不可有意拔高"无"项目状况，以贬低项目实施的必要性。以上面这个城市道路建设为例，有项目的交通状况不能与目前状况相比（可能改善不大），而应与不搞这个项目以后可能出现的交通状况相比（可能会得出有较大改善的结论）。

小栏目

京沪高速铁路建设项目

20世纪90年代，我国提出要在北京和上海之间新建一条高速铁路，当时就有两种技术方案：一种是铁道部高速办提出的轮轨式技术方案；另一种是中科院提出的磁悬浮技术方案。相关单位围绕这两种技术方案进行了长达十多年之久的研讨和争论，最后才由国家决策采用轮轨式技术建设京沪高铁。

京沪高速铁路，简称京沪高铁客运专线，作为京沪快速客运通道，是我国"四纵四横"客运专线网的其中"一纵"，也是我国《中长期铁路网规划》中投资规模大、技术水平高的一项工程，是新中国成立以来一次建设里程长、投资大、标准高的高速铁路，线路由北京南站至上海虹桥站，全长1 318 km，总投资约2 209亿元，设24个车站，基础设施设计速度为350 km/h，于2008年4月18日正式开工，并于2011年6月30日通车，初期按照310 km/h的速度运行，北京到上海最快只需4时48分。

上海磁悬浮列车专线西起上海轨道交通2号线的龙阳路站，东至上海浦东国际机场，专线全长29.863 km。由中德两国合作开发的世界第一条磁悬浮商运线2001年3月1日在浦东挖下第一铲，2002年12月31日全线试运行，2003年1月4日正式开始商业运营，是世界第一条商业运营的磁悬浮专线。磁悬浮列车是一种靠磁悬浮力（即磁的吸力和排斥力）来推动的列车。由于其轨道的磁力使之悬浮在空中，行走时不需接触地面，因此只受来自空气的阻力。磁悬浮列车的最高速度可达每小时500 km以上，比轮轨高速列车的300多km还要快。

(3) 形成比较的基础，着眼方案的差异比较。不同方案的使用寿命、产出效益（功能）、投资和运行费用可能都不相同（如果都相同，就不存在比较和决策的问题了，随机地选一个方案就可以了）。工程经济分析更注重项目方案之间的可比性。如果两个方案的寿命期不同，就失去了总费用比较的基础，就要设法通过更新，使寿命期相同，或者采用年度费用作为比较的基础。又如，费用支出总量相同，而分布的时间不同，比较费用总量就没有意义。例如，功能相同的设备，投资大的项目的经常性运行费用就比较省，投资小的项目运行费用高。由于投资是近期的支出，运行费用是日后的支出，简单加总的比较是没有意义的。这就要设法通过考虑资金时间价值的换算来比较。在以后的章节中会详细说明这种比较的方法和指标。

只有方案产生结果间的差别才对方案的比较选择有意义，因此我们可只集中注意方案结果之间有差异方面的比较。功能完全相同的，可只比较费用；投资相同的，可只比较经常性的运行费用；费用相同的，可只比较功能和效用。例如，企业内部某车间局部设备的更新改造项目就可以只比较"有"或"无"。对于这种更新改造项目对企业支出和收益产生的差异，可只看收益由此增加了多少，费用又增加了多少，就以这种差额来进行比较和评价。这就是所谓的"增量比较"，而无须太多关注企业由此产生的总量变化。

(4) 选择影响正确决策的恰当的成本费用数据。成本或费用（cost）有很多不同的含义。从会计角度，为了保证会计数据的完整、正确，按交易发生时的凭证加以记录，称为会计成本，也称账面或历史成本。从财务税收角度，考虑税收的合理性和及时性，成本是按一定周期（年、季或月）、与收入相对应调整的成本费用，称为应税成本。除了包含在产品内的各种物料投入费用外，还包括各种税法规定的费用分摊，如折旧和摊销等非现金成本，还有与其他用途相对应的成本，如单位产品成本、全寿命周期成本、固定成本、可变成本等。在工程经济分析中，成本费用（包括收入，下同）的界定是为今后的决策服务的，这与会计、财务或税务的成本费用不同。其主要区别是：工程经济分析中强调的是机会成本（opportunity cost），而避免用与此对立的沉没成本（sunk cost）。

① 沉没成本。沉没成本是指过去已发生的、与以后的方案选择均无关的成本费用。也就是说，这些费用对所有的备选方案都是相同的、无法改变的。因此，在工程经济分析中应不予以考虑。

联系生活中决策的例子：一名研究生准备在校外租一间房子写论文，租期为1个月，看中了一套，月租金1 400元，付了定金100元，无论租与否，定金都不退。过了一周，他又发现了一套，面积和使用条件都相同，月租金只有1 310元，不收定金。从月租金看，似乎后者便宜了90元（1 400－1 310＝90），但正确的决策应该选择前面那个方案，因为已付的定金100元是沉没成本，无论租或不租那个房子，这笔钱都已经花了，是无法挽回的。正确的比较应是第一方案的1 300元（1 400－100＝1 300）与第二方案的1 310元相比。按费用最小的原则，应选择第一方案。

关于沉没成本，再举一个经典的例子：某企业在3年前投资50万元购买了一台设备（原值），3年计提的折旧费累计为30万元，故该设备的账面价值为20万元，而现在这台设备在市场上只值15万元。如果现在要考虑是否要对该设备进行更新的决策，

"无"方案（不更新）的设备价值既不是50万，也不是20万，而是15万元。把设备的减值5万元（20−15 = 5）看作是沉没成本，这个减值损失不能用来作为设备更新决策的数据。

② 机会成本。机会成本是指由于资源的有限性，考虑了某种用途，就失去了其他被使用而创造价值的机会。在所有这些其他可能被利用的机会中，把能获取最大价值作为项目方案使用这种资源的成本称之为机会成本。

例如，某市区中心繁华地段有一块地皮，如果该地皮分别有开发大型商场、开发宾馆、开发住宅三种可能用途，这三种用途的地皮出让价值分别为1 500万元、1 300万元和1 200万元，但现在为了提高市区中心的绿化率，决定用该地皮建一个公共绿地，则该地皮用来建公共绿地的机会成本应该是1 500万元。有些资产，特别是房屋、土地，机会成本有可能比沉没成本高出许多，把它们作为项目的投入时就要以机会成本作价，如果按这样的计算投资回报不理想还不如把这些资产变现。机会成本通常是隐性的（implicit）而非账面的或显性的（explicit）。譬如，某企业考虑搞一个项目，要用到原来空着的仓库作为新项目的投入，可能没有账面上显性支出。但是，如果这个仓库有出租的机会，最大租金收入为100万元，则就应该把最大可能的100万元出租收入作为新项目占用仓库的费用。又如，投资者用自有资金来投资，尽管项目没有为此支付资金占用的利息，但这笔资金被占用肯定会牺牲其他获利的机会。这就要求新项目的投资回报不应低于其他投资机会的回报，如至少不应低于存银行或买国债的利息。这种对资金要求的回报就叫资金占用的机会成本。

作为决策，采用机会成本是合理的。只有把有可能实现的、最大的效益牺牲作为成本，才能保证决策有现实性，而又不浪费资源。

(5) 充分揭示和估计项目的不确定性。对工程项目的经济分析涉及对未来可能发生结果的预测和估计。这些结果都具有不确定性（uncertainty）。这种不确定性是无法避免的，即便是不搞工程项目，按现状延续的"无"项目，将来可能出现的变化也是不确定的。分析人员的任务是尽可能事先揭示和估计这种不确定性有多少及对项目的影响程度。

思 考 题

1. 工程经济学的概念是什么？
2. 简要回顾工程经济学产生背景与发展历史。
3. 工程技术的两重性是指什么？
4. 工程经济学研究的出发点是什么？
5. 工程经济分析的基本原理和基本要求包括哪些内容？
6. 在图书馆数据库查找近年来我国重大基础设施建设项目（如京沪高铁、三峡大坝工程、青藏铁路工程等）的技术经济分析文献。
7. 何为沉没成本和机会成本？举例说明。

第 2 章 资金的时间价值与计算

2.1 项目的现金流量

2.1.1 项目现金流量的概念

在建设工程经济分析中,通常将所考察的对象看作是一个独立的经济系统,来考察建设项目的经济效益,而这个独立的经济系统可以是一个工程项目、一个企业,甚至一个地区或国家。对一个系统而言,在某一时间点上流出系统的货币称为现金流出,记为 CO;流入系统的货币称为现金流入,记为 CI;同一时间点上的现金流入和现金流出的代数和称为净现金流量,记为 NCF。现金流入量、现金流出量和净现金流量统称为现金流量。

项目的现金流入量包括销售(营业)收入、回收固定资产余值、回收流动资金、补贴收入等;项目的现金流出包括建设投资、流动资金、经营成本和销售税金等。

2.1.2 项目的现金流量表

一个项目的实施,需要持续一定的时间。在项目的寿命期内,各种现金流量的数额和发生的时间不尽相同。为了便于分析不同时间点上的现金流入和现金流出,计算其净现金流量,通常采用现金流量表(见表 2-1)的形式来表示特定项目在一定时间内发生的现金流量。

表 2-1 现金流量表　　　　　　　　　　　　　　　　单位:万元

年　末	1	2	3	4	5	…	n
现金流入	0	0	600	800	800	…	900
现金流出	1 000	800	100	120	120	…	120
净现金流量	−1 000	−800	500	680	680	…	780

2.1.3 项目的现金流量图

现金流量图是一种反映经济系统资金运动状态的图式,即把经济系统的现金流量绘入一个时间坐标图中,表示出各现金流入、现金流出与相应时间的对应关系,如图 2-1 所示。运用现金流量图,就可全面、形象、直观地表达经济系统的资金运动状态。

图 2-1 项目的现金流量图

现以图 2-1 来说明现金流量图的作图方法和规则。

(1) 图 2-1 中横轴是时间轴,表示一个从 0 开始到 n 的时间序列,每一间隔代表一个时间单位(一个计息期)。随计息期长短的不同,时间单位可以取年、半年、季或月等。横轴的零点表示时间序列的起点,同时也是第一个计息期的起始点。$1 \sim n$ 分别代表各计息期的终点,第一个计息期的终点,也就是第二个计息期的起点,n 点表示时间序列的终点。横轴反映的是所考察的经济系统的寿命周期。

(2) 与横轴相连的垂直线代表不同时间点上流入或流出系统的现金流量。垂直线的箭头表示现金流动的方向:箭头向上表示现金流入,即表示效益;箭头向下表示现金流出,即表示费用。

(3) 现金流量的方向,即现金的流入与流出是相对特定的经济系统而言的。贷款方的现金流入就是借款方的现金流出,贷款方的还本付息就是借款方的现金流入。通常,工程项目的现金流量的方向是针对资金使用者的系统而言的。

(4) 在现金流量图中,垂直线的长度与现金流量的金额成正比,金额越大,相应垂直线的长度越长。一般而言,现金流量图上要注明每一笔现金流量的金额。

总之,要正确绘制现金流量图,必须把握好现金流量的三要素,即现金流量的大小(现金数额)、方向(现金流入或流出)和作用点(现金发生的时间点)。

2.1.4 累计现金流量曲线图

如果将现金流量表中各年净现金流量的数值逐年横向相加,可得各年净现金流量的累计值,它表示从项目开始到第 n 年的所有现金流量的代数和,即从经济的角度直观地反映出项目的总体经营状况。累计净现金流的计算公式为:

$$\text{CNCF}_t = \sum_{t=0}^{n} \text{NCF}_t = \sum_{t=0}^{n} (\text{CI}_t - \text{CO}_t) \qquad (2-1)$$

式中:CNCF_t——第 t 年的累计净现金流;

NCF_t——第 t 年的净现金流；

CI_t——第 t 年的现金流入；

CO_t——第 t 年的现金流出。

可见累计净现金流是一个随时间变化的函数。将各年的累计净现金流在时间轴上连续标出并连接起来，即得到累计现金流曲线图，如图 2-2 所示。

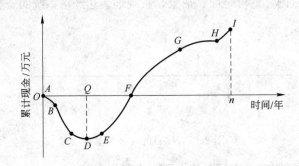

图 2-2 累计现金流曲线图

在图 2-2 中，曲线各部分的含义如下所述。

A 点为项目起始点，现金值为 0；AB 段为工程准备阶段，主要进行项目可行性研究和工程设计等工作；BC 段为主要建设阶段，集中投资大，故曲线很陡；CD 段为生产准备阶段，购买原料、燃料，招收、培训人员；D 点为项目建设期的终了，曲线降到最低，QD 表示项目的累计最大支出；DE 段为试生产阶段，由于开始有了盈利，曲线转而上升；EF 段为达产阶段，项目达到设计产量，每年有比较稳定的利润，曲线斜率较陡；F 点为收支平衡点，到此时为止项目的全部收入正好等于以前的全部支出，累计净现金值为 0；FG 段是项目的正常盈利阶段，斜率保持较陡；GH 段是接近寿命期的终了，盈利水平下降，斜率开始变小；HI 段表示项目最后有固定资产残值及流动资金回收；I 点是项目考察期的终点。

2.2 资金的时间价值

2.2.1 资金时间价值概述

1. 资金时间价值的概念

一笔资金如果存入银行会获得利息，投资到工程建设项目可获得利润，如果向银行借贷也需要支付利息。这反映出资金在运动中，随着时间的推移，会产生增值。这种增值通过储蓄和投资两种方式实现，它与时间和利率两个基本因素有关。将资金存入银行，资金所有者暂时失去了对这些资金的使用权利，从而获取了相应的报酬，即利息，利息即为资金的时间价值；如果将资金用于投资，通过资金的运动，可以得到一定的收益，在这一段时间所产生的价值也是资金的时间价值。

2. 资金时间价值产生的原因

资金之所以会产生时间价值，是基于以下几方面的原因。

(1) 货币增值因素。资金在"流通领域→生产领域→流通领域……"的循环往复运动中，每经历一个周期就实现一次增值。这也是生产的本质和投资的目的。资金增值的来源是劳动所创造的剩余价值。

(2) 通货膨胀因素。人们手持货币总是用于购买所需的商品与服务，而社会平均物价水平从总体上看是在不断上涨的。同样量的货币因通货膨胀引起货币的贬值，意味着其价值随时间增加而减少。因此，要通过资金的时间价值对其损失作补偿。

(3) 时间风险因素。一般来说，未来的预期收入具有不确定性，时间越长、不确定性也越大，意味着风险也随时间增加而增加。因此，对于同样量的货币，人们更愿意现在拥有而不是将来拥有。这就隐含着人们对未来不确定性需要用一定量的货币作为补偿。

2.2.2 利息与利率的概念

利息是资金时间价值的一种重要表现形式，而且通常用利息额的多少作为衡量资金时间价值的绝对尺度，用利率作为衡量资金时间价值的相对尺度。

1. 利息

在借贷过程中，债务人支付给债权人超过原借贷款金额的部分就是利息。从本质上，利息产生的根源是投资活动中劳动创造的剩余价值。利息的计算公式如下：

$$I = F - P \qquad (2-2)$$

式中：I——利息；

F——目前债务人应付（或债权人应收）总金额；

P——原借贷款金额，常称为本金。

在工程经济研究中，利息常常被看成是资金的一种机会成本。这是因为如果债权人放弃现有资金的使用权利，也就放弃了现期消费的权利，但其目的是在将来获得更多的资金使用权利，以便在将来享受更多的消费。为此，债务人就要为占用债权人的资金而付出一定的代价。在工程经济学中，利息是指占用资金所付出的代价或者放弃现期消费所得的补偿。

2. 利率

利率是指在借贷期内所得利息额与所借贷款金额之比，通常用百分数表示。即：

$$i = \frac{I}{P} \times 100\% \qquad (2-3)$$

式中：i——利率；

P——借款本金。

用于表示计算利息的时间单位称为计息周期，计息周期常为年、半年、季、月、周或天。

【例题 2-1】 某人现借得本金 1 000 元，一年后付息 80 元，则年利率为多少？

解：

$$年利率\ i = \frac{80}{1\,000} \times 100\% = 8\%$$

3. 我国商业银行人民币存贷款利率

1) 商业银行人民币存款利率

我国商业银行人民币存款利率如表 2-2 所示，利率日期为 2015 年 10 月 24 日。

表 2-2 人民币存款利率表

项　目	年利率/%
一、城乡居民及单位存款	
（一）活期	0.30
（二）定期	
1. 整存整取	
三个月	1.35
半年	1.55
一年	1.75
二年	2.25
三年	2.75
五年	2.75
2. 零存整取、整存零取、存本取息	
一年	1.35
三年	1.55
五年	1.55
3. 定活两便	按一年以内定期整存整取同档次利率打 6 折
二、协定存款	1.00
三、通知存款	
一天	0.55
七天	1.10

2) 商业银行人民币贷款利率

我国商业银行人民币贷款利率如表 2-3 所示，利率日期为 2015 年 10 月 24 日。

表 2-3 人民币贷款利率表

项　目	年利率/%
一、短期贷款	
六个月（含）	4.35
六个月至一年（含）	4.35
二、中长期贷款	
一至三年（含）	4.75
三至五年（含）	4.75
五年以上	4.9

3) 商业银行住房公积金存贷款利率

我国商业银行住房公积金存贷款利率如表 2-4 所示，利率日期为 2018 年 11 月 21 日。

表 2-4　住房公积金存贷款利率表

项　目	年利率/%
一、个人住房公积金存款	
当年缴存	0.35
上年结转	2.35
二、个人住房公积金贷款	
五年以下（含五年）	3.75
五年以上	4.25

4. 影响利率的主要因素

利率是国民经济发展的重要杠杆之一，利率的高低由如下因素决定。

（1）利率的高低首先取决于社会平均利润率的高低。它一般是利率的上限，因为如果利率高于社会平均利润率，借款者就会由于得不偿失、无利可图而不去借贷。

（2）在社会平均利润率一定的情况下，利率高低取决于金融市场上借贷资本的供求状况。若供不应求，则利率上升；若供大于求，则利率下降。

（3）借出资本总要承担一定的风险，而利率则与风险大小成正比，所以一般政府借贷的利率较低，而私人借贷的利率较高。

（4）通货膨胀对利率的波动有直接影响。物价水平发生变动会使借贷成本或收益也发生相应变化，即通货膨胀时会使实际利率下降，因此一般将名义利率上调；反之，通货紧缩时会使实际利率上升，因此一般将名义利率下调。

（5）借出资本的归还期限不同，意味着不可预见的因素不同，由此造成的风险也不同，因而利率与期限长短成正比。贷款期限长，不可预见因素多，风险大，利率也就高；反之利率就低。

5. 利率在国民经济发展中的应用

利率作为资本市场价格的重要表现形式，在国民经济发展中对调节投资与消费起到了重要作用。利率政策是货币政策的重要组成部分。近年来，我国经常使用利率政策刺激或者抑制投资需求。

1996—2002 年中国人民银行进行了 8 次降息。

（1）第一次降息（1996 年 5 月 1 日）：存、贷款年利率平均降幅分别为 0.98% 和 0.75%，居民消费倾向很快上升 6.6 个百分点，股市一个历时超过两年的大牛市从此拉开了序幕。

（2）第二次降息（1996 年 8 月 23 日）：存、贷款年利率平均降幅分别为 1.5% 和 1.2%，对沪深股市带来新的刺激，并在当年年底冲上了历史的高峰。

（3）第三次降息（1997 年 10 月 23 日）：存、贷款年利率平均降幅分别为 1.1% 和 1.5%，其后发行的两个长期品种的国债异常火爆。

（4）第四次降息（1998 年 3 月 25 日）：存、贷款年利率平均降幅分别为 0.16% 和 0.6%，为国企改革创造了良好的资金环境。

(5) 第五次降息（1998年7月1日）：存、贷款年利率平均降幅分别为0.49%和1.12%，在一定程度上刺激了内需的扩大。

(6) 第六次降息（1998年12月7日）：存、贷款年利率平均降幅均为0.54%，使股市在1000点之上企稳。

(7) 第七次降息（1999年6月10日）：存、贷款年利率平均降幅分别为1%和0.75%，这是20世纪90年代以来人民币的最后一次降息，为股市的"5.19"行情做了铺垫。

(8) 第八次降息（2002年2月21日）：存、贷款年利率平均降幅分别为0.27%和0.54%，这是进入21世纪以来人民币的第一次降息，曾带动股市在当时的1500点政策底走出一波近200点的强劲反弹行情。

2002—2012年中国人民银行共进行了22次利率调整，如表2-5所示。

表2-5 2002—2012年中国人民银行利率调整 单位：%

数据调整时间	存款基准利率			贷款基准利率		
	调整前	调整后	调整幅度	调整前	调整后	调整幅度
2012年07月06日	3.25	3.00	−0.25	6.31	6.00	−0.31
2012年06月08日	3.50	3.25	−0.25	6.56	6.31	−0.25
2011年07月07日	3.25	3.50	0.25	6.31	6.56	0.25
2011年04月06日	3.00	3.25	0.25	6.06	6.31	0.25
2011年02月09日	2.75	3.00	0.25	5.81	6.06	0.25
2010年12月26日	2.50	2.75	0.25	5.56	5.81	0.25
2010年10月20日	2.25	2.50	0.25	5.31	5.56	0.25
2008年12月23日	2.52	2.25	−0.27	5.58	5.31	−0.27
2008年11月27日	3.60	2.52	−1.08	6.66	5.58	−1.08
2008年10月30日	3.87	3.60	−0.27	6.93	6.66	−0.27
2008年10月09日	4.14	3.87	−0.27	7.20	6.93	−0.27
2008年09月16日	4.14	4.14	0.00	7.47	7.20	−0.27
2007年12月21日	3.87	4.14	0.27	7.29	7.47	0.18
2007年09月15日	3.60	3.87	0.27	7.02	7.29	0.27
2007年08月22日	3.33	3.60	0.27	6.84	7.02	0.18
2007年07月21日	3.06	3.33	0.27	6.57	6.84	0.27
2007年05月19日	2.79	3.06	0.27	6.39	6.57	0.18
2007年03月18日	2.52	2.79	0.27	6.12	6.39	0.27
2006年08月19日	2.25	2.52	0.27	5.85	6.12	0.27
2006年04月28日	2.25	2.25	0.00	5.58	5.85	0.27
2004年10月29日	1.98	2.25	0.27	5.31	5.58	0.27
2002年02月21日	2.25	1.98	—	5.85	5.31	—

2.2.3 利息的计算

利息计算有单利和复利之分。当计息周期在一个以上时,就需要考虑"单利"与"复利"的问题。

1. 单利

单利是指在计算利息时,仅用最初本金来加以计算,而不计入在先前计息周期中所累积增加的利息,即通常所说的"利不生利"的计息方法。其计算式如下:

$$I_t = P \times i_d \tag{2-4}$$

式中:I_t——代表第 t 计息周期的利息额;

P——代表本金;

i_d——计息周期单利利率。

现用 I_n 代表 n 个计息周期所付或所收的单利总利息,其计算公式如下:

$$I_n = \sum_{t=1}^{n} I_t = \sum_{i=1}^{n} P \times i_d = n \times P \times i_d \tag{2-5}$$

由式(2-5)可知,在以单利计息的情况下,总利息与本金、利率及计息周期数成正比的关系。而第 n 期末单利本利和 F 等于本金加上利息,即:

$$F = P + I_n = P + P \times i_d \times n = P(1 + n \times i_d) \tag{2-6}$$

同样,本金可由本利和 F 减去 I_n 求得,即:

$$P = F - I_n = F/(1 + n \times i_d) \tag{2-7}$$

【**例题 2-2**】某人现以年利率 10% 向银行存入一笔本金,单利计息,打算 5 年后使到期本利和为 15 000 元,问现在应存入本金多少?

解:

根据公式(2-7),可得:

$$P = F/(1 + n \times i_d) = 15\,000/(1 + 5 \times 10\%) = 10\,000(元)$$

此外,在利用式(2-6)计算本利和 F 时,要注意式中 n 和 i_d 反映的时期要一致。如 i_d 为年利率,则 n 应为计息的年数;若 i_d 为月利率,n 即应为计息的月数。

【**例题 2-3**】假如以单利方式借入 1 000 元,年利率 8%,第四年末偿还,则各年利息和本利和见表 2-6。

表 2-6 各年利息与本利和表(按单利方式计算) 单位:元

使 用 期	年初款额	年末利息	年末本利和	年末偿还
1	1 000	1 000×8%=80	1 080	0
2	1 080	80	1 160	0
3	1 160	80	1 240	0
4	1 240	80	1 320	1 320

由表2-6可见,单利的年利息额仅由本金所产生,其新生利息,不再加入本金产生利息,此即"利不生利"。这不符合客观的经济发展规律,没有反映资金随时都在"增值"的概念,也即没有完全反映资金的时间价值。因此,在工程经济分析中单利使用较少,通常只适用于短期投资及不超过一年的短期贷款。

2. 复利

复利是指将其上期利息结转为本金来一并计算本期利息的计息方式,即通常所说的"利生利""利滚利"。其表达式如下:

$$I_t = i \times F_{t-1} \tag{2-8}$$

式中:i——计息周期复利利率;

F_{t-1}——表示第($t-1$)期末复利本利和。

而第 t 期末复利本利和的表达式如下:

$$F_t = F_{t-1} \times (1+i) = F_{t-2} \times (1+i)^2 = \cdots = P(1+i)^n \tag{2-9}$$

【例题2-4】 数据同例题2-3,按复利计算,则各年利息和本利和如表2-7所示。

表2-7 各年利息与本利和表(按复利方式计算) 单位:元

使用期	年初款额	年末利息	年末本利和	年末偿还
1	1 000	1 000×8%=80	1 080	0
2	1 080	1 080×8%=86.4	1 166.4	0
3	1 166.4	1 166.4×8%=93.312	1 259.712	0
4	1 259.712	1 259.712×8%≈100.777	1 360.489	1 360.489

从表2-6和表2-7可以看出,同一笔借款,在利率和计息周期均相同的情况下,用复利计算出的利息金额数比用单利计算出的利息金额数大。例如例2-3和例2-4,两者相差40.49元(1 360.49元-1 320元=40.49元)。如果本金越大,利率越高,计息周期越多时,两者差距就越大。复利反映利息的本质特征,即利息也是作为资本参与社会再生产过程的。因此,在实际中得到了广泛的应用,如我国现行财税制度规定,投资贷款实行差别利率按复利计算。同样,在工程经济分析中一般也采用复利计算。

复利计算有间断复利和连续复利之分。按期(年、半年、季、月、周、日)计算复利的方法称为间断复利(即普通复利);按瞬时计算复利的方法称为连续复利。在实际使用中都采用间断复利,这一方面是出于习惯,另一方面是因为会计通常在年底结算一年的进出款额,按年支付税收、保险金和抵押费用,因而采用间断复利考虑问题更适宜。

小栏目

假如你现在投资10万元,年复利为10%,那么经过第一个10年后变为:
$$10 \times (1+10\%)^{10} = 26 \text{ 万元}$$

经过第 2 个 10 年后变为：
$$10\times(1+10\%)^{20}=67 \text{ 万元}$$
经过第 3 个 10 年后变为：
$$10\times(1+10\%)^{30}=175 \text{ 万元}$$
经过第 4 个 10 年后变为：
$$10\times(1+10\%)^{40}=452 \text{ 万元}$$

第一个 20 年只增加了 57 万元（67－10=57），第二个 20 年增加了 375 万元（452－67=385），第二个 20 年增加的是第一个 20 年的 6.75 倍（385÷57=6.75）。

2.2.4 名义利率和有效利率

1. 名义利率

在复利计算中，利率周期通常以年为单位，它可以与计息周期相同，也可以不同。当计息周期小于一年时，就出现了名义利率和有效利率的概念。

名义利率 r 是指计息周期利率 i 乘以一年内的计息周期数所得的年利率。即：

$$r=i\times m \qquad (2-10)$$

若计息周期月利率为 1%，则年名义利率为 12%。很显然，计算名义利率时忽略了前面各期利息再生的因素，这与单利的计算相同。

2. 有效利率

有效利率是指资金在计息中所发生的实际利率，包括计息周期有效利率和年有效利率两种情况。

1) 计息周期有效利率

计息周期有效利率即计息周期利率 i，由式（2-10）可知：

$$i=\frac{r}{m} \qquad (2-11)$$

2) 年有效利率

已知某年初有资金 P，名义利率为 r，一年内计息 m 次，则计息周期利率为 $i=r/m$，根据一次支付终值公式（2-9），可得该年的本利和 F，即：

$$F=P\left(1+\frac{r}{m}\right)^m \qquad (2-12)$$

根据利息的定义可得该年的利息 I 为：

$$I=F-P=P\left(1+\frac{r}{m}\right)^m-P=P\left[\left(1+\frac{r}{m}\right)^m-1\right] \qquad (2-13)$$

再根据利率的定义可得该年的有效利率 i_{eff} 为：

$$i_{\text{eff}}=\frac{I}{P}=\left(1+\frac{r}{m}\right)^m-1 \qquad (2-14)$$

由此可见，有效利率和名义利率的关系实质上与复利和单利的关系一样。

3）连续复利

前面介绍了间断计息情况下的有效利率，当每期计息时间趋于无限小时，则一年内计息次数趋于无限大，即 $m \to \infty$，此时可视为计息没有时间间隔而成为连续计息，则此时的年有效利率就是连续复利，其计算公式推导如下：

$$i_{\text{eff}} = \lim_{m \to \infty} \left[\left(1 + \frac{r}{m}\right)^m - 1\right] = \lim_{m \to \infty} \left[\left(1 + \frac{r}{m}\right)^{\frac{m}{r}}\right]^r - 1 = e^r - 1 \quad (2-15)$$

其中，e 是自然对数的底，其值约为 2.71828。

【例题 2-5】 现设年名义利率 $r=15\%$，则计息周期为年、半年、季、月、日、无限小时的年有效利率为多少？

解：

年名义利率 $r=15\%$ 时，不同计息周期的年有效利率如表 2-8 所示。

表 2-8 不同计息周期的年有效利率

年名义利率 (r)	计息周期	年计息次数 (m)	计息周期利率 ($i=r/m$)	年有效利率 (i_{eff})
15%	年	1	15.00%	15.00%
	半年	2	7.50%	15.56%
	季	4	3.75%	15.87%
	月	12	1.25%	16.08%
	周	52	0.29%	16.16%
	日	365	0.04%	16.18%
	无限小	∞	无限小	16.183%

从式（2-15）和表 2-8 可以通看出，每年计息周期 m 越多，i_{eff} 与 r 相差越大；另一方面，名义利率为 15%，按季度计息时，按季度利率 3.75% 计息与按年利率 15.87% 计息，二者是等价的。所以，在工程经济分析中，如果各方案的计息期不同，就不能简单地使用名义利率来评价，而必须换算成有效利率进行评价，否则会得出不正确的结论。

2.2.5 名义利率与实际利率

在借贷过程中，债权人不仅要承担债务人到期无法归还本金的信用风险，而且要承担货币贬值的通货膨胀风险。实际利率与名义利率的划分，正是从这个角度引起的。

实际利率是指物价不变，从而货币购买力不变条件下的利率。例如某年度物价没有变化，某甲从某乙处取得 1 年期的 10 000 元贷款，年利息额 500 元，则实际利率就是 5%。

但物价不变这种情况在当今世界的现实经济生活中是少见的，而物价不断上涨则似乎是一种普遍的趋势。如果某一年的通货膨胀率为 3%，某乙年末收回的 10 000 元本金实际上仅相当于年初的 9 709 元，即 10 000×100/103＝9 709 元，本金损失率近 3%。为了避免通货膨胀给本金带来的损失，假设仍然要取得 5% 的利息，那么粗略地计算，乙必须把贷款利率提高到 8%。这样，才能保证收回的本金和利息之和与物价不变以前的相当。这个 8% 的利率就是名义利率。

因此，名义利率是指包括补偿通货膨胀风险的利率。概略的计算公式可以写成：

$$r = i + \dot{P} \tag{2-16}$$

式中：r——名义利率；

i——实际利率；

$\dot{P}$——借贷期内通货膨胀率。

但是通货膨胀对于利息部分也有使其贬值的影响。考虑到这一点，名义利率还应作向上的调整。这样，名义利率的计算公式推导如下所述。

设 S_n 为按名义利率计息的本利和，S_r 为按实际利率计息的本利和，S_n 与 S_r 之间的关系可以表达为：

$$S_n = S_r(1+\dot{P}) \tag{2-17}$$

设 A 为本金，其中 $S_n = A(1+r)$，$S_r = A(1+i)$，代入上式得：

$$A(1+r) = A(1+i)(1+\dot{P})$$

$$1+r = (1+i)(1+\dot{P}) \tag{2-18}$$

从上式进一步推导得到，名义利率：$r = (1+i)(1+\dot{P}) - 1$

实际利率：$$i = \frac{1+r}{1+\dot{P}} - 1 = \frac{r-\dot{P}}{1+\dot{P}} \tag{2-19}$$

于是，上面例子的名义利率应当是 $(1+5\%)\times(1+3\%)-1 = 8.15\%$。

【例题 2-6】 若名义利率为每年 8%，用 CPI 的变动百分比衡量的通货膨胀率为每年 5%，则实际利率是多少？

解：

概略地计算，实际利率为：

$$i = r - \dot{P} = 8\% - 5\% = 3\%$$

精确地计算，实际利率为：

$$i = \frac{r-\dot{P}}{1+\dot{P}} = \frac{8\%-5\%}{1+5\%} = 2.857\%$$

2.3 资金等值计算

2.3.1 资金等值的概念

资金有时间价值，即使金额相同，因其发生在不同时间，其价值就不相同。反之，不同时点上绝对数额不等的资金在时间价值的作用下却可能具有相等的价值。这种在特定利率下、不同时点上、绝对数额不等而经济价值相等的资金称为等值资金，又叫等效值。影响资金等值的因素有3个：资金额的多少、资金发生的时间、利率（或折现率）的大小。其中利率是一个关键因素，一般等值计算中是以同一利率为依据的。

在工程经济分析中，等值是一个十分重要的概念，它为我们提供了计算某一经济活动有效性或者进行方案比较、优选的可能性，因为在考虑资金时间价值的情况下，其不同时间发生的收入或支出是不能直接相加减的。而利用资金等值的概念，则可以把在不同时点发生的资金换算成同一时点的等值资金，然后再进行比较。所以，在工程经济分析中，方案比较都是采用等值的概念来进行分析、评价和选定。

资金等值计算公式和复利计算公式的形式是相同的。常用的资金等值计算公式有 3 对：① 一次支付现值 P 与终值 F 的资金等值计算；② 年值 A 与终值 F 的资金等值计算；③ 年值 A 与现值 P 的资金等值计算。另外，还有等差、等比现金流量的资金等值计算。

2.3.2 一次支付现值 P 与终值 F 的资金等值计算

一次支付又称整付，是最基本的现金流量情形，是指所分析系统的现金流量，无论是流入或是流出，分别在时点上只发生一次。

1. 一次支付终值计算（已知 P 求 F）

如果现有一项资金 P，年利率为 i，按复利计算，则 n 年末的本利和 F 为多少？即已知 P、i、n，求 F。其现金流量如图 2-3 所示。

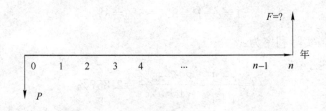

图 2-3 已知现值 P 求终值 F 的现金流量图

根据复利的定义，n 年末本利和 F 的计算如表 2-9 所示。

表 2-9　n 年末本利和 F 计算表

计息期	期初金额（1）	本期利息额（2）	期末本利和 $F_t=(1)+(2)$
1	P	$P\times i$	$F_1=P+P\times i=P(1+i)$
2	$P(1+i)$	$P(1+i)\times i$	$F_2=P(1+i)+P(1+i)\times i=P(1+i)^2$
3	$P(1+i)^2$	$P(1+i)^2\times i$	$F_3=P(1+i)^2+P(1+i)^2\times i=P(1+i)^3$
⋮	⋮	⋮	⋮
n	$P(1+i)^{n-1}$	$P(1+i)^{n-1}\times i$	$F_n=P(1+i)^{n-1}+P(1+i)^{n-1}\times i=P(1+i)^n$

由表 2-9 可知，一次支付 n 年末的终值 F 与现值 P 关系的计算公式为：

$$F=P(1+i)^n \tag{2-20}$$

式中：i——计息期复利率；

　　　n——计息的期数；

　　　P——现值（即现在的资金价值或本金，present value），资金发生在（或折算为）某一特定时间序列起点时的价值；

　　　F——终值（即 n 期末的资金值或本利和，future value），资金发生在（或折算为）某一特定时间序列终点时的价值。

式（2-20）中，$(1+i)^n$ 称之为一次支付终值系数，记为 $(F/P,i,n)$，则式（2-20）又可写成：

$$F=P(F/P,i,n) \tag{2-21}$$

在 $(F/P,i,n)$ 这类符号中，括号内斜线上的符号表示所求的未知数，斜线下的符号表示已知数。$(F/P,i,n)$ 符号表示在已知 P、i 和 n 的情况下求解 F 的值。

【例题 2-7】 某人借款 10 000 元，年复利率 $i=10\%$，试问 5 年末连本带利一次需偿还多少？

解：

按式（2-20）计算得：

$$F=P(1+i)^n=10\,000\times(1+10\%)^5=10\,000\times1.610\,51=16\,105.1(元)$$

如果利用复利系数表查表来计算，在已知 P、i 和 n 的情况下，则：

$$F=P(F/P,i,n)=10\,000\times(F/P,10\%,5)=10\,000\times1.610\,5=16\,105.0(元)$$

翻倍所需时间——72 法则

翻倍所需时间＝72/利率（或增长率）

假如年利率为 10%，则存款翻倍所需时间为 72/10＝7.2 年。

假如你每年的年薪上涨率为9%，而你现在的年薪为12万元，若要涨到24万元，则需要多少年？

假如你每个月的生活费为1 000元，物价上涨率为8%，那么多少年后你的生活费变为2 000元？

2. 一次支付现值计算（已知 F 求 P）

如果已知 n 年末要投资资金 F，按年利率 i 折算到期初 0 时点，则现值 P 为多少？即已知 F、i、n，求 P。其现金流量如图 2-4 所示。

图 2-4 已知终值 F 求现值 P 的现金流量图

由式（2-20）的逆运算即可得出现值 P 的计算式为：

$$P=\frac{F}{(1+i)^n}=F(1+i)^{-n} \tag{2-22}$$

式（2-22）中，$(1+i)^{-n}$ 称为一次支付现值系数，记为 $(P/F, i, n)$，则式（2-22）又可写成：

$$P=F(P/F, i, n) \tag{2-23}$$

把未来时刻资金的价值换算到现在时刻的价值，称为折现，或贴现，这在工程经济分析中经常用到。折现所使用的利率常称为折现率或贴现率。故 $(1+i)^{-n}$ 或 $(P/F, i, n)$ 也可叫折现系数或贴现系数。

【**例题 2-8**】 某人希望 5 年末有 10 000 元资金，年复利率 $i=10\%$，试问现在一次存款多少？

解：

由式（2-22）计算得：

$$P=F(1+i)^{-n}=10\ 000\times(1+10\%)^{-5}=10\ 000\times 0.620\ 9=6\ 209(元)$$

如果利用复利系数表查表来计算，在已知 F、i 和 n 的情况下，则：

$$P=F(P/F, i, n)=10\ 000\times(P/F, 10\%, 5)=10\ 000\times 0.620\ 9=6\ 209(元)$$

在工程经济分析中，现值比终值使用更为广泛。现值评价常常是选择现在为同一时点，把方案预计的不同时期的现金流量折算成现值，并按现值之代数和大小做出决策。因此，在工程经济分析时应当注意以下两点。

（1）正确选取折现率。折现率是决定现值大小的一个重要因素，必须根据实际情况灵活选用。

（2）要注意现金流量的分布情况。例如，在投资额一定的情况下，是早投资还是晚投资，是集中投资还是分期投资，它们的投资现值是不一样的。

2.3.3 等额资金系列的年值 A 与终值 F 的资金等值计算

等额资金系列现金流量序列是连续的，且数额相等，即：

$$A_t = A = 常数 \quad (t=1, 2, 3, \cdots, n) \tag{2-24}$$

式中，A 为年金，发生在（或折算为）某一特定时间序列各计息期末（不包括零期）的等额资金序列的价值。

1. 等额资金终值计算（即已知 A 求 F）

如果在年利率为 i 的情况下，n 年内每年末等额投入 A，则到 n 年末的终值 F 为多少？即已知 A，i，n，求 F。其现金流量如图 2-5 所示。

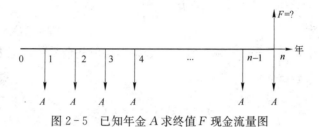

图 2-5 已知年金 A 求终值 F 现金流量图

由式（2-20）可得出等额资金系列现金流量到 n 年末积累的终值 F：

$$F = \sum_{t=1}^{n} A_t(1+i)^{n-t} = A[(1+i)^{n-1} + (1+i)^{n-2} + \cdots + (1+i) + 1]$$

$$(1+i)F = A[(1+i)^n + (1+i)^{n-1} + \cdots + (1+i)^2 + (1+i)]$$

两式相减得：

$$Fi = A[(1+i)^n - 1]$$

$$F = A \frac{(1+i)^n - 1}{i} \tag{2-25}$$

式（2-25）中，$\dfrac{(1+i)^n - 1}{i}$ 称为等额资金系列终值系数或年金终值系数，记为 $(F/A, i, n)$，则式（2-25）又可写成：

$$F = A(F/A, i, n) \tag{2-26}$$

【例题 2-9】 某人在 10 年内，每年末等额存入 1 000 元，年利率 8%，问 10 年末本利和为多少？

解：

由式（2-25）计算得：

$$F = A \frac{(1+i)^n - 1}{i} = 1\,000 \times \frac{(1+8\%)^{10} - 1}{8\%} = 1\,000 \times 14.486\,6 = 14\,486.6 （元）$$

如果利用复利系数表查表来计算，在已知 A、i 和 n 的情况下，则：

$$F = A(F/A, i, n) = 1\,000 \times (F/A, 8\%, 10) = 1\,000 \times 14.486\,6 = 14\,486.6 （元）$$

2. 等额资金偿债基金计算（已知 F 求 A）

如果为了能在 n 年末筹集一笔资金来偿还到期债务 F，按年利率 i 计算，拟从现

在起至 n 年的每年末等额存储一笔资金 A，以便到 n 年末清偿 F，则必须存储的 A 为多少？即已知 F，i，n，求 A。其现金流量如图 2-6 所示。

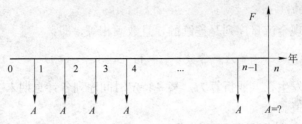

图 2-6 已知终值 F 求年金 A 的现金流量图

由式（2-25）的逆运算即可得出偿债基金计算式为：

$$A=F\frac{i}{(1+i)^n-1} \tag{2-27}$$

式（2-27）中，$\frac{i}{(1+i)^n-1}$ 称为等额资金系列偿债基金系数，记为 $(A/F, i, n)$，则式（2-27）又可写成：

$$A=F(A/F, i, n) \tag{2-28}$$

【例题 2-10】 某人欲想在 5 年末获得 10 000 元，若每年存款金额相等，年利率为 10%，则每年末需存款多少？

解：

由式（2-27）计算得：

$$A=F\frac{i}{(1+i)^n-1}=10\,000\times\frac{10\%}{(1+10\%)^5-1}=10\,000\times 0.163\,8=1\,638(元)$$

如果利用复利系数表查表来计算，在已知 F、i 和 n 的情况下，则：

$$A=F(A/F, i, n)=10\,000\times(A/F, 10\%, 5)=10\,000\times 0.163\,8=1\,638(元)$$

2.3.4 等额资金系列的年值 A 与现值 P 的资金等值计算

1. 等额资金回收计算（已知 P 求 A）

如果在第 1 年初以年利率 i 存入一笔资金 P，在 n 年内把本利和在每年年末以等额资金 A 的方式取出，则每年末可得到的年金 A 为多少？即已知 P、i、n，求 A。其现金流量如图 2-7 所示。

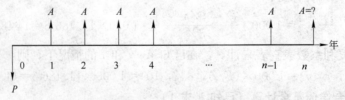

图 2-7 已知现值 P 求年金 A 的现金流量图

由公式 $F=P(1+i)^n$ 及公式 $A=F\dfrac{i}{(1+i)^n-1}$ 可推导出等额资金回收计算式为：

$$A=P\dfrac{i(1+i)^n}{(1+i)^n-1} \qquad (2-29)$$

式（2-29）中，$\dfrac{i(1+i)^n}{(1+i)^n-1}$ 称为等额资金回收系数，记为 $(A/P, i, n)$，则式（2-29）又可写成：

$$A=P(A/P, i, n) \qquad (2-30)$$

【例题 2-11】 某人现在投资 10 000 元，每年收回率为 8%，在 10 年内收回全部本利，则每年应收回多少？

解：

由式（2-29）计算得：

$$A=P\dfrac{i(1+i)^n}{(1+i)^n-1}=10\,000\times\dfrac{8\%(1+8\%)^{10}}{(1+8\%)^{10}-1}=10\,000\times 0.149\,03=1\,490.3(元)$$

如果利用复利系数表查表来计算，在已知 P、i 和 n 的情况下，则：

$$A=P(A/P, i, n)=10\,000\times(A/P, 8\%, 10)=10\,000\times 0.149\,0=1\,490.0(元)$$

2. 等额资金现值计算（即已知 A 求 P）

如果在 n 年内，按年利率 i 计算，为了能在今后 n 年内每年年末提取相等金额的资金 A，则现在必须投资现值 P 多少？即已知 A、i、n，求 P。其现金流量如图 2-8 所示。

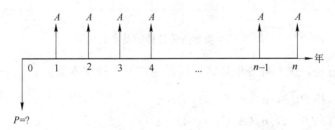

图 2-8　已知年金 A 求现值 P 的现金流量图

由公式 $A=P\dfrac{i(1+i)^n}{(1+i)^n-1}$ 可得：

$$P=A\dfrac{(1+i)^n-1}{i(1+i)^n} \qquad (2-31)$$

式（2-31）中，$\dfrac{(1+i)^n-1}{i(1+i)^n}$ 称为等额资金现值系数或年金现值系数，记为 $(P/A, i, n)$，则式（2-31）又可写成：

$$P=A(P/A, i, n) \qquad (2-32)$$

【例题 2-12】 某人欲期望 5 年内每年末等额收回 10 000 元，在年利率为 10% 时，问现在需一次投资多少？

解：

由式（2-31）计算得：

$$P=A\frac{(1+i)^n-1}{i(1+i)^n}=10\,000\times\frac{(1+10\%)^5-1}{10\%\times(1+10\%)^5}=10\,000\times 3.790\,8=37\,908(元)$$

如果利用复利系数表查表来计算，在已知 A、i 和 n 的情况下，则：

$$P=A(P/A, i, n)=10\,000\times(P/A, 10\%, 5)=10\,000\times 3.790\,8=37\,908(元)$$

2.3.5 常用资金等值计算公式小结与应用

1. 常用资金等值计算公式小结

根据上述资金等值计算公式可知，资金等值计算基本公式相互关系如图2-9所示。

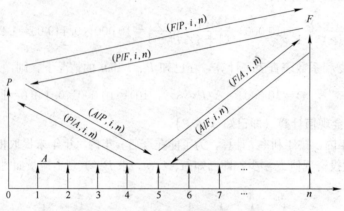

图2-9 资金等值计算的基本公式图

由图2-9可知，这6种等值计算之间存在以下5种基本关系：

$$(F/P, i, n)(P/F, i, n)=1 \tag{2-33}$$

$$(F/A, i, n)(A/F, i, n)=1 \tag{2-34}$$

$$(P/A, i, n)(A/P, i, n)=1 \tag{2-35}$$

$$(F/P, i, n)(A/F, i, n)(P/A, i, n)=1 \tag{2-36}$$

$$(A/P, i, n)(F/A, i, n)(P/F, i, n)=1 \tag{2-37}$$

各复利因子可从附录A（扫描扉页上的二维码可查看）中查得。

2. 常用资金等值计算公式应用

【**例题2-13**】某项目的现金流量如图2-10所示，设利率 $i=10\%$，试问6年的本利和 F 为多少？

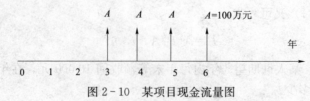

图2-10 某项目现金流量图

解：

该题的解题方法很多，分别有以下几种。

解法一：
$$F = 100 \times (F/A, 10\%, 4) = 464.10 \text{（万元）}$$

解法二：
$$F = 100 \times (F/A, 10\%, 6) - 100 \times (F/A, 10\%, 2) \times (F/P, 10\%, 4) =$$
$$100 \times 7.7156 - 100 \times 2.1000 \times 1.4641 = 464.10 \text{（万元）}$$

解法三：
$$F = 100 \times (P/A, 10\%, 4) \times (F/P, 10\%, 4) =$$
$$100 \times 3.1699 \times 1.4641 = 464.11 \text{（万元）}$$

【例题 2-14】 某房地产开发商拟购买土地进行房地产开发，与土地开发商签订的土地出让金协议如下：现时点支付 600 万元；第一个五年每半年支付 40 万元；第二个五年每半年支付 60 万元；第三个五年每半年支付 80 万元；按复利计息，每半年的资本利率 $i = 4\%$。则该房地产开发商支付的土地出让价格相当于现时点的价值是多少？

解：

首先画出该土地出让金的现金流量图，如图 2-11 所示。

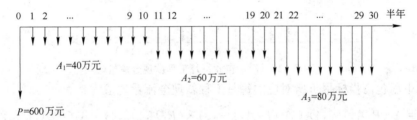

图 2-11 土地出让金的现金流量图

该题的解题方法很多，分别有以下几种。

解法一：
$$P = 600 + 40 \times (P/A, 4\%, 30) + 20 \times (P/A, 4\%, 20) \times (P/F, 4\%, 10) +$$
$$20 \times (P/A, 4\%, 10) \times (P/F, 4\%, 20) \approx 1549 \text{（万元）}$$

解法二：
$$P = 600 + 80 \times (P/A, 4\%, 30) - 20 \times (P/A, 4\%, 20) - 20 \times$$
$$(P/A, 4\%, 10) \approx 1549 \text{（万元）}$$

解法三：
$$P = 600 + [40 \times (F/A, 4\%, 30) + 20 \times (F/A, 4\%, 20) + 20 \times$$
$$(F/A, 4\%, 10)] \times (P/F, 4\%, 30) \approx 1549 \text{（万元）}$$

【例题 2-15】 现有甲、乙两家承包商参加某建设项目的施工投标，两家承包商投标书中与报价和工期有关的数据汇总于表 2-10。假定条件如下：① 月利率为 1%；② 基础工程、上部结构工程和安装工程每月完成的工程款都相同；③ 每月完成的工程款业主在该月底支付给承包商。

表 2-10 甲、乙两家承包商投标书中与报价和工期有关的数据

投标人	基础工程		上部结构工程		安装工程		安装工程与上部结构工程搭接时间/月
	报价/万元	工期/月	报价/万元	工期/月	报价/万元	工期/月	
甲	400	4	1 000	10	1 020	6	2
乙	420	3	1 100	10	1 000	6	3

问题：
(1) 绘制甲、乙两家承包商投标报价所对应的每月工程款现金流量图。
(2) 若考虑资金时间价值，请分析哪家承包商投标报价的每月工程款现值和小。

解：
(1) 甲承包商投标报价所对应的每月工程款现金流量如图 2-12 所示。

图 2-12 甲承包商每月工程款现金流量

乙承包商投标报价所对应的每月工程款现金流量如图 2-13 所示。

图 2-13 乙承包商每月工程款现金流量

(2) 甲承包商投标报价所对应的每月工程款现金流量现值为：

$$\text{PV}_\text{甲} = A_1(P/A,1\%,4) + A_1(P/A,1\%,8) \times (P/F,1\%,4) + A_2(P/A,1\%,2) \times (P/F,1\%,12) + A_3(P/A,1\%,4) \times (P/F,1\%,14) = 100 \times 3.902\,0 + 100 \times 7.651\,7 \times 0.961\,0 + 270 \times 1.970\,4 \times 0.887\,5 + 170 \times 3.902\,0 \times 0.870\,0 = 2\,174.79 (万元)$$

乙承包商投标报价所对应的每月工程款现金流量现值为：

$$\text{PV}_\text{乙} = B_1(P/A,1\%,3) + B_2(P/A,1\%,7) \times (P/F,1\%,3) + B_3(P/A,1\%,3) \times (P/F,1\%,10) + B_4(P/A,1\%,3) \times (P/F,1\%,13) = 140 \times 2.940\,1 + 110 \times 6.728\,2 \times 0.970\,6 + 277 \times 2.940\,1 \times 0.905\,3 + 167 \times 2.940\,1 \times 0.878\,7 = 2\,298.68 (万元)$$

甲承包商投标报价所对应的每月工程款现值和低。

2.3.6 等差系列现金流量的资金等值计算

在许多工程经济问题中，现金流量每年均有一定数量的增加或减少，如机械设备随

着其使用期的延伸,维修费将逐年有所增加。如果逐年的递增或递减是等额的,则称之为等差系列现金流量。其现金流量如图 2-14 所示。

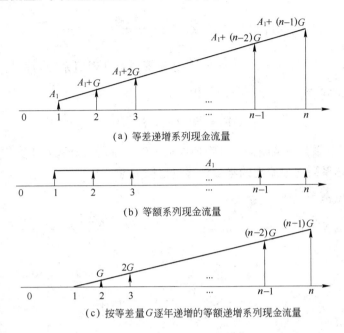

图 2-14 等差系列递增现金流量示意图

图 2-14 (a) 为等差递增系列现金流量,可化简为两个支付系列:一个是等额系列现金流量,即图 2-14 (b),年金是 A_1;另一个是从第 2 年年末开始按等差量 G 逐年递增的等额递增系列现金流量,即图 2-14 (c)。图 2-14 (b) 支付系列用等额系列现金流量的有关公式计算,问题的关键是图 2-14 (c) 支付系列如何计算。这就是等差系列现金流量需要解决的。

1. 等差递增系列现金流量的现值计算(已知 G 求 F)

根据图 2-14 (c),可列出 F 与 G 的计算式如下:

$$F_G = G[(F/A, i, n-1) + (F/A, i, n-2) + \cdots + (F/A, i, 1)] =$$

$$G\left[\frac{(1+i)^{n-1}-1}{i} + \frac{(1+i)^{n-2}-1}{i} + \cdots + \frac{(1+i)^1-1}{i}\right] =$$

$$\frac{G}{i}[(1+i)^{n-1} + (1+i)^{n-2} + \cdots + (1+i) - (n-1) \times 1] =$$

$$\frac{G}{i}\left[\frac{(1+i)^n - 1}{i} - n\right] =$$

$$G\left[\frac{(1+i)^n - 1}{i^2} - \frac{n}{i}\right] \tag{2-38}$$

式 (2-38) 中,$\left[\frac{(1+i)^n - 1}{i^2} - \frac{n}{i}\right]$ 称为等差系列终值系数,记为 $(F/G, i, n)$ 表示,则式 (2-38) 可写成:

$$F_G = G(F/G, i, n) \tag{2-39}$$

2. 等差递增系列现金流量的现值计算（已知 G 求 P）

由 P 与 F 的关系可得：

$$P_G = F_G(1+i)^{-n} = G\left[\frac{(1+i)^n - 1}{i^2(1+i)^n} - \frac{n}{i(1+i)^n}\right] \tag{2-40}$$

式（2-40）中，$\left[\frac{(1+i)^n - 1}{i^2(1+i)^n} - \frac{n}{i(1+i)^n}\right]$ 称为等差系列现值系数，记为 $(P/G, i, n)$，则式（2-40）可写成：

$$P_G = G(P/G, i, n) \tag{2-41}$$

等差系列现值系数可从附录 B（扫描扉页上的二维码可查看）中查得。

3. 等差递增系列现金流量的年金计算（已知 G 求 A）

由 A 与 F 的关系可得：

$$A_G = F_G(A/F, i, n) = G\left[\frac{(1+i)^n - 1}{i^2} - \frac{n}{i}\right]\left[\frac{i}{(1+i)^n - 1}\right]$$

整理可得：

$$A_G = G\left[\frac{1}{i} - \frac{n}{(1+i)^n - 1}\right] \tag{2-42}$$

式（2-42）中，$\left[\frac{1}{i} - \frac{n}{(1+i)^n - 1}\right]$ 称为等差年金换算系数，记为 $(A/G, i, n)$，则式（2-42）可写成：

$$A_G = G(A/G, i, n) \tag{2-43}$$

等差年金换算系数 $(A/G, i, n)$ 可从附录 B（扫描扉页上的二维码可查看）中查得。根据上述公式，即可方便地推导出图 2-14 等差系列现金流量的年金为：

$$A = A_1 \pm A_G \tag{2-44}$$

"减号"为等差递减系列现金流量，如图 2-15 所示。

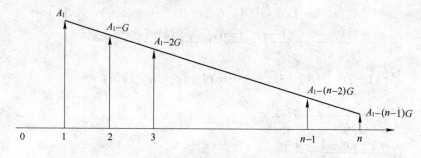

图 2-15 等差递减系列现金流量

若计算原等差系列现金流量的现值 P 和终值 F，则按式（2-39）和式（2-41）进行。

$$F = F_{A_1} \pm F_G = A_1(F/A, i, n) \pm G(F/G, i, n) \tag{2-45}$$

$$P = P_{A_1} \pm P_G = A_1(P/A, i, n) \pm G(P/G, i, n) \tag{2-46}$$

2.3.7 等比系列现金流量的资金等值计算

在某些工程经济分析中，常常出现收入、费用支出以某一固定百分数 j 逐年递增（递减）的情形。例如，某些宾馆、写字楼的年收入在投入使用后呈现逐年等比递增的现象，某些设备的运营费用会随着使用时间的延长而逐年以某一固定百分数 j 递增的现象等。等比系列现金流量如图 2-16 所示。在等比系列现金流量中，有：

$$A_t = A_{t-1}(1+j) \tag{2-47}$$

$$A_t = A_1(1+j)^{t-1} \tag{2-48}$$

1. 等比系列现金流量的现值计算

如图 2-16 所示，等比系列现金流量的现值应等于每期现金流量的现值之和，即：

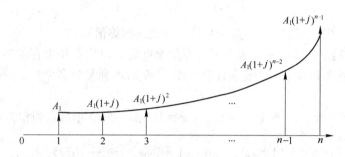

图 2-16 等比系列现金流量图

$$\begin{aligned}P &= A_1/(1+i) + A_2/(1+i)^2 + \cdots + A_n/(1+i)^n = \\&\quad A_1/(1+i) + A_1(1+j)/(1+i)^2 + \cdots + A_1(1+j)^{n-1}/(1+i)^n = \\&\quad A_1(1+i)^{-1}[1 + (1+j)/(1+i) + \cdots + (1+j)^{n-1}/(1+i)^{n-1}]\end{aligned}$$

上式经简化可得：

$$P = \begin{cases} \dfrac{A_1[1-(1+i)^{-n}(1+j)^n]}{i-j} & i \neq j \\ \dfrac{nA_1}{1+i} & i = j \end{cases} \tag{2-49}$$

或

$$P = A_1(P/A, i, j, n) \tag{2-50}$$

式（2-50）中，$(P/A, i, j, n)$ 称为等比系列现值系数。

【例题 2-16】 在对某拟建高层商业写字楼的工程经济分析中，估计经营净收入第 1 年为 1 000 万元，以后每年以 8% 的比率递增，运营时间按 10 年计算，资金利率定义为 12%，忽略税收和通货膨胀因素，则该写字楼的经营净收入现值为多少？

解：

已知 $A_1 = 1\,000$ 万元，$i = 12\%$，$j = 8\%$，$n = 10$ 年，则该写字楼的经营净收入现

值为：

$$P = \frac{A_1[1-(1+i)^{-n}(1+j)^n]}{i-j} =$$

$$\frac{1\,000 \times [1-(1+12\%)^{-10}(1+8\%)^{10}]}{12\%-8\%} = 7\,621(万元)$$

2. 等比系列现金流量的终值计算

由 $F=P(1+i)^n$ 可得：

$$F = \begin{cases} \dfrac{A_1[(1+i)^n-(1+j)^n]}{i-j} & i \neq j \\ nA_1(1+i)^{n-1} & i = j \end{cases} \quad (2-51)$$

或

$$F = A_1(F/A, i, j, n) \quad (2-52)$$

式（2-52）中，$(F/A, i, j, n)$ 称为等比系列终值系数。

【例题 2-17】 某人第一年末在银行存款 200 元，以后每年末存款额都较上一年增加 10%，假设利率 $i=6\%$，按复利计息，则 10 年后本利和为多少？

解：

已知 $A_1=200$ 元，$i=6\%$，$j=10\%$，$n=10$ 年，则 10 年后本利和为：

$$F = \frac{A_1[(1+i)^n-(1+j)^n]}{i-j} = \frac{200[(1+6\%)^{10}-(1+10\%)^{10}]}{6\%-10\%} = 4\,015(元)$$

2.3.8 计息期与现金流动期不一致时的资金等值计算

现金流动期与计息期之间不外乎存在以下 3 种关系。
（1）现金流动期与计息周期相同。这种情况可直接利用上述公式。
（2）计息期大于现金流动期。
（3）计息周期小于现金流动期。
后两种情况需进行一些调整或变换，使现金流动与计息周期一致才能运用上述公式。

1. 计息期大于现金流动期

通常规定存款必须存满完整的一个计息周期才计算利息，也就是说，在计息周期期间存入的款项在该期不计算利息，要到下一期才计算。因此，计息期大于现金流动期的处理原则是：计息期间的存款相当于在本期末存入，而提款相当于在本期初支取，以使二者期间一致。

【例题 2-18】 假如某建筑承包商一年内各月现金流量如图 2-17（a）所示，若年利率 $r=12\%$，按季计息，试求该承包商年末工程款的本利和是多少？

解：

图 2-17（a）所示的现金流量图可按上述原则加以整理为等值的现金流量图，如图

2-17（b）所示，使得计息期与现金流动期一致，则该建筑承包商年末工程款本利和计算如下：

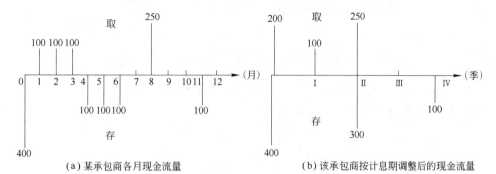

图 2-17　现金流动期短于计息周期的调整

$$F=(400-200)(F/P,3\%,4)-100(F/P,3\%,3)+\\(300-250)(F/P,3\%,2)+100=268.87(元)$$

2. 计息周期小于（等于）现金流动期

计息周期小于（等于）现金流动期的资金等值计算方法有以下两种。

（1）按现金流动期实际利率计算。

（2）按计息周期利率计算。

【例题 2-19】　年利率12%，按每季度计息一次计算利息，从现在起连续5年的等额年末存款为500元。试问：与其等值的第5年末的存款额为多大？

解：

其现金流量如图 2-18 所示。

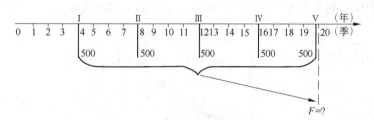

图 2-18　按季计息年度支付的现金流量图

本例的现金流动每年一次，即支付期为1年。按季计息，故计息周期小于现金流动期。这类问题不能直接采用上述各种等值变换公式，需要加以调整，使计息期长度与现金流动期相吻合。

（1）按计息周期利率计算。把每一个等额现金流量看作是一次支付，求出每个支付的将来值（终值），然后把将来值加起来，这个和就是等额现金流量的实际将来值，亦即利用现值变换为终值的公式分别处理每个现金流量（见图 2-19）。

$$F=500(1+3\%)^{16}+500(1+3\%)^{12}+500(1+3\%)^{8}+\\500(1+3\%)^{4}+500(1+3\%)^{0}=3\,211(元)$$

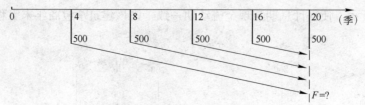

图 2-19 将等额支付视为一个个现金流量进行等值变换

(2) 按现金流动期的有效利率计算。先求出现金流动期的有效利率,本例为 1 年,然后以 1 年为基础进行计算,年有效利率为:

$$i_{\text{eff}}=\left(1+\frac{12\%}{4}\right)^4-1=12.55\%$$

原现金流量图转变为图 2-20 所示的标准年金型流量,可以直接利用公式计算如下:

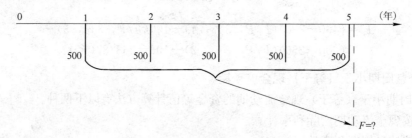

图 2-20 等额支付转变为标准年金型

$$F=A(F/A,i,n)=500\times\frac{(1+12.55\%)^5-1}{12.55\%}=3\,211(元)$$

(3) 按计息周期利率计算。取一个现金流动周期,使该周期年末的现金流量转变为等值的计息周期末的等额支付序列,其现金流量如图 2-21 所示。

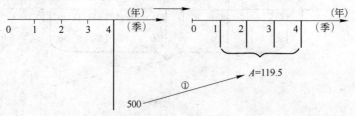

图 2-21 将现金流量转化为计息周期末的等额支付(第①步)

$$A=F(A/F,i,n)=500\times\frac{3\%}{(1+3\%)^4-1}=119.5(元)$$

经过转变后,现金流动期等于计息周期,可以直接利用公式换算。值得注意的是,经过上述转换之后,所有现金流量全部变为处于计息周期末的等值现金流量,见图 2-22 中的①。

第②步变换则如图 2-22 中的②所示,故最终有:

$$F=A(F/A,i,n)=119.5\times\frac{(1+3\%)^{20}-1}{3\%}=3\,211(元)$$

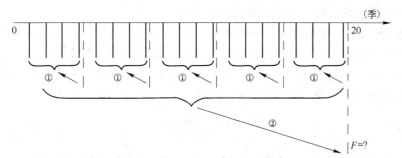

图 2-22 现金流变为计息周期现金流（第②步）

上述计算表明，这三种处理方式是等值的。但是，当现金流量项数较多时，第一种方式不如后两种方式，其计算较为麻烦。三种方式中以第三种方式最为简捷。

思 考 题

1. 简述项目现金流量的概念及现金流量的几种表示方式。
2. 简述资金时间价值的概念、产生的原因及表现形式。
3. 单利与复利计息的主要区别是什么？
4. 名义利率、有效利率及实际利率的概念及区别是什么？
5. 资金等值的概念是什么？
6. 某人想第 5 年年末获得 20 万元银行存款，假设年利率为 12%，每半年计息 1 次，则需现在存款多少？
7. 某人每年年末存入 4 000 元，年利率为 6%，连续存款 5 年，则 5 年末的本利和为多少？
8. 某人想第 10 年末能有 30 万元存款，从现在起每年年末等额存入银行一笔钱，年利率为 10%，每半年计息 1 次，则每年的等额存款为多少？
9. 某人用 50 万元购置了某设备，欲在 10 年内全部回收该投资，假设 10 年该设备的残值为 0，基准收益率为 12%，则每年均等的折旧费应计提多少？
10. 某人在孩子 5 岁时将一笔款存入银行，准备在孩子 18 岁和 24 岁时可以分别取出 10 000 元，假如银行的利率是 6%，按复利计算，则现在应存款多少？
11. 某设备初期投资为 10 万元，该设备的寿命期为 10 年，净收益发生于每年末且数值相等。假设基准收益率为 10%，则年净收益为多少时该投资合适？当该设备寿命期为 20 年、30 年和无限时，则年净收益为多少时该投资合适？
12. 某人现在 40 岁，现有存款 50 000 元，因为在他 60 岁时将退休，退休时他想有 500 000 元存款。假设退休时他可以一次从单位获得 10 万元的退休金。从现在起准备每年年末等额存入银行一笔钱，那么，为达到退休时有 50 万元存款，则应存款多少钱？假设存款利率为 6%，假如每次存款都发生于年初，则应存款多少？
13. 某人现在投资 100 000 元购买债券，则 6 年后可得 200 000 元。
(1) 如果将购买债券看作是按复利在银行存款，那么相当于银行存款的利率是多少？
(2) 假设基准收益率为 8%，那么这项投资的净收益是多少？

试用净现值、净年值、净将来值回答上述问题。

14. 某人想买一辆新的轿车，从银行获得的名义利率为 18%，每月以复利计息一次，总共贷款 100 000 元，40 个月等额偿还贷款，试问每月要支付多少？

15. 一个汽车修理部的一台钻床在将来 5 年里的运行费用预计如表 2-11 所示，如果基准折现率为 12%，那么这些费用的现值和等额年成本分别为多少？

表 2-11 费用成本表　　　　　　　　　　　　　　　　单位：元

年	费用	年	费用
1	1 100	4	1 475
2	1 225	5	1 600
3	1 350		

16. 在对某投资项目的财务评价中，估计该项目的经营净收入第 1 年为 1 000 万元，以后每年以 5% 的比率递增，项目寿命期为 10 年，资金利率定义为 10%，忽略税收和通货膨胀因素，试问该投资项目的经营净收入现值、将来值和年金分别为多少？

17. 某人每月存款 1 000 元，期限为 1 年，年利率为 8%，每季计息一次，按复利计息，试问年末他的存款金额为多少？

18. 某人每半年存款 1 000 元，年利率为 8%，每季计息一次，按复利计息，试问 5 年末他的存款金额为多少？

19. 某项目建设期为 2 年，建设期内每年初贷款 1 000 万元，年利率为 8%。若运营期前 5 年每年末等额偿还贷款本息，到第 5 年末全部还清，则每年末偿还贷款本息为多少万元？

20. 某人采用住房按揭贷款方式购房，首付 30 万元，按揭 70 万元。假设年利率为 6%，还款期为 20 年，每年等额还本付息，则每年应支付多少？若投资购房用于出租，请结合当地实际租金水平分析用租金收入能否偿还贷款？

21. 某房地产开发商欲购买土地进行房地产开发，与土地开发商签订的土地出让协议如下：现时点支付 1 000 万元；第一个五年每半年支付 60 万元；第二个五年每半年支付 80 万元；第三个五年每半年支付 100 万元；按复利计息，每半年的资本利率 $i=6\%$。则该土地的出让价格相当于现时点的价值是多少？

22. 假如某建筑承包商一年内各月现金流量如图 2-23 所示，若年利率 $r=12\%$，按季计，试求该承包商年末工程款的本利和是多少？

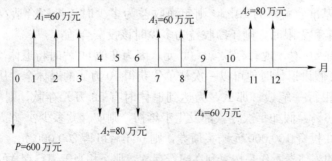

图 2-23 某建筑承包商一年内各月现金流量图

第 3 章 工程经济分析的基本要素

在建设项目的经济分析中,项目现金流量是进行项目经济评价和方案选优的基础。每个备选方案由于产品方案、工艺方案、建设方案、筹资方案和经营方案等不同,其各自的现金流量也不相同。为了正确地进行工程经济分析,需要掌握建设项目的投资、成本、收入、利润和所得税等经济变量。

3.1 工程项目建设的投资

3.1.1 建设项目投资的构成

建设项目总投资一般是指为完成某建设项目从筹建开始至达到使用要求或竣工投产为止所预计或实际投入的全部费用总和。根据《建设项目经济评价方法与参数》(第三版),建设项目总投资包括建设投资、建设期利息和流动资金三部分。生产性建设项目总投资包括建设投资、建设期利息和流动资金三部分;非生产性建设项目总投资包括建设投资和建设期利息两部分。其中,建设投资由建筑工程费、设备购置费、安装工程费、工程建设其他费用、基本预备费和价差预备费组成。建设期利息是指筹措债务资金时在建设期内发生并按规定允许在投产后计入固定资产原值的利息,即利息资本化。

建设投资中的各分项分别形成固定资产原值、无形资产原值和其他资产原值。形成的固定资产原值可用于计算折旧费,形成的无形资产原值可用于计算摊销费。建设期利息应计入固定资产原值。建设项目总投资的构成如图 3-1 所示。

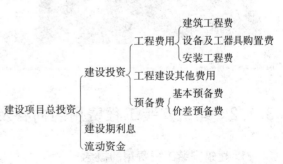

图 3-1 建设项目总投资的构成

小栏目

2000—2019 年我国全社会固定资产投资规模

从下图可知，从 2000 年至 2019 年我国全社会固定资产投资规模增长迅速，2000 年为 32 918 亿元，2018 年达到 645 675 亿元，增长 20 倍以上。与如此巨大规模投资相对应的是，许多重大建设项目，如三峡大坝工程、青藏铁路工程、京沪高铁工程、京广高铁工程、西气东输工程、首都机场 3 号航站楼工程等相继建成投入使用，为我国经济社会的发展提供了强劲动力。

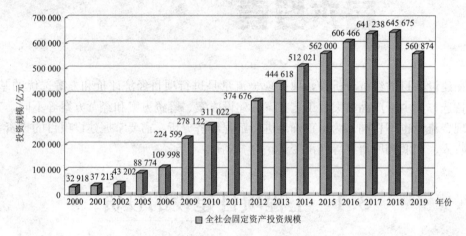

三峡大坝工程投资

1994 年 12 月 14 日，当今世界最大的水电工程——三峡大坝工程正式动工。国务院三峡工程建设委员会批准的枢纽工程的静态总投资为 500.9 亿元，水库移民搬迁与安置的静态总投资为 300.7 亿元，输变电工程静态总投资为 153 亿元，三项合计，三峡大坝工程静态总投资为 954.6 亿元人民币（按 1993 年 5 月末价格计算）。而对三峡大坝工程，建设时间跨度长达 17 年，将每年的动态投资累加起来为 2 000 多亿元。

3.1.2 建筑安装工程费用的内容及构成

1. 建筑安装工程费用的概念

建筑安装工程费用又称建筑安装工程造价，是指为完成建设项目的建造、生产性设备及配套工程安装所需的费用，建筑企业应获得的利润，以及按规定应计入的规费和税金之总和。

2. 我国现行建筑安装工程费用的构成

根据《关于全面推开营业税改征增值税试点的通知》（财税［2016］36号）的规定，经国务院批准，自2016年5月1日起，在全国范围内全面推开营业税改征增值税（简称营改增）试点，建筑业、房地产业、金融业、生活服务业等全部营业税纳税人纳入试点范围，由缴纳营业税改为缴纳增值税。"营改增"税制改革后，住房城乡建设部主要是发文要求各地修改计价规则，在地方的规范性文件中提到营业税改为增值税，将城建税、教育附加费和地方教育附加调整到企业管理费中。

根据住房城乡建设部颁布的《建筑安装工程费用项目组成》（建标［2013］44号）的规定及建筑行业应对"营改增"税制改革的具体政策，我国现行的建筑安装工程费用，按费用构成要素划分包括人工费、材料费、施工机具使用费、企业管理费、利润、规费和增值税七大部分，如图3-2所示；按造价形成划分包括分部分项工程费、措施项目费、其他项目费、规费和增值税五大部分，如图3-3所示。

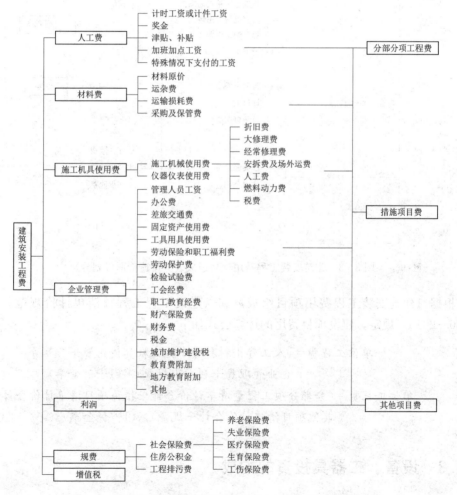

图3-2 建筑安装工程费用项目组成表（按费用构成要素划分）

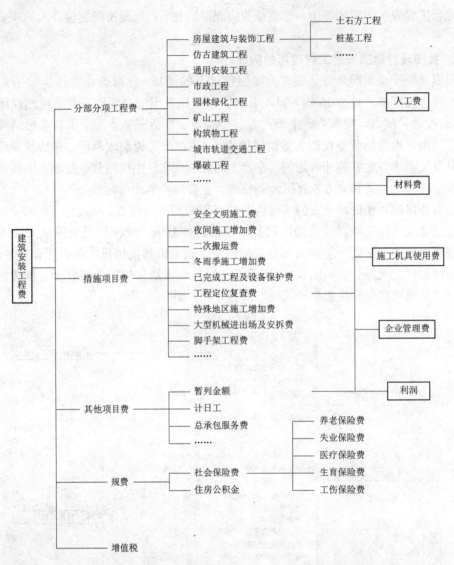

图 3-3 建筑安装工程费用项目组成表（按造价形成划分）

根据《建筑安装工程费用项目组成》和《建设工程工程量清单计价规范》（GB 50500—2013）规定，建设项目费用的计算公式如下：

单位工程费＝(人工费＋材料费＋施工机具使用费＋
　　　　　　企业管理费＋利润＋规费)×(1＋税金率)　　　　(3-1)

单位工程费＝(分部分项工程量清单计价合计＋措施项目清单计价合计＋
　　　　　　其他项目清单计价合计＋规费)×(1＋税金率)　　　　(3-2)

3.1.3 设备、工器具投资的构成

设备、工器具投资由设备购置费和工器具、生产家具购置费组成，如图 3-4 所示。

设备购置费的计算详见第 5 章。

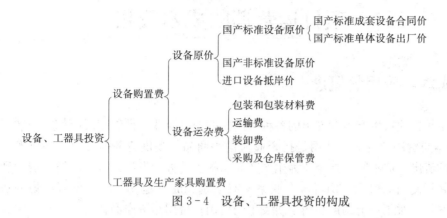

图 3-4　设备、工器具投资的构成

3.1.4　工程建设其他费用的构成

工程建设其他费用是指建设单位在从建设项目筹建起到竣工验收交付使用止的整个建设期间，除建筑安装工程费用和设备、工器具购置费以外的，为保证工程建设顺利完成和交付使用后能够正常发挥效用而发生的各项费用的总和。工程建设其他费用具体包括以下几个方面。

1. **建设用地费用**

建设用地费用包括：① 征地补偿费用；② 拆迁补偿费用；③ 土地使用权出让金。其具体计算详见第 5 章。

2. **与项目建设有关的其他费用**

与项目建设有关的其他费用包括：① 建设单位管理费；② 可行性研究费；③ 研究试验费；④ 勘察设计费；⑤ 环境影响评价费；⑥ 劳动安全卫生评价费；⑦ 工程监理费；⑧ 场地准备及临时设施费；⑨ 引进技术和引进设备其他费用；⑩ 工程保险费；⑪ 特殊设备安全监督检验费；⑫ 市政公用设施费。其具体内容详见第 5 章。

3. **与未来生产经营有关的其他费用**

与未来生产经营有关的其他费用包括：① 联合试运转费；② 专利及专有技术使用费；③ 生产准备及开办费。其具体内容详见第 5 章。

3.1.5　预备费的构成

预备费包括基本预备费和价差预备费。基本预备费和价差预备费的计算详见第 5 章。

3.1.6　建设期贷款利息的构成

建设期贷款利息是指为筹措建设项目资金发生的各项费用。建设期贷款利息的计算详见第 5 章。

3.2 项目运营期的成本费用

3.2.1 成本与费用的概念

成本费用是指项目生产运营支出的各种费用。按照《企业会计制度》（财会［2000］25号）对成本与费用的定义：费用是指企业为销售商品、提供劳务等日常活动所发生的经济利益的流出；成本则是指企业为生产产品、提供劳务而发生的各种耗费。费用和成本是两个并行使用的概念，两者既有联系又有区别。成本是按一定对象所归集的费用，生产成本是相对于一定的产品而言所发生的费用；费用是资产的耗费，它与一定会计期间相联系，而与生产哪种产品无关，成本则与一定种类和数量的产品或商品相联系，而不论发生在哪个会计期间。

按照《企业会计制度》，要求计算的是生产成本（或称制造成本、运营成本），而把管理费用、财务费用和营业（销售）费用三项费用作为期间费用分别放在损益表中核算。在财务评价中，为了对生产运营期间的总费用一目了然，将这三项费用与生产成本合并为总成本费用。这是财务评价相对会计制度所做的不同处理，但并不会因此影响利润的计算。

按成本的计算范围，成本分为单位产品成本和总成本费用；按成本与产量的关系，成本分为固定成本和可变成本；按财务评价的特定要求，成本分为总成本费用和经营成本。成本估算应与销售收入的计算口径对应一致，各项费用应划分清楚，防止重复计算或者低估费用支出。

3.2.2 总成本费用的估算

1. 总成本费用的构成与计算公式

根据《建设项目经济评价方法与参数》（第三版），总成本费用是指在运营期内为生产产品或提供服务所发生的全部费用，等于经营成本、折旧费、摊销费和财务费用之和。总成本费用的构成及估算通常采用以下两种方法。

1) 生产成本加期间费用估算法

其计算公式为：

$$总成本费用 = 生产成本 + 期间费用 \tag{3-3}$$

其中：

生产成本＝直接材料费＋直接燃料和动力费＋直接工资＋其他直接支出＋制造费用
　期间费用＝管理费用＋销售费用＋财务费用

2) 生产要素估算法

这种方法是从估算各种生产要素的费用入手，汇总得到总成本费用。将生产和销售过程中消耗的外购原材料、辅助材料、燃料、动力，人员工资福利，外部提供的劳务或者服务，当期应计提的折旧和摊销，以及应付的财务费用相加，得出总成本费用。采用这种估算方法不必计算内部各生产环节成本的转移，也较容易计算可变成本和固定成本。其计算公式为：

$$\text{总成本费用} = \text{外购原材料、燃料和动力费} + \text{工资及福利费} + \text{折旧费} + \text{摊销费} + \text{修理费} + \text{财务费用(利息支出)} + \text{其他费用} \quad (3-4)$$

2. 总成本费用构成估算的要点

在总成本费用构成的生产要素估算法公式中，总成本费用的各生产要素费用估算要点如下所述。

1) 外购原材料和燃料动力费的估算

外购原材料和燃料动力费的估算需要以下基础数据。

(1) 相关专业所提出的外购原材料和燃料动力年耗用量。

(2) 选定价格体系下的预测价格，应按入库价格计算，即到厂价格并考虑途库损耗。

(3) 适用的增值税率，以便估算进项税额。

2) 工资及福利费的估算

确定单位人工工资及福利费时需考虑以下因素：项目性质、项目地点、原企业工资水平、行业特点、平均工资或分档工资。

3) 固定资产原值和折旧费的估算

(1) 固定资产和固定资产原值。固定资产是指企业使用期限超过1年的房屋、建筑物、机器、机械、运输工具及其他与生产、经营有关的设备、器具、工具等可供较长期使用，反复多次地参加生产或经营活动过程而仍保持原有实物形态的物质资料。不属于生产经营主要设备的物品单位价值在2 000元以上，并且使用年限超过2年的，也应当作为固定资产。

计算折旧需要先计算固定资产原值。固定资产原值是指项目投产时（达到预定可使用状态）按规定由投资形成固定资产的部分，主要有工程费用（设备购置费、安装工程费、建筑工程费、工器具费）、待摊投资、预备费和建设期利息。

(2) 固定资产折旧。固定资产在使用过程中会受到磨损，其价值损失通常是通过提取折旧的方式得以补偿。从经济学的角度分析，折旧是固定资产价值转移到产品价值的过程；从会计的角度分析，折旧是企业获得节省所得税的一种成本，财税制度允许企业逐年提取固定资产折旧，符合税法的折旧费允许在所得税前列支；从企业可持续经营的角度分析，折旧是维持简单再生产的一种融资渠道。固定资产折旧方法可以采用年限平均法、工作量法、年数总和法、双倍余额递减法等。固定资产的折旧方法可在税法允许的范围内由企业自行确定，一般采用直线法，包括年限平均法和工作量法。工作量法又分为两种：一是按行驶里程计算折旧；二是按工作小时计算折旧。税法也允许采用某些快速折旧法，即双倍余额递减法和年数总和法。

① 年限平均法。年限平均法是指根据固定资产原值、规定的折旧年限和残值逐年等额计算折旧额。其计算公式如下：

$$年折旧率=\frac{1-预计净残值率}{折旧年限}\times 100\% \qquad (3-5)$$

$$年折旧额=固定资产原值\times 年折旧率 \qquad (3-6)$$

【例题 3-1】 某公司以 20 万元购进一台新轿车,按规定使用年限为 8 年,残值率为 2%,每年行驶的里程数见表 3-1,试计算各年应该计提的折旧额是多少?

解:

根据公式(3-5)和(3-6)计算可得:

$$年折旧率=\frac{1-预计净残值率}{折旧年限}\times 100\%=\frac{1-2\%}{8}\times 100\%=12.25\%$$

$$年折旧额=20\times 12.25\%=2.45(万元)$$

其余各年的折旧额计算结果如表 3-1 所示。

表 3-1 按不同折旧方法计算的轿车每年折旧额

使用年限	行驶里程/万 km	年计提折旧/万元			
		平均年限法	工作量法	年数总和法	双倍余额递减法
1	5	2.45	1.96	4.36	5
2	6	2.45	2.35	3.81	3.75
3	8	2.45	3.14	3.27	2.81
4	6	2.45	2.35	2.72	2.11
5	7	2.45	2.74	2.18	1.58
6	6	2.45	2.35	1.63	1.19
7	7	2.45	2.74	1.09	1.58
8	5	2.45	1.96	0.54	1.58
合 计	50	19.60	19.60	19.60	19.60

② 工作量法。工作量法是指根据固定资产原值、规定的使用寿命期限内应完成的总工作量(如行驶里程、工作小时等)和预计报废时的残值,按其实际完成的工作量计算折旧额。工作量法又分为两种:一是按照行驶里程计算折旧;二是按照工作小时计算折旧。

按照行驶里程计算折旧的公式如下:

$$单位里程折旧额=\frac{固定资产原值\times(1-预计净残值率)}{总行驶里程} \qquad (3-7)$$

$$年折旧额=单位里程折旧额\times 年行驶里程 \qquad (3-8)$$

按照工作小时计算折旧的公式如下:

$$每工作小时折旧额=\frac{固定资产原值\times(1-预计净残值率)}{总工作小时} \qquad (3-9)$$

$$年折旧额=每工作小时折旧额\times 年工作小时 \qquad (3-10)$$

【例题 3-2】 仍以例题 3-1 为例,试用工作量法计算该轿车每年应该计提的折旧额是多少？

解：

根据公式（3-7）和（3-8）计算可得：

$$单位里程折旧额 = \frac{20 \times (1-2\%)}{50} = 0.392（万元）$$

$$第1年折旧额 = 5 \times 0.392 = 1.96（万元）$$

其余各年的折旧额计算结果如表3-1所示。

③ 年数总和法。年数总和法是指根据固定资产原值减去残值后的净额，按照逐年递减的当年可使用年限占各年可使用年限总和之比计算折旧额。按照此方法，每年计提的折旧额是逐年减少的。其计算公式如下：

$$年折旧率 = \frac{折旧年限 - 已使用年数}{折旧年限 \times (折旧年限 + 1) \div 2} \times 100\% \qquad (3-11)$$

$$年折旧额 = (固定资产原值 - 预计净残值) \times 年折旧率 \qquad (3-12)$$

【例题 3-3】 仍以例题3-1为例，试用年数总和法计算该轿车每年应该计提的折旧额是多少？

解：

根据公式（3-11）和（3-12），计算可得：

$$第1年折旧率 = \frac{8-0}{8 \times (8+1) \div 2} \times 100\% = 22.22\%$$

$$第1年折旧额 = (20 - 20 \times 2\%) \times 22.22\% = 4.36（万元）$$

其余各年的折旧额计算结果如表3-1所示。

④ 双倍余额递减法。双倍余额递减法是指根据固定资产原值、残值并按固定的百分比计算各年折旧额。实行双倍余额递减法的，应在折旧年限到期前两年内，将固定资产净值扣除净残值后的净额平均摊销。它是快速折旧的方法之一，对于那些需要尽快收回投资的固定资产，可采用此方法。其计算公式如下：

$$年折旧率 = \frac{2}{折旧年限} \times 100\% \qquad (3-13)$$

$$年折旧额 = 固定资产净值 \times 年折旧率 \qquad (3-14)$$

【例题 3-4】 仍以例题3-1为例，试用双倍余额递减法计算该轿车每年应该计提的折旧额是多少？

解：

根据公式（3-13）和（3-14）计算可得：

$$年折旧率 = \frac{2}{折旧年限} \times 100\% = \frac{2}{8} \times 100\% = 25\%$$

$$第1年折旧额 = 固定资产净值 \times 年折旧率 = (20-0) \times 25\% = 5（万元）$$

第 2 年折旧额＝固定资产净值×年折旧率＝(20－5)×25%＝3.75(万元)

第 3 年折旧额＝(20－5－3.75)×25%＝2.81(万元)

第 4 年折旧额＝(20－5－3.75－2.81)×25%＝2.11(万元)

第 5 年折旧额＝(20－5－3.75－2.81－2.11)×25%＝1.58(万元)

第 6 年折旧额＝(20－5－3.75－2.81－2.11－1.58)×25%＝1.19(万元)

第 7 年折旧额＝(20－5－3.75－2.81－2.11－1.58－1.19－20×2%)÷2＝1.58(万元)

第 8 年折旧额＝(20－5－3.75－2.81－2.11－1.58－1.19－20×2%)÷2＝1.58(万元)

其余各年折旧额的计算结果如表 3-1 所示。

上述几种计算折旧的方法中，按年限平均法计算的各年折旧率和年折旧额都相同；按年数总和法进行计算，虽按固定资产原值进行计算，但因各年折旧率逐渐变小，故各年折旧额逐年变小；按双倍余额递减法计算的各年折旧率虽相同，但各年折旧额因按固定资产净值计算，故各年折旧额也逐年变小。但无论按哪种方法计算，只要折旧年限相同，所取净残值率也相同，在设定的折旧年限内，总折旧额是相同的。

4) 固定资产修理费的估算

修理费是指为保持固定资产的正常运转和使用，充分发挥其使用效能，对其进行必要修理所发生的费用，按其修理范围的大小和修理时间间隔的长短可以分为大修理和中小修理。

根据《企业会计制度》，固定资产进行大修理发生的费用直接在成本费用中列支，若数额较大可实行预提或待摊的方式核算。大修理费用采用预提方式的，应当在两次大修理间隔期内各期均衡地预提预计发生的大修理费用，并计入有关的成本、费用；大修理费用采用待摊方式的，应当将发生的大修理费用在下一次大修理前平均摊销，计入有关的成本、费用。固定资产日常修理费用直接计入当期成本、费用。项目评价中修理费可直接按固定资产原值（扣除所含的建设期利息）的一定百分比估算，百分数的选取应考虑行业和项目特点。

5) 无形资产和其他资产摊销费的估算

无形资产是指企业为生产商品或者提供劳务、出租给他人，或为管理目的而持有的、没有实物形态的非货币性长期资产。无形资产分为可辨认无形资产和不可辨认无形资产。可辨认无形资产包括专利权、非专利技术、商标权、著作权、土地使用权等；不可辨认无形资产是指商誉。企业自创的商誉及未满足无形资产确认条件的其他项目不能作为无形资产。

按照有关规定，无形资产从开始使用之日起，在有效使用期限内平均摊入成本。法律和合同规定了法定有效期限或者受益年限的，摊销年限从其规定，否则摊销年限应注意符合税法的要求。无形资产的摊销一般采用年限平均法，不计残值。

无形资产应当自取得当月起在预计使用年限内分期平均摊销，计入损益。如预计使用年限超过了相关合同规定的受益年限或法律规定的有效年限，该无形资产的摊销年限按如下原则确定。

(1) 合同规定受益年限但法律没有规定有效年限的，摊销年限不应超过合同规定的受益年限。

(2) 合同没有规定受益年限但法律规定有效年限的，摊销年限不应超过法律规定的有效年限。

(3) 合同规定了受益年限，法律也规定了有效年限的，摊销年限不应超过受益年限和有效年限两者之中较短者。

(4) 如果合同没有规定受益年限，法律也没有规定有效年限的，摊销年限不应超过10年。

6) 财务费用的估算

财务费用是指企业为筹集所需资金等而发生的费用，包括利息支出（减利息收入）、汇兑损失（减汇兑收益）及相关的手续费等。在项目的财务评价中，一般只考虑利息支出。利息支出的估算包括长期借款利息（即建设投资借款在投产后需支付的利息）、用于流动资金的借款利息和短期借款利息3部分。

(1) 长期借款利息。长期借款利息是指对建设期间借款余额（含未支付的建设期利息）应在生产期支付的利息，包括等额还本付息方式、等额还本利息照付方式和最大能力还本方式3种计算利息的方法。

等额还本付息方式是指在指定的还款期间内，每年还本付息的总额相同，随着本金的偿还，每年支付的利息逐年减少，同时每年偿还的本金逐年增多；等额还本利息照付方式是指在每年等额还本的同时，支付逐年相应减少的利息。这两种方式都是国际上通用的还本付息方式。最大能力还本方式是国内特有的方式，每年偿还本金的数额按最大偿还能力计算，同时利息也逐年减少。偿还能力主要包括可以用于还款的折旧费、摊销费及扣除法定盈余公积金、公益金和任意盈余公积金后的所得税后利润（中外合资经营企业扣除储备基金、职工奖励与福利基金和企业发展基金）。

各种还本付息方式的计算公式如下所述。

① 等额还本付息方式。

$$A = I_c \times \frac{i(1+i)^n}{(1+i)^n - 1} \tag{3-15}$$

式中：A——每年还本付息额（等额年金）；

I_c——还款年年初的借款本息和；

i——年利率；

n——预定的还款期；

$\frac{i(1+i)^n}{(1+i)^n - 1}$——资金回收系数，可以查复利系数表或自行计算。

每年还本付息额中：

$$每年支付利息 = 年初本金累计 \times 年利率 \tag{3-16}$$

$$每年偿还本金 = A - 每年支付利息 \tag{3-17}$$

式（3-16）中，年初本金累计 $= I_c -$ 本年以前各年偿还的本金累计。

【例题 3-5】 某公司为某新建项目拟向银行贷款 5 000 万元,贷款期限为 5 年,没有宽限期,年利率为 6%,采用等额还本付息方式进行还本付息。试计算每年的还本额和利息支付额。

解:

已知 $I_c=5\,000$ 万元,$i=6\%$,$n=5$,根据公式(3-15)计算可得:

$$A=I_c\times\frac{i(1+i)^n}{(1+i)^n-1}=5\,000\times\frac{5\%\times(1+6\%)^5}{(1+6\%)^5-1}=1\,186.98(万元)$$

每年还本付息额的计算如表 3-2 所示。

表 3-2 某新建项目等额还本付息方式偿还借款计算表　　　单位:万元

年　份	1	2	3	4	5
年初本金	5 000	4 113	3 173	2 176	1 120
年 利 率	6%	6%	6%	6%	6%
本年应计利息	300	247	190	131	67
本年还本付息	1 187	1 187	1 187	1 187	1 187
本年应还本金	887	940	997	1 056	1 120
年末本金	4 113	3 173	2 176	1 120	0

② 等额还本利息照付方式。等额还本利息照付方式是指将贷款本金分若干年等额摊还,并在每年末支付该年利息。它的特点是贷款本金逐年减少,利息也随之减少,至贷款期满可以全部还清。它适合于盈利能力较强的项目。

设 A_t 为第 t 年的还本付息额,则有:

$$A_t=\frac{I_c}{n}+I_c\times\left(1-\frac{t-1}{n}\right)\times i \tag{3-18}$$

其中,每年支付利息=年初本金累计×年利率。

即

$$第\,t\,年支付的利息=I_c\times\left(1-\frac{t-1}{n}\right)\times i \tag{3-19}$$

$$每年偿还本金=\frac{I_c}{n} \tag{3-20}$$

【例题 3-6】 仍以例题 3-5 为例,采用等额还本利息照付方式进行还本付息。试计算每年的还本额和利息支付额。

解:

已知 $I_c=5\,000$ 万元,$i=6\%$,$n=5$,根据公式(3-18)可得:

$$每年偿还本金=\frac{I_c}{n}=1\,000(万元)$$

每年还本付息额的计算如表 3-3 所示。

表 3-3 某新建项目等额还本利息照付方式偿还借款计算表 单位：万元

年 份	1	2	3	4	5
年初本金	5 000	4 000	3 000	2 000	1 000
年利率	6%	6%	6%	6%	6%
本年应计利息	300	240	180	120	60
本年应还本金	1 000	1 000	1 000	1 000	1 000
本年还本付息	1 300	1 240	1 180	1 120	1 060
年末本金	4 000	3 000	2 000	1 000	0

③ 最大能力还本付息方式。最大能力还本付息方式是指企业在项目投产运营后，将获得盈利中可用于还贷的资金全部用于还贷，以最大限度地减少企业债务，使贷款偿还期缩至最短。每年偿还本金的数额按最大偿还能力计算，偿还能力主要包括可以用于还款的折旧费、摊销费及税后利润（一般是扣除法定盈余公积金和公益金后的税后利润）。它适合于贷款利率较高的项目。每年支付利息的计算公式如下：

$$每年支付利息 = 年初本金累计 \times 年利率 \qquad (3-21)$$

【例题 3-7】 某公司新建项目建设期末的银行贷款本利和为 2 205 万元，贷款年利率为 10%，新建项目运营期为 8 年，每年的折旧费、摊销费和税后利润见表 3-4。试用最大能力还本付息方式计算该公司的借款偿还期。

解：

每年最大还本能力 = 折旧费 + 摊销费 + 税后利润，因此：

第 1 年的最大还本能力 = 363.66 + 75 + 93.80 = 532.46(万元)

第 1 年支付利息 = 2 205 × 10% = 220.50(万元)

运营期每年支付的建设期贷款本利和余额所产生的利息作为当期的财务费用，属于总成本费用，在税前利润中已经支付。

其余年份最大还本能力及每年支付利息计算如表 3-4 所示。

$$借款偿还期 = (4-1) + \frac{538.52}{(363.66+75+136.47)} = 3.94(年)$$

表 3-4 每年最大还本能力及每年支付利息计算表 单位：万元

年 份	1	2	3	4	5	6	7	8
建设期贷款本利余额	2 205	1 672.54	1 112.65	538.52	0	0	0	0
折旧费	363.66	363.66	363.66	363.66	363.66	363.66	363.66	363.66
摊销费	75	75	75	75	75	75	75	75
税后利润	93.80	121.23	135.47	136.47	135.09	134	134	134
最大还款能力	532.46	559.89	574.13	575.13	573.75	572.66	572.66	572.66
本年应还本金	532.46	559.89	574.13	538.52	0	0	0	0
本年应还利息	220.50	167.25	111.27	53.85	0	0	0	0

(2) 用于流动资金的借款利息。流动资金借款从本质上说应该归类为长期借款，但目前有些企业往往按年终偿还，下年初再借的方式处理，并按一年期利率计息。财务评价中可以根据情况选用适宜的利率。流动资金借款利息一般按当年流动资金借款额乘以相应的借款利率计算。财务评价中对流动资金的借款偿还一般设定在计算期最后一年，也可以在还完长期借款后安排。

(3) 短期借款利息。项目评价中的短期借款是指生产运营期间为了资金的临时需要而发生的短期借款。短期借款的数额应在资金来源与运用表中有所反映，其利息应计入总成本费用表的财务费用中。计算短期借款利息所采用利率一般为一年期利率。短期借款的偿还按照随借随还的原则处理，即当年借款尽可能于下年偿还。

7) 其他费用的估算

其他费用是指从制造费用、管理费用和营业费用中分别扣除工资及福利费、折旧费、摊销费、修理费以后的其余部分，包括其他制造费用、其他管理费用和其他营业费用三项费用。

3.2.3 经营成本的估算

经营成本是建设项目经济评价所使用的特定概念，作为项目运营期的主要现金流出，其计算公式为：

$$经营成本=外购原材料、燃料和动力费＋工资及福利费＋修理费＋其他费用 \tag{3-22}$$

3.2.4 固定成本与可变成本的估算

财务评价进行盈亏平衡分析时，需要将总成本费用分解为固定成本和可变成本。固定成本是指不随产品产量及销售量的增减发生变化的各项成本费用，一般包括折旧费、摊销费、修理费、工资及福利费（计件工资除外）和其他费用等，通常把运营期发生的全部利息也作为固定成本。可变成本是指随产品产量及销售量增减而成正比例变化的各项费用，主要包括外购原材料、燃料及动力费和计件工资等。有些成本费用属于半固定半可变成本，必要时可进一步分解为固定成本和可变成本。

3.3 项目运营期的收入与税费

3.3.1 工程经济分析中现金流量的核算原则

企业的收入、利润和所得税核算是按权责发生制进行的，而工程经济分析中所涉及的有关现金流量的核算则遵循的是收付实现制。

权责发生制是指企业当期已经实现的收入和已经发生或负担的费用，无论款项是否收付，都应当作为当期的收入和费用；凡是不属于当期的收入和费用，即使款项已在当期收付，也不应当作为当期的收入和费用。收付实现制是与权责发生制相对应的一种确认基础，它是以收到或支付现金作为确认收入和费用的依据。显然，权责发生制所反映的经营成果与收付实现制所反映的经营成果是不一致的。目前，我国的行政单位采用收付实现制，事业单位除经营业务采用权责发生制外，其他业务也采用收付实现制。

3.3.2 营业收入

根据我国《企业会计准则（2006）》中的定义，收入是指企业在销售商品、提供劳务及他人使用本企业资产等日常活动中所形成的经济利益的总流入，具体包括商品营业收入、劳务收入、使用费收入、股利收入及利息收入等。收入是企业利润的主要来源。这里的经济利益是指直接或间接流入企业的现金或现金等价物。营业收入是指销售产品或者提供服务取得的收入。它是进行利润总额、营业税金及附加和增值税估算的基础数据。

计算营业收入首先要在正确估计各年的生产能力利用率或称生产负荷或开工率的基础上，还需要合理确定产品或服务的价格，并明确产品或服务适用的流转税率。对于征收增值税的产品，收入有含增值税和不含增值税之分。按税法，营业收入是不含增值税的，与此对应，项目的各种外购物品也不含增值税。也就是说，在现金流量分析中可不考虑增值税问题。

3.3.3 建设项目经济分析的税费

工程建设项目经济分析涉及的税费主要包括增值税、消费税、城市维护建设税、教育费附加、资源税、所得税等，房地产行业还包括土地增值税。税种和税率的选择应根据相关税法和项目的具体情况确定。

1. 增值税

增值税是对生产、销售商品或者提供劳务的纳税人实行抵扣原则，就其生产、经营过程中实际发生的增值额征税的税种。当财务评价的营业收入和成本估算均含增值税时，项目应缴纳的增值税等于销项税额减进项税额。

在工程经济分析中，增值税作为价外税可以不包括在营业税金及附加中，也可以包含在营业税金及附加中。如果不包括在营业税金及附加中，产出物的价格不含有增值税中的销项税，投入物的价格中不含有增值税中的进项税。但在营业税金及附加的估算中，为了计算城乡维护建设税和教育费附加，有时还需要单独计算增值税额，作为城乡维护建设税和教育费附加的计算基数。应当注意的是，当采用含增值税价格计算营业收入和原材料、燃料动力成本时，利润表中应单列增值税科目；采用不含增值税价格计算时，利润表中不包括增值税科目。增值税是按增值额计税的，可按下列公式计算：

$$增值税应纳税额 = 销项税额 - 进项税额 \qquad (3-23)$$

式（3-23）中，销项税额是指纳税人销售货物或提供应税劳务，按照营业收入和

增值税率计算并向购买方收取的增值税额,其计算公式为:

$$销项税额 = 营业收入 \times 增值税率 =$$
$$[营业收入(含税销售额) \div (1+增值税率)] \times 增值税率 \quad (3-24)$$

进项税额是指纳税人购进货物或接受应税劳务所支付或负担的增值税额,其计算公式为:

$$进项税额 = [外购原材料、燃料及动力费 \div (1+增值税率)] \times 增值税率 \quad (3-25)$$

为完善增值税制度,《财政部、税务总局关于调整增值税税率的通知》(财税〔2018〕32号)调整了增值税税率。截至2020年7月,最新的增值税税率如表3-5所示。

表3-5 增值税税率

序号	增值税纳税行业		增值税税率
1	销售或进口货物（另有列举的货物除外）		13%
	提供服务	提供加工、修理、修配劳务	
		提供有形动产租赁服务	
2	销售或进口货物	粮食等农产品、食用植物油、食用盐	9%
		自来水、暖气、冷气、热气、煤气、石油液化气、天然气、沼气、居民用煤炭制品	
		图书、报纸、杂志、音像制品、电子出版物	
		粮食、食用植物油	
		饲料、化肥、农药、农膜	
		国务院规定的其他货物	
	提供服务	转让土地使用权、销售不动产、提供不动产租赁、提供建筑服务、提供交通运输服务、提供邮政服务、提供基础电信服务	
3	销售无形资产		6%
	提供服务（另有列举的服务除外）		
4	出口货物（国务院另有规定的除外）		零税率
	提供服务	国际运输服务、航天运输服务	
		向境外单位提供的完全在境外消费的相关服务	
		财政局和国家税务总局规定的其他服务	

纳税人兼营不同税率的项目,应当分别核算不同税率项目的销售额;未分别核算销售额的,从高适用税率。

建筑安装工程费用的增值税是指国家税法规定应计入建筑安装工程造价内的增值税销项税额。增值税的计税方法包括一般计税方法和简易计税方法。一般纳税人发生应税行为适用一般计税方法计税。小规模纳税人发生应税行为适用简易计税方法计税。

（1）一般计税方法。当采用一般计税方法时，建筑业增值税税率为9%，则其计算公式为：

$$增值税销项税额 = 税前造价 \times 9\% \tag{3-26}$$

税前造价为人工费、材料费、施工机具使用费、企业管理费、利润和规费之和，各费用项目均以不包含增值税可抵扣进项税额的价格计算。

（2）简易计税方法。简易计税方法的应纳税额是指按照销售额和增值税征收率计算的增值税额，不得抵扣进项税额。当采用简易计税方法时，建筑业增值税征收率为3%，则其计算公式为：

$$增值税 = 税前造价 \times 3\% \tag{3-27}$$

税前造价为人工费、材料费、施工机具使用费、企业管理费、利润和规费之和，各费用项目均以包含增值税进项税额的含税价格计算。

2. 消费税

消费税是对工业企业生产、委托加工和进口的部分应税消费品按差别税率或税额征收的一种税。消费税是在普遍征收增值税的基础上，根据消费政策、产业政策的要求，有选择地对部分消费品征收的一种特殊的税种。消费税采用从价定率和从量定额两种计税方法计算应纳税额，一般以应税消费品的生产者为纳税人，于销售时纳税。其应纳税额的计算公式如下所述。

实行从价定率方法计算的：

$$\begin{aligned}应纳税额 &= 应税消费品销售额 \times 适用税率 \\ &= [营业收入(含增值税) \div (1+增值税率)] \times 消费税率 \\ &= 组成计税价格 \times 消费税率\end{aligned} \tag{3-28}$$

实行从量定额方法计算的：

$$应纳税额 = 应税消费品销售数量 \times 单位税额 \tag{3-29}$$

应税消费品的销售额是指纳税人销售应税消费品向买方收取的全部价款和价外费用，不包括向买方收取的增值税税款。销售数量是指应税消费品数量。

3. 城乡维护建设税

城乡维护建设税是以纳税人实际缴纳的流转税额为计税依据征收的一种税。城乡维护建设税按纳税人所在地区实行差别税率：项目所在地为市区的，税率为7%；项目所在地为县城、镇的，税率为5%；项目所在地为乡村的，税率为1%。

城乡维护建设税以纳税人实际缴纳的增值税、消费税税额为税基乘以相应的税率计算，并分别与上述2种税同时缴纳。城乡维护建设税属于地方税种。在财务评价中应注意当地的规定。其应纳税额计算公式为：

$$应纳税额 = (增值税+消费税)的实纳税额 \times 适用税率 \tag{3-30}$$

4. 教育费附加

教育费附加是为了加快地方教育事业的发展，扩大地方教育经费的资金来源而开征的一种附加费。根据有关规定，凡缴纳消费税、增值税的单位和个人，都是教育费附加的缴纳人。教育费附加随消费税、增值税同时缴纳。教育费附加的计征依据是缴纳人实际缴纳的消费税、增值税的税额，征收率为3%。其计算公式为：

$$应纳教育费附加额＝(增值税＋消费税)的实纳税额×3\% \quad (3-31)$$

5. 资源税

资源税是国家对在我国境内开采应税矿产品或者生产盐的单位和个人征收的一种税。

6. 土地增值税

土地增值税是按纳税人转让房地产所取得的收入减除税法规定的扣除项目金额后的余额征收的税种，房地产项目应按规定计算土地增值税。税法准予纳税人从转让收入中扣除的项目包括：取得土地使用权支付的金额；房地产开发成本、房地产开发费用、与转让房地产有关的税金、其他扣除项目、旧房及建筑物的评估价格。土地增值税实行四级超率累进税率，具体税率如表3-6所示。

表3-6 土地增值税税率表

增值额占扣除项目金额的比例	税率	速算扣除系数
50%以下（含50%）	30%	0
超过50%~100%（含100%）	40%	5%
超过100%~200%（含200%）	50%	15%
200%以上	60%	35%

土地增值税应纳税额的计算公式为：

$$应纳税额 = \sum(每级距的土地增值额 \times 适用税率) \quad (3-32)$$

或：

$$应纳税额＝增值额×适用税率－扣除项目金额×速算扣除系数 \quad (3-33)$$

$$土地增值额＝转让收入－扣除项目金额 \quad (3-34)$$

7. 企业所得税

企业所得税是企业依照税法的规定，针对其生产经营所得和其他所得，按规定的税率计算、缴纳的税款。由于所得税是企业的一项重要的现金流出，所以所得税的核算对工程项目的投资决策来说是很重要的。

企业所得税是以应纳税所得额乘以企业适用的所得税税率而求得的。其计算公式为：

$$应纳所得税额＝应纳税所得额×适用的所得税税率 \quad (3-35)$$

其中，企业每一纳税年度的收入总额，减除不征税收入、免税收入、各项扣除及允许弥补的以前年度亏损后的余额，为应纳税所得额。

企业所得税税率是指对纳税人应纳税所得额征税的比率。按照《中华人民共和国企业所得税法》的规定，企业所得税实行25%的比例税率；对于非居民企业取得的应税所得额适用税率为20%。但符合条件的小型微利企业，减按20%的税率征收企业所得税；国家需要重点扶持的高新技术企业，减按15%的税率征收企业所得税。

另外，国家根据经济和社会发展的需要，在一定的期限内会对特定的地区、行业或企业的纳税人给予一定的税收优惠，即对其应缴纳的所得税给予减征或免征。

8. 关税

关税是对进出口的应税货物为纳税对象的税种。财务评价中涉及应税货物的进出口时，应按规定正确计算关税。引进技术、设备材料的关税体现在投资估算中，而进口原材料的关税体现在成本中。

3.4 利润、所得税和利润分配

3.4.1 利润的核算

利润是指企业在一定会计期间的经营成果，是用货币形式反映的企业生产经营活动的效率和效益的最终体现，是以企业生产经营所创造的收入与所发生的成本对比的结果。企业最终的经营成果一般有两种可能：一种是取得正的财务成果，即利润；另一种则是负的财务成果，即亏损。

就其构成来看，企业的利润既可通过生产经营活动而获得，也可通过投资活动而获得，此外还包括那些与生产经营活动无直接关系的事项所引起的盈亏。企业的利润包括营业利润、利润总额和净利润。

1. 营业利润

营业利润是企业利润的主要来源，等于主营业务利润加上其他业务利润，再减去营业费用、管理费用和财务费用后的金额。其计算公式为：

$$营业利润 = 主营业务利润 + 其他业务利润 - 营业费用 - 管理费用 - 财务费用 \quad (3-36)$$

1) 主营业务利润

主营业务利润是指企业的主营业务收入减去主营业务成本和主营业务税金及附加后的金额。其计算公式为：

$$主营业务利润 = 主营业务收入 - 主营业务成本 - 主营业务税金及附加 \quad (3-37)$$

主营业务收入指销售商品、提供劳务等取得的收入；主营业务成本指企业已销售的商品、劳务等的制造成本；主营业务税金及附加指应由销售的商品、提供的劳务等负担的销售税金及附加。

2) 其他业务利润

其他业务利润是指企业主营业务以外的其他业务活动所产生的利润，它等于其他业务收入减去其他业务支出后的金额。其中，其他业务支出包括企业在经营其他业务过程中所发生的成本费用及应由其他业务收入所负担的流转税等。其计算公式为：

$$其他业务利润 = 其他业务收入 - 其他业务支出 \quad (3-38)$$

2. 利润总额

企业的利润总额是指营业利润加上投资收益、补贴收入、营业外收入，再减去营业外支出后的金额。其计算公式为：

$$利润总额＝营业利润＋投资净收益＋补贴收入＋营业外收入－营业外支出 \qquad (3-39)$$

1) 投资净收益

投资净收益指企业对外投资所取得的收益，减去发生的投资损失和计提的投资减值准备后的净额。其计算公式为：

$$投资净收益＝投资收益－投资损失 \qquad (3-40)$$

投资收益包括对外投资分得的利润、股利和债券利息，投资到期收回或者中途转让、出售取得款项高于账面价值的差额等。投资损失包括投资到期收回或中途转让、出售取得的款项低于账面价值的差额等。

2) 补贴收入

补贴收入是指企业按规定实际收到的退还的增值税，或按销量或工作量等依据国家规定的补助定额计算并按期给予的定额补贴，以及属于国家财政扶持的领域而给予的其他形式的补贴。

3) 营业外收入和营业外支出

营业外收入和营业外支出是指企业发生的与其生产经营活动没有直接关系的各项收入和各项支出。营业外收支净额的计算公式为：

$$营业外收支净额＝营业外收入－营业外支出 \qquad (3-41)$$

以上构成利润组成项目的指标中，真正反映企业盈利能力的是营业利润，它是一个企业依靠自己的经营活动取得的正常收益。而其他各个指标一般只能反映企业在某一个会计期间所取得的偶然收益，并不能代表企业的正常经营水平。

3. 净利润

净利润是企业当期利润总额减去所得税后的金额，即企业的税后利润，是企业所有者权益的组成部分，也是企业进行利润分配的依据。其计算公式为：

$$净利润＝利润总额－所得税 \qquad (3-42)$$

所得税是指企业应计入当期损益的所得税费用。

3.4.2　所得税的估算

利润总额经纳税调整后，按适用的税率计算所得税。企业发生的年度亏损，可以用下一年度的税前利润弥补，下一年度利润不足弥补的，可以逐年延续弥补，但是延续弥补期最长不得超过5年，按弥补以后的应纳所得税额，再计算所得税。

3.4.3　我国企业利润分配的一般顺序

根据《企业会计制度》，企业当期实现的净利润按下列顺序分配。

(1) 弥补公司以前年度亏损。公司的法定公积金不足以弥补以前年度亏损的，在依照规定提取法定公积金之前,应当先用当年利润弥补亏损。企业当期实现的净利润加上年初未分配利润(或减去年初未弥补亏损)和其他转入后的余额,为可供投资者分配的利润。

(2)提取法定公积金。法定公积金是按照法定比例从公司税后利润中提取的公积金,用于弥补公司亏损、扩大公司生产经营或者转为增加公司注册资本。根据《中华人民共和国公司法》规定:公司分配当年税后利润时,应当提取利润的10%列入公司法定公积金;当公司法定公积金累计额为公司注册资本的50%时,可不再继续提取。

(3)经股东会或者股东大会决议提取任意公积金。任意公积金是公司在法定公积金之外,经股东会或者股东大会决议而从税后利润中提取的公积金。任意公积金由于并非法律强制规定要求提取的,因此对其提取比例、用途等《中华人民共和国公司法》均未作出规定,而是交由公司章程或者股东会决议作出明确规定。

(4)向投资者分配的利润或股利。可供投资者分配的利润减去提取的法定公积金、任意公积金后,可以按照《中华人民共和国公司法》有关规定向投资者分配利润或股利。

(5)未分配利润。可供投资者分配的利润,经过上述分配后,所余部分为未分配利润(或未弥补亏损)。未分配利润可留待以后年度进行分配。企业如发生亏损,可以按规定由以后年度利润进行弥补。

小栏目

某企业 2003—2005 年的利润与利润分配表　　　　单位:万元

序号	科目	2005年	2004年	2003年
1	主营业务收入	12 660 836	5 863 806	4 446 037
2	主营业务成本	9 998 166	4 143 644	3 082 543
3	主营业务税金及附加	69 524	41 891	36 229
4	主营业务利润(1-2-3)	2 593 146	1 678 271	1 327 265
5	其他业务利润	11 776	10 098	6 384
6	营业费用	160 655	43 803	36 775
7	管理费用	509 536	247 302	215 794
8	财务费用	104 361	43 522	76 153
9	营业利润(4+5-6-7-8)	1 830 370	1 353 741	1 004 927
10	投资收益	18 136	1 066	3 963
11	补贴收入	2 508	154	15
12	营业外收入	6 575	14 379	405
13	营业外支出	26 512	10 694	16 450
14	利润总额(9+10+11+12-13)	1 831 077	1 358 646	992 860
15	所得税	577 657	414 677	295 378
16	少数股东损益	-13 132	4 446	-91

续表

序号	科 目	2005年	2004年	2003年
17	净利润（14－15－16）	1 266 553	939 523	697 572
18	年初未分配利润	574 932	231 988	0
19	其他	0	4 405	
20	可供分配的利润（17＋18＋19）	1 841 485	1 175 916	697 572
21	提取法定盈余公积	152 968	95 906	71 825
22	提取公益金	151 781	95 906	71 825
23	提取储备基金	1 759	125	72
24	提取企业发展基金	2 245	1 245	14
25	可供股东分配的利润（20－21－22－23－24）	1 532 731	983 855	553 836
26	提取任意盈余公积	134 920	96 123	71 608
27	应付普通股股利	560 384	312 800	250 240
28	未分配利润（25－26－27）	837 426	574 932	231 988

思 考 题

1. 简述建设项目投资及其构成内容。
2. 简述我国现行建筑安装工程费用的构成内容。
3. 简述成本与费用、总成本费用的概念。
4. 简述无形资产摊销年限的确定原则。
5. 长期借款利息偿还方式有哪些？每种偿还方式本金和利息的变化特点有何不同？
6. 简述经营成本的概念及其计算公式。
7. 简述工程经济分析中现金流量的核算原则。
8. 营业税金及附加中包括哪些税种？
9. 企业的利润包括哪些？我国企业利润分配的一般顺序是什么？
10. 某公司以30万元购进一台新轿车，按规定使用年限为8年，残值率为4％，每年行驶的里程数如表3－7所示。试分别用平均年限法、工作量法、年数总和法、双倍余额递减法计算各年应该计提的折旧额是多少？

表3－7 按不同折旧方法计算的轿车每年折旧额

使用年限	行驶里程/万km	年计提折旧额/万元			
		平均年限法	工作量法	年数总和法	双倍余额递减法
1	5				
2	6				
3	6				

续表

使用年限	行驶里程/万 km	年计提折旧额/万元			
		平均年限法	工作量法	年数总和法	双倍余额递减法
4	8				
5	7				
6	7				
7	6				
8	5				
合　计	50				

11. 某个项目投资总额1 000万元，分5年在年初支付工程款，2年后开始投产，运营期为5年。投产开始时垫付流动资金200万元，项目结束时收回。每年营业收入1 000万元，经营成本700万元。假设现金流出在年初支付，现金流入在年末取得。请计算投产后各年产生的利润和现金流量，并比较整个投资年限内利润合计与现金流量合计是否相等。

12. 某新建项目投资拟向银行贷款4 000万元，贷款期限为5年，没有宽限期，年利率为8%，分别采用等额还本付息方式、等额还本利息照付方式进行还本付息。试计算每年的还本额和利息支付额。

13. 某企业投资150 000元购入固定资产一台，残值按原值的5%计算，预计可用5年。企业年营业收入为100 000元，按直线法计算的年总成本费用为60 000元。请用直线法和年数总和法分别计算各年的折旧额，并分析：① 若不考虑资金的时间价值，两种折旧方法对企业成本、利润和应交所得税的影响；② 若考虑资金的时间价值，两种折旧方法对企业成本、利润和应交所得税的影响。

第4章 市场预测

4.1 市场调查

市场调查是运用适当的方法，有目的、系统地搜集整理市场信息资料，分析市场的客观现状。市场调查是进行市场预测的基础，是项目可行性研究的起点。

4.1.1 市场调查的内容

市场调查的主要内容是调查拟建项目同类产品的市场容量、价格及市场竞争力现状。

1. 市场容量现状调查

市场容量现状调查主要是调查项目产品在近期和预测时段的市场供需总量及其地区分布情况，为项目产品供需预测提供条件。调查内容如下所述。

1) 供应现状

(1) 国际市场供应现状。指项目产品的国际市场的总生产能力（含现有企业和在建项目）、总产量及在各国和各地区的分布；国际市场总贸易量及在各国和各地区的分布；主要生产企业的分布情况，以及产量、品种、性能、档次等。

(2) 国内市场供应现状。指项目产品的国内市场的总生产能力（含现有企业和在建项目）、总产量及地区分布；各主要生产企业的分布情况，以及产量、品种、性能、档次等。对于交通运输项目，主要调查拟建项目影响区域内各种运输方式的分布现状，客货运力、运量及流向等。对于水利水电项目，主要调查流域开发现状，水利水能资源开发利用程度、供应能力和供应量等。

(3) 进口现状。指项目产品在一定历史时段的进口总量、品种、质量，进口国别和地区、贸易方式，进口量占国内生产量的比例，以及进口量变化状况等。

2) 需求现状

(1) 国际市场需求现状。指项目产品的国际市场消费总量及在各国和各地区的分布，不同消费群体对产品品种和服务的要求，消费结构状况等。

（2）国内市场需求现状。指项目产品的国内市场消费总量及地区分布，不同消费群体对产品品种和服务的要求，消费结构状况，近期内市场需求的满足程度等。对于交通运输项目，主要调查拟建项目影响区域内，用户对各种交通运输方式的客货运输需求现状及其满足程度。对于水利水电项目，主要调查流域范围内，用户对水利电力的需求现状及其满足程度。

（3）出口现状。指项目产品在一定历史时段的出口总量、品种、质量，出口国家和地区，出口量占国际市场总贸易量的比例，以及出口量变化状况等。

2. 价格现状调查

（1）调查项目产品的国内市场价格、价格变化过程及变化规律、最高价格和最低价格出现的时间和原因。

（2）调查项目产品的国际市场价格（进口到岸价格和出口离岸价格）、价格变化过程及变化规律、分析价格的合理性、有无垄断或倾销等情况。

（3）调查价格形成机制，项目产品价格是市场形成价格还是政府调控价格。

3. 市场竞争力现状调查

市场竞争力现状调查主要是分析项目产品目前国内外市场竞争程度，市场竞争的主要对手的生产、营销及其竞争力情况等。

4.1.2 市场调查的方法

常用的市场调查方法有访问调查法、文案调查法、观察法、实验法、网络调查法等，进行市场调查应根据项目具体情况选用适当方法。

1. 访问调查法

访问调查法是应用最为普遍的一种市场调查方法，它的主要特征是以事先准备好的一系列问题访问客户或潜在消费者来获知所需信息，具体形式有以下 3 种。

1）当面访谈

当面访谈是指市场调查人员与被调查者面对面地交谈讨论，既可以是个别访问，也可以是集体座谈；既可以是专题讨论，也可以是自由发言，总之以获取所需信息为宗旨。其优点是：可以直接接触客户、了解其内心因素；可从点滴言语中捕捉有价值的信息，常有意外收获；且可借此树立企业亲和友善形象，扩大知名度。其缺点是：调查成本高，付出人力、财力、物力多；调查面较窄；对调查人员的业务素质要求很高。

2）电话调查

电话调查即市场调查人员通过电话与被调查者交谈问答。其优点是：可以在较短时间内调查较多的人群；调查覆盖面广，不受空间距离限制；成本低廉。其缺点是：不能询问复杂的问题；不易获得对方合作。

3）问卷调查

问卷调查即市场调查人员将事先设计好的调查问卷，以邮寄、面交、留置等方式送达被调查者手中，在其逐项填写作答后再反馈回来。问卷调查是一种应用较为广泛的直接调查方法。其优点是：问题可以设计得详细、巧妙，以获取更多信息；回答者可以有思考时间；成本低廉；调查范围广泛。其缺点是：回答者可能误解题意；不易获得对方合作，可能答卷的有效率不高等。

2. 文案调查法

文案调查法由市场调查执行人员收集企业内部既有档案资料及企业外部各种相关文件、档案、研究报告或公开资料，加以整理、衔接、调整与汇总，以归纳或演绎等方法予以分析，进而提出相关市场调查报告的活动过程。

文案调查方法的6大步骤包括：① 确定市场调查的基本目的及必要的调查内容；② 拟定周详的调查计划并安排相关人员的训练；③ 查明可资利用的资料档案内容及其资料来源，积极主动地展开资料收集；④ 筛选资料，评估资料的适用性，并完成必要的摘要；⑤ 对资料进行调查、衔接与融会贯通；⑥ 完成文案调查报告。

一份出色的文案调查报告，其效果并不亚于实地调查者。而其成功的关键有二：一是占有信息资料的数量和质量，二是对信息资料的加工处理能力。

文案调查所依赖的信息资料主要有：企业内部档案，如企业财务报表、销售记录、业务员访问报告、企业信息简报及重要文件汇编等；外部情报资料，如政府机构工作报告、统计年鉴、学术机构研究成果、学术会议论文集、工商名录、同业信息动态等；专业书籍；报纸杂志；互联网。

文案调查法比较适合于那些难以开展实地调查（如调查地点过远、市场覆盖面过大、消费者人群不确定、尚未上市的新产品等）而文献资料又比较丰富的项目。其优点是：周期短、费用低；可经常性开展，有积累价值。其缺点是：所获情报均非"第一手资料"，有可能失真，使精度降低。

3. 观察法

观察法属于一种实地调查法，它是指市场调查人员直接到调查地点进行现场观察，收集所需资料的方法。

观察法的具体手段是通过调查人员在调查现场的感观观察和使用照相机、摄像机、录音机等辅助设备，收集、记录下客户对产品或服务的反应态度。它比较适合于在展销会、博览会、订货会、商店等人流与商品密集处，或居住区、公园、旅游区等人群集中地开展调查。其优点是：所获资料真实可靠、直观生动；可对本企业、本项目与竞争者之间的比较做出直接判断。其缺点是：观察所得仅为外部表象、难以获知内心因素；且对观察场所有一定要求。

4. 实验法

实验法亦属于一种实地调查法，它是指企业将其产品或服务通过试销、试用等实验性方式局部地推向市场，了解客户反映、收集市场信息的方法。

实验法的具体手段是选择一部分营销场所或一部分消费群体，以较低廉的价格诱导消费，并与消费者取得沟通、获得反馈。其优点是：所获资料真实可靠；有很强针对性和说服力，对改进产品和服务大有裨益。其缺点是：成本高，实验时间长。

5. 网络调查法

近年来，随着信息技术的突飞猛进和互联网的迅速普及，电子商务和电子政务的快速发展，以及网络所提供的信息越来越丰富、及时，借助互联网进行市场调查也越来越成为市场调查的重要途径。网络调查法的最大优点是速度快、费用低、覆盖面广、信息与数据更新及时；但缺点是非网民的人群不在被调查者之列，代表性有限。

总之，以上各种市场调查方法各有千秋，且相互并不排斥，既可以单独采用，也可以组合使用，一切以达到调查目标为最终目的。

4.2 市场预测

市场预测是在市场调查取得一定资料的基础上,通过对市场资料的分析研究,运用科学的方法和手段推测市场未来的发展状态、行为和趋势。市场预测是对项目的产出品和所需的主要投入品的市场容量、价格、竞争力,以及市场风险进行分析预测,其中最为关键的是产品需求预测。市场预测是项目可行性研究的基本任务之一,它是项目投资决策的基础。

4.2.1 市场预测的内容

市场预测主要围绕与项目产品相关的市场条件展开。由于项目产品的多样性,既包括为特定使用人提供的有形产品、无形产品,还包括为社会公众提供使用或服务的公共产品,如铁路、公路、城市基础设施,因此市场预测的具体内容有很大差异,但就其基本内容和方法而言又是相通的。市场预测的研究内容主要有以下几个方面。

1. 产品供应与需求预测

产品供需预测是利用市场调查所获得的信息资料,对项目产品未来市场供应和需求的数量、品种、质量、服务进行定性与定量分析。产品供需预测的内容有以下几个方面。

1) 产品供应预测

预测拟建项目产品在生产运营期内全社会和目标市场的可供应量,包括国内外现有供应量和新增供应量。

2) 产品需求预测

预测拟建项目产品在生产运营期内全社会和目标市场需求总量,包括国内需求量和出口需求量。对于交通运输项目,预测拟建项目影响区域内,随着经济和社会发展,用户对各种运输方式的需求量。对于水利水电项目,预测拟建项目流域范围内经济和社会发展,用户对水利水电的需求结构和需求量变化情况,以及水电资源的可供量和需求满足的程度。对于城市基础设施项目,根据法律规定、政府政策导向、经济发展水平和城市规划等,预测项目所在地对城市基础设施的需求量。

3) 产品供需平衡分析

在产品供应和需求预测的基础上,分析项目产品在生产运营期内的供需平衡情况和满足程度,以及可能导致供需失衡的因素和波及范围。

4) 目标市场分析

根据市场结构、市场分布与区位特点、消费习惯、市场饱和度,以及项目产品的性能质量和价格的适应性等因素,选择确定项目产品的目标市场,预测可能占有的市场份额。

2. 价格预测

项目产品价格是测算项目投产后的销售收入、生产成本和经济效益的基础,也是考察项目产品竞争力的重要方面。预测价格时,应对影响价格形成和导致价格变化的各种因素进行分析,初步设定项目产品的销售价格和投入品的采购价格。

3. 竞争力分析

竞争力分析是研究拟建项目在国内外市场竞争中获胜的可能性和获胜的能力。进行竞争力分析，既要研究项目自身竞争力，也要研究竞争对手的竞争力，并进行对比，以此进一步优化项目的技术经济方案，扬长避短，发挥竞争优势。

1) 竞争力优势、劣势分析

竞争力优势、劣势分析的内容包括：① 自然资源占有的优势、劣势；② 工艺技术和装备的优势、劣势；③ 规模效益的优势、劣势；④ 新产品开发能力的优势、劣势；⑤ 产品质量性能的优势、劣势；⑥ 价格的优势、劣势；⑦ 商标、品牌、商誉的优势、劣势；⑧ 项目区位的优势、劣势；⑨ 人力资源的优势、劣势。

2) 竞争力对比

选择项目目标市场范围内，占市场份额较大、实力较强的几家竞争对手，将项目自身条件与竞争对手条件的优势、劣势对比并排序。

4. 市场风险分析

在可行性研究中，市场风险分析是在产品供需、价格变动趋势和竞争能力等常规分析已达到一定深度要求的情况下，对未来国内外市场某些重大不确定因素发生的可能性，及其可能对项目造成的损失程度进行分析。市场风险分析可定性描述，估计风险程度；也可定量计算风险发生概率，分析对项目的影响程度。

4.2.2 市场预测的方法

在进行市场预测时，应根据项目产品特点及项目不同决策阶段对市场预测的不同深度要求，选用相应的预测方法。市场预测的方法一般可以分为定性预测和定量预测两大类。常用的市场预测方法体系如图 4-1 所示。

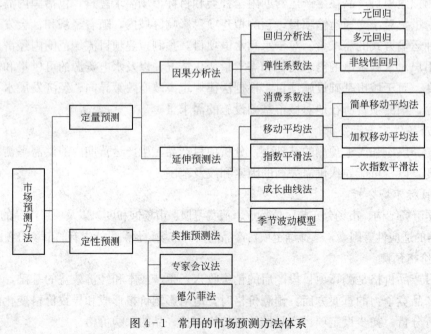

图 4-1 常用的市场预测方法体系

1. 定性预测

定性预测是根据掌握的信息资料，凭借专家的个人和群体的经验和知识，运用一定的方法，对市场未来的趋势、规律、状态做出质的判断和描述。定性预测较为常用的方法有类推预测法、专家会议法、德尔菲法等，其核心都是专家依据个人的经验、智慧和能力进行判断。

2. 定量预测

定量预测是依据市场历史和现在的统计数据资料，选择或建立合适的数学模型，分析研究其发展变化规律并对未来做出预测。定量预测包括因果预测、延伸预测和其他预测方法。其他方法则包括经济计量分析、投入产出分析、系统动力模型、马尔科夫链等，这些预测法主要借助复杂的数学模型模拟现实经济结构进行预测。

4.2.3　市场预测的时间跨度

市场预测的时间跨度应根据产品的生命周期、市场变化规律及占有数据资料的时效性等情况综合确定。对于竞争性项目的产品，预测时段一般为10年左右；对于更新换代快、生命周期短的产品，预测时段可适当缩短；对于大型交通运输、水利水电等基础设施项目，预测时段可适当延长。预测方法按预测的时间跨度，分为中、长期预测方法和短期预测方法。适合于中、长期预测的方法有德尔菲法、回归分析法、趋势类推法、投入产出法、弹性系数法和产品终端消费法等。适合于短期预测的方法有简单移动平均法、简单指数平滑法、霍特双参数线性指数平滑法、时间序列分解法等。其中回归分析法、趋势类推法和弹性系数法也可用于短期预测。

4.3　因果分析法

因果分析预测方法是通过寻找变量之间的因果关系，分析自变量对因变量的影响程度，进而对未来进行预测的方法，主要适用于存在关联关系的数据预测。一个事物的发展变化经常与其他事物存在直接与间接的联系，如居民收入水平的增加会引起商品房销售量的增加。这种变量间的相关关系要通过统计分析才能找到其中的规律，并用确定的函数关系来描述。因果分析法主要包括回归分析法、弹性系数分析法和消费系数法等方法。

回归分析法是分析相关因素相互关系的一种数理统计方法。回归分析法通过建立一个或一组自变量与相关随机变量的回归分析模型，进行参数估计，进而利用模型来预测相关随机变量的未来值。回归分析法根据自变量的个数分为一元回归与多元回归；按自变量与因变量的关系分为线性回归与非线性回归。不论是一元回归模型还是多元回归模型，预测模型的建立要经过严格的统计检验，否则模型不能成立。

弹性系数法是一种相对简单易行的定量预测方法，通过计算某两个变量相对变化弹性关系，对因变量进行预测。弹性是一个相对量，它衡量某一变量的改变所引起的另一变量的相对变化。

消费系数法是按行业、部门、地区、人口、群体等对某产品的消费者进行分析，认识和掌握消费者与产品的数量关系，从而预测产品需求量。

4.3.1 一元线性回归分析

1. 基本模型

一元线性回归分析预测模型的数学表达式是一元线性方程。其特点是预测对象主要受一个相关因素的影响，且两者呈线性相关的关系。将预测对象作为因变量 y，x 为最主要的影响因素或自变量，且自变量 x 与因变量 y 之间存在统计线性关系，则表示如下：

$$y = a + bx + e \tag{4-1}$$

公式（4-1）称为一元回归模型，也称为总体模型。a、b 是揭示 x 和 y 之间关系的系数，a 为回归常数，b 为回归系数，e 是误差项或称回归余项。

对于一组观察到的变量 $(y_i, x_i)(i=1, 2, 3, \cdots, n)$，应满足下面的关系：

$$y_i = a + bx_i + e_i \tag{4-2}$$

式（4-2）中，e_i 是误差项，是用 $a + bx_i$ 去估计因变量 y_i 的值而产生的误差。

在实际预测中，e_i 是无法预测的，回归预测是借助 $a + bx_i$ 得到预测对象的估计值 y_i。为了确定 a 和 b，从而揭示变量 y 与 x 之间的关系，公式（4-1）可以表示为：

$$\hat{y} = a + bx \tag{4-3}$$

$\hat{y}$ 是 y 的估计值，公式（4-3）是公式（4-1）的拟合曲线。

2. 回归分析的内容

通常，回归分析主要用于解决经济预测中的以下内容。

(1) 分析一组经济数据，根据分析确定变量之间的数学关系形式。

(2) 对变量关系式中的参数进行估计和检验，分析各影响因素与预测对象之间的关系强弱程度，并给予说明。

(3) 根据求得的回归模型数学式和自变量的值，预测研究经济对象未来的值，并且分析和研究预测结果的误差范围及其精确度。

(4) 对预测结果做经济方面的分析和解释。

3. 回归参数估计

不论任何一种预测方法，只要是定量估计，都存在参数估计的问题。所以，参数估计是预测分析中重要的一步工作，常用的方法很多，我们这里应用的是最小二乘法。

对每一组数据，设自变量取值为 x_i，将 x_i 代入方程（4-3）即得到相应的因变量值为 $\hat{y}_i$（估计值），而实际值 y_i 与估计值 $\hat{y}_i$ 之差，称为估计误差或参差，以 e_i 表示。

$$e_i = y_i - \hat{y}_i \tag{4-4}$$

或者

$$e_i = y_i - a - bx_i \tag{4-5}$$

不同的回归方程的估计误差不相等,而回归方程又取决于常数项 a 和回归系数 b。因此,关键是如何选取回归系数 a 和 b,使得拟合曲线的误差最小。

建立直线方程最常用的方法是最小二乘法。它是根据误差平方和最小这一准则建立回归方程的。设误差平方和为 Q,则:

$$Q = \sum_{i=1}^{n} e_i^2 = \sum_{i=1}^{n} (y_i - \hat{y}_i)^2 = \sum_{i=1}^{n} (y_i - a - bx_i)^2 \tag{4-6}$$

显然,误差平方和 Q 是 a、b 的函数。因此,选择适当的 a 和 b 可使误差平方和 Q 达到最小。最小二乘法根据微积分中的极值原理,对式(4-6)中的 a、b 分别求偏导数并令其等于零,即:

$$\frac{\partial Q}{\partial b} = -2 \sum_{i=1}^{n} (y_i - a - bx_i) x_i = 0 \tag{4-7}$$

$$\frac{\partial Q}{\partial a} = -2 \sum_{i=1}^{n} (y_i - a - bx_i) = 0 \tag{4-8}$$

求解方程组(4-7)、(4-8),可求得回归系数为:

$$b = \frac{\sum x_i y_i - \bar{x} \sum y_i}{\sum x_i^2 - \bar{x} \sum x_i} \tag{4-9}$$

$$a = \bar{y} - b\bar{x} \tag{4-10}$$

其中,$\bar{x} = \dfrac{\sum x_i}{n}$、$\bar{y} = \dfrac{\sum y_i}{n}$ 分别为 x、y 样本算术平均值。

4. 回归检验

在利用回归模型进行预测时,需要对回归系数、回归方程进行检验,以判定预测模型的合理性和适用性。检验方法有方差分析、相关检验、t 检验、F 检验。对于一元回归,相关检验与 t 检验、F 检验的效果是等同的,因此,在一般情况下,通过其中一项检验就可以了。对于多元回归分析,t 检验与 F 检验的作用却有很大的差异。

1)方差分析

通过推导,可以得出:

$$\sum (y_i - \bar{y})^2 = \sum (y_i - \hat{y}_i)^2 + \sum (\hat{y}_i - \bar{y})^2 \tag{4-11}$$

其中:$\sum (y_i - \bar{y})^2 = \mathrm{TSS}$,称为偏差平方和,反映了 n 个 y 值的分散程度,又称总变差;$\sum (\hat{y}_i - \bar{y})^2 = \mathrm{RSS}$,称为回归平方和,反映了 x 对 y 线性影响的大小,又称可解释变差;$\sum (y_i - \hat{y}_i)^2 = \mathrm{ESS}$,称为残差平方和,根据回归模型的假设条件,ESS 是由残差项 e 造成的,它反映了除 x 对 y 的线性影响之外的一切使 y 变化的因素,其中包括 x 对 y 的非线性影响及观察误差。因为它无法用 x 来解释,故又称未解释变差。

所以:

$$\mathrm{TSS} = \mathrm{RSS} + \mathrm{ESS} \tag{4-12}$$

其实际意义是总变差等于可解释变差与未解释变差之和。

在进行检验时，通常先进行方差分析，一方面可以检验在计算上有无错误，另一方面也可以提供其他检验所需要的基本数据。

衡量回归方程拟合优度的统计量是样本可决系数。可决系数的定义为：

$$r^2 = \frac{\text{RSS}}{\text{TSS}} \tag{4-13}$$

可决系数 r^2 的取值范围是 $0 \leqslant r^2 \leqslant 1$。若 $r^2=1$，表明回归方程完全能拟合各点数据。r^2 的大小表明了 y 的变化中可以用 x 来解释的百分比，因此 r^2 是评价两个变量之间线性关系强弱的一个指标。r^2 越大，则说明回归效果越好。

2) 相关系数检验

任何一组数据都可以求得回归直线方程，那么这条回归直线在多大程度上反映了 x 和 y 的关系呢？换言之，以所得的回归方程进行预测时，其可靠性如何？检验回归直线的可靠性，除了根据实践经验之外，在数学上常用的方法就是用相关系数 r 来进行检验。

因为：

$$r^2 = \frac{\sum(\hat{y}_i - \bar{y})^2}{\sum(y_i - \bar{y})^2} = 1 - \frac{\sum(y_i - \hat{y}_i)^2}{\sum(y_i - \bar{y})^2} \tag{4-14}$$

所以：

$$r = \pm\sqrt{1 - \frac{\sum(y_i - \hat{y}_i)^2}{\sum(y_i - \bar{y})^2}} \tag{4-15}$$

r 在 -1 和 1 之间：当 $r=1$ 时，变量 x 和 y 完全正相关；当 $r=-1$ 时，为完全负相关；当 $0 < r < 1$ 时，为正相关；当 $-1 < r < 0$ 时，为负相关；当 $r=0$ 时，变量 x 和 y 没有线性关系。所以，r 的绝对值越接近 1，表明其线性关系越好；反之，r 的绝对值越接近 0，表明其线性关系越不好。只有当 r 的绝对值大到一定程度时，才能采用线性回归模型进行预测。在计算出 r 值后，可以查相关系数检验表（见附录 C，扫描扉页上的二维码可查看）。在自由度 $n-2$（n 为样本个数）和显著性水平 α（一般取 $\alpha=0.05$）下，若 r 大于临界值，则变量 x 和 y 之间的线性关系成立；否则，两个变量不存在线性关系。图 4-2 反映了 r 取不同值时的变量 x 与 y 的相关性。

3) t 检验

用 t 检验判断回归系数的显著性，以判定预测模型变量 x 和 y 之间线性假设是否合理。因为要使用参数 t 值，故称为 t 检验。回归常数 a 是否为 0 的意义不大，通常只检验参数 b。

$$t_b = b/S_b = b\sqrt{\frac{\sum(x_i - \bar{x})^2}{\sum(y_i - \hat{y}_i)^2/(n-2)}} = \frac{b\sqrt{\sum(x_i - \bar{x})^2}}{S_y} \tag{4-16}$$

其中，S_b 是参数 b 的标准差，$S_b = S_y / \sqrt{\sum(x_i - \bar{x})^2}$，$n$ 为样本个数；S_y 为回归

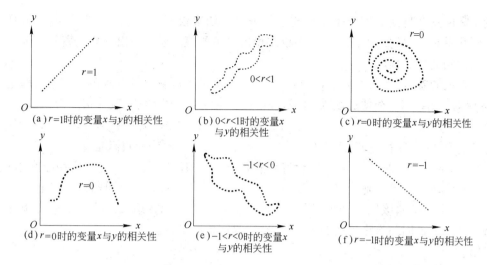

图 4-2 r 取不同值时的变量 x 与 y 的相关性

标准差，$S_y^2 = \sum (y_i - \hat{y}_i)^2 / (n-2)$。

t_b 服从 t 分布，可以通过 t 分布表（见附录 D，扫描扉页上的二维码可查看）查得显著性水平为 α、自由度为 $n-2$ 的数值 $t(\alpha/2, n-2)$。与之比较，若 t_b 的绝对值大于 t，表明回归系数显著性不为 0，参数的 t 检验通过，说明变量 x 和 y 之间线性假设合理。若 t_b 的绝对值小于或等于 t，表明回归系数为 0 的可能性较大，参数的 t 检验未通过，回归系数不显著，说明变量 x 和 y 之间线性假设不合理。

4）F 检验

用 F 检验判断回归方程的显著性。可以利用方差分析，检验预测模型的总体线性关系的显著性。

$$F = \frac{\sum (\hat{y}_i - \bar{y})^2}{\sum (y_i - \hat{y}_i)^2 / (n-2)} \quad (4-17)$$

也可以表达为：

$$F = \sum (\hat{y}_i - \bar{y}) / S_y^2 \text{ 或 } F = R^2(n-2)/(1-R^2) \quad (4-18)$$

统计量 F 服从 F 分布，可以通过 F 分布表（见附录 E，扫描扉页上的二维码可查看）查找显著性水平为 α，自由度为 $n_1=1$，$n_2=n-2$ 的 F 值 $F_\alpha(1, n-2)$。将 F 与 $F_\alpha(1, n-2)$ 比较，若 F 大于 $F_\alpha(1, n-2)$，则回归方程较好地反映了变量 x 和 y 之间的线性关系，回归效果显著，方程的 F 检验通过，意味着预测模型从整体上是适用的；若 F 小于或等于 $F_\alpha(1, n-2)$，说明回归方程不能很好地反映变量 x 和 y 之间的关系，回归效果不显著，方程的 F 检验未通过，预测模型不能采用。

5. 点预测与区间预测

点预测是在给定了自变量的未来值 x_0 后，利用回归模型（4-3）求出因变量的回归估计值 $\hat{y}_0$，也称为点估计。

$$\hat{y}_0 = a + bx_0 \quad (4-19)$$

通常，点估计的实际意义并不大，由于现实情况的变化和各种环境因素的影响，预测的实际值总会与预测值产生或大或小的偏移，如果仅根据一点的回归就做出预测结论，则几乎是荒谬的。因此，预测不仅要得出点预测值，还要得出可能偏离的范围，才能得到预测的可靠程度。

以一定的概率 $(1-\alpha)$ 预测的 y 在 $\hat{y}_0$ 附近变动的范围称为区间预测。根据概率论中的 3σ 原则，可以采取简便的预测区间近似解法。当样本 n 很大时，在置信度为 68.2% 时，预测区间为 $(\hat{y}_0 - S_y, \hat{y}_0 + S_y)$；当置信度为 95.4% 时，预测区间为 $(\hat{y}_0 - 2S_y, \hat{y}_0 + 2S_y)$；当置信度为 99.7% 时，预测区间为 $(\hat{y}_0 - 3S_y, \hat{y}_0 + 3S_y)$。$S_y$ 为回归标准差。

【例题 4-1】 2000 年某地区镀锌钢板消费量为 15.32 万吨，主要应用于家电业、轻工业和汽车工业等行业，1991—2000 年当地镀锌钢板消费量及同期第二产业产值如表 4-1 所示。按照该地区"十五"规划，"十五"期间地方第二产业增长速度预计为 12%。试用一元回归方法预测 2005 年当地镀锌钢板需求量。

解：
（1）建立回归模型。

表 4-1 1991—2000 年某地镀锌钢板消费量与第二产业产值

年 份	镀锌钢板消费量 y/万吨	第二产业产值 x/千亿元
1991	3.45	1.003
1992	3.50	1.119
1993	4.20	1.260
1994	5.40	1.450
1995	7.10	1.527
1996	7.50	1.681
1997	8.50	1.886
1998	11.00	1.90
1999	13.45	2.028
2000	15.32	2.274

经过分析发现，该地区镀锌钢板消费量与第二产业产值之间存在线性关系，将镀锌钢板设为因变量 y，第二产业产值设为自变量 x，建立一元回归模型为：

$$\hat{y} = a + bx$$

（2）参数估计。采用最小二乘法则，计算出相关参数：

$$b = \frac{\sum x_i y_i - \bar{x} \sum y_i}{\sum x_i^2 - \bar{x} \sum x_i} = 9.590$$

$$a = \bar{y} - b\bar{x} = -7.55$$

由此可得回归模型为：$\hat{y} = -7.55 + 9.590x$。

（3）相关检验。

$$r^2 = 1 - \frac{\sum (y_i - \hat{y}_i)^2}{\sum (y_i - \bar{y})^2} = 0.924$$

$$r = 0.961$$

在 $\alpha=0.05$ 时，自由度 $=n-2=8$，查相关检验表，得 $r_{0.05}=0.632$。
因为：
$$r=0.961 > r_{0.05}=0.632$$
故在 $\alpha=0.05$ 的显著性检验水平上，检验通过，说明第二产业产值与镀锌钢板需求量线性关系合理。

（4）t 检验。
$$t_b = b/S_b = b\sqrt{\frac{\sum(x_i-\bar{x})^2}{\sum(y_i-\hat{y}_i)^2/(n-2)}} = 9.85$$

在 $\alpha=0.05$ 时，自由度 $=n-2=8$，查 t 检验表，得 $t(0.025, 8)=2.306$。
因为：
$$t_b = 9.85 > t(0.025, 8) = 2.306$$
故在 $\alpha=0.05$ 的显著性检验水平上，t 检验通过，说明第二产业产值与镀锌钢板需求量线性关系合理。

（5）F 检验。
$$F = \frac{\sum(\hat{y}_i-\bar{y})^2}{\sum(y_i-\hat{y}_i)^2/(n-2)} = 96.99$$

在 $\alpha=0.05$ 时，自由度 $n_1=1$，$n_2=n-2=8$，查 F 检验表，得 $F_{1,8}=5.318$。
因为：
$$F = 96.99 > F_{1,8} = 5.318$$
故在 $\alpha=0.05$ 的显著性检验水平上，F 检验通过，说明预测模型整体可靠性较高。

（6）需求预测。
根据地方规划，2005 年地区第二产业产值将达到：
$$x_{2005} = (1+r)^5 x_{2000} = (1+12\%)^5 \times 2.274 = 4.01(千亿元)$$

于是，2005 年当地镀锌钢板需求量的点预测为：
$$\hat{y}_{2005} = a + bx_{2005} = -7.55 + 9.590 \times 4.01 = 30.88(万吨)$$

2005 年当地镀锌钢板需求量的区间预测为：
$$S_y = \sqrt{\frac{\sum(y_i-\hat{y}_i)^2}{n-2}} = \sqrt{\frac{11.89}{10-2}} = 1.219$$

于是，在 $\alpha=0.05$ 的显著性检验水平上，2005 年镀锌钢板需求量的置信区间为：
$$\hat{y}_{2005} \pm 2 \times 1.219 = 30.88 \pm 2.438(万吨)$$

即到 2005 年，当地镀锌钢板需求量有 95% 的可能在（28.44，33.32）区间内。

4.3.2 多元线性回归分析

多元线性回归预测法，与一元线性回归预测法的原理基本相同，但要求自变量之间彼此独立，其计算过程相对复杂，可借助计算机完成。其数学表达式为：

$$y = a + b_1 x_1 + b_2 x_2 + \cdots + b_m x_m + e \tag{4-20}$$

多元回归模型的建立应根据项目产品市场需求因素分析，找出引起变量变化的各种自变量 $x_1, \cdots, x_m$，从而建立预测模型。

当自变量为两个时，称为二元回归。其数学表达式为：

$$y = a + b_1 x_1 + b_2 x_2 + e \tag{4-21}$$

其回归系数计算公式：

$$b_1 = \frac{S_{1y} S_{22} - S_{12} S_{2y}}{S_{11} S_{22} - S_{12} S_{21}} \tag{4-22}$$

$$b_2 = \frac{S_{2y} S_{11} - S_{21} S_{1y}}{S_{11} S_{22} - S_{12} S_{21}} \tag{4-23}$$

$$a = \bar{y} - b_1 \bar{x}_1 - b_2 \bar{x}_2 \tag{4-24}$$

其中：

$$S_{11} = \sum (x_{1i} - \bar{x}_1)^2 ; \quad S_{22} = \sum (x_{2i} - \bar{x}_2)^2$$

$$S_{12} = \sum (x_{1i} - \bar{x}_1)(x_{2i} - \bar{x}_2); \quad S_{21} = \sum (x_{2i} - \bar{x}_2)(x_{1i} - \bar{x}_1)$$

$$S_{1y} = \sum (x_{1i} - \bar{x}_1)(y_i - \bar{y}); \quad S_{2y} = \sum (x_{2i} - \bar{x}_2)(y_i - \bar{y})$$

$$\bar{x}_1 = \frac{1}{n} \sum x_{1i} ; \quad \bar{x}_2 = \frac{1}{n} \sum x_{2i}$$

4.4 时间序列预测法

时间序列预测法又称趋势外推法，它是根据预测对象自身的时间序列数据，找出其随时间推移的变化规律，通过趋势外推预测对象未来的一种方法。时间序列数据是指某一经济变量按照时间顺序排列起来的一组连续的观察值，且相邻观察值的时间间隔是相等的。时间序列数据反映了外部因素综合作用下的预测对象的变化过程。因此，预测对象仅与时间有关的假设，是对外部因素复杂作用的简化，从而使预测的研究更为直接和简便。时间序列预测法包括移动平均法、指数平滑法、成长曲线模型、季节波动模型等，其基本方法是时间序列预测。

运用时间序列预测法进行预测必须具有以下条件：一是预测变量的过去、现在和将来的客观条件基本保持不变，历史数据解释的规律可以延续到将来；二是预测变量的发展过程是渐变的，而不是跳跃的或大起大落的。

4.4.1 移动平均法

1. 简单移动平均法

简单移动平均法是取过去某一段时期的数据计算平均值，按时间顺序逐次推进，每推进一次，就舍去最远期的数据，加入最近期的数据，计算出新的平均值，依次类推，最后形成一个新的序列来进行预测的一种方法。该方法按对过去若干历史数据求算术平均数，并把该数据作为以后时期的预测值。

1) 简单移动平均公式

若时间序列数据为 y_1，y_2，…，y_T，T 为时间序列的长度，也是最近一个数据的序列号，n 是在计算移动平均值时所使用的历史数据的数目，即移动时段的长度，则简单移动平均可以表述为：

$$\hat{y}_{t+1} = M_t = \frac{y_t + y_{t-1} + \cdots + y_{t-n+1}}{n} \tag{4-25}$$

其中，$t=l$，$l+1$，$l+2$，…，T。

公式（4-25）即是所谓的移动平均值。经过推导，公式（4-25）可以表达为：

$$\hat{y}_{t+1} = M_t = M_{t-1} + \frac{y_t - y_{t-n}}{n} \tag{4-26}$$

公式（4-26）表达的是一个迭代的计算公式。

如果需要考虑不同的样本数据的不同贡献时，也可采用加权移动平均法，设用 w_1，w_2，…，w_n 考虑样本数据的权重，则其加权移动平均值为：

$$\hat{y}_{t+1} = M_t = \frac{w_1 y_t + w_2 y_{t-1} + \cdots + w_t y_{t-n+1}}{w_1 + w_2 + \cdots + w_n} \tag{4-27}$$

2) n 的选择

采用移动平均法进行预测，用来求平均数的时期数 n 的选择非常重要。这也是移动平均法的难点。事实上，不同 n 的选择对所计算的平均数是有较大影响的。n 值越小，表明对近期观察值预测的作用越重视，预测值对数据变化的反应速度也越快，但预测的修匀程度较低，估计值的精度也可能降低。反之，n 值越大，预测值的修匀程度越高，但对数据变化的反应速度较慢。

不存在一个确定时期 n 值的规则。n 一般在 3～20 之间，视序列长度和预测目标情况而定。对水平型数据，n 值的选取一般较为随意。一般情况下，如果考虑到历史上序列中含有大量随机成分，或者序列的基本发展趋势变化不大，则 n 应取大一点。对于具有趋势性或跳跃性特点的数据，为提高预测值对数据变化的反应速度，减少预测误差，n 值取较小一些，以使移动平均值更能反映目前的发展变化趋势。

【例题 4-2】已知某公司 2005 年 1—12 月的产值数据如表 4-2 所示，试用简单移动平均法和加权移动平均法预测 2006 年 1 月该公司的产值。（取 $n=3$；$w_1=1.5$，$w_2=1$，$w_3=0.5$）

表 4-2 某公司 2005 年 1—12 月的产值数据表

序号	时间	实际产值 y_t/万元	M_t ($n=3$)	预测值 $\hat{y}_{t+1}$
1	2005.1	53	—	
2	2005.2	46	—	
3	2005.3	28	42	—
4	2005.4	35	36	42
5	2005.5	48	37	36
6	2005.6	50	44	37
7	2005.7	38	45	44
8	2005.8	34	41	45
9	2005.9	58	43	41
10	2005.10	64	52	43
11	2005.11	45	56	52
12	2005.12	42	50	56
13	2006.1			50

解：

(1) 采用 3 年简单移动平均法，2006 年 1 月该公司的产值预测值为：

$$\hat{y}_{2006.1}=M_{2005.12}=\frac{y_{10}+y_{11}+y_{12}}{3}=\frac{64+45+42}{3}=50(万元)$$

(2) 采用 3 年加权移动平均法，2006 年 1 月该公司的产值预测值为：

$$\hat{y}_{2006.1}=M_{2005.12}=\frac{w_1 y_{12}+w_2 y_{11}+w_3 y_{10}}{w_1+w_2+w_3}=\frac{1.5\times 42+1\times 45+0.5\times 64}{3}=47(万元)$$

3) 简单移动平均法的应用范围

简单移动平均法只适用于短期预测。这种方法适宜预测目标的基本趋势是在某一水平上下波动的情况。如果目标的发展趋势存在其他的变化，采用简单移动平均法就会产生较大的误差，而且数值上也会有滞后的影响。在大多数情况下，简单移动平均法只适用于以月或周为单位的近期预测。简单移动平均法的另一个主要用途是对原始数据进行预处理，以消除数据中的异常因素或除去数据中的周期变动成分。

移动平均法的主要优点是：简单易行，容易掌握。其缺点是：只是在处理水平型历史数据时才有效，每计算一次移动平均需要最近的 n 个观察值。而在现实经济生活中，历史数据的类型远比水平型复杂，从而使移动平均法的应用范围受到较大限制。

2. 二次移动平均法

当时间序列数据存在增、减趋势，而不是在某一水平上下波动时，简单移动平均预测与实际值之间存在滞后偏差。这个道理很明显：用几个比实际值小的数据去平均（或加权平均）来作为未来实际值的预测，当然会产生滞后偏差。为克服这种情况，可采用二次移动平均预测方法。

所谓二次移动平均法，不是用二次移动平均直接进行预测，而是在两次移动平均基础之上，利用滞后偏差建立线性预测模型，然后再用模型进行预测。由于模型是线性的，因而只适用于原序列存在线性变化趋势的预测问题。

二次移动平均是对一次移动平均结果再进行一次移动，即：

$$M_t^{(1)} = \frac{y_t + y_{t-1} + \cdots + y_{t-n+1}}{n} \tag{4-28}$$

$$M_t^{(2)} = \frac{M_t^{(1)} + M_{t-1}^{(1)} + \cdots + M_{t-n+1}^{(1)}}{n} = M_{t-1}^{(2)} + \frac{1}{n}(M_t^{(1)} - M_{t-n}^{(1)}) \tag{4-29}$$

二次移动平均法就是以最近样本值的移动平均估计值 $a_T = E(y_T)$ 为起点，以二次移动平均估计趋势变化斜率（设为 b_T）建立预测模型。

$$\hat{y}_{T+k}^{(2)} = a_T + b_T \times k \tag{4-30}$$

$$a_T = 2M_T^{(1)} - M_T^{(2)}, \quad b_T = \frac{2}{n-1}(M_T^{(1)} - M_T^{(2)}) \tag{4-31}$$

式中：T——目前的周期序号；

k——由目前到预测周期的周期间隔数；

$\hat{y}_{T+k}^{(2)}$——第 $T+k$ 周期的预测值；

a_T——线性预测模型的截距，即预测趋势线的起始点；

b_T——线性预测模型的斜率，即每周期预测值的变化量。

【例题 4-3】 已知某公司过去 25 个月的产值数据如表 4-3 所示。问题：(1) 试计算其一次移动平均值、二次移动平均值（$n=5$）；(2) 试建立线性预测模型，并预测第 30 个月的产值。

解：

（1）一次移动平均值、二次移动平均值的计算如下：

$$M_5^{(1)} = \frac{y_5 + y_4 + y_3 + y_2 + y_1}{5} = 50.4$$

$$M_9^{(2)} = \frac{M_9^{(1)} + M_8^{(1)} + M_7^{(1)} + M_6^{(1)} + M_5^{(1)}}{5} = 51.2$$

其他一次移动平均值、二次移动平均值数据计算同理。计算结果如表 4-3 所示（$n=5$）。

表 4-3 一次移动平均值、二次移动平均值（$n=5$）

周期数 t/月	产值 y_t/万元	$M_t^{(1)}$	$M_t^{(2)}$	周期数 t/月	产值 y_t/万元	$M_t^{(1)}$	$M_t^{(2)}$
1	50	—	—	9	57	51.2	51.2
2	45	—	—	10	40	50.2	51.2
3	60	—	—	11	56	51.2	51.3
4	52	—	—	12	87	56.6	51.9
5	45	50.4	—	13	49	57.8	53.4
6	51	50.6	—	14	43	55.0	54.2
7	60	53.6	—	15	52	57.4	55.6
8	43	50.2	—	16	85	63.2	58.0

续表

周期数 t/月	产值 y_t/万元	$M_t^{(1)}$	$M_t^{(2)}$	周期数 t/月	产值 y_t/万元	$M_t^{(1)}$	$M_t^{(2)}$
17	98	65.4	59.8	22	83	89.4	86.3
18	90	73.6	63.0	23	97	90.8	89.7
19	97	84.4	68.9	24	96	88.6	90.5
20	86	91.2	75.7	25	89	89.2	90.1
21	91	92.4	81.5				

(2) 根据表 4-3 的数据建立线性预测模型，预测第 30 个月的产值。

已知 $T=25$，$n=5$，$k=5$，则：

$$a_T = 2M_{25}^{(1)} - M_{25}^{(2)} = 2 \times 89.2 - 90.1 = 88.3$$

$$b_{25} = \frac{2}{5-1}(M_{25}^{(1)} - M_{25}^{(2)}) = \frac{2}{4} \times (89.2 - 90.1) = -0.45$$

故可得线性预测模型为：

$$\hat{y}_{25+k}^{(2)} = 88.3 - 0.45 \times k$$

因为 $k=30-25=5$，于是第 30 个月的产值预测值为：

$$\hat{y}_{25+5}^{(2)} = 88.3 - 0.45 \times 5 = 86.05(万元)$$

将该公司 25 个月的产值、一次移动平均值、二次移动平均值绘图进行比较，如图 4-3 所示。

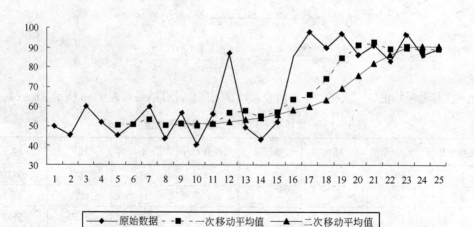

图 4-3　原始数据与一次移动平均值、二次移动平均值的比较

4.4.2 指数平滑法

指数平滑法又称指数加权平均法,实际上是加权的移动平均法。其基本思路是:在预测中,越近期的历史数据越应受到重视,时间序列数据中各数据的重要程度由近及远呈指数规律递减。

指数平滑法解决了移动平均法需要 n 个观测值和不考虑 $t-n$ 前时期数据的缺点,通过某种平均方式,消除历史统计序列中的随机波动,找出其中主要的发展趋势。

1. 指数平滑法的公式

根据平滑次数的不同,指数平滑有一次指数平滑、二次指数平滑、三次指数平滑和高次指数平滑。

假设时间序列数据为 $y_1, y_2, y_3, \cdots, y_T$,则一次平滑指数公式为:

$$S_t^{(1)} = a y_t + (1-a) S_{t-1}^{(1)} \quad (t=1, 2, \cdots, T) \tag{4-32}$$

式中: a ——平滑系数,$0 < a < 1$;

y_t ——历史数据序列 y 在 t 时的观测值;

$S_t^{(1)}$ 和 $S_{t-1}^{(1)}$ —— t 时和 $t-1$ 时的一次指数平滑值。

假定样本数据序列的长度无限,将公式(4-32)中的 t 分别以 $t-1, t-2, t-3, \cdots$ 依次代入展开可得:

$$\begin{aligned} S_t^{(1)} &= a y_t + (1-a)[a y_{t-1} + (1-a) S_{t-2}^{(1)}] = \\ & a y_t + a(1-a) y_{t-1} + (1-a)^2 [a y_{t-2} + (1-a) S_{t-3}^{(1)}] = \\ & a y_t + a(1-a) y_{t-1} + a(1-a)^2 y_{t-2} + \cdots + a(1-a)^j y_{t-j} + \cdots = \\ & a \sum_{j=1}^{\infty} (1-a)^j y_{t-j} \end{aligned} \tag{4-33}$$

由上式可见,$S_t^{(1)}$ 实际上是 $y_1, y_2, y_3, \cdots, y_T$ 的加权平均。加权系数的和等于:

$$a \sum_{j=1}^{\infty} (1-a)^j = a \times \frac{1}{1-(1-a)} = 1 \tag{4-34}$$

所以,指数平滑实际上是一种以时间定权的加权平均。越近的数据,加权系数也越大;越远的数据,加权的系数越小。从式(4-32)还可以看出,a 的取值实际上体现了新样本值与原平滑值之间的比例关系。a 越大,y_t 在式(4-32)中的比例越大。当 $a=1$ 时,$S_t^{(1)} = y_t$,这时 t 期滑动值就等于 t 期样本值本身,即以当前信息为重,而不考虑以往的影响;a 越小,则 $S_{t-1}^{(1)}$ 占的比重就越大。当 $a=0$ 时,$S_t^{(1)} = S_{t-1}^{(1)}$,这时本期平滑值就等于上期平滑值,而没有考虑当前数据 y_t 所载的信息。因此,a 值的选择在指数平均法中是非常重要的。一般情况下,观察值呈较稳定的水平发展,a 值取 0.1~0.3;观察值波动较大时,a 值取 0.3~0.5 之间;观察值呈波动很大时,a 值取 0.5~0.8 之间。

2. 一次指数平滑法

一次指数平滑法又称简单指数平滑,是一种较为灵活的时间序列预测方法。这种方法在计算预测值时，对于历史数据的观察值给予不同的权重。这种方法与简单移动平均法相似，两者之间的区别在于简单指数平滑法对先前预测结果的误差进行了修正，因此这种方法和简单移动平均法一样，都能够提供简单适时的预测。

一次指数平滑法适用于历史数据呈水平波动、无明显上升或下降趋势情况下的预测。它以本期指数平滑值作为下期的观察值，预测模型为：

$$\hat{y}_{t+1}=S_t^{(1)}=ay_t+(1-a)S_{t-1}^{(1)} \tag{4-35}$$

3. 初始值 S_0 的确定

从指数平滑法的计算公式可以看出，指数平滑法是一个迭代计算过程，用该法进行预测，首先必须确定初始值 S_0 的值，它实质上应该是序列起点 $t=0$ 以前所有历史数据的加权平均值。由于经过多期平滑，特别是观察期较长时，S_0 的影响作用就相当小，故在预测实践中，一般采用这样的方法处理：当时间序列期数在 20 个以上时，初始值对预测结果的影响很小，可用第一期的观察值代替 S_0，即 $S_0=y_1$；当时间序列期数在 20 个以下时，初始值对预测结果有一定影响，可取前 3~5 个观察值的平均值代替，如：$S_0=(y_1+y_2+y_3)/3$。

【例题 4-4】 已知某建筑公司 2005 年 1—12 月的钢材需求量如表 4-4 所示，请用一次指数平滑法预测该建筑公司 2006 年 1 月的钢材需求量。（取 a 等于 0.3）

表 4-4 某建筑公司 2005 年 1—12 月的钢材需求量表

月 份	时间 t	月钢材需求量 y_t/吨	一次指数平滑值 S_t	预测值
	0		35.12	
2005.1	1	31.67	34.09	35.12
2005.2	2	33.99	34.06	34.09
2005.3	3	39.71	35.75	34.06
2005.4	4	39.71	36.94	35.75
2005.5	5	40.29	37.94	36.94
2005.6	6	40.47	38.70	37.94
2005.7	7	37.07	38.21	38.70
2005.8	8	39.05	38.46	38.21
2005.9	9	40.59	39.10	38.46
2005.10	10	41.95	39.95	39.10
2005.11	11	44.03	41.18	39.95
2005.12	12	50.31	43.92	41.18
2006.1	13			43.92

解：

计算初始平滑值：

$$S_0=(y_1+y_2+y_3)/3=(31.67+33.99+39.71)/3=35.12$$

按照指数平滑法的计算公式，得出：

$$S_1 = ay_1 + (1-a)S_0 = 0.3 \times 31.67 + (1-0.3) \times 35.12 = 34.09$$
$$S_2 = ay_2 + (1-a)S_1 = 0.3 \times 33.99 + (1-0.3) \times 34.09 = 34.06$$
$$\vdots$$
$$S_{12} = ay_{12} + (1-a)S_{11} = 43.92$$

指数平滑计算结果见表 4-4。

因此，2006 年 1 月该建筑公司的钢材需求量为：

$$\hat{y}_{2006,1} = \hat{y}_{13} = S^{(1)}_{2005,12} = S_{12} = 43.92 (吨)$$

一次指数平滑法也存在滞后现象，且因其只能预测一期，故实际应用不多。

4. 二次指数平滑法

二次指数平滑实际上是对一次指数平滑值序列再进行一次指数平滑。该方法是利用平滑值对时间序列存在的线性趋势进行修正。当时间序列数据存在线性趋势时，则需要用到二次指数平滑法进行预测。

二次指数平滑值的计算公式为：

$$S^{(2)}_t = aS^{(1)}_t + (1-a)S^{(2)}_{t-1} \qquad (4-36)$$

求二次指数平滑值也要先确定初始值，通常直接取 $S^{(2)}_0 = S^{(1)}_0$，也可以取前几个（如前 3 个）一次指数平滑值的平均值为初始值。

在二次指数平滑处理的基础上可以建立线性预测模型：

$$\hat{y}^{(2)}_{T+k} = a_T + b_T \times k \qquad (4-37)$$

$$a_T = 2S^{(1)}_T - S^{(2)}_T, \quad b_T = \frac{a}{1-a}(S^{(1)}_T - S^{(2)}_T) \qquad (4-38)$$

式中： T——目前的周期序号；

$S^{(1)}_T$，$S^{(2)}_T$——分别为当前时间 T 的指数平滑值；

　　k——由目前到预测周期的周期间隔数；

　$\hat{y}^{(2)}_{T+k}$——第 $T+k$ 周期的预测值；

　　a_T——线性预测模型的截距，即预测趋势线的起始点；

　　b_T——线性预测模型的斜率，即每周期预测值的变化量。

【例题 4-5】 仍用例题 4-3 中的产值数据为例，试运用二次指数平滑法预测第 30 个月的产值。（取平滑系数 $a=0.2$）

解：

计算指数平滑值的初始值：

$$S^{(2)}_0 = S^{(1)}_0 = \frac{y_1 + y_2 + y_3}{3} = \frac{50 + 45 + 60}{3} = 51.7$$

根据公式（4-32）和公式（4-36）分别计算一次指数平滑值和二次指数平滑值如下：

$$S_1^{(1)} = ay_1 + (1-a)S_0^{(1)} = 0.2 \times 50 + (1-0.2) \times 51.7 = 51.4$$
$$S_1^{(2)} = aS_1^{(1)} + (1-a)S_0^{(2)} = 0.2 \times 51.4 + (1-0.2) \times 51.7 = 51.6$$

其他一次指数平滑值、二次指数平滑值计算同理，计算结果如表 4-5 所示。将该公司 25 个月的产值、一次指数平滑值、二次指数平滑值绘图进行比较，如图 4-4 所示。

表 4-5 一次指数平滑值、二次指数平滑值表

周期数 t/月	产值 y_t/万元	$S_t^{(1)}$	$S_t^{(2)}$	周期数 t/月	产值 y_t/万元	$S_t^{(1)}$	$S_t^{(2)}$
1	50	51.4	51.6	14	43	53.6	53.4
2	45	50.1	51.3	15	52	53.3	53.4
3	60	52.1	51.5	16	85	59.6	54.6
4	52	52.1	51.6	17	98	67.3	57.1
5	45	50.7	51.4	18	90	71.8	60.0
6	51	50.8	51.3	19	97	76.8	63.4
7	60	52.6	51.6	20	86	78.6	66.4
8	43	50.7	51.4	21	91	81.1	69.3
9	57	52.0	51.5	22	83	81.5	71.7
10	40	49.6	51.1	23	97	84.6	74.3
11	56	50.9	51.1	24	96	84.9	76.4
12	87	58.1	52.5	25	89	85.7	78.3
13	49	56.3	53.3				

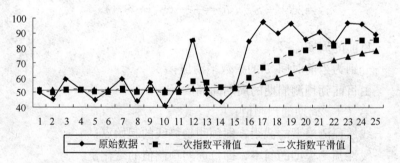

图 4-4 原始数据与一次指数平滑值、二次指数平滑值的比较

根据公式（4-38）可得：

$$a_{25} = 2S_{25}^{(1)} - S_{25}^{(2)} = 2 \times 85.7 - 78.3 = 93.1$$
$$b_{25} = \frac{a}{1-a}(S_{25}^{(1)} - S_{25}^{(2)}) = \frac{0.2}{1-0.2}(85.7 - 78.3) = 1.85$$

故可得线性预测模型：

$$\hat{y}_{25+k} = 93.1 + 1.85k$$

因为 $k=30-25=5$，于是第 30 个月的产值预测值为：

$$\hat{y}_{25+5}^{(2)}=93.1+1.85\times5=102.35（万元）$$

如果将例题 4-3 和例题 4-5 的预测结果加以比较，则可以看出，用移动平均法预测的产值较低，而用指数平滑法预测的产值较高，表明后者对近期的时间序列数据赋予较大的权重所致，而前者则因为对各期的时间序列数据赋予同样的权重所致。

思 考 题

1. 市场调查的内容和方法有哪些？
2. 市场预测研究的内容主要有哪些？市场预测的方法有哪些？
3. 简述时间序列预测法的概念、运用条件及分类。
4. 已知 1990—2002 年整体式橱柜销售量与同期商品房一级市场销售量的历史数据如表 4-6 所示。根据城建部门的规划，2005 年该城市商品房建设量将达到 180 万 m^2，空置率按 8% 考虑，一级市场销售量将达到 166 万 m^2，试运用一元线性回归模型对 2005 年整体式橱柜的销售量进行预测。

表 4-6 整体式橱柜和商品房销售量的基础数据表

年	整体式橱柜销售量 y_i/万 m	商品房销售量 x_i/万 m^2	年	整体式橱柜销售量 y_i/万 m	商品房销售量 x_i/万 m^2
1990	0.20	20.0	1997	4.07	118.6
1991	0.26	40.0	1998	4.20	120.8
1992	1.20	60.5	1999	4.88	133.6
1993	1.80	96.0	2000	5.19	143.5
1994	2.49	102.5	2001	5.17	145.0
1995	3.98	110.0	2002	5.32	146.4
1996	4.12	116.4			

5. 已知某建筑公司 2005 年各月的预算成本和实际成本资料如表 4-7 所示，该公司预测 2006 年 1、2 月的预算成本为 190 万元和 250 万元。试运用一元线性回归模型分别预测该公司 2006 年 1、2 月的实际成本。

表 4-7 某建筑公司 2005 年各月的预算成本和实际成本资料表   单位：万元

项 目	1	2	3	4	5	6	7	8	9	10	11	12	合计
预算成本	180	172	200	248	253	265	257	243	270	284	291	320	2 983
实际成本	193	189	202	227	229	240	228	237	242	238	248	271	2 744

6. 已知某房地产开发公司过去 24 个月的商品房销售收入数据如表 4-8 所示。

表 4-8　某房地产开发公司过去 24 个月的商品房销售收入数据表

周期数 t/月	销售收入/万元	周期数 t/月	销售收入/万元
1	5 000	13	4 900
2	4 500	14	4 300
3	6 000	15	5 200
4	5 200	16	8 500
5	4 500	17	9 800
6	5 100	18	9 000
7	6 000	19	9 700
8	4 300	20	8 600
9	5 700	21	9 100
10	4 000	22	8 300
11	5 600	23	9 700
12	8 700	24	9 600

问题：

(1) 试计算其一次移动平均值、二次移动平均值。($n=3$)

(2) 试建立线性预测模型，并预测第 30 个月的产值。

(3) 试计算其一次指数平滑值、二次指数平滑值。(取平滑系数 $a=0.2$)

(4) 试运用二次指数平滑法预测第 30 个月的产值。

第 5 章

建设项目的投资估算

5.1 建设项目投资估算概述

投资估算是在对项目的建设规模、技术方案、设备方案、工程方案及项目实施进度等进行研究并基本确定的基础上，估算项目投入总资金并测算建设期内分年资金需要量。投资估算可作为制定融资方案、进行经济评价及编制初步设计概算的依据。

5.1.1 建设项目投资估算的内容

进行投资估算，首先要明确投资估算的范围。投资估算的范围应与项目建设方案设计所确定的研究范围和各单项工程内容相一致。建设项目投资估算的内容包括建筑工程费、设备及工器具购置费、安装工程费、工程建设其他费用、基本预备费、价差预备费、建设期利息等 7 项。

5.1.2 建设项目投资估算的深度、要求与依据

1. 建设项目投资估算的深度与要求

投资项目前期工作可以概括为机会研究、初步可行性研究、可行性研究、评估四个阶段。由于不同阶段工作深度和掌握的资料不同，投资估算的准确程度也就不同。因此，在前期工作的不同阶段，允许投资估算的深度和准确性不同。随着工作的进展，项目条件的逐步明确和细化，投资估算会不断地深入，准确度会逐步提高，从而对项目投资起到有效的控制作用。项目前期的不同阶段对投资估算的允许误差率如表 5-1 所示。

表 5-1 建设项目前期各阶段对投资估算误差的要求

序 号	投资项目前期阶段	投资估算的误差率
1	机会研究阶段	≥±30%

续表

序 号	投资项目前期阶段	投资估算的误差率
2	初步可行性研究阶段	±20%以内
3	可行性研究阶段	±10%以内
4	评估阶段	±10%以内

尽管允许有一定的误差，但投资估算应达到以下要求。

(1) 工程内容和费用构成齐全，计算合理，不重复计算，不提高或者降低估算标准，不漏项、不少算。

(2) 选用指标与具体工程之间存在标准或者条件差异时，应进行必要的换算或者调整。

(3) 投资估算精度应能满足控制初步设计概算的要求。

2. 建设项目投资估算的依据

投资估算应做到方法科学，基础资料完整，依据充分。其主要依据有以下几个方面。

(1) 专门机构发布的建设工程造价费用构成、估算指标、计算方法及其他有关计算工程造价的文件。

(2) 专门机构发布的工程建设其他费用计算办法和费用标准及政府部门发布的物价指数。

(3) 拟建项目各单项工程的建设内容及工程量。

5.1.3　建设项目投资估算的作用

(1) 投资估算是项目建设前期的重要环节。投资估算是项目建设前期工作中制定融资方案、进行经济评价的基础，以及其后编制初步设计概算的依据。因此，按照项目建设前期不同阶段所要求的内容和深度，完整、准确的进行投资估算是项目决策分析与评价阶段必不可少的重要工作。

在项目机会研究和初步可行性研究阶段，虽然对投资估算的准确度要求相对较低，但投资估算仍然是该阶段的一项重要工作。投资估算完成之后才有可能进行资金筹措方案设想和经济效益的初步评价。

在可行性研究阶段，投资估算的准确与否及是否符合工程的实际，不仅决定着能否正确评价项目的可行性，同时也决定着融资方案设计的基础是否可靠，因此投资估算是项目可行性研究报告的关键内容之一。

(2) 满足工程设计招投标及城市建筑方案设计竞选的需要。在工程设计的投标书中，除了包括方案设计的图文说明以外，还应包括工程的投资估算。在城市建筑方案设计竞选过程中，咨询单位编制的竞选文件应包括投资估算，因此合理的投资估算也是满足工程招投标及城市建筑方案设计竞选的需要。

5.1.4 建设项目投资估算的基本步骤

建设项目投资估算的基本步骤如下（见图 5-1）。
(1) 分别估算各单项工程所需的建筑工程费、设备及工器具购置费、安装工程费。
(2) 在汇总各单项工程费用基础上，估算工程建设其他费用和基本预备费。
(3) 估算价差预备费和建设期利息。
(4) 汇总上述各项得到建设项目投资估算。

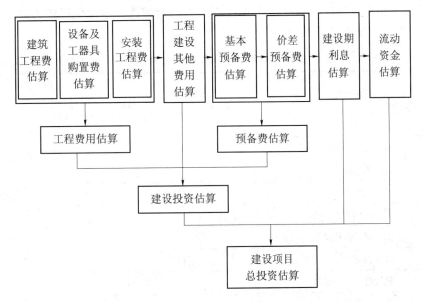

图 5-1 建设项目投资估算的基本步骤

 小栏目

京沪高速铁路宁沪段投资估算

京沪高速铁路宁沪段项目于 2000 年元月动工，2003 年年底竣工，总工期 4 年，项目总投资为 224.34 亿元，建设期投资总额（不含工程造价涨价预留费）为 219.7 亿元（其中土建工程投资为 181.5 亿元，机车车辆购置费为 33.6 亿元），建设期利息为 4.28 亿元，铺底流动资金为 3 550 万元。

5.1.5 建设项目投资估算方法的分类

建设项目投资的估算方法包括简单估算法和投资分类估算法。简单估算方法包括生产能力指数法、比例估算法、系数估算法和投资估算指标法等。前三种估算方法的估算精度相对不高,主要适用于投资机会研究和项目可行性研究阶段。在项目可行性研究阶段应采用投资估算指标法和投资分类估算法。

5.1.6 建设项目投入总资金及分年投入计划

1. 建设项目投入总资金

按投资估算内容和估算方法估算各项投资并进行汇总,分别编制建设项目投入总资金估算汇总表,如表5-2所示,以及主要单项工程投资估算表,如表5-3所示,并对建设项目投入总资金构成和各单项工程投资比例的合理性、单位生产能力(使用效益)投资指标的先进性进行分析。

表5-2 项目投入总资金估算汇总表　　　　单位:万元(或万美元)

序号	费用名称	投资额 合计	投资额 其中:外汇	占项目投入总资金的比例/%	估算说明
1	建设投资				
1.1	建设投资静态部分				
1.1.1	建筑工程费				
1.1.2	设备及工器具购置费				
1.1.3	安装工程费				
1.1.4	工程建设其他费				
1.1.5	基本预备费				
1.2	建设投资动态部分				
1.2.1	价差预备费				
1.2.2	建设期利息				
2	流动资金				
3	项目投入总资金(1+2)				

表5-3 主要单项工程投资估算表　　　　单位:万元

序号	工程名称	建筑工程费	设备及工器具购置费	安装工程费	工程建设其他费用	合计
	合计					

2. 分年资金投入计划

估算出建设项目投入总资金后,应根据项目实施进度的安排,编制分年资金投入计划表,如表5-4所示。

表 5-4　分年资金投入计划表　　　　　　　　　单位：万元（或万美元）

序号	名称	人民币			外币		
		第1年	第2年	…	第1年	第2年	…
	分年计划/%						
1	建设投资（不含建设期利息）						
2	建设利息						
3	流动资金						
4	项目投入总资金(1+2+3)						

5.2　建设项目投资简单估算法

5.2.1　生产能力指数法

生产能力指数法是根据已建成的、性质类似的建设项目的投资额和生产能力与拟建项目的生产能力估算拟建项目的投资额。其计算公式为：

$$Y_2 = Y_1 \times \left(\frac{X_2}{X_1}\right)^n \times C_f \tag{5-1}$$

式中：Y_1——已建类似项目的投资额；

　　　Y_2——拟建项目的投资额；

　　　X_1——已建类似项目的生产能力；

　　　X_2——拟建项目的生产能力；

　　　C_f——新老项目建设间隔期内定额、单价、费用变更等综合调整系数；

　　　n——生产能力指数，$0 \leq n \leq 1$。

运用这种方法估算项目投资的重要条件是要有合理的生产能力指数。若已建类似项目的规模和拟建项目的规模相差不大，生产规模比值在 0.5～2 之间，则指数 n 的取值近似为 1；若已建类似项目的规模和拟建项目的规模相差不大于 50 倍，且拟建项目规模的扩大仅靠增大设备规模来达到时，则 n 取值约在 0.6～0.7 之间；若靠增加相同规模设备的数量达到时，则 n 取值为 0.8～0.9 之间。

采用生产能力指数法，计算简单、速度快；但要求类似工程的资料可靠，条件基本相同，否则误差就会增大。

【例题 5-1】已知建设年产 30 万吨乙烯装置的投资额为 60 000 万元，现有一个年产 70 万吨乙烯装置的建设项目，工程条件与上述装置类似（生产能力指数 $n=0.6$，$C_f=1.2$）。试估算该建设项目的投资额。

解：

根据公式（5-1），则有：

$$Y_2 = Y_1 \times \left(\frac{X_2}{X_1}\right)^n \times C_f = 60\,000 \times (70/30)^{0.6} \times 1.2 = 119\,707(万元)$$

5.2.2 比例估算法

比例估算法又分为以下两种。

1. 以拟建项目的全部设备费为基数进行估算

此种估算方法根据已建成的同类项目的建筑安装工程费和其他费用等占设备价值的百分比求出相应的建筑安装工程及其他工程费等，再加上拟建项目的其他有关费用，其总和即为拟建项目或装置的投资额。这种方法适用于设备投资占比例较大的项目。其计算公式为：

$$C = E(1 + f_1 P_1 + f_2 P_2 + f_3 P_3 + \cdots) + I \tag{5-2}$$

式中： C——拟建项目的建设投资额；
　　　 E——根据拟建项目当时当地价格计算的设备费（包括运杂费）的总和；
P_1，P_2，P_3——已建项目中的建筑、安装及其他工程费用等占设备费的百分比；
f_1，f_2，f_3——由于时间因素引起的定额、价格、费用标准等变化的综合调整系数；
　　　 I——拟建项目的其他费用。

【例题 5-2】 某新建项目设备投资为 10 000 万元，根据已建同类项目的统计情况，一般建筑工程占设备投资的 28.5%，安装工程占设备投资的 9.5%，其他工程费用占设备投资的 7.8%。该项目其他费用估计为 800 万元（调整系数 $f=1$）。试估算该建设项目的投资额。

解：

根据公式（5-2），该建设项目的投资额为：

$$C = E(1 + f_1 P_1 + f_2 P_2 + f_3 P_3 + \cdots) + I = \\ 10\ 000 \times (1 + 28.5\% + 9.5\% + 7.8\%) + 800 = 15\ 380(万元)$$

2. 以拟建项目中最主要工艺设备费为基数进行估算

此种方法根据同类型的已建项目的有关统计资料，计算出拟建项目各专业工程（总图、土建、暖通、给排水、管道、电气及电信、自控及其他工程费用等）占工艺设备投资（含运杂费和安装费）的百分比，据以求出各专业工程的投资，然后把各部分投资（包括工艺设备费）相加求和，再加上其他有关费用，即为项目的总投资。其计算公式为：

$$C = E(1 + f_1 P_1' + f_2 P_2' + f_3 P_3' + \cdots) + I \tag{5-3}$$

式（5-3）中，P_1'，P_2'，P_3' 为各专业工程费用占工艺设备费用的百分比。

5.2.3 系数估算法

1. 朗格系数法

这种方法是以设备费为基础，再乘以适当系数来推算项目的建设费用。其估算公式为：

$$D = C(1+\sum K_i)K_c \tag{5-4}$$

式中：D——总建设费用；

C——主要设备费用；

K_i——管线、仪表、建筑物等项费用的估算系数；

K_c——管理费、合同费、应急费等间接费在内的总估算系数。

总建设费用与设备费用之比为朗格系数 K_L，即：

$$K_L = (1+\sum K_i)K_c \tag{5-5}$$

这种方法比较简单，但没有考虑设备规格、材质的差异，所以准确度不高。

2. 设备及厂房系数法

对于一个项目，工艺设备投资和厂房土建投资之和占了整个项目投资的绝大部分。如果设计方案已确定生产工艺，初步选定了工艺设备并进行了工艺布置，这就有了工艺设备的重量级厂房的高度和面积，那么工艺设备投资和厂房土建的投资就可以分别估算出来。对于其他专业工程，与设备关系较大的按设备系数计算，与厂房土建关系较大的则以厂房土建投资系数计算，两类投资加起来就得出整个项目的投资。这个方法在预可行性研究阶段使用比较合适。

【例题 5-3】 某拟建项目工艺设备及安装费用估计为 2 600 万元，厂房土建费用估计为 4 200 万元，其他各专业工程投资系数如表 5-5 所示。试估算该拟建项目的投资额。

表 5-5 各专业工程投资系数表

设备项目名称	投 资 系 数	厂房项目名称	投 资 系 数
工艺设备	1	厂房土建（含设备基础）	1
起重设备	0.09	给排水工程	0.04
加热炉及烟道	0.12	采暖通风	0.03
气化冷却	0.01	工业管道	0.01
余热锅炉	0.04	电器照明	0.01
供电及转动	0.18		
自动化仪表	0.02		
系数合计	1.46		1.09

解：

根据上面所述的方法，则该项目的总投资为：

总投资＝设备及安装费用×设备系数＋厂房土建费用×厂房土建系数＝
  2 600×1.46＋4 200×1.09＝8 374（万元）

5.3 建设项目投资及流动资金分类估算法

5.3.1 建筑工程费的估算方法

建筑工程费是指为建造永久性建筑物和构筑物所需要的费用，如场地平整、厂房、仓库、电站、设备基础、工业窑炉、矿井开拓、露天剥离、桥梁、码头、堤坝、隧道、涵洞、铁路、公路、管线铺设、水库、水坝、灌区等项工程的费用。

建筑工程投资估算一般采用以下方法。

1. 单位建筑工程投资估算法

单位建筑工程投资估算法是以单位建筑工程量投资乘以建设工程总量来计算的方法。一般工业与民用建筑以单位建筑面积（m^2）的投资，工业窑炉砌筑以单位容积（m^3）的投资，水库以水坝单位长度（m）的投资，铁路工程以单位长度（km）的投资，矿山掘进以单位长度（m）的投资，乘以相应的建筑工程总量来计算建筑工程费。表5-6为某住宅项目的单位建筑工程投资估算指标。表5-7为近年来我国部分铁路客运专线的每千米综合投资指标。

表5-6 某住宅项目的单位建筑工程投资估算指标

项目	综合指标	直接工程费				取费（综合费）
		合价	人工费	材料费	机械费	三类工程
工程造价	530.39	407.99	74.69	308.13	25.17	122.40
土建	503.00	386.92	70.95	291.80	24.17	116.08
水卫（消防）	19.22	14.73	2.38	11.94	0.41	4.49
电气照明	8.67	6.35	1.36	4.39	0.60	2.32

表5-7 我国部分铁路客运专线的每千米综合投资指标

建设项目	开工时间	线路等级	速度/(km/h)	线路全长/km	工程总投资/亿元	每千米投资/亿元
武广客专	2005.06	客专	350	1 069	1 166	1.09
郑西客专	2005.09	客专	350	505	353	0.69
哈大高铁	2007.08	客专	200（冬）/300（夏）	904	1 000	1.10
京沪高铁	2008.04	客专	350	1 318	2 209	1.68
京石客专	2008.10	客专	350	282	439	1.55
西宝客专	2009.11	客专	350	138	180	1.30

2. 单位实物工程量投资估算法

单位实物工程量投资估算法是以单位实物工程量的投资乘以实物工程总量来计算的

方法。土石方工程按每立方米投资，矿井巷道衬砌工程按每延米投资，路面铺设工程按每平方米投资，乘以相应的实物工程总量来计算建筑工程费。

3. 概算指标投资估算法

对于没有上述估算指标且建筑工程费占总投资比例较大的项目，可采用概算指标估算法。采用这种估算法，应占有较为详细的工程资料、建筑材料价格和工程费用指标，投入的时间和工作量较大。其具体估算方法见有关专门机构发布的概算编制办法。例如，北京市工程造价管理机构发布的 2007 年全现浇结构住宅楼工程造价构成指标（见表 5-8 和表 5-9），该指标就可以作为类似建设项目的概算指标。

表 5-8 全现浇结构住宅楼（两限房 27 层塔楼）工程造价构成   单位：元/m²

总造价	建筑工程	装饰工程	电气工程	管道工程	通风工程
1 760.97	791.16	388.22	389.54	181.11	10.94

表 5-9 全现浇结构住宅楼（两限房 27 层塔楼）建筑工程造价构成   单位：元/m²

总造价	建筑	土方	防水
791.16	728.42	20.08	42.66

5.3.2 设备及工器具购置费的估算方法

设备及工器具购置费包括设备的购置费、工器具购置费、现场制作非标准设备费、生产用家具购置费和相应的运杂费。设备购置费的估算应根据项目主要设备表及价格、费用资料编制。工器具购置费一般按占设备费的一定比例计取。对于价值高的设备应按单台（套）估算购置费；对于价值较小的设备，可按类估算。国内设备和进口设备的设备购置费应分别估算。

1. 设备购置费的估算

设备购置费是指为投资项目购置或自制的达到固定资产标准的各种国内或进口设备、工具、器具的购置费用。它由设备原价和设备运杂费构成。设备原价指国内设备或进口设备的原价；设备运杂费指除设备原价之外的设备采购、运输、途中包装及仓库保管等方面支出的费用的总和。

1) 国产设备原价的构成及计算

国产设备原价一般是指设备制造厂的交货价，即出厂价或订货合同价。它一般根据生产厂或供应商的询价、报价、合同价确定，或采用一定的方法计算确定。国产设备原价分为国产标准设备原价和国产非标准设备原价。

(1) 国产标准设备原价。国内标准设备原价是指按照主管部门颁布的标准图纸和技术要求，由我国设备生产厂批量生产的、符合国家质量检测标准的设备。有的国内标准设备原价有两种，即带有备件的原价和不带有备件的原价。在计算时，一般采用带有备件的原价。国内标准设备原价可通过查询相关价格目录或向设备生产厂家询价得到。

(2) 国产非标准设备原价。国内非标准设备是指国家尚无定型标准，各设备生产厂不可能在工艺过程中采用批量生产，只能按一次订货，并根据具体的设计图纸制造的设备。国产非标准设备原价有多种不同的计算方法，如成本计算估价法、系列设备插入估价法、分部组合估价法、定额估价法等。但无论采用哪种方法都应该使非标准设备计价接近实际出厂价，并且计算方法要简便。按成本计算估价法，非标准设备的原价由以下各项组成：材料费、加工费、辅助材料费、专用工具费、废品损失费、外购配套件费及包装费、利润、税金、非标准设备设计费。综上所述，单台非标准设备原价可表达为：

$$\begin{aligned}单台非标准设备原价=&\{[(材料费+加工费+辅助材料费)\times(1+专用工具费率)\times\\&(1+废品损失率)+外购配套件费]\times(1+包装费率)-\\&外购配套件费\}\times(1+利润率)+增值税销项税+\\&非标准设备设计费+外购配套件费\end{aligned} \quad (5-6)$$

2) 进口设备原价的构成及计算

进口设备的原价是指进口设备的抵岸价，即抵达买方边境港口或边境车站，且交完关税后形成的价格。

通常，进口设备采用最多的是装运港交货方式，即卖方在出口国装运港交货，主要有装运港船上交货价（FOB），习惯称离岸价格；运费在内价（CFR）及运费、保险费在内价（CIF），习惯称到岸价格。装运港船上交货价（FOB）是我国进口设备采用最多的一种货价。进口设备抵岸价的构成可概括如下：

$$\begin{aligned}进口设备抵岸价=&货价+国外运费+运输保险费+银行财务费+外贸手续费+\\&关税+增值税+消费税+海关监管手续费+车辆购置税\end{aligned} \quad (5-7)$$

上述公式（5-7）中，相关费用计算如下：

$$进口设备到岸价(CIF)=离岸价(FOB)+国外运费+国外运输保险费 \quad (5-8)$$

其中：

$$国外运费=离岸价\times运费率或国外运费=单位运价\times运量; \quad (5-9)$$

$$\begin{aligned}国外运输保险费=&(合同中硬件货价+国外运费)\times运输保险费率\div\\&(1-运输保险费率)。\end{aligned} \quad (5-10)$$

$$进口关税=进口设备到岸价\times人民币外汇牌价\times进口关税税率 \quad (5-11)$$

$$\begin{aligned}进口环节增值税=&(进口设备到岸价\times人民币外汇牌价+进口关税+\\&消费税)\times增值税税率\end{aligned} \quad (5-12)$$

$$外贸手续费=进口设备到岸价\times人民币外汇牌价\times外贸手续费率 \quad (5-13)$$

$$银行财务费=进口设备货价\times人民币外汇牌价\times银行财务费率 \quad (5-14)$$

$$消费税=[(到岸价+关税)\div(1-消费税率)]\times消费税率 \quad (5-15)$$

$$进口车辆购置税=(关税完税价格+进口关税+消费税)\times车辆购置税率 \quad (5-16)$$

$$海关监管手续费=进口设备到岸价\times人民币外汇牌价\times海关监管手续费率 \quad (5-17)$$

海关监管手续费是指海关对发生减免进口税或实行保税的进口设备，实施监管和提供服务收取的手续费。全额征收关税的设备，不收取海关监管手续费。

进口设备国内运杂费按运输方式，根据运量或者设备费金额估算。进口设备各项费用的名称及计算公式如表5-10所示。

表 5-10 进口设备费用的名称及计算公式

序号	费用名称	计算公式	备注
1	货价	货价=合同中硬、软件的离岸价外币金额×外汇牌价	合同生效,第一次付款日期的兑汇牌价
2	国外运输费	国外运输费=合同中硬件货价×国外运输费率	海运费率为 6%,空运费率为 8.5%,铁路运输费率为 1%
3	国外运输保险费	国外运输保险费=(合同中硬件货价+国外运费)×运输保险费率÷(1-运输保险费率)	海运保险费率为 0.35%,空运保险费率为 0.455%,陆运保险费率为 0.266%
4	关税	硬件关税=(合同中硬件货价+国外运费+国外运输保险费)×关税税率=合同中硬件到岸价×关税税率 软件关税=合同中应计关税软件的货价×关税税率	计关税的软件指设计费、技术秘密、专利许可证、专利技术等
5	增值税	增值税=(硬件到岸价+应计关税软件的货价+关税)×增值税率	增值税率取 17%
6	消费税	消费税=[(到岸价+关税)÷(1-消费税率)]×消费税率(进口车辆才有此税)	越野车、小汽车取 5%,小轿车取 8%,轮胎取 10%
7	银行财务费	合同中硬、软件的货价×银行财务费率	银行财务费率取 0.4%~0.5%
8	外贸手续费	(合同中硬件到岸价+完关税软件的货价)×外贸手续费率	外贸手续费率取 1.5%
9	海关监管手续费	减免关税部分的到岸价×海关监管手续费率	海关监管手续费率取 0.3%

2. 设备运杂费的估算

1) 设备运杂费的构成

设备运杂费通常由下列各项构成。

(1) 运费和装卸费。国内设备运费和装卸费指由设备制造厂交货地点起至工地仓库(或施工组织设计指定的需要安装设备的堆放地点)止所发生的运费和装卸费;进口设备的运费和装卸费则指由我国到岸港口或边境车站起至工地仓库(或施工组织设计指定的需安装设备堆放地点)止所发生的运费和装卸费。

(2) 包装费。指在设备原价中未包含的、为运输而进行的包装所支出的各种费用。

(3) 设备供销部门的手续费。按有关部门规定的统一费率计算。

(4) 采购与仓库保管费。指采购、验收、保管和收发设备所发生的各种费用,包括设备采购人员、保管人员和管理人员的工资、工资附加费、办公费、差旅交通费,设备供应部门办公和仓库所占固定资产使用费、工具用具使用费、劳动保护费、检验试验费等。这些费用可按主管部门规定的采购与保管费费率计算。

2) 设备运杂费的计算

设备运杂费按设备原价乘以设备运杂费率计算,其计算公式为:

$$\text{设备运杂费} = \text{设备原价} \times \text{设备运杂费率} \qquad (5-18)$$

其中，设备运杂费率按各部门及省、市等的规定计取。

【例题 5-4】 某公司拟从国外进口一套机电设备和配套软件，设备硬件装运港船上交货价，即离岸价（FOB 价）为 450 万美元，包括配套软件费 50 万美元，其中不计算关税软件费有 15 万美元。相关费用参数如下：美元的外汇牌价是 6.24 元人民币，海运费率 6%，海运保险费率 0.35%，外贸手续费率 1.5%，中国银行财务手续费率 0.5%，关税税率 22%，增值税税率 17%，国内运杂费率（包含运费、装卸费率、包装费率、采购与仓库保管费率）2.5%。则该套机电设备及配套软件进口的投资估算价是多少？

解：

该套机电设备及配套软件进口的投资估算价计算如下：

货价（离岸价）= 400×6.24+50×6.24 = 2 496+312 = 2 808（万元）

国外运输费 = 2 496×6% = 149.76（万元）

国外运输保险费 = (2 496+149.76)×0.35%÷(1−0.35%) = 9.29（万元）

到岸价 = 离岸价（FOB 价）+ 国外运输费 + 国外运输保险费 =
  2 808+149.76+9.29 = 2 967.05（万元）

硬件关税 = (2 496+149.76+9.29)×22% = 2 655.05×22% = 584.11（万元）

软件关税 = 35×6.24×22% = 218.40×22% = 48.05（万元）

关税合计 = 584.11+48.05 = 632.16（万元）

增值税 = (2 655.05+218.4+632.16)×17% = 3 505.61×17% = 595.95（万元）

银行财务费 = 2 808×0.5% = 14.04（万元）

外贸手续费 = (2 655.05+218.40)×1.5% = 2 873.45×1.5% = 43.10（万元）

海关监管手续费 = 15×6.24×0.3% = 0.28（万元）

抵岸价 = 货价 + 国外运输费 + 关税 + 增值税 + 银行手续费 + 外贸手续费 +
  海关监管手续费 = 到岸价 + 关税 + 增值税 + 银行手续费 + 外贸手续费 +
  海关监管手续费 = 2 967.05+632.16+595.95+14.04+43.10+0.28 =
  4 252.58（万元）

国内运杂费 = 抵岸价 × 运杂费率 = 4 252.58×2.5% = 106.31（万元）

投资估算价 = 抵岸价 + 国内运杂费 = 4 252.58+106.31 = 4 358.89（万元）

3. 工具、器具及生产家具购置费的估算

工具、器具及生产家具购置费是指按照有关规定，为保证新建或扩建项目初期正常生产必须购置的没有达到固定资产标准的设备、仪器、工卡模具、器具、生产家具等的购置费用。一般以设备购置费为计算基数，按照部门或行业规定的工具、器具及生产家具费率计算。

$$\text{工具、器具及生产家具购置费} = \text{设备购置费} \times \text{定额费率} \qquad (5-19)$$

5.3.3 安装工程费的估算方法

需要安装的设备应估算安装工程费，包括各种机电设备装配和安装工程费用；与设备相连的工作台、梯子及其装设工程费用；附属于被安装设备的管线铺设工程费用；安装设备的绝缘、保温、防腐等工程费用；单体试运转和联动无负荷试运转费用等。

安装工程费通常按行业或专门机构发布的安装工程定额、取费标准和指标估算投资。具体计算可按安装费率、每吨设备安装费或者每单位安装实物工程量的费用估算，即：

$$安装工程费 = 设备原价 \times 安装费率 \quad (5-20)$$

$$安装工程费 = 设备吨位 \times 每吨安装费 \quad (5-21)$$

$$安装工程费 = 安装工程实物量 \times 安装费用指标 \quad (5-22)$$

5.3.4 工程建设其他费用的估算方法

工程建设其他费用是指从工程筹建起到工程竣工验收交付使用止的整个建设期间，除建筑安装工程费用和设备及工器具购置费用以外的、为保证工程建设顺利完成和交付使用后能够正常发挥效用而发生的各项费用。对于工程建设其他费用，按其内容大体可分为三类：第一类指土地使用费，第二类指与项目建设有关的其他费用，第三类指与未来企业生产经营有关的其他费用。

1. 与土地使用有关的费用

任何一个建设项目都固定于一定地点并与地面相连接，所以必须占用一定量的土地，也就必然要发生为获得建设用地而支付的费用，这就是土地使用费。它是指通过划拨方式取得土地使用权而支付的土地征用及迁移补偿费，或者通过土地使用权出让方式取得土地使用权而支付的土地使用权出让金。

1) 土地征用及迁移补偿费

土地征用及迁移补偿费是指建设项目通过划拨方式取得无限期的土地使用权，依照《中华人民共和国土地管理法》等规定所支付的费用。其总和一般不得超过被征土地年产值的 20 倍。土地年产值则按该地被征用前 3 年的平均产量和国家规定的价格计算。其内容包括以下几个方面。

（1）土地补偿费。按政府规定，征用耕地的补偿标准为该耕地年产值的 6~10 倍；征用其他土地的土地补偿费的具体补偿标准由省、自治区、直辖市人民政府参照征用耕地的标准制定；征用城市郊区的菜地时，还应按有关规定向国家缴纳菜地开发建设基金。征收无收益的土地，不予补偿。

（2）青苗补偿费和被征用土地上的房屋、水井、树木等附着物补偿费。这些补偿费的标准由省、自治区、直辖市人民政府制定。

（3）安置补助费。征用耕地的，每个农业人口的安置补助费为该耕地被征用前 3 年平均年产值的 4~6 倍。但是，每公顷被征用耕地的安置补助费最高不得超过被征用前 3 年平均年产值的 15 倍。征用其他土地的安置补助费的具体补偿标准由省、自治区、直辖市人民政府参照征用耕地的标准制定并执行。

2) 土地使用权出让金

土地使用权出让金指建设项目通过土地使用权出让方式取得有限期的土地使用权而

依照《中华人民共和国城镇国有土地使用权出让和转让暂行条例》规定向国家支付土地使用权出让金。

2. 与项目建设有关的其他费用

根据项目的不同，与项目建设有关的其他费用的构成也不尽相同，一般包括以下各项，在进行工程估算及概算中可根据实际情况进行计算。

1) 建设单位管理费

建设单位管理费是指建设项目从立项、筹建、建设、联合试运转、竣工验收、交付使用及后评估等全过程管理所需的费用。其内容包括：

（1）建设单位开办费，指新建项目为保证筹建和建设工作正常进行所需办公设备、生活家具、用具、交通工具等的购置费用。

（2）建设单位经费，包括工作人员的基本工资、工资性补贴、职工福利费、劳动保护费、劳动保险费、办公费、差旅费、工会费、职工教育费、固定资产使用费、工具用具使用费、工程招标费、合同契约公证费、工程质量监督检测费等。

建设单位管理费按照单项工程费用之和（包括设备工、器具购置费和建筑安装工程费用）乘以建设单位管理费率计算。建设单位管理费率按照建设项目的不同性质、不同规模来确定。

2) 可行性研究费

可行性研究费是指在建设项目投资决策阶段，依据调研报告对有关建设方案、技术方案或生产经营方案进行的技术经济论证，以及编制、评审可行性研究报告所需的费用。此项费用应依据前期研究委托合同计算或参照有关规定计算。

3) 勘察设计费

勘察设计费是指对建设项目进行工程水文地质勘察、工程设计所发生的费用，包括工程勘察费、初步设计费、施工图设计费、设计模型制作费。勘察设计费应按照《关于发布〈工程勘察设计收费管理规定〉的通知》（计价格［2002］10号）的规定计算。

4) 研究试验费

研究试验费是指为建设项目提供和验证设计参数、数据、资料等所进行的必要的试验费用及设计规定在施工中必须进行试验、验证所需费用。这项费用按照设计单位根据本工程项目的需要提出的研究试验内容和要求计算。

5) 环境影响评价费

环境影响评价费是指按照《中华人民共和国环境保护法》《中华人民共和国环境影响评价法》等规定，在建设项目决策过程中，对其进行环境污染或影响评价所需的费用，包括编制环境影响报告书、环境影响报告表及对环境影响报告书、环境影响报告表进行评估等所需的费用。此项费用可参照《关于规范环境影响咨询收费有关问题的通知》（计价格［2002］125号）的规定计算。

6) 劳动安全卫生评价费

劳动安全卫生评价费是指按照有关部门规定，在建设项目投资决策过程中，为编制劳动安全卫生评价报告所需的费用，包括编制建设项目劳动安全卫生预评价大纲和劳动安全卫生预评价报告书，以及为编制上述文件所进行的工程分析和环境现状调查等所需的费用。

7)场地准备及建设单位临时设施费

建设项目场地准备费是指为使项目建设场地达到开工条件,由建设单位组织进行的场地平整等准备工作而发生的费用。建设单位临时设施费是指建设期间建设单位所需临时设施的建设、维修、租赁、使用所发生或摊销的费用。临时设施包括临时宿舍、文化福利及公用事业房屋与构筑物、仓库、办公室、加工厂及规定范围内的道路、水、电、管线等临时设施和小型临时设施。新建项目的场地准备及建设单位临时设施费按照下列公式计算:

$$场地准备及建设单位临时设施费 = 工程费用 \times 费率 + 拆除清理费 \quad (5-23)$$

8)工程建设监理费

工程监理费是指建设单位委托工程监理单位对工程实施监理工作所需的费用。此项费用按照国家发布的有关收费标准计算。

9)工程保险费

工程保险费是指建设项目在建设期间根据需要实施工程保险所需的费用,包括以各种建筑工程及其在施工过程中的物料、机器设备为保险标的的建筑工程一切险,以安装工程中的各种机器、机械设备为保险标的的安装工程一切险,以及机器损坏保险等。根据不同的工程类别,分别以其建筑、安装工程费乘以建筑、安装工程保险费率计算。

10)引进技术和进口设备其他费用

引进技术及进口设备其他费用包括引进项目图纸资料翻译复制费、备品备件绘制费、出国人员费用、国外工程技术人员来华费用、分期或延期付款利息、担保费及进口设备检验鉴定费。

11)城市基础设施建设费

城市基础设施建设费是指在使用城市基础设施的建设项目,按照项目所在地省级人民政府有关规定缴纳的城市基础设施建设配套费用。此项费用按照建设项目所在地人民政府规定的标准计算。例如,根据《关于印发〈北京市征收城市基础设施建设费暂行办法〉的通知》(京计投资字[2002]1792号)的规定:城近郊区内的建设项目,住宅按照160元/m^2、非住宅按照200元/m^2收取城市基础设施建设费。

3. 与未来企业生产经营有关的其他费用

1)联合试运转费

联合试运转费是指新建企业或新增加生产工艺过程的扩建企业在竣工验收前,按照设计规定的工程质量标准,进行整个车间的负荷或无负荷联合试运转发生的费用支出大于试运转收入的亏损部分。费用内容包括:试运转所需的原料、燃料、油料和动力的费用,机械使用费用,低值易耗品及其他物品的购置费用和施工单位参加联合试运转人员的工资等。试运转收入包括试运转产品销售和其他收入,不包括应由设备安装工程费项下开支的单台设备调试费及试车费用。联合试运转费一般根据不同性质的项目按需要试运转车间的工艺设备购置费的百分比计算。

2)专利及专有技术使用费

专利及专有技术使用费的主要内容包括:① 国外设计及技术资料费,引进有效专利、专有技术使用费和技术保密费;② 国内有效专利、专有技术使用费;③ 商标权、商誉和特许经营权费等。

3）生产准备费及开办费

生产准备费是指新建企业或新增生产能力的企业，为保证竣工交付使用进行必要的生产准备所发生的费用。费用内容包括生产人员培训费、生产单位提前进厂参加施工、设备安装、调试等，熟悉工艺流程及设备性能等人员的工资、工资性补贴、职工福利费、差旅交通费、劳动保护费等，以及投产使用必备的办公、生活家具用具及工器具等的购置费用。生产准备费一般根据需要培训和提前进厂人员的人数及培训时间，按生产准备费指标进行估算。

5.3.5 基本预备费的估算方法

基本预备费是指在项目实施中可能发生难以预料的支出，需要事先预留的费用，又称工程建设不可预见费，主要指设计变更及施工过程中可能增加工程量的费用。一般由下列3项内容构成。

(1) 在批准的设计范围内，技术设计、施工图设计及施工过程中所增加的工程费用；设计变更、工程变更、材料代用、局部地基处理等增加的费用。

(2) 一般自然灾害造成的损失和预防自然灾害所采取的措施费用。

(3) 竣工验收时为鉴定工程质量而对隐蔽工程进行必要的挖掘和修复费用。

基本预备费以工程费用及工程建设其他费用之和为计算基数，乘以基本预备费率来计算，基本预备费费率一般取5%～10%。

$$基本预备费 = (工程费用 + 工程建设其他费用) \times 基本预备费费率 \qquad (5-24)$$

5.3.6 价差预备费的估算方法

价差预备费是指在建设期内由于利率、汇率或价格等因素的变化而引起投资增加，需要事先预留的费用，亦称价格变动不可预见费。价差预备费的内容包括：人工、设备、材料、施工机械的价差费，建筑安装工程费及工程建设其他费用调整；利率、汇率调整等增加的费用。价差预备费以工程费用、工程建设其他费用、基本预备费为计算基数。其计算公式为：

$$PC = \sum_{t=1}^{n} I_t [(1+f)^m (1+f)^{0.5} (1+f)^{t-1} - 1] \qquad (5-25)$$

式中：PC——价差预备费；

I_t——第 t 年的计划投资额（工程费用＋工程建设其他费用＋基本预备费）；

f——年上涨率；

m——建设前期年限（从编制估算到开工建设，单位：年）；

n——建设期限。

对于年上涨率，政府部门有规定的按规定执行，没有规定的由可行性研究人员预测。

【例题 5-5】 某建设工程在建设期初的建安工程费和设备工器具购置费为 45 000 万元。建设工程其他费用为 3 860 万元，基本预备费率为 10%。本项目实施进度计划为：项目建设前期限为 1 年，建设期为 3 年。投资分年使用比例为：第一年 25%，第二年 55%，第三年 20%，建设前期与建设期内预计年平均价格总水平上涨率为 5%。试估算该项目的价差预备费。

解：
(1) 计算项目的计划投资额。

项目的计划投资额 = 建安工程费和设备工器具购置费 + 建设工程其他费用 + 基本预备费 = (45 000 + 3 860)×(1+10%) = 53 746（万元）

建设期第 1 年完成投资 = 53 746×25% = 13 436.5（万元）

建设期第 2 年完成投资 = 53 746×55% = 29 560.3（万元）

建设期第 3 年完成投资 = 53 746×20% = 10 749.2（万元）

(2) 计算项目的价差预备费。

建设期第 1 年的价差预备费 = 13 436.5×[(1+5%)×(1+5%)$^{0.5}$−1] = 1 020.23（万元）

建设期第 2 年的价差预备费 = 29 560.3×[(1+5%)×(1+5%)$^{0.5}$×(1+5%)−1] = 3 834.75（万元）

建设期第 3 年的价差预备费 = 10 749.2×[(1+5%)×(1+5%)$^{0.5}$×(1+5%)^2−1] = 2 001.64（万元）

(3) 计算项目的价差预备费。

项目建设期的价差预备费 = 1 020.23 + 3 834.75 + 2 001.64 = 6 856.62（万元）

5.3.7 建设期利息的估算方法

建设期利息是指项目借款在建设期内发生并计入固定资产的利息。计算建设期利息时，为了简化计算，通常假定借款均在每年的年中支用，借款第一年按半年计息，其余各年份按全年计息。其计算公式为：

各年应计利息 = (年初借款本息累计 + 本年借款额/2)×年利率　　(5-26)

有多种借款资金来源且每笔借款的年利率各不相同的项目，既可分别计算每笔借款的利息，也可先计算出各笔借款加权平均的年利率，并以此利率计算全部借款的利息。

【例题 5-6】 某新建项目，建设期为 3 年，共向银行贷款 1 300 万元，贷款时间为：第一年 300 万元，第二年 600 万元，第三年 400 万元，年利率为 6%。试计算建设期利息。

解：
在建设期，各年利息计算如下：

第 1 年应计利息 = $\frac{1}{2}$×300×6% = 9（万元）

第 2 年应计利息 $= \left(300+9+\frac{1}{2}\times 600\right)\times 6\% = 36.54$（万元）

第 3 年应计利息 $= \left(300+9+600+36.54+\frac{1}{2}\times 400\right)\times 6\% = 68.73$（万元）

建设期利息总和为 114.27(9+36.54+68.73)万元。

5.3.8 流动资金的估算方法

流动资金是指生产经营性项目投产后，为进行正常生产运营，用于购买原材料、燃料、支付工资及其他经营费用等所需的周转资金。它是伴随着固定资产投资而发生的永久性流动资产投资，等于项目投产运营后所需全部流动资产扣除流动负债后的余额。项目决策分析与评价中，流动资产主要考虑应收账款、现金和存货；流动负债主要考虑应付账款。由此看出，这里所解释的流动资金的概念，实际上就是投资项目必须准备的最基本的营运资金。

流动资金估算一般采用分项详细估算法，个别情况或者小型项目可采用扩大指标法。

1. 分项详细估算法

对构成流动资金的各项流动资产和流动负债应分别进行估算。在可行性研究中，为简化计算，仅对存货、现金、应收账款和应付账款四项内容进行估算，其计算公式为：

$$\text{流动资金} = \text{流动资产} - \text{流动负债} \tag{5-27}$$

$$\text{流动资产} = \text{应收账款} + \text{预付账款} + \text{存货} + \text{现金} \tag{5-28}$$

$$\text{流动负债} = \text{应付账款} + \text{预收账款} \tag{5-29}$$

$$\text{流动资金本年增加额} = \text{本年流动资金} - \text{上年流动资金} \tag{5-30}$$

估算的具体步骤为：首先计算各类流动资产和流动负债的年周转次数，然后再分项估算占用资金额。

1) 周转次数计算

周转次数等于 360 天除以最低周转天数。存货、现金、应收账款和应付账款的最低周转天数可参照同类企业的平均周转天数并结合项目特点确定。

2) 应收账款估算

应收账款是指企业已对外销售商品、提供劳务而尚未收回的资金，包括若干科目。在可行性研究时，只计算应收销售款。其计算公式为：

$$\text{应收账款} = \text{年经营成本}/\text{应收账款周转次数} \tag{5-31}$$

3) 预付账款估算

预付账款是指企业为购买各类材料、半产品或服务所预先支付的款项。其计算公式为：

$$\text{预付账款} = \text{外购商品或服务年费用金额}/\text{预付账款周转次数} \tag{5-32}$$

4) 存货估算

存货是指企业在日常生产经营过程中持有以备出售，或者仍然处在生产过程，或者在生产或提供劳务过程中将消耗的材料或物料等，包括各类材料、商品、在产品、半成品和产成品等。为简化计算，项目经济评价中仅考虑外购原材料、燃料、其他材料、在产品和产成品，并分项进行计算。其计算公式为：

$$存货 = 外购原材料、燃料 + 其他材料 + 在产品 + 产成品 \qquad (5-33)$$

$$外购原材料、燃料 = 年外购原材料、燃料费用/分项周转次数 \qquad (5-34)$$

$$其他材料 = 年其他材料费用/其他材料周转次数 \qquad (5-35)$$

$$在产品 = (年外购原材料、燃料动力费用 + 年工资及福利费 + \\ 年修理费 + 年其他制造费用)/在产品周转次数 \qquad (5-36)$$

$$产成品 = (年经营成本 - 年营业费用)/产成品周转次数 \qquad (5-37)$$

5）现金需要量估算

项目流动资金中的现金是指货币资金，即企业生产运营活动中停留于货币形态的那部分资金，包括企业库存现金和银行存款。其计算公式为：

$$现金需要量 = (年工资及福利费 + 年其他费用)/现金周转次数 \qquad (5-38)$$

$$年其他费用 = 制造费用 + 管理费用 + 销售费用 - 以上三项费用 \\ 中所含的工资及福利费、折旧费、摊销费、修理费 \qquad (5-39)$$

6）流动负债估算

流动负债是指在一年或者超过一年的一个营业周期内偿还的各种债务，包括短期借款、应付票据、应付账款、预收账款、应付工资、应付福利费、应付股利、应交税金、其他暂收应付款项、预提费用和一年内到期的长期借款等。在项目经济评价中，流动负债的估算只考虑应付账款和预收账款两项。其计算公式为：

$$应付账款 = (外购原材料、燃料动力及其他材料年费用)/应付账款周转次数 \\ \qquad (5-40)$$

7）预收账款估算

预收账款是指企业提供服务或销售产品所预先收取的款项。其计算公式为：

$$预收账款 = 预收的营业收入年金额/预收账款周转次数 \qquad (5-41)$$

2. 扩大指标估算法

扩大指标估算法是按照流动资金占某种基数的比率来估算流动资金，是一种简化的流动资金估算方法。一般常用的基数有销售收入、经营成本、总成本费用和建设投资等，究竟采用何种基数，依行业习惯而定。所采用的比率根据经验确定，或根据现有同类企业的实际资料确定，或依行业、部门给定的参考值确定。扩大指标估算法简便易行，但准确度不高，适用于项目建议书阶段流动资金的估算。

（1）产值（销售收入）资金率估算法。

$$流动资金额 = 年产值（年销售收入额） \times 产值（销售收入）资金率 \qquad (5-42)$$

（2）经营成本（或总成本费用）资金率估算法。经营成本是一项反映物质、劳动消耗和技术水平、生产管理水平的综合指标。一些工业项目，尤其是采掘工业项目常用经营成本（或总成本费用）资金率估算流动资金。

流动资金额＝年经营成本(年总成本费用)×经营成本资金率(总成本费用资金率)

(5-43)

3. 流动资金估算应注意的问题

(1) 在采用分项详细估算法时，需要分别确定现金、应收账款、存货和应付账款的最低周转天数。在确定周转天数时要根据实际情况，并考虑一定的保险系数。对于存货中的外购原材料、燃料要根据不同品种和来源，考虑运输方式和运输距离等因素来分别确定。

(2) 不同生产负荷下的流动资金是按照相应负荷时的各项费用金额和给定的公式计算出来的，而不能按100%负荷下的流动资金乘以负荷百分数求得。

【例题5-7】 某钢铁集团拟建年产30万吨炼钢厂，根据调查统计资料提供的当地已建年产25万吨炼钢厂的主厂房工艺设备投资约为2 400万元，拟建项目与类似项目的综合调整系数为1.25。已建类似项目资料：与主厂房有关的其他各专业工程投资的系数如表5-11所示。与主厂房投资有关的辅助工程及附属设施投资的系数如表5-12所示。

表5-11 与主厂房有关的其他各专业工程投资的系数

加热炉	汽化冷却	余热锅炉	自动化仪表	起重设备	供电与传动	建安工程
0.12	0.01	0.04	0.02	0.09	0.18	0.40

表5-12 与主厂房投资有关的辅助工程及附属设施投资的系数

动力系统	机修系统	总图运输系统	行政及生活福利设施工程	工程建设其他费
0.30	0.12	0.20	0.30	0.20

本项目的资金来源为自有资金和贷款，贷款总额为8 000万元，贷款利率为8%（按年计息）。建设期为3年，第1年投入30%，第2年投入50%，第3年投入20%。预计建设期物价平均上涨率为3%，投资估算到开工的时间按1年考虑，基本预备费率为10%。

问题：

(1) 试用生产能力指数法估算拟建项目主厂房的工艺设备投资；运用系数估算法估算该项目主厂房投资和拟建项目的工程费用与其他费用。

(2) 估算该拟建项目的建设投资。

(3) 若拟建项目单位产量占用流动资金额为33.67元/吨，试用扩大指标估算法估算项目的流动资金，并确定拟建项目总投资。

解：

问题（1）的解答如下。

用生产能力指数法估算拟建项目主厂房的工艺设备投资：

$$\text{拟建项目主厂房工艺设备投资} = 2\,400 \times \left(\frac{30}{25}\right)^1 \times 1.25 = 3\,600 \text{（万元）}$$

用系数估算法估算该项目主厂房的投资：

$$\text{主厂房投资} = 3\,600 \times (1+12\%+1\%+4\%+2\%+9\%+18\%+40\%) = 3\,600 \times (1+0.86) = 6\,696 \text{（万元）}$$

其中：
$$建安工程投资 = 3\,600 \times 0.4 = 1\,440（万元）$$
$$设备购置投资 = 3\,600 \times 1.46 = 5\,256\,万元（万元）$$

拟建项目的工程费用与其他费用：
$$工程费用与工程建设其他费用 = 6\,696 \times (1 + 30\% + 12\% + 20\% + 30\% + 20\%) =$$
$$6\,696 \times (1 + 1.12) = 14\,195.52（万元）$$

问题（2）的解答如下。

(1) 基本预备费的计算：

基本预备费 = (建筑工程费 + 设备及工器具购置费 + 安装工程费 + 工程建设其他费用) ×
$$基本预备费率 = 14\,195.52 \times 10\% = 1\,419.55（万元）$$

由此得到：
$$静态投资 = 14\,195.52 + 1\,419.55 = 15\,615.07（万元）$$

建设期各年的静态投资额为：

第 1 年　$15\,615.07 \times 30\% = 4\,684.52$（万元）

第 2 年　$15\,615.07 \times 50\% = 7\,807.54$（万元）

第 3 年　$15\,615.07 \times 20\% = 3\,123.01$（万元）

(2) 价差预备费的计算：

价差预备费 $= 4\,684.52 \times [(1+3\%)^1 \times (1+3\%)^{0.5} \times (1+3\%)^{1-1} - 1] +$
$7\,807.54 \times [(1+3\%)^1 \times (1+3\%)^{0.5} \times (1+3\%)^{2-1} - 1] +$
$3\,123.01 \times [(1+3\%)^1 \times (1+3\%)^{0.5} \times (1+3\%)^{3-1} - 1] =$
$221.38 + 598.81 + 340.40 = 1\,160.59$（万元）

由此得到：
$$预备费 = 基本预备费 + 价差预备费 = 1\,419.55 + 1\,160.59 = 2\,580.14（万元）$$
$$拟建项目的建设投资 = 14\,195.52 + 2\,580.14 = 16\,775.66（万元）$$

问题（3）的解答如下。

(1) 流动资金的计算：
$$流动资金 = 30 \times 33.67 = 1\,010.10（万元）$$

(2) 建设期贷款利息的计算：

第 1 年贷款利息 $= (8\,000 \times 30\% \div 2) \times 8\% = 96$（万元）

第 2 年贷款利息 $= [8\,000 \times 30\% + 96) + (8\,000 \times 50\% \div 2)] \times 8\% = 359.68$（万元）

第 3 年贷款利息 $= [(8\,000 \times 30\% + 96 + 8\,000 \times 50\% + 359.68) +$
$(8\,000 \times 20\% \div 2)] \times 8\% = 612.45$（万元）

建设期贷款利息总计 $= 96 + 359.68 + 612.45 = 1\,068.13$（万元）

(3) 拟建项目总投资的计算：

拟建项目总投资＝建设投资＋建设期利息＋流动资金＝
16 775.66＋1 068.13＋1 010.10＝18 853.89（万元）

【例题 5-8】 某拟建项目的工程费用与工程建设其他费用的估算额为 52 180 万元，预备费为 5 000 万元，建设期为 3 年。各年的投资比例是：第 1 年 20%，第 2 年 55%，第 3 年 25%，第 4 年投产。

该项目建设投资的来源为自有资金和贷款。贷款的总额为 40 000 万元（其中外汇贷款为 2 300 万美元），贷款按年均衡发放。贷款的人民币部分从中国建设银行获得，年利率为 6%（按季计息）；贷款的外汇部分从中国银行获得，年利率为 8%（按年计息）。外汇牌价为 1 美元兑换 6.3 元人民币。

该拟建项目达到设计生产能力后，全厂定员为 1 100 人，工资和福利费按照每人每年 7.2 万元估算。每年其他费用为 860 万元（其中，其他制造费用为 660 万元）。年外购原材料、燃料、动力费估算为 19 200 万元。年经营成本为 21 000 万元，年营业收入为 33 000 万元，年修理费占年经营成本的 10%，年预付账款为 800 万元，年预收账款为 1 200 万元。各类流动资产与流动负债最低周转天数分别为：应收账款为 30 天，现金为 40 天，应付账款为 30 天，存货为 40 天，预付账款为 30 天，预收账款为 30 天。

问题：
(1) 估算建设期的贷款利息。
(2) 用分项详细估算法估算拟建项目的流动资金，编制流动资金估算表。
(3) 估算拟建项目的总投资。

解：
问题（1）的解答如下。
建设期贷款利息的计算如下。
(1) 人民币贷款实际利率的计算。

$$人民币实际利率＝(1＋6\%÷4)^4－1＝6.14\%$$

(2) 每年投资的贷款部分本金数额的计算。
人民币部分的贷款总额为：40 000－2 300×6.3＝25 510 万元。

第 1 年为：25 510×20%＝5 102（万元）
第 2 年为：25 510×55%＝14 030.50（万元）
第 3 年为：25 510×25%＝6 377.50（万元）

美元部分的贷款总额为：2 300 万美元。

第 1 年为：2 300×20%＝460（万美元）
第 2 年为：2 300×55%＝1 265（万美元）
第 3 年为：2 300×25%＝575（万美元）

(3) 每年应计利息的计算。
① 人民币建设期贷款利息的计算：

第 1 年贷款利息＝(5 102÷2)×6.14%＝156.63（万元）

第 2 年贷款利息＝[(5 102＋156.63)＋14 030.50÷2]×6.14％＝753.62（万元）
第 3 年贷款利息＝[(5 102＋156.63＋14 030.50＋753.62)＋6 377.50÷2]×6.14％＝
　　　　　　　1 426.41（万元）
人民币贷款利息合计＝156.63＋753.62＋1 426.41＝2 336.66（万元）

② 外币贷款利息的计算：

第 1 年外币贷款利息＝(460÷2)×8％＝18.40（万美元）
第 2 年外币贷款利息＝[(460＋18.40)＋1 265÷2]×8％＝88.87（万美元）
第 3 年外币贷款利息＝[(460＋18.48＋1 265＋88.88)＋575÷2]×8％＝169.58（万美元）
外币贷款利息合计＝18.40＋88.87＋169.58＝276.85（万美元）

问题（2）的解答如下。
用分项详细估算法估算流动资金：

$$流动资金＝流动资产－流动负债$$

式中：

$$流动资产＝应收账款＋现金＋存货＋预付账款$$
$$流动负债＝应付账款＋预收账款$$

(1) 应收账款＝年经营成本÷年周转次数＝21 000÷(360÷30)＝1 750 万元。
(2) 现金＝(年工资福利费＋年其他费)÷年周转次数＝(1 100×7.2＋860)÷(360÷40)＝975.56 万元。
(3) 存货：

外购原材料、燃料＝年外购原材料、燃料动力费÷年周转次数＝
　　　　　　　19 200÷(360÷40)＝2 133.33（万元）
在产品＝(年工资福利费＋年其他制造费＋年外购原料燃料费＋年修理费)÷
　　　　年周转次数＝(1 100×7.2＋660＋19 200＋21 000×10％)÷(360÷40)＝
　　　　3 320（万元）
产成品＝年经营成本÷年周转次数＝21 000÷(360÷40)＝2 333.33（万元）
　　存货＝2 133.33＋3 320＋2 333.33＝7 786.66（万元）
预付账款＝年预付账款÷年周转次数＝800÷(360÷30)＝66.67（万元）
应付账款＝年外购原材料、燃料、动力费÷年周转次数＝19 200÷(360÷30)＝
　　　　1 600（万元）
预收账款＝年预收账款÷年周转次数＝1 200÷(360÷30)＝100（万元）

由此求得：

流动资产＝应收账款＋现金＋存货＋预付账款＝
　　　　1 750＋975.56＋7 786.66＋66.67＝10 578.89（万元）
流动负债＝应付账款＋预收账款＝1 600＋100＝1 700（万元）
流动资金＝流动资产－流动负债＝10 578.89－1 700＝8 878.89（万元）

流动资金估算表如表 5-13 所示。

表 5-13 流动资金估算表

序号	项目	最低周转天数/天	周转次数	金额/万元
1	流动资产			10 578.89
1.1	应收账款	30	12	1 750
1.2	存货	40	9	7 786.66
1.2.1	外购原材料、燃料动力费	40	9	2 133.33
1.2.2	在产品	40	9	3 320
1.2.3	产成品	40	9	2 333.33
1.3	现金	40	9	975.56
1.4	预付账款	30	12	66.67
2	流动负债			1 700
2.1	应付账款	30	12	1 600
2.2	预收账款	30	12	100
3	流动资金（1－2）			8 878.89

问题（3）的解答如下。

拟建项目总投资＝工程费用与工程建设其他费用＋预备费＋建设期利息＋流动资金＝
52 180＋5 000＋276.85×6.3＋2 336.66＋8 878.89＝
70 139.71（万元）

小栏目

×××建设工程费用投资估算表

工程名称：×××建设项目 单位：万元

序号	工程或费用名称	估算金额/万元			技术经济指标		
		建安工程	设备与工器具购置	合计	单位	数量	单位价值/元
（一）	工程费用						
1	土建工程	2 948.5		2 948.5	m²	20 417.4	1 444.12
2	给排水工程	245.0		245.0	m²	20 417.4	120
3	采暖工程	102.1		102.1	m²	20 417.4	50
4	强电工程	81.7		81.7	m²	20 417.4	40
5	消防工程	51.0		51.0	m²	20 417.4	25
6	弱电工程	81.7		81.7	m²	20 417.4	40
	费用合计	3 510.0		3 510.0			1 719.12
（二）	工程建设其他费用	说明及计算式					费用
1	建设单位管理费	财政部建【2002】394号按工程总投资分档计算，费率为1.5%					124.0
2	建设工程监理费	国家发改委、建设部发改价格【2007】670号按工程费用插值计算					134.7
3	建设项目前期工作咨询费	国家计委计价格【1999】1283号按估算投资分档计算					41.9
4	工程勘察费	工程费用×费率（0.8%）					28.1
5	工程设计费	国家计委、建设部计价格【2002】10号按工程费用插值计算					130.0

续表

序号	工程或费用名称	估算金额/万元			技术经济指标		
		建安工程	设备与工器具购置	合计	单位	数量	单位价值/元
（二）	工程建设其他费用						
6	施工图预算编制费	工程设计费×费率（10%）					13.0
7	竣工图编制费	工程设计费×费率（8%）					10.4
8	环境影响咨询服务费	依据《国家计委、国家环境保护总局关于规范环境影响咨询收费有关问题的通知》（计价格〔2002〕125号）					41.9
9	劳动安全卫生评审费	工程费用×费率（0.1%）					3.5
10	场地准备及临时设施费	工程费用×费率（0.5%）					17.6
11	工程保险费	工程费用×费率（0.3%）					10.5
12	联合试运转费	工程费用×费率（1%）					35.1
13	招标代理服务费	工程费用×费率（1%）					35.1
14	施工图审查费	工程费用×费率（1.2‰）					4.2
	费用合计						630
（三）	预备费	（工程费用＋工程建设其他费用）×费率（5%）					207
（四）	建设期贷款利息						153
（五）	项目总投资	（一）＋（二）＋（三）＋（四）					4 500

思 考 题

1. 建设项目投资估算的作用有哪些？
2. 建设投资的估算方法分类有哪些？
3. 建设投资分类估算法的步骤有哪些？
4. 进口设备购置费的构成内容及计算步骤如何？
5. 某公司拟从国外进口一套机电设备，重量1 500吨，装运港船上交货价，离岸价（FOB价）为400万美元。其他有关费用参数为：国际运费标准为360美元/吨，海上运输保险费率为0.266%，中国银行费率为0.5%，外贸手续费率为1.5%，关税税率为22%，增值税的税率为17%，美元的银行牌价为6.30元人民币，设备的国内运杂费率为2.5%。该套机电设备的投资估算价是多少？
6. 某建设工程在建设期初的建安工程费和设备工器具购置费为50 000万元。该工程建设贷款10 000万元，第1年3 000万元，第2年5 000万元，第3年2 000万元，建设期借款年利率为6%。按本项目实施进度计划，项目建设期为3年，投资分年使用比例为：第一年30%，第二年50%，第三年20%，投资在每年平均支用，建设期内年平均价格总水平上涨率为3%，不考虑投资估算到项目开工的时间。建设工程其他费用为3 860万元，基本预备费率为10%。试估算该项目的建设投资。

第6章 建设项目的融资方案

建设项目的融资方案是在投资估算的基础上,研究拟建项目的资金渠道、融资形式、融资结构、融资成本、融资风险,比选推荐项目的融资方案,并以此研究资金筹措方案和进行财务评价。

项目的融资方案是多样的,从理论上说,很难有两个项目的融资方案是完全一样的。每一个项目的融资方案设计需要考虑项目的具体特征、项目所处国家和地区的投融资环境、项目发起人的实力、经验、筹资信用、投资战略等多种因素。

6.1 建设项目的融资模式

6.1.1 建设项目的融资方式

建设项目的融资方式可以分为以下两类。

1. 间接融资与直接融资

1) 间接融资

间接融资是指从银行及非银行金融机构借入的资金。在间接融资方式下,银行及非银行金融机构积聚资金所有者的盈余资金,然后贷给拟建项目的资金需求者,资金所有者和资金需求者不直接建立债权债务关系。金融机构参与拟建项目的融资活动的目的是自身获取盈利。

2) 直接融资

直接融资是指不通过金融中介机构,而由投资者对拟建项目的直接投资,以及项目法人在金融市场上通过发行(增发)股票、债券等直接筹集的资金。直接融资所采用的方式主要是发行股票和债券。在直接融资的过程中,资金需求者通过发行股票和债券取得资金,资金所有者通过购买股票和债券进行投资,两者之间直接建立了金融联系,不需要金融中介机构的介入。

目前，由于我国的资本市场还不发达，拟建项目通过发行股票和债券进行直接融资所占的投资比例还比较小，拟建项目的投资对银行等金融机构间接融资的依赖度还比较高。

2. 权益融资与债务融资

1）权益融资

权益融资是指拟建项目为了获取可供长期或永久使用的资金而采取的资金融通方式。这种方式所筹集的资金直接构成了项目的资本金，其性质是项目的自有资金。权益融资通常采用直接融资的方式，如投资者通过对外发行股票、直接吸引投资者参与项目的合资与合作及企业内部的资金积累等方式筹集资金。

2）债务融资

债务融资是指拟建项目投资者通过信用方式取得资金，并按预先规定的利率支付利息的一种资金融通方式。就其性质而言，债务融资不发生资金所有权变化，只发生资金使用权的临时让渡，融资者必须在规定的期限内偿还本金，同时要按期支付利息。从理论上说，债务融资形式一般不受时间、地点、范围的限制，甚至不受资本的限制。只要融资者有足够的资信水平，就可以获得超过资本金数倍的资金。

6.1.2 建设项目的融资组织形式

研究拟建项目的融资方案，首先应明确融资主体，由融资主体进行融资活动，并承担融资责任和风险。按照形成项目融资的融资信用体系划分，项目融资主体的组织形式主要有既有法人融资和新设法人融资两种形式。

1. 既有法人融资（或公司融资）

既有法人融资（或公司融资）是指依托现有法人进行的融资活动。其特点：一是拟建项目不组建新的项目法人，由既有法人统一组织融资活动并承担融资责任和风险；二是拟建项目一般是在既有法人资产和信用的基础上进行的，并形成增量资产；三是从既有法人的财务整体状况考察融资后的偿债能力。

在公司融资方式下，由发起人公司——既有法人（包括企业、事业单位等）出面筹集资金，投资于新项目，不组建新的独立法人，负债由发起人公司及其合作伙伴公司承担。公司融资是以已经存在的公司本身的资信对外进行融资，取得资金用于投资与经营。这类融资可以不依赖项目投资形成的资产，不依赖项目未来的收益和权益，而是依赖于已经存在的公司本身的资信。通常，一些实力较强的公司，在进行相对不大的项目投资时，可以采取公司融资的形式。在公司融资下，难于实现"无追索权"或"有限追索权"融资，项目的投资人需要承担借款偿还的完全责任。

在公司融资方式下，贷款和其他债务资金虽然实际上是用于项目，但是承担债务偿还责任的是公司。项目的投资运营是公司经营的一部分，项目未来的现金流是公司现金流的一部分，项目的财产是公司财产的一部分，而不是全部。公司以其全部的资产及现金流提供债务偿还的保证。

2. 新设法人融资（或项目融资）

在新设法人融资（或项目融资）方式下，为了实施新项目，由项目的发起人及其他投资人出资建立新的独立承担民事责任的法人（公司法人或事业法人），承担项目的投融资及运营；以项目投资所形成的资产、未来的收益或权益作为建立项目融资信用的基础，取得债务融资。这种融资方式下，较易切断项目对于投资人的风险，实现所谓"无追索权"或"有限追索权"借款融资，即项目的股本投资方不对项目的借款提供担保或只提供部分担保。

1) 有限追索权项目融资

银行等金融机构在多大程度上对项目发起人及项目公司股东进行追索，需要依据项目本身的投资风险、参与项目实施的当事各方对项目承担的责任、融资各方对项目的认识等诸多因素来决定。

有限追索项目融资是指项目的发起人或股本投资人只对项目的借款承担有限的担保责任，即项目公司的债权人只能对项目公司的股东或发起人追索有限的责任。追索的有限性表现在时间及金额两个方面。时间方面的追索限制通常表现为：项目建设期内项目公司的股东提供担保，而项目建成后，这种担保则会解除，改为以项目公司的财产抵押。金额方面的限制可能是股东只对事先约定金额的项目公司借款提供担保，其余部分不提供担保，或者仅仅只是保证在项目投资建设及经营的最初一段时间内提供事先约定金额的追加资金支持。极端情况下，项目发起人与股东对项目公司借款提供完全的担保，即项目公司的贷款人对股东及发起人有完全的追索权。

2) 无追索权项目融资

无追索权项目融资是指项目公司的债权人对于发起人及项目公司股东完全无追索的融资方式。除了股东所承担的股本投资责任以外，股东不对新设立的公司提供融资担保。

3. 公司融资与项目融资的主要区别

有关公司融资与项目融资的区别，我们先用一个例子来说明。某电力公司现已拥有A、B两个电厂，现打算增建C厂。为了增建C厂，决定从资本市场上筹集资金，大致有两种方式：第一种是借来的款项用于建设新厂C，而归还贷款的款项来源于A、B、C 3个电厂的收益。如果新厂C建设失败，该公司把原来的A、B两厂的收益作为偿债的担保。这时，贷款方对该公司有完全追索权；第二种方式是指借来的款项用于建设新项目C厂，用于偿债的资金仅限于C厂建成后的电费和其他收入。如果新项目C厂失败，贷款方只能从清理新项目C厂的资产中收回一部分贷款，除此之外，不能要求电力公司从别的资金来源，包括A、B两厂的收入来归还贷款，这时，贷款方对电力公司无追索权；或者在签订贷款协议时，只要求电力公司把某特定的一部分资产作为贷款担保，这时，贷款方对电力公司拥有有限追索权。

上述两种融资方式中，第一种是公司融资，如图6-1 (a) 所示；第二种是项目融资，如图6-1 (b) 所示。

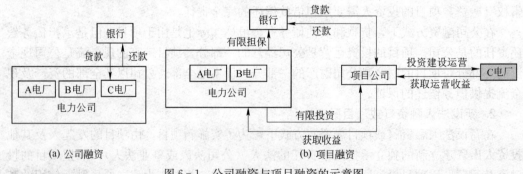

图6-1 公司融资与项目融资的示意图

公司融资与项目融资的主要区别如表6-1所示。

表6-1 公司融资与项目融资的主要区别

比较项目	公 司 融 资	项 目 融 资
融资主体	既有法人	新设法人（项目公司）
融资基础	既有法人的资信	新项目未来的收益和资产
追索程度	完全追索或有限追索	有限追索或无追索
风险承担	既有法人	新项目参与各方
会计处理	进入既有法人的资产负债表	不进入既有法人的资产负债表
融资成本	较低	较高
贷款周期	较短	较长
债务比例	自有资金比例相对较高	一般负债融资比例相对较高

6.1.3 基础设施项目的融资模式

项目融资对于筹措基础设施建设项目资金具有重要意义。这是因为基础设施项目本身资金需求量大，投资周期长，收益低，因此风险比较大，一般企业或贷款单位不能承受庞大的资金需求。但通过项目融资能够在一定程度上分散项目的风险和投资者的风险，增加项目的债务承受能力，而且能够把项目开发各方面的因素结合起来，减少项目融资者的自有资金投入，提高项目的投资收益率。

近年来国家进行投融资体制改革，在基础设施投融资方面，开始引入新的投资机制，以特许经营的方式引入非国有的其他投资人投资。基础设施特许经营是指由国家或地方政府将基础设施的投资和经营权通过法定的程序有偿或者无偿地交给选定的投资人投资经营。典型的基础设施项目融资模式有BOT、BT、ABS、PPP等模式。

1. BOT融资模式

1) BOT融资模式的概念

BOT（build-operate-transfer），即建设——运营——转让，是指从政府或所属机构获得特许经营的投资人，独立或联合其他投资人组建项目公司，然后由项目公司负责在特许经营期内投资建造、运营所特许的基础设施，从中获得收益，在经营期末，无偿地将基础设施移交给政府。

对于一些城市基础设施项目，如公路、环城铁路、隧道、机场、港口、地铁、发电厂和水利工程等，都具有建设周期长、资金需求量大、资金回收期长的特点，完全依靠政府出资建设是远远不够的。因此，世界上许多国家，尤其是发展中国家在城市基础设施的建设方面都十分重视BOT的投融资方式。

2) BOT融资模式的优点

BOT融资模式的主要优点有以下几个方面。

（1）有利于扩大建设资金来源。政府能在资金缺乏的情况下利用外部资金建设一些基础设施项目。

（2）有利于提高项目管理的运作效率。由于BOT项目建设周期长、资金需求量大等因素带来的风险,同时由于私营企业的参与,贷款机构对项目的要求比政府更加严格;另一方面,私营企业为了减少风险,获得较多的收益,客观上也会加强管理。

(3) 有利于转移和降低风险。国有部门把项目风险全部转移给项目发起人,BOT 融资模式通过将发起人的投资收益与他们履行合同的情况相联系,从而降低项目的超支预算风险。

(4) 发展中国家可吸引外国投资,引进国外先进技术。

3) BOT 融资结构的一般形式

图 6-2 描述了 BOT 融资结构的一般形式,其融资过程简述如下。

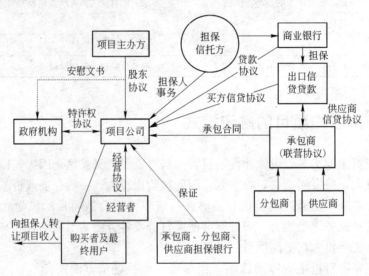

图 6-2 BOT 融资结构示意图

(1) 项目主办方注册一家专设项目公司。专设项目公司负责与政府机构签订特许协议,股东向政府机构出具安慰文书。

(2) 专设公司与承包商签订建设施工合同,接受保证金,同时接受分包商或供应商保证金的转让,与经营者签订经营协议。

(3) 专设公司同商业银行签订贷款协议,与出口信用贷款人签订买方协议。商业银行提供出口信用贷款担保,并接受项目担保。

(4) 专设公司向担保信托方转让收入,例如销售合同收入,道路、隧道、桥梁的通过费等。

4) BOT 融资模式的案例

广西来宾电厂 B 厂 BOT 项目广西来宾电厂装机 2×36 万千瓦,为燃煤机组。项目特许经营期 18 年,其中建设期 2 年 9 个月,运营期 15 年 3 个月。特许经营期满后,项目将无偿移交给广西壮族自治区政府。项目经过公开招标,共有 6 个投标人递交了投标书。经过评标,最终确定法国电力联合体中标,取得了项目的特许经营权。

项目总投资 6.16 亿美元,融资的股本和债务的比例为 15∶73,项目总投资的 25% 部分,即 1.54 亿美元由参与投资的股东出资,其余的 75% 以有限追索项目融资方式筹措,由法国东方汇理银行、英国汇丰银行、英国巴克莱银行组成的银团联合承销。

项目的特许权协议除了主协议，还包括购电协议、燃料供应与运输协议等附加协议。由一系列协议分担项目风险，成功得到银团贷款。通过竞争投标，15年经营期内，项目上网电价0.46元/度。

2. BT 融资模式

1) BT 融资模式的概念

BT（build-transfer）融资模式是 BOT 融资模式的一种衍生品种。BT 融资模式即建设—移交，它是指项目发起方经过法定程序选择拟建项目的投资方，由投资方在工程建设期内组建项目公司进行投资、融资和建设，并承担项目建设风险，直到项目竣工验收合格后由项目发起方进行购买并实现所有权转移的一种投融资模式。BT 融资模式主要适用于大型基础设施或公用事业类项目建设，如公路、桥梁、地铁等建设项目。

2) BT 融资模式的优点

和传统的投融资建设方式相比，采用 BT 融资模式具有一定的优点。

（1）采用 BT 融资模式可为项目发起方筹措建设资金，缓解建设期间的资金压力。同时，通过成立 BT 项目公司，项目建设方采用项目融资的方式实现资产负债表外融资，可有效地提高资金的使用效率，分散投资风险。

（2）采用 BT 融资模式可以降低工程实施难度，提高投资建设效率。BT 项目由建设方负责工程的全过程，包括工程前期准备、设计、施工及监理等建设环节，因而可以有效地实现设计、施工的紧密衔接，减少建设管理和协调环节，实现工程建设的一体化优势和规模效益。

（3）BT 融资模式一般采用固定价格合同，通过锁定工程造价和工期，可有效地降低工程造价，转移业主的投资建设风险。

（4）BT 项目回购资金有保证，投资风险小。BT 融资模式通过设置回购承诺和回购担保的方式，可降低投资回收风险，其投资回收期限较短。对大型建筑企业而言，BT 项目是一种良好的投资渠道，通过 BT 融资模式参与工程项目的投资建设，既有利于避免与中小建筑企业的恶性竞争，又能发挥大型建筑企业自身技术和资金的综合优势。

3) BT 融资模式的种类

（1）施工二次招标型 BT 融资模式。施工二次招标型 BT 融资模式是指项目发起方通过法定程序选定仅承担投资职能的投资方作为 BT 项目主办方，由 BT 项目主办方设立具有法人资格的项目公司并由该公司作为建设单位对 BT 项目进行投资、融资和建设管理，办理工程建设的有关审批手续，通过公开招投标程序选择施工承包商、材料设备供应商等，项目建成后由项目发起方回购的模式。此种方式的特点如下。

① 对项目主办方无特殊资质要求，只要其具有较强的投融资能力即可。

② 按照项目融资的方式进行融资，项目主办方采取成立项目公司的方式，以项目公司为主体筹措建设资金，项目主办方为项目公司的银行贷款提供担保。为便于项目公司融资，一般需项目发起方出具回购承诺函及第三者回购担保。

③ 在建设过程中，项目发起方对工程的参与程度较小。在项目建设期间，项目公司履行建设单位的职能，负责项目的建设管理，不直接参与项目施工。项目施工单位、材料设备供应商等由项目公司通过招标确定。

项目发起方的主要职责是确定项目建设标准、验收标准并支付回购款项。该模式的基本示意如图 6-3 所示。

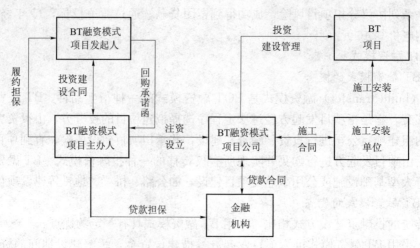

图 6-3 施工二次招标型 BT 融资模式

(2) 直接施工型 BT 融资模式。直接施工型 BT 融资模式是指项目发起人通过法定程序选定 BT 融资模式的项目主办人，由 BT 融资模式的项目主办人依法设立的 BT 融资模式项目公司承担投融资和建设管理职能，在选定项目主办人的同时明确由 BT 融资模式项目主办人或其下属单位承担施工任务，不再另行选择施工承包商，项目建成后由项目发起人回购的模式。此种模式的特点是工程施工直接由项目主办方承担，无须进行二次招标，项目主办方必须为同时具备投融资能力和相应资质的施工总承包企业或联合体。在直接施工型 BT 融资模式中，BT 融资模式项目公司与 BT 融资模式项目主办人（或其指定的下属单位）签订施工承包合同，由 BT 融资模式项目主办人（或其指定的下属单位）进行施工。该模式的基本示意如图 6-4 所示。

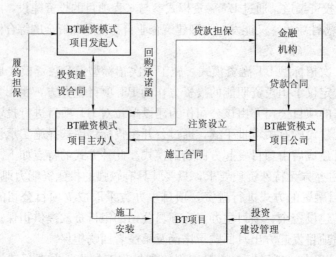

图 6-4 直接施工型 BT 融资模式

(3) 施工同体型 BT 融资模式。施工同体型 BT 融资模式是指项目发起人通过法定程序选定 BT 融资模式项目主办人，由 BT 融资模式项目主办人同时承担投融资、建设管理和施工职能,项目验收合格后由项目发起人回购的模式。此种模式的特点为:① 工程施工直接由项目主办人承担,项目主办人必须是同时具备投融资能力和相应资质的建筑施工企业;② 项目主办人不设立具有法人资格的项目公司,一般只设立不具有法人资格的项目管理机构;③ 项目主要施工单位与 BT 融资模式项目主办人,甚至项目管理机构直接同体。施工同体型 BT 融资模式的基本示意如图 6-5 所示。

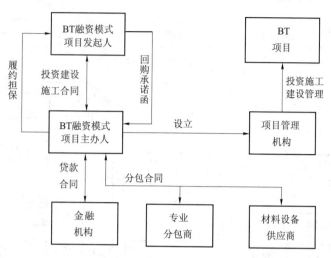

图 6-5 施工同体型 BT 融资模式

4) BT 融资模式的案例

北京地铁奥运支线是北京地铁 10 号线的支线,是举办 2008 年北京奥运会配套公用设施的重点工程项目,远期是北京地铁 8 号线的一段。北京地铁奥运支线项目所有人是北京市基础设施投资公司的控股子公司——北京地铁 10 号线投资有限责任公司,经过公开招标,由中国中铁股份有限公司、中铁电气化局集团有限公司、中铁三局集团有限公司组成的联合体中标,并组建北京中铁工投资管理有限公司(即项目公司),采用"直接施工型 BT 融资模式+施工二次招标型 BT 融资模式"进行投融资和建设,正线全长为 4.398 km,中标价格为 10.95 亿元。

(1) 北京地铁奥运支线 BT 工程的主要参与单位。① 招标人(业主、BT 项目发起人):北京地铁 10 号线投资有限责任公司,该公司是由北京市基础设施投资有限公司控股的有限责任公司。② 中标人(BT 项目主办人):中国中铁股份有限公司、中铁电气化局集团有限公司、中铁三局集团有限公司联合体。③ 建设单位:由联合体成立的北京中铁工投资管理有限公司负责进行投融资、建设和移交工作。④ 总承包单位:项目公司下设 BT 工程总承包部,与项目公司是两块牌子、一套人马。⑤ 监督单位:北京市轨道交通建设管理有限公司(简称"建管公司"),由招标人委托。⑥ 设计单位:北京城建设计研究总院有限责任公司,由招标人招标确定,工程初步设计的有关工作由招标人负责,初步设计以后的设计内容由招标人确定,BT 项目公司代位管理。⑦ 监理单位:北京地铁监理公司(土建及装修)、华铁工程咨询公司(供电)、北京中铁诚业监理公司(轨道)、北京高屋工程咨询监理有限公司(机电),由北京市轨道交通建设管理有限公司招标确定,BT 项目公司和北京市轨道交通建设管理有限公司共同管理。⑧ 施工单位：车站及区间土建、核心机电系统由联合体中具备相应资质的工程施工总承包企业承担——其中，车站及区间土建由中铁三局集团有限公司及中铁电气化集团有限公司的下属企业承担；核心机电系统由中铁电气化局集团有限公司的下属企业承担。

（2）北京地铁奥运支线 BT 工程的合同结构。北京地铁奥运支线 BT 工程的合同结构体系如图 6-6 所示。

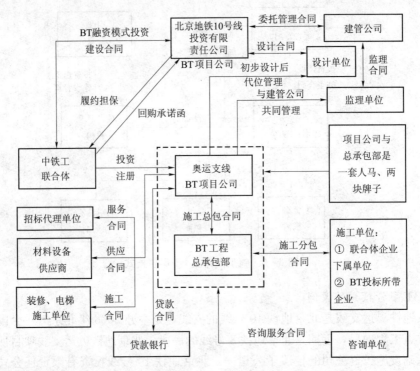

图 6-6 北京地铁奥运支线 BT 工程的合同结构体系

3. ABS 融资模式

1) ABS 融资模式的概念

ABS（asset-backed-securitization）是以项目所属的资产为支撑的证券化融资方式。它是以项目所拥有的资产为基础，以项目资产可以带来的预期收益为保证，通过在资本市场发行高档债券来募集资金的一种项目证券融资方式。ABS 的特点在于通过其特有的提高信用等级方式进入高档债券市场，利用该市场信用等级高、债券安全性好和流动性高、债券利率低的特点，大幅度降低发行债券筹集资金的成本。

ABS 融资由于能够以较低的资金成本筹集到期限较长、规模较大的项目建设资金，因此，对于投资规模大、周期长、资金回报慢的城市基础设施项目来说，是一种理想的融资方式。在电信、电力、供水、排污、环保等领域的基本建设、维护、更新改造及扩建项目中，ABS 得到了广泛的应用。以这些项目为支撑发行的 ABS 债券，其收入来源通常是协议合同指定的项目收入（如高速公路过路费、机场建设费、电力购买合同、自来水购买合同等）。这些项目的建设，有很多是以社会效益为主的，并可能在不同程度上有公营、私营或者合资、合作经营的情况，为了保证以资产为支撑的债券能够有足够的按期还本付息的能力，增加项目的还款能力，一般由多种不同的资产收入形式共同支撑一个特定的 ABS 债券。

2）ABS 融资模式的运作程序

ABS 融资模式的运作程序如下所述。

(1) 组建"特别目的媒介 SPV (special-purpose-vehicle)"。SPV 是指能获得国际上权威性资信评估机构授予较高资信等级（AAA 或 AA 级）的信托投资公司、信用担保公司、投资保险公司或其他独立法人机构。

(2) SPV 与项目结合。一般来说，投资项目所依附的资产只要在未来一定时期内能带来现金流入，就可以进行 ABS 融资。SPV 与项目的结合就是通过协议等方式将原始权益人（拥有未来收益所有权的企业）所拥有的项目资产的现金流权益转让给 SPV，原始权益人就从证券化资产的所有人变为保管人和运作人。

(3) SPV 发行债券。因为 SPV 自身拥有 AAA 或 AA 的信用等级，由它发行的债券也自动具有相应的等级，这样 SPV 就能借助这一优势在高档证券市场上发行债券，利用该市场债券利率低的特点，降低发行成本，并将通过发行高档债券所筹集的资金用在与 SPV 结合的项目建设上。

(4) SPV 偿债。SPV 利用项目资产的现金收入量清偿其在高档证券市场上发行债券的本息。ABS 的基本结构如图 6-7 所示。

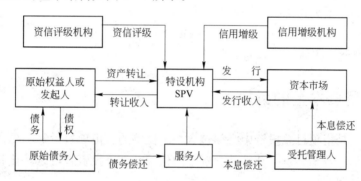

图 6-7 ABS 融资结构示意图

证券化融资依靠自身的优点，代表了项目融资的未来发展方向。债券在证券市场上由众多的投资者购买，从而使投资风险大大分散；且由于 ABS 中，发行证券者的还本付息资金来源于资产的未来收入，不受原始权益人破产等风险的牵连，ABS 融资涉及机构较少，从而最大限度地降低了融资费用，并由于 ABS 是高档级投资债券，利息率一般较低，融资成本进一步降低。

4. PPP 融资模式

PPP (public-private-partnership) 是指政府与民间投资人合作投资基础设施。在这种方式下，政府通过法定程序选定基础设施的投资运营商，政府将基础设施的投资经营权以特许经营方式授予选定的投资运营商，政府同时对基础设施的投资提供包括投资资金、运营补贴、减免税收在内的资金支持，或者给予其他支持。政府也可能从基础设施的经营中分享收益。特许经营期末，基础设施以有偿或者无偿的方式转交给政府，或者重新安排继续特许经营。

6.2 建设项目的资金筹措

6.2.1 建设项目的资金来源渠道

在估算出拟建项目所需要的资金量后,应根据资金的可得性、供应的充足性、融资成本的高低选择资金渠道。建设项目的资金来源渠道主要有以下几个方面。

(1) 项目法人自有资金。

(2) 政府财政性资金,包括财政预算内及预算外的资金。政府的资金可能是无偿的,也可能是作为项目资本金投资,或者以贷款的形式。

(3) 国内外银行等金融机构的信贷资金,包括国家政策性银行、国内外商业银行、区域性及全球性国际金融机构的贷款。

(4) 国内外证券市场资金,包括发行股票或债券。

(5) 国内外非银行金融机构的资金,如信托投资公司、投资基金公司、风险投资公司、保险公司、租赁公司等机构的资金。

(6) 外国政府、企业、团体、个人等的资金。

(7) 国内企业、团体、个人的资金。

6.2.2 项目资本金的筹措

项目资本金是指项目总投资中必须包含一定比例的、由项目投资者提供的资金,对项目来说是非债务资金,也是获得债务资金的信用基础,投资者可以转让其出资,但不能以任何方式抽回。

1. 项目资本金制度

为了建立投资风险约束机制、有效地控制投资规模、提高投资效益,国家对经营性项目试行资本金制度,规定了经营性项目的建设都要有一定数额的资本金,并提出了各行业项目资本金的最低比例要求。在可行性研究阶段,应根据新设项目法人融资或是既有项目法人融资组织形式的特点,研究资本金筹措方案。

2. 项目资本金的来源

既有法人融资项目的新增资本金可通过原有股东增资扩股、吸收新股东投资、发行股票、政府投资等渠道和方式筹措。新设法人融资项目的资本金可通过股东直接投资、发行股票、政府投资等渠道和方式筹措。

6.2.3 债务资金的筹措

项目债务资金可通过商业银行贷款、政策性银行贷款、外国政府贷款、国际金融组织贷款、出口信贷、银团贷款、企业债券、国际债券、融资租赁等渠道和方式筹措。

1. **信贷融资**

国内信贷资金主要有政策性银行和商业银行等提供的贷款,国外信贷资金主要有商业银行的贷款,以及世界银行、亚洲开发银行等国际金融机构贷款,外国政府贷款,出口信贷及信托投资公司等非银行金融机构提供的贷款。信贷融资方案应说明拟提供贷款的机构及其贷款条件,包括支付方式、贷款期限、贷款利率、还本付息方式及其他附加条件等。

2. **债券融资**

债券融资是指项目法人以自身的财务状况和信用条件为基础,通过发行企业债券筹集资金,用于项目建设的融资方式。

1) 一般债券融资

企业可以通过发行企业债券,筹集资金用于项目投资。企业债券融资是一种直接融资。发行债券融资可以从资金市场直接获得资金,资金成本(利率)一般应低于向银行借款。国内发行的债券通常都是固定利率的。由于有较为严格的证券监管,只有实力很强并且有很资信的企业才有能力发行企业债券。债券投资人不会愿意承担项目投资风险,因此以新项目组建的新公司发行债券必须有很强的第三方担保。

2) 可转换债券融资

可转换债是企业发行的一种特殊形式的债券,在预先约定的期限内,可转换债的债券持有人有权选择按照预先规定的条件将债权转换为发行人公司的股权。在公司经营业绩变好时,股票价值上升,可转换债的持有人倾向于将债权转为股权;而当公司业绩下降或者没有达到预期效益时,可转换债的持有人则倾向于兑付本息。可转换债更为接近负债融资,对于公司的其他债权人,不能将其列为准股本。尤其,当可转换债是在证券市场公开发行时,购买人是广大公众,受偿顺序通常还要优先于其他债权人。

可转换债的发行条件与一般企业债券类似,但由于附加有可转换为股权的权利,通常可转换债的利率低于一般债券。

3. **融资租赁**

1) 融资租赁

融资租赁是资产拥有者将资产租给承租人在一定时期内使用,由承租人分期支付租赁费的融资方式。这是一种融物与融资相结合的筹资方式。采用这种方式,一般是由承租人选定设备,由出租人购置后租给承租人使用,承租人按期交付租金。租赁期满后,出租人可以将设备作价售让给承租人。

融资租赁有别于经营性租赁。融资租赁又称为金融租赁、财务租赁。采取这种租赁方式,通常由承租人选定需要的设备,由出租人购置后租赁给承租人使用,承租人向出租人支付租金,承租人租赁取得的设备按照固定资产计提折旧,租赁期满,设备一般要由承租人所有,由承租人以事先约定的很低的价格向出租人收购的形式取得设备的所有权。通常,采用融资租赁,承租人可以对设备的全部价款得到融资,融资额度比使用贷款要大,同时租赁费中所含的利息也比贷款利率要高。

在融资租赁下,出租人在购买用于出租的设备时,也可以使用贷款。通常出租人自己只要以现金支付15%~40%的价款,可以获得设备价款的85%~60%的贷款,购得设备的所有权,同时将设备抵押给贷款银行。可以取得的贷款比例要由设备本身的特性所决定。通常，较容易变卖的运输设备，如飞机，可以取得较高的贷款融资比例。这种出租人只投资部分设备价款的融资租赁又称为"杠杆租赁"。

2) 回租租赁

有一种特殊的融资称为回租租赁。采取这种租赁方式，承租人将原来自己所有的设备或其他固定资产卖给出租人，再向出租人以融资租赁方式租用这些资产。回租租赁有两种方式：一种是承租人首先借入资金买来设备，然后将该设备转卖给租赁公司以归还贷款，最后再从租赁公司租入该设备以供使用；另一种是承租人将原有的设备甚至生产线、厂房卖给租赁公司，同时立即向租赁公司租用同一资产，这样在不影响使用原资产的情况下，又拿出一笔现金可以进行新的项目投资。

3) 转租赁

转租赁是指国内租赁公司在国内用户与国外厂商签订设备买卖合同的基础上，选定一家国外租赁公司或厂商，以承租人身份与其签订租赁合同，然后再以出租人身份将该设备转租给国内用户，并收取租金转付给国外租赁公司的一种租赁方式。

 小栏目

京沪高铁建设项目融资方案

京沪高速铁路项目概算投资为 2 209.4 亿元，由出资各方按照《中华人民共和国公司法》的要求，共同组建京沪高速铁路股份有限公司作为项目法人，对资金筹措、建设实施、经营管理、债务偿还及资产的保值增值负责。京沪高速铁路股份有限公司的注册资本为 1 100 亿元人民币，铁道部将通过中国铁路投资总公司出资 400 亿元人民币，持有京沪高速铁路股份有限公司 36％的股权。京沪高速铁路股份有限公司的十大股东分别为：中国铁路建设投资公司、平安资产管理有限责任公司、全国社会保障基金理事会、上海申铁投资有限公司、中银集团投资、江苏交通控股有限公司、北京市基础设施投资有限公司、天津铁路建设投资控股（集团）有限公司、南京铁路建设投资有限责任公司、山东铁路建设投资有限公司、河北建设交通投资有限责任公司。

6.3　建设项目的融资方案分析

项目融资方案研究的成果最终归结为编制一套完整的资金筹措方案。一个完整的项目资金筹措方案主要由两部分内容构成：第一，项目资本金及债务融资资金来源的构成，每一项资金来源条件的详尽描述，以文字和表格（资金来源表）加以说明；第二，与第 5 章所述的分年投资计划表相结合，编制分年投资计划与资金筹措表，使资金的需求与筹措在时序、数量两方面都能平衡。

在初步确定项目的资金筹措方式和资金来源后，应进一步对融资方案进行分析，比选并推荐资金来源可靠、资金结构合理、融资成本低，融资风险小的方案。

6.3.1 资金来源可靠性分析

资金来源可靠性分析主要分析项目建设所需总投资和分年所需投资能否得到足够的、持续的资金供应，即资本金和债务资金供应是否落实可靠。应力求使筹措的资金、币种及投入时序与项目建设进度和投资使用计划相匹配，确保项目建设顺利进行。

6.3.2 融资结构分析

融资结构分析主要分析项目融资方案中的资本金与债务资金的比例、股本结构比例和债务结构比例是否合理，并分析其实现条件。

1. 资本金与债务资金的比例

项目资金结构的一个基本比例是项目的资本金（即权益投资）与负债融资的比例，称为项目的资本结构。从投资者的角度考虑，项目融资的资金结构追求以较低的资本金投资争取较多的负债融资，同时要争取尽可能低的对股东的追索。而对于提供债务融资的债权人，希望债权得到有效的风险控制，而通常项目有较高的资本金比例可以承担较高的市场风险。在一般情况下，资本金比例越高，债务资金比例越低，项目贷款的风险越低，贷款的利率可以越低，反之贷款利率越高。当资本金比例降低到银行不能接受的水平时，银行将会拒绝贷款。合理的资金结构需要由各个参与方的利益平衡来决定。

负债比例是指项目所使用的借贷资金与资本金的数量比例。财务杠杆是指负债比例对资本金收益率的放大或缩小作用。不同来源的资金所需付出的代价是不同的。因此，项目资本金收益率不仅与项目收益率有关，也与负债比例密切相关。

设全部资金为 K，资本金为 K_O，借款为 K_L，项目投资利润率为 R，借款利率为 R_L，资本金利润率为 R_O，由资金利润率公式可得：

$$K = K_O + K_L$$

$$R_O = \frac{(K \times R - K_L \times R_L)}{K_O} = \frac{(K_O + K_L) \times R - K_L \times R_L}{K_O} = R + \frac{K_L}{K_O} \times (R - R_L) \quad (6-1)$$

由式可知，当 $R > R_L$ 时，$R_O > R$；当 $R < R_L$ 时，$R_O < R$。因此，资本金利润率与全部资金利润率的差别被负债比例放大，这种放大效应就称为财务杠杆效应。

【例题6-1】某拟建项目的未来收益有三种可能：比预期差、正常、比预期好，全部资金利润率分别为5％、10％、15％，借款利率为10％。试比较负债比例分别为0、1和4时的项目资本金利润率。

解：

利用上述公式，不同负债比例下的资本金利润率计算结果如表6-2所示。

表 6-2　不同负债比例下的资本金利润率

项目未来收益可能	负债比例		
	$K_L/K_O=0$	$K_L/K_O=1$	$K_L/K_O=4$
比预期差（$R=5\%$）	5%	0%	−15%
正常（$R=10\%$）	10%	10%	10%
比预期好（$R=15\%$）	15%	20%	35%

2. 股本结构分析

股本结构反映项目股东各方出资额和相应的权益。在融资结构分析中，应根据项目特点和主要股东方参股意愿，合理确定参股各方的出资比例。

3. 债务结构分析

债务结构反映项目债权各方为项目提供的债务资金的比例。在融资结构分析中，应根据债权人提供债务资金的方式、附加条件，以及利率、汇率、还款方式的不同，合理确定各种债务资金的占比，包括负债的方式及债务期限的配比。合理的债务资金结构需要考虑融资成本、融资风险，合理设计融资方式、币种、期限、偿还顺序及保证方式。

1）债务期限配比

在项目负债结构中，长短期负债借款需要合理搭配。短期借款利率低于长期借款，适当安排一些短期融资可以降低总的融资成本，但如果过多采用短期融资，会使项目公司的财务流动性不足，项目的财务稳定性下降，产生过高的财务风险。大型基础设施工程负债融资应当以长期融资为主。长期负债融资的期限应当与项目的经营期限相协调。

2）境内外借贷占比

对于借款公司来说，如果贷款条件一样，使用境外借款或国内银行外汇贷款，并没有什么区别。境内外借贷的占比主要决定于项目使用外汇的额度，同时可能主要由借款取得的可能性及方便程度决定。但是对于国家来说，项目使用境外贷款，相对于使用国内银行的外汇贷款而言，国家的总体外汇收入增加，对于当期的国家外汇平衡有利。但对于境外贷款偿还期内的国家外汇平衡会产生不利影响。

3）外汇币种选择

不同币种的外汇汇率总是在不断地变化。如果条件许可，项目使用外汇贷款需要仔细选择外汇币种。外汇贷款的借款币种与还款币种有时是可以不同的。通常主要应当考虑的是还款币种。为了降低还款成本，选择币值较为软弱的币种作为还款币种。这样，当这种外汇币值下降时，还款金额相对降低了。当然，币值软弱的外汇贷款利率通常较高。这就需要在汇率变化与利率差异之间做出预测、权衡和抉择。

4）偿债顺序安排

在负债融资安排中，除了负债种类、期限、币种等计划外，偿债顺序也需要妥善计划安排。偿债顺序安排包括偿债的时间顺序及偿债的受偿优先顺序。通常，在多种债务中，对于借款人来说，在时间上应当先偿还利率较高的债务，后偿还利率低的。由于有汇率风险，通常应当先偿还硬货币的债务，后偿还软货币的债务。

6.3.3 融资成本分析

融资成本是指项目为筹集和使用资金而支付的费用。融资成本的高低是判断项目融资方案是否合理的重要因素之一。

1. 资金成本的概念

资金成本是为取得资金使用权所支付的费用，主要包括筹资费和资金的使用费。筹资费是指在筹集资金过程中发生的各种费用，比如委托金融机构代理发行股票、债券而支付的注册费和代理费等，向银行贷款而支付的手续费等。资金的使用费是指因使用资金而向资金提供者支付的报酬，如使用发行股票筹集的资金，要向股东支付红利；使用发行债券和银行贷款借入的资金，要向债权人支付利息等。项目投资后所获利润额必须能够补偿资金成本，然后才能有利可言。因此，基准收益率最低限度不应小于资金成本，否则便无利可图。

资金成本一般用资金成本率来反映。在通常分析中，资金成本率就是资金成本。资金成本率一般用下式计算：

$$K = \frac{D}{P-C} \tag{6-2}$$

或

$$K = \frac{D}{P(1-f)} \tag{6-3}$$

式中：K——资金成本率；

P——筹集资金总额；

D——使用费；

C——筹资费；

f——筹资费费率（即筹资费占筹集资金总额的比率）。

2. 资金成本的作用

在市场经济条件下，资金成本是由于资金所有权与使用权相分离而形成的一种财务概念。资金成本的基础是资金时间价值，同时又包含投资风险。正确认识和计算资金成本具有如下作用。

（1）资金成本是选择资金来源和融资方式的主要依据。企业融资方式多种多样，采用不同的融资方式筹集资金的成本是不同的。资金成本的高低可以作为比较各种融资方式优缺点的依据之一。

（2）资金成本是投资者进行资金结构决策的基本依据。企业的资金结构一般是由权益融资和负债融资结合而成，这种组合有多种多样，如何寻求两者间的最佳组合，一般可通过计算综合资金成本作为企业决策的依据。因此，融资决策的核心就是通过选择利用各种融资方式，力求以最低的综合资金成本达到融资的目的。

（3）资金成本是评价投资项目可行性的主要经济标准之一。在市场经济条件下，只有资金利润率高于资金成本率的投资机会才是有利可图的，才值得进行筹资和投资。相反，对于资金利润率低于资金成本率的投资机会，就没有必要考虑筹资和投资。

(4) 资金成本是比较追加融资方案的重要依据。企业为了扩大生产经营规模,增加所需资金,往往以边际资金成本作为依据。

3. 各种资金来源的资金成本计算

1) 资本金融资成本的计算

资本金融资成本由资本金筹集费和资本金占用费组成。资本金占用费一般应按机会成本的原则计算。投资的机会成本是指投资者将有限的资金用于除拟建项目而放弃的其他投资机会所能获得的最好收益。换言之,由于资金有限,当把资金投入拟建项目时,将失去从其他最好的投资机会中获得收益的机会。应当看到机会成本是在方案外部形成的,它不可能反映在该方案的财务上,必须通过工程经济分析人员的分析比较,才能确定项目的机会成本。机会成本虽不是实际支出,但在工程经济分析时,应作为一个因素加以认真考虑,有助于选择最优融资方案。当机会成本难以计算时,可参照银行存款利率计算。

(1) 优先股资金成本。优先股具有固定的股息率,股息支付须在税后净利润中列支。因其每年股息相等,期限永久,则可视为永续年金。其资金成本计算公式如下:

$$K_p = \frac{D_p}{P_0(1-f)} = \frac{F_p \times i_p}{P_0(1-f)} \tag{6-4}$$

式中:K_p——优先股资金成本;

D_p——税后净利润中列支的股息;

i_p——优先股股息率;

P_0——优先股发行价格;

F_p——优先股票面价格;

f——筹资费费率(即筹资费占筹集资金总额的比率)。

【例题 6-2】 某公司发行优先股股票,票面价格为 100 元,实际发行价格为 98 元,股息率为 9%,筹资费率为 1%。试计算该优先股的资金成本。

解:

根据式 (6-4),有:

$$K_p = \frac{F_p \times i_p}{P_p(1-f)} = \frac{100 \times 9\%}{98(1-1\%)} = 9.28\%$$

(2) 普通股资金成本。普通股除能获得股息外,还能分得红利,但能否收益完全取决于公司的盈利状况,因此收益是不固定的。

假设公司普通股各年的股息固定不变,则其资金成本率可按下式计算:

$$K_c = \frac{D_c}{P_c(1-f)} = \frac{F_c \times i}{P_c(1-f)} \tag{6-5}$$

式中:K_c——普通股资金成本;

D_c——税后净利润中列支的股息;

i——普通股股息率;

P_c——普通股发行价格;

F_c——普通股票面价格;

f——筹资费费率（即筹资费占筹集资金总额的比率）。

假设公司普通股每年股息增长率为 g，第 1 年的股息为 D_c（注：$D_c = P_c \times i$），第 2 年的股息为 $D_c(1+g)$，第 3 年的股息为 $D_c(1+g)^2$，…，第 n 年的股息为 $D_c(1+g)^{n-1}$，则其资金成本率可按下式计算：

$$K_c = \frac{D_c}{P_c(1-f)} + g = \frac{i}{1-f} + g \tag{6-6}$$

【例题 6-3】 某公司按平价发行普通股 300 万元，筹资费为 4%，第一年的股息率为 10%，以后每年增长 5%。试计算该普通股的资金成本。

解：
根据公式（6-6），有：

$$K_c = \frac{D_c}{P_c(1-f)} + g = \frac{300 \times 10\%}{300(1-4\%)} + 5\% = 15.4\%$$

2) 债务资金融资成本的计算

在比选融资方案时，应分析各种债务资金融资方式的利率水平、利率计算方式（固定利率或者浮动利率）、计息（单利、复利）和付息方式，以及偿还期和宽限期，计算债务资金的综合利率，并进行不同方案的比选。

(1) 债务资金成本。债务资金成本与其他形式的资金成本之间的区别在于：为债务支付的利息可以免征所得税，从税前毛利中列支，而其他形式的资金成本则要在税后净利润中列支。为了使债务资金成本和其他形式的资金成本具有可比性，必须将债务资金的税前成本换算成税后资金成本，即：

$$K_d = K_o(1-T) \tag{6-7}$$

式中：K_d——税后资金成本；
K_o——税前资金成本；
T——所得税税率。

(2) 借贷资金成本。就银行的借贷资金而言，资金成本为贷款的年有效利率而不是名义利率，其计算公式如下：

$$K_l = \frac{1-T}{1-f} \times i_{\text{eff}} \tag{6-8}$$

式中：K_l——借贷资金税后成本；
i_{eff}——贷款年实际利率。

如果贷款的计息周期与利率周期不一致，则要将名义利率转化为实际利率后再行计算资金成本。

【例题 6-4】 某项目从银行贷款 200 万元，年利率为 8%，在借贷期内每年支付利息 2 次，所得税率为 25%，筹资费率为 1%。试计算该借贷资金的资金成本。

解：
首先将名义利率折算为实际利率，根据公式（2-14），有：

$$i_{\text{eff}} = \left(1 + \frac{r}{m}\right)^m - 1 = \left(1 + \frac{8\%}{2}\right)^2 - 1 = 8.16\%$$

再根据公式（6-8），有：

$$K_1 = \frac{1-T}{1-f} \times i_{\text{eff}} = \frac{1-25\%}{1-1\%} \times 8.16\% = 6.18\%$$

（3）债券资金成本。债券的特征是在规定的某个期限偿还本金，分期或期末支付利息。当债券实际售价与其票面价格存在差异时，溢价或折价部分需由发行者摊还，则每年摊还额 A_t 为：

$$A_t = \frac{F-P_o}{n} \tag{6-9}$$

由于摊还费用可以不计所得税，故此时债券的税后资金成本计算公式为：

$$K_b = \frac{[I_t + (F_b - P_b)/n](1-T)}{P_b(1-f)} \tag{6-10}$$

式中：K_b——债券税后资金成本；

I_t——第 t 年支付利息；

P_b——债券销售价格；

F_b——债券票面价格。

【例题 6-5】 某项目发行了一期债券，面值为 100 元，年利率为 10%，5 年期满，发行时每张债券的实际售价为 95 元，筹资费率为 1%，所得税率为 25%。试计算该债券的资金成本。

解：

该债券实际售价低于票面价值，为折价发行，根据公式（6-10），有：

$$K_b = \frac{[I_t + (F_b - P_b)/n](1-T)}{P_b(1-f)} = \frac{[100 \times 10\% + (100-95)/5](1-25\%)}{95(1-1\%)} = 8.77\%$$

3) 综合资金成本的计算

一般情况下，建设项目的资金来源不是单一的，可能来自多种渠道。项目的综合资金成本可以用加权平均资金成本表示。将项目各种融资的资金成本以该融资额占总融资额的比例为权数加权平均，得到项目的加权平均资金成本。其计算公式如下：

$$K_w = \sum_{j=1}^{n} W_j K_j \tag{6-11}$$

式中：K_w——综合资金总成本；

W_j——第 j 种资金占全部资金的比重；

K_j——第 j 种资金税后成本；

n——筹资方式的种数。

【例题 6-6】 某建设项目的资金来源方式、数量、比例和各自的资金成本如表 6-3 所示。试计算其综合资金总成本。

解：

根据公式（6-11），将各种资金的加权资金成本分别计算出来，再加总可得到该项目综合资金总成本为 12.89%，如表 6-3 所示。

表6-3 加权资金成本计算

序 号	资金来源	数量/万元	比例/%	资金成本/%	加权成本/%
1	银行贷款	400	8	6.18	0.49
2	债 券	600	12	8.77	1.05
3	优先股票	800	16	9.28	1.49
4	普通股票	3 200	64	15.4	9.86
5	合 计	5 000	100	—	12.89

税前加权平均资金成本可以作为项目的最低期望收益率，也可以称为基准收益率，作为项目财务内部收益率的判别基准。若项目财务内部收益率高于加权平均资金成本，则项目的投资收益水平可以满足项目筹集资金成本的要求。

6.3.4 融资风险分析

项目融资方案的实施经常受到各种风险的影响。为了使融资方案稳妥可靠，需要对可能发生的风险因素进行识别、预测。项目的融资可能由于预定的投资人或贷款人没有按预定方案出资而使融资计划失败，这可能是因为预定的出资人没有足够的出资能力，也可能是对于预定的出资人来说，项目没有足够的吸引力或者风险过高。项目的融资方案中需要设计项目的补充融资计划，即在项目出现融资缺口时，应当有及时取得补充融资的计划及能力。项目的融资风险分析主要包括资金供应风险、再融资能力风险、利率风险及汇率风险。

1. 资金供应风险

资金供应风险是指融资方案在实施过程中，可能出现资金不落实，导致建设工期拖长，工程造价升高，原定投资效益目标难以实现的风险。主要风险有以下几个方面。

(1) 原定筹资额全部或部分落空，例如已承诺出资的投资者中途变故，不能兑现承诺。

(2) 原定发行股票、债券计划不能实现。

(3) 既有项目法人融资项目由于企业经营状况恶化，无力按原定计划出资。

(4) 其他资金不能按建设进度足额及时到位。

2. 项目的再融资能力风险

项目实施过程中会出现许多风险，包括设计的变更、技术的变更甚至失败、市场的变化、某些预定的出资人变更，等等，这些都将会导致项目的融资方案变更，所以项目需要具备足够的再融资能力。在项目的融资方案设计中应当考虑备用融资方案，主要包括：项目公司股东的追加投资承诺、贷款银团的追加贷款承诺、银行贷款承诺高于项目计划使用资金数额以取得备用的贷款承诺。融资方案设计中还需要考虑在项目实施过程中追加取得新的融资。

3. 利率风险

利率水平随着金融市场情况而变动，如果融资方案中采用浮动利率计息，则应分析贷款利率变动的可能性及其对项目造成的风险和损失。

在金融市场上，利率是不断变动的。在项目的融资中，未来市场利率的变动会引起项目资金成本的不确定性。采取浮动利率贷款，贷款的利率随市场利率变动，如果未来利率升高，项目的资金成本将随之上升。反之，未来利率下降，项目的资金成本随之下降。采取固定利率贷款，贷款利率不随市场利率变动，未来市场利率的变化不会影响项目的资金成本。如果未来利率下降，项目的资金成本不能相应下降，相对资金成本将变高。同时，固定利率通常要高于签订贷款合同当时的浮动利率。事实上，无论采取浮动利率还是固定利率，都会存在利率风险。采取何种利率，应当从更有利于降低项目总体风险的角度考虑。为了规避利率风险，有些情况下，可以采取利率掉期，将固定利率转换为浮动利率，或者反过来将浮动利率转换为固定利率。

 小栏目

加息对房地产市场的影响

中国人民银行决定，自 2010 年 10 月 20 日起上调金融机构人民币存贷款基准利率。金融机构一年期存款基准利率上调 0.25 个百分点，由现行的 2.25% 提高到 2.50%；一年期贷款基准利率上调 0.25 个百分点，由现行的 5.31% 提高到 5.56%。加息对房地产市场影响最大的是 5 年期以上贷款基准利率由 5.94% 上调至 6.14%。购房者贷款 100 万元，30 年等额本息还款，如果是购买首套房享受八五折优惠利率，加息前月还款 5 398 元，加息后增加至 5 502 元，增加 104 元。如果是购买二套房，按 1.1 倍利率计算，加息前月还款 6 343 元，加息后月还款 6 488 元，增加 145 元。

4. 汇率风险

汇率风险是指国际金融市场外汇交易结算产生的风险，包括人民币对各种外币币值的变动风险和各外币之间比价变动的风险。利用外资数额较大的投资项目应对外汇汇率的走势进行分析，估测汇率发生较大变动时，对项目造成的风险和损失。

在国际金融市场上，各国货币的比价时刻在变动，这种变动称为汇率变动。项目使用某种外汇借款融资，未来汇率的变动将会使项目的资金成本发生变动。某些硬通货，其贷款利率低，但是未来该种货币的币值升高的可能性较大，将来在偿还贷款本息时，外汇币值的升高会导致项目费用支出的升高，有较高的汇率风险。软货币的汇率风险低，但有较高的利率。

浮动利率通常低于固定利率，但将来可能在某一时期会变得高于固定利率。在实际操作中，可以通过利率掉期将浮动利率调换为固定利率，或者反过来调换，以改变利率风险。同时，也可以尽量以软货币借款，当然某种货币在当前是软货币，但将来可能变为硬货币。币值升降预测本身存在很大的不确定性。

表 6-5 和表 6-6 分别列出了 2010 年 10 月 20 日、2013 年 9 月 17 日中国工商银行人民币即期外汇牌价。以美元为例，2010 年 10 月 20 日 100 美元兑换 667.01 元人民币，

而到了 2013 年 09 月 17 日 100 美元兑换 613.36 元人民币，100 美元贬值 53.65 元人民币。

表 6-5　中国工商银行人民币即期外汇牌价（2010 年 10 月 20 日）　　单位：人民币/100 外币

币　　种	现汇买入价	现钞买入价	卖出价	发布时间
美元（USD）	664.35	659.02	667.01	11:03:06
日元（JPY）	8.143 2	7.881 6	8.208 6	11:03:06
英镑（GBP）	1 041.74	1 008.27	1 050.10	11:03:06
加拿大元（CAD）	642.83	622.18	647.99	11:03:06
新加坡元（SGD）	506.24	489.97	510.30	11:03:06
挪威克朗（NOK）	111.69	108.10	112.59	11:03:06
澳门元（MOP）	83.44	82.77	83.78	11:03:06
韩元（KRW）	—	0.558 8	0.620 0	11:03:06

表 6-6　中国工商银行人民币即期外汇牌价（2013 年 9 月 17 日）　　单位：人民币/100 外币

币　　种	现汇买入价	现钞买入价	卖出价	发布时间
美元（USD）	610.92	606.02	613.36	16:58:18
港币（HKD）	78.79	78.16	79.11	22:56:28
日元（JPY）	6.143 0	5.967 3	6.186 2	22:56:28
欧元（EUR）	814.53	791.23	820.25	22:56:28
英镑（GBP）	970.26	942.51	977.08	22:56:28
瑞士法郎（CHF）	657.89	639.07	662.51	22:56:28
加拿大元（CAD）	592.75	575.80	596.91	22:56:28
澳大利亚元（AUD）	570.66	554.33	574.66	22:56:28
新加坡元（SGD）	483.93	470.09	487.33	22:56:28
丹麦克朗（DKK）	109.21	106.08	109.97	22:56:28
挪威克朗（NOK）	103.38	100.42	104.10	22:56:28
瑞典克朗（SEK）	94.26	91.56	94.92	22:56:28
澳门元（MOP）	76.50	75.88	76.80	22:56:28
新西兰元（NZD）	502.28	487.91	505.80	22:56:28
韩元（KRW）	—	0.547 3	0.567 4	22:56:28
卢布（RUB）	18.93	18.34	19.07	22:56:28
林吉特（MYR）	187.86	—	189.18	22:56:28
南非兰特（ZAR）	62.27	59.24	62.71	22:56:28
菲律宾比索（PHP）	14.01	13.57	14.11	22:56:28
泰国铢（THB）	19.23	18.63	19.37	22:56:28

【例题 6-7】 某大型水利基础设施项目，部分建设资金利用国际金融机构的贷款，贷款总额为 100 亿日元，年利率为 8.7%，期限为 12 年，到期还本付息总额为 204 亿日

元。根据当时的外汇管理体制和其他情况，该建设项目到清偿日元借款时，需要用美元购买日元。日元对美元的即期汇率在借入日为1日元兑换0.0045美元，到清偿日上涨为1日元兑换0.0091美元，上涨幅度为102%。试计算因汇率变化而蒙受的经济损失。

解：

从日元对美元的名义汇率上涨的角度进行分析，该项目要清偿204亿日元，根据借入日的即期汇率计算，只需要支付0.918亿美元（204×0.0045＝0.918），而根据清偿日的即期汇率计算，则需要实际支付1.8564亿美元（204×0.0091＝1.8564），从而蒙受多支付0.9384亿美元（1.8564－0.918＝0.9384）的经济损失。

小栏目

中国中铁汇兑损失 19.39 亿元

受汇兑损失传闻困扰，中国铁建（601186）和中国中铁（601390）双双跌停。中国中铁公告，截至2008年9月30日，中国中铁H股募集资金除已使用9.07亿元外，其余额折合人民币172.38亿元，存放在中银香港募集资金专户上，H股剩余募集资金的净损益折合人民币亏损19.39亿元，折合每股0.09元。

中国中铁公告称，2008年上半年，澳元对美元汇率持续走高，加之公司正在实施的澳大利亚项目需要大量澳元，故公司基于澳元对美元升值和澳元为高息货币的考虑，为提高外汇存款收益，减少因人民币对所有外币升值给公司带来的外汇汇兑损失，通过结构性存款方式累计净做了15亿美元左右的结构性存款，并报经国家外汇管理局批准。截至2008年9月30日，相应结构性存款均已到期，没有余额，期末持有的均为各主要币种的外汇银行存款，相应的各币种的持有金额待统计后及时公布。公司H股募集资金及其他外汇资金没有做金融衍生产品。

思 考 题

1. 间接融资和直接融资的区别是什么？
2. 权益融资与债务融资的区别是什么？
3. 建设项目的融资组织形式有哪几种？它们各自的特点与主要区别是什么？
4. 何为有限追索权项目融资？何为无追索权项目融资？
5. 基础设施项目融资模式主要有哪些？它们各自的特点是什么？
6. 什么是项目资本金？项目资本金的来源渠道有哪些？
7. 项目债务融资渠道有哪些？
8. 融资租赁有哪些形式？各有何特点？
9. 拟建项目融资风险分析的内容有哪些？
10. 某拟建项目的未来收益有三种可能：比预期差、正常、比预期好，全部资金利润率分别为 6%、12%、18%，借款利率为 12%。试比较负债比例分别为 0、1 和 4 时的项目资本金净利润率。

11. 某公司从银行借款 10 万元，年利率 8%，公司所得税率为 25%，筹资费假设为零，如果按下列方式支付利息：(1) 一年计息 2 次；(2) 一年计息 4 次；(3) 一年计息 12 次。试计算借款的资金成本。

12. 某公司为购买新设备，发行了一批新债券。每张债券票面值为 10 000 元，年利率 8%，一年计息 4 次，15 年期满。每张债券发行时市价 9 500 元。如果所得税率为 25%，筹资费率为 1%，试计算公司新发行债券的资本成本。

第7章 建设项目的经济评价与单方案选择

7.1 建设项目经济评价概述

7.1.1 建设项目经济评价的概念与主要内容

1. 建设项目经济评价的概念

建设项目经济评价是指根据国民经济与社会发展及行业、地区发展规划的要求,在项目初步方案的基础上,采用科学的分析方法,对拟建项目的财务可行性和经济合理性进行分析论证,为拟建项目的科学决策提供经济方面的依据。根据评价的角度、范围、作用等,建设项目经济评价可分为财务评价(也称财务分析)和国民经济评价(也称经济分析)两个层次。

财务评价是建设项目经济评价的第一步,是在国家现行财税制度和价格体系的前提下,从项目的角度出发,计算项目范围内的财务效益和费用,分析项目的盈利能力和清偿能力,评价项目在财务上的可行性。国民经济评价是在合理配置社会资源的前提下,从国家经济整体利益的角度出发,计算项目对国民经济的贡献,分析项目的经济效益、效果和对社会的影响,评价项目在宏观经济上的合理性。

建设项目经济评价结果有4种类型,如图7-1所示。

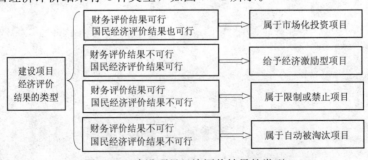

图7-1 建设项目经济评价结果的类型

(1) 财务评价结果可行，国民经济评价结果也可行。
(2) 财务评价结果不可行，国民经济评价结果可行。
(3) 财务评价结果可行，国民经济评价结果不可行。
(4) 财务评价结果不可行，国民经济评价结果不可行。

小栏目

青藏铁路工程

青藏铁路工程是实施西部大开发战略的标志性工程，是中国 21 世纪四大工程之一。青藏铁路东起青海西宁，西至拉萨，全长 1 956 km。其中，西宁至格尔木段 814 km 已于 1979 年铺通，1984 年投入运营；格尔木至拉萨段，全长 1 142 km，于 2001 年 6 月 29 日正式开工，2006 年 7 月 1 日正式通车运营。青藏铁路是世界海拔最高、线路最长的高原铁路，其中海拔 4 000 m 以上的路段 960 km，多年冻土地段 550 km，翻越唐古拉山的铁路最高点海拔 5 072 m。青藏线大部分线路处于高海拔地区和"无人区"，要克服多年冻土、高原缺氧、生态脆弱、天气恶劣四大难题。青藏铁路工程总投资逾 330 亿元人民币。

2. 建设项目经济评价的主要内容

建设项目经济评价内容的选择应根据项目性质、项目目标、项目投资者、项目财务主体及项目对经济与社会的影响程度等具体情况确定。对于费用效益计算比较简单、建设期和运营期比较短、不涉及进出口平衡等的一般项目，如果财务评价的结论能够满足投资决策需要，可不进行国民经济评价；对于关系公共利益、国家安全和市场不能有效配置资源的经济和社会发展的项目，除应进行财务评价外，还应进行国民经济评价；对于特别重大的建设项目，还应辅以区域经济与宏观经济影响分析方法进行国民经济评价。

7.1.2 建设项目经济评价方法的分类

建设项目经济评价的目的在于确保决策的正确性和科学性，避免或最大限度地减小投资方案的风险，明确投资方案的经济效果水平，最大限度地提高项目投资的综合经济效益，为项目的投资决策提供科学的依据。因此，正确选择经济评价的方法是十分重要的。

1. 按是否考虑不确定性因素分类

根据是否考虑不确定性因素，建设项目经济评价的基本方法分为确定性评价方法与不确定性评价方法两类，如图 7-2 所示。对同一个项目必须同时进行确定性评价和不确定性评价。

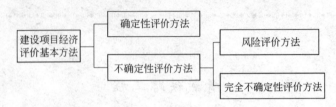

图 7-2 按建设项目信息完备程度分类

2. 按评价方法的性质分类

按评价方法的性质不同，建设项目经济评价分为定性评价和定量评价。

（1）定性评价。定性评价是指对无法精确度量的重要因素实行的估量分析方法。建设项目经济评价应坚持定性与定量分析相结合、以定量分析为主的原则。

（2）定量评价。定量评价是指对可度量因素的分析方法。例如，建设项目经济评价涉及的建设投资、建设期利息、流动资金、运营期成本费用、销售额、价格、项目寿命期、利率、汇率等因素均是可以度量的。

3. 按是否考虑时间因素分类

按是否考虑时间因素，建设项目经济评价方法分为静态评价方法和动态评价方法。

（1）静态评价方法。静态评价方法是不考虑货币的时间因素，亦即不考虑时间因素对货币价值的影响，而对现金流量分别进行直接汇总来计算评价指标的方法。静态评价方法的最大特点是计算简便。因此，在对方案进行粗略评价，或对短期投资项目进行评价，以及对于逐年收益大致相等的项目，静态评价方法还是可采用的。在方案初选阶段，可采用静态评价方法。

（2）动态评价方法。动态评价指标强调利用复利方法计算资金时间价值，它将不同时间内资金的流入和流出换算成同一时点的价值，从而为不同方案的经济比较提供了可比基础，并能反映方案在未来时期的发展变化情况。

在建设项目方案经济评价中，由于时间和利率的影响，对建设方案的每一笔现金流量都应该考虑它所发生的时间，以及时间因素对其价值的影响。它能较全面地反映投资方案整个计算期的经济效果。在进行方案比较时，一般以动态评价方法为主。

7.1.3 建设项目经济评价的指标体系

建设项目方案经济评价效果的好坏，一方面取决于基础数据的完整性和可靠性，另一方面则取决于选取的评价指标体系的合理性。只有选取正确的评价指标体系，经济评价的结果才能与客观实际情况相吻合，才具有实际意义。一般来讲，建设项目的经济评价指标不是唯一的，根据不同的评价深度要求、可获得资料的多少及项目本身所处的条件不同，可选用不同的指标，这些指标有主次之分，可以从不同侧面反映建设项目的经济效果。根据不同的划分标准，对建设项目经济评价指标体系可以进行不同的分类。

1. 按是否考虑资金时间价值分类

根据建设项目评价指标体系是否考虑资金时间价值，可分为静态评价指标和动态评价指标，如图 7-3 所示。

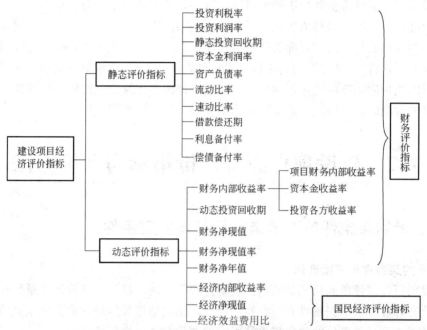

图 7-3　按是否考虑资金时间价值分类

2. 按建设项目经济评价指标的类别分类

根据建设项目经济评价的类别不同，评价指标体系可以分为财务评价指标体系和国民经济评价指标体系，如图 7-3 所示。

3. 按建设项目经济评价指标的性质分类

按建设项目经济评价指标的性质不同，可以分为时间性指标、价值性指标和比率性指标，如图 7-4 所示。

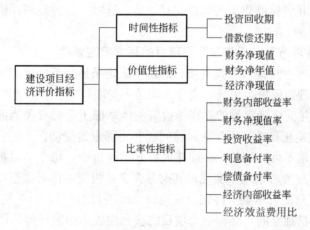

图 7-4　按经济评价指标的性质分类

7.1.4 建设项目经济评价所要解决的问题

建设项目经济评价主要解决两类问题：第一，评价建设项目方案是否可以满足一定的检验标准，即要解决项目方案的"筛选问题"；第二，比较某一项目的不同方案优劣或确定不同项目的优先次序，即要解决"排序问题"。第一类问题可称为建设项目方案的"绝对效果评价"；第二类问题可称为"相对效果评价"。本章就建设项目方案的绝对效果问题即项目的筛选问题进行讨论。绝对效果评价不涉及方案比较，只研究一组项目方案各自的取舍问题，因而只需要研究单个方案能否通过预定的标准即可。

7.2 建设项目经济评价指标与评价方法

7.2.1 无约束条件单方案选择与基本假定条件

1. 无约束条件单方案选择

建设项目经济评价的目的是使项目决策合理化，而项目经济评价的质量好坏直接取决于评价和计算方法的正确性和适宜性。因此，正确地选择经济评价方法至关重要。决策问题是否受到某些条件的约束将直接影响到评价方法与指标的选择。

无约束条件单方案选择是指在没有其他具有竞争力或可供选择的方案与之对比，又没有其他约束条件的情况下，确定单个孤立方案在经济上是否合理。在这种条件下，可以运用几种经济评价标准，如回收期、财务净现值、内部收益率等标准，直接判断这个方案本身是否可行，即投资主体只需在"采纳这个方案"和"不采纳这个方案"之间做出决策。因此，对无约束条件单方案的经济评价而言，这些评价标准都是适用的。

但是，当建设项目经济评价有约束条件时，这些评价标准的运用就要受到严格限制，因为有时运用几种标准得出的结论相互矛盾。这时，各种经济评价指标不一定在各种情况下都能适用。

2. 无约束条件单方案选择涉及投资项目的基本假定条件

无约束条件单方案选择涉及投资项目的基本假定条件如下所述。

（1）存在一个理想的资金市场，资金来源是不受限制的。

（2）投资后果是完全确定性的，亦即投资主体掌握了全部有关当前和未来的情报信息，而且这些信息是正确的，不存在风险问题和不确定的变动。

（3）投资项目是不可分割的，亦即在项目方案评价中，每个项目被视为一个功能实体，只能完整地实现或者根本不实现；其财务含义是投资主体必须逐项地调拨资金，每一笔资金表示并且只能表示某一特定投资项目（或项目组合）。

（4）投资项目是独立的，亦即一个项目的获利性决不影响任何其他项目的获利性。

7.2.2 建设项目经济评价的指标

1. 总投资收益率

1) 总投资收益率的概念

总投资收益率（ROI）用来表示项目总投资的盈利水平，是指项目达到设计生产能力后正常年份的年息税前利润或运营期内年平均息税前利润（EBIT）与项目总投资（TI）的比率。

2) 总投资收益率的计算公式

$$ROI = \frac{EBIT}{TI} \times 100\% \tag{7-1}$$

式中：ROI——总投资收益率；

EBIT——项目正常年份的年息税前利润或运营期内年平均息税前利润；

TI——项目总投资（包括建设投资、建设期贷款利息和流动资金）。

总投资收益率是用来衡量整个项目投资方案的获利能力的。总投资收益率高于同行业的收益率参考值，表明项目总投资收益率表示的盈利能力满足要求。总投资收益率越高，从项目所获得的收益或利润就越多。对于建设工程方案而言，若总投资收益率高于同期银行利率，适度举债是有利的；反之，过度的负债比率将损害企业和投资者的利益。由此可以看出，总投资收益率这一指标不仅可以用来衡量工程建设方案的获利能力，还可以作为建设工程筹资决策参考的依据。

3) 总投资收益率指标的优点与不足

总投资收益率指标经济意义明确、直观，计算简便，在一定程度上反映了投资效果的优劣，可适用于各种投资规模。但不足的是没有考虑投资收益的时间因素，忽视了资金具有时间价值的重要性，而且指标的计算主观随意性太强。换句话说，就是正常生产年份的选择比较困难，如何确定带有一定的不确定性和人为因素。因此，以总投资收益率指标作为主要的决策依据不太可靠。

2. 项目资本金净利润率

1) 项目资本金净利润率的概念

项目资本金净利润率（ROE）用来表示项目资本金的盈利水平，是指项目达到设计生产能力后正常年份的年净利润或运营期内年平均净利润（NP）与项目资本金（EC）的比率。

2) 项目资本金净利润率的计算公式

$$ROE = \frac{NP}{EC} \times 100\% \tag{7-2}$$

式中：ROE——项目资本金利润率；

NP——项目正常年份的年净利润或运营期内年平均净利润；

EC——项目资本金。

项目资本金净利润率高于同行业的净利润率参考值，表明用项目资本金净利润率表示的盈利能力满足要求。

【例题 7-1】 某项目总投资为 800 万元，建成后正常年份每年营业收入为 450 万元，与销售相关的税金为 15 万元，经营成本为 280 万元，折旧费为 50 万元，利息为 15 万元，求该项目的总投资收益率。若 $R_c=12\%$，则该项目是否可以接受？

解：

正常年销售利润＝营业收入－经营成本－折旧费－与销售相关的税金－利息＝
450－280－50－15－15＝90（万元）

总投资收益率的计算如下：

$$R_z = \frac{(F+Y+D)}{I} \times 100\% = \frac{90+15+50}{800} \times 100\% = 19.38\%$$

由于该项目的总投资收益率 $R_z=19.38\% > R_c=12\%$，所以该项目可以接受。

3. 投资回收期

1) 投资回收期的概念

投资回收期（P_t）是指以项目的净收益回收其全部投资所需要的时间，是反映投资回收能力的重要指标。投资回收期分为静态投资回收期和动态投资回收期。

2) 静态投资回收期

静态投资回收期是反映投资方案清偿能力的重要指标。静态投资回收期是指在不考虑资金时间价值的条件下，以项目方案的净收益回收其总投资（包括建设投资和流动资金）所需要的时间。投资回收期可以自项目建设开始年算起，也可以自项目投产年开始算起，但应予以注明。

(1) 计算公式。自建设开始年算起，投资回收期 P_t（以年表示）的计算公式为：

$$\sum_{t=0}^{P_t}(CI-CO)_t = 0 \qquad (7-3)$$

式中： P_t——静态投资回收期；
　　　　CI——现金流入量；
　　　　CO——现金流出量；
$(CI-CO)_t$——第 t 年净现金流量。

静态投资回收期可借助现金流量表，根据净现金流量来计算，其具体计算又分以下两种情况。

① 当项目建成投产后各年的净收益（即净现金流量）均相同时，则静态投资回收期的计算公式如下：

$$P_t = \frac{I}{A} \qquad (7-4)$$

式中：I——全部投资；
　　　A——每年的净收益，即 $A=(CI-CO)$。

【例题 7-2】 某建设项目估计总投资 2 800 万元，项目建成后各年净收益为 320 万元，则该项目的静态投资回收期为：

$$P_t = \frac{2\,800}{320} = 8.75(年)$$

② 当项目建成投产后各年的净收益不相同,则静态投资回收期可根据累计净现金流量求得(如图 7-5 所示),也就是在现金流量表中累计净现金流量由负值转向正值之间的年份。其计算公式为:

$$P_t = (累计净现金流量出现正值的年份数 - 1) + \frac{上一年累计净现金流量的绝对值}{出现正值年份的净现金流量}$$
(7-5)

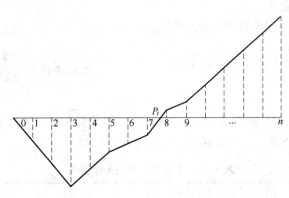

图 7-5 投资回收期示意图

【例题 7-3】 某项目财务现金流量表的数据如表 7-1 所示,计算该项目的静态投资回收期。

解:
根据式 (7-5),可得:

$$P_t = (6-1) + \frac{|-200|}{500} = 5.4(年)$$

表 7-1 某项目财务现金流量表   单位:万元

计 算 期	0	1	2	3	4	5	6	7	8
1. 现金流入	—	—	—	800	1 200	1 200	1 200	1 200	1 200
2. 现金流出	—	600	900	500	700	700	700	700	700
3. 净现金流量	—	-600	-900	300	500	500	500	500	500
4. 累计净现金流量	—	-600	-1 500	-1 200	-700	-200	300	800	1 300

(2) 评价准则。将计算出的静态投资回收期 P_t 与所确定的基准投资回收期 P_c 进行比较如下。

① 若 $P_t \leqslant P_c$,表明项目投资能在规定的时间内收回,则项目可以考虑接受。

② 若 $P_t > P_c$,则项目是不可行的。

3) 动态投资回收期

动态投资回收期是把投资项目各年的净现金流量按基准收益率折成现值之后,再来推算投资回收期，这就是它与静态投资回收期的根本区别。动态投资回收期就是净现金流量累计现值等于零时的年份。

（1）计算公式。

动态投资回收期的计算表达式为：

$$\sum_{t=0}^{P'_t}(CI-CO)_t(1+i_c)^{-t}=0 \qquad (7-6)$$

式中：P'_t——动态投资回收期；

i_c——基准收益率。

在实际应用中可根据项目的现金流量表中的净现金流量现值，用下列近似公式计算：

$$P'_t=（累计净现金流量出现正值的年份数-1）+\frac{上一年累计净现金流量的绝对值}{出现正值年份的净现金流量}$$

$$(7-7)$$

【例题7-4】 数据与例题7-3相同，某项目财务现金流量如表7-2所示，已知基准投资收益率为$i_c=8\%$。试计算该项目的动态投资回收期。

表7-2 某项目财务现金流量表　　　　　　　　　　单位：万元

计算期	0	1	2	3	4	5	6	7	8
1. 净现金流量	—	-600	-900	300	500	500	500	500	500
2. 净现金流量现值	—	-555.54	-771.57	238.14	367.5	340.3	315.1	291.75	270.15
3. 累计净现金流量现值	—	-555.54	-1 327.11	-1 088.97	-721.47	-381.17	-66.07	225.68	495.83

解：

根据式（7-7），可以得到：

$$P'_t=(7-1)+\frac{|-66.07|}{291.75}=6.23（年）$$

（2）评价准则。

① $P'_t \leqslant P_c$（基准投资回收期）时，说明项目（或方案）能在要求的时间内收回投资，是可行的。

② $P'_t > P_c$ 时，则项目（或方案）不可行，应予拒绝。

按静态分析计算的投资回收期较短，决策者可能认为经济效果尚可以接受。但若考虑时间因素，用折现法计算出的动态投资回收期要比用传统方法计算出的静态投资回收期长些，因此该方案未必能被接受。

在实际应用中，动态投资回收期由于与其他动态盈利性指标相近，若给出的利率i_c恰好等于内部收益率FIRR时，此时的动态投资回收期就等于项目（或方案）寿命周期，即$P'_t=n$。一般情况下，$P'_t<n$，则必须有$i_c<$FIRR。因此，动态投资回收期法与FIRR法在方案评价方面是等价的。正因为如此，动态投资回收期在"投资项目可行性

研究指南"中未作为评价指标。而静态投资回收期尽管没有考虑资金的时间价值，但由于长期以来，决策层比较熟悉静态投资回收期指标。因此，在投资项目经济评价方法中仍要求计算静态投资回收期。

4）投资回收期指标的优点与不足

投资回收期指标容易理解，计算也比较简便；项目投资回收期在一定程度上显示了资本的周转速度。显然，资本周转速度愈快，回收期愈短，风险愈小，盈利愈多。这对于那些技术上更新迅速的项目，或资金相当短缺的项目，或未来的情况很难预测而投资者又特别关心资金补偿的项目，进行投资回收期指标的分析是特别有用的。但不足的是投资回收期没有全面地考虑投资方案整个计算期内的现金流量，即：只考虑回收之前的效果，不能反映投资回收之后的情况，亦即无法准确衡量方案在整个计算期内的经济效果。所以，投资回收期作为方案选择和项目排队的评价准则是不可靠的，它只能作为辅助评价指标，或与其他评价方法结合应用。

4. 借款偿还期

借款偿还期是指根据国家财政规定及投资项目的具体财务条件，以项目可作为偿还贷款的项目收益（利润、折旧、摊销费及其他收益）来偿还项目投资借款本金和利息所需要的时间。它是反映项目借款偿债能力的重要指标。

1）借款偿还期的计算公式

借款偿还期的计算式如下：

$$I_d = \sum_{t=1}^{P_d} (R_p + D' + R_o - R_r)_t \qquad (7-8)$$

式中：P_d——借款偿还期（从借款开始年计算，当从投产年算起时，应予以注明）；

I_d——投资借款本金和利息（不包括已用自有资金支付的部分）之和；

R_p——第 t 年可用于还款的利润；

D'——第 t 年可用于还款的折旧和摊销费；

R_o——第 t 年可用于还款的其他收益；

R_r——第 t 年企业留利。

在实际工作中，借款偿还期可通过借款还本付息计算表直接推算，以年表示。其具体推算公式如下：

$$P_d = (借款偿还后出现盈余的年份数 - 1) + \frac{当年应偿还借款额}{当年可用于还款的收益额} \qquad (7-9)$$

【例题 7-5】已知某项目借款还本付息数据如表 7-3 所示。计算该项目的借款偿还期。

表 7-3 借款还本付息计算表　　　　　　　　　　　　　　单位：万元

序号	计算期	1	2	3	4	5	6
1	本年借款						
1.1	本金	400	600				
1.2	利息（$i=6\%$）	12	42.72	54.2832	36.5402	14.7326	1.8083

续表

序号	计 算 期	1	2	3	4	5	6
2	还款资金来源			300	400	400	400
2.1	利润总额			200	310	310	310
2.2	用于还款的折旧和摊销费			150	150	150	150
2.3	还款期企业留利			50	60	60	60
3	年末借款累计	412	1 054.72	809.003 2	445.543 4	60.276	

各年利息计算如下：

$$I_1 = \frac{1}{2} \times 400 \times 6\% = 12$$

$$I_2 = \left(400 + 12 + \frac{1}{2} \times 600\right) \times 6\% = 42.72$$

$$I_3 = \left(400 + 12 + 600 + 42.72 - \frac{1}{2} \times 300\right) \times 6\% = \left(1\ 054.72 - \frac{1}{2} \times 300\right) \times 6\% = 54.283\ 2$$

$$I_4 = \left(1\ 054.72 - 300 + 54.283\ 2 - \frac{1}{2} \times 400\right) \times 6\% = \left(809.003\ 2 - \frac{1}{2} \times 400\right) \times 6\% = 36.540\ 2$$

$$I_5 = \left(809.003\ 2 - 400 + 36.540\ 2 - \frac{1}{2} \times 400\right) \times 6\% = \left(445.543\ 4 - \frac{1}{2} \times 400\right) \times 6\% = 14.732\ 6$$

$$I_6 = \left(445.543\ 4 - 400 + 14.732\ 6\right) \times \frac{1}{2} \times 6\% = 1.808\ 3$$

解：

根据式（7-9），可以得到：

$$P_d = (6-1) + \frac{60.276 + 1.808\ 3}{400} = 5.155 (年)$$

2) 借款偿还期的评价准则

借款偿还期满足贷款机构的要求期限时，即认为项目是有借款偿债能力的。

借款偿还期指标适用于那些计算最大偿还能力、尽快还款的项目，不适用于那些预先给定借款偿还期的项目。对于预先给定借款偿还期的项目，应采用利息备付率和偿债备付率指标分析项目的偿债能力。

5. 利息备付率

利息备付率（ICR）也称已获利息倍数，是指项目在借款偿还期内的息税前利润（EBIT）与应付利息（PI）的比值。利息备付率从付息资金来源的充裕性角度反映项目偿付债务利息的保障程度。

1) 利息备付率的计算公式

$$ICR = \frac{EBIT}{PI} \times 100\% \qquad (7-10)$$

式中：EBIT——息税前利润；
　　　PI——计入总成本费用的应付利息。

2) 利息备付率的评价准则

利息备付率应按年计算。利息备付率高，表明利息偿付的保障程度高。对于正常经营的项目，利息备付率应当大于1，并结合债权人的要求确定。否则，表示项目的付息能力保障程度不足。尤其是当利息备付率低于1时，表示项目没有足够资金支付利息，偿债风险大。

6. 偿债备付率

偿债备付率（DSCR）是指项目在借款偿还期内用于还本付息的资金（EBITDA－TAX）与应还本付息金额（PD）的比值。

1）偿债备付率的计算公式

$$DSCR = \frac{EBITAD - TAX}{PD} \quad (7-11)$$

式中：EBITDA——息税前利润加折旧和摊销；
　　　TAX——企业所得税；
　　　PD——应还本付息金额，包括还本金额和计入总成本费用的全部利息。

如果项目在运营期内有维持运营的投资，可用于还本付息的资金应扣除维持运营的投资。

2）偿债备付率的评价准则

偿债备付率应分年计算。偿债备付率高，则表明可用于还本付息的资金保障程度高。偿债备付率应大于1，并结合债权人的要求确定。当该指标小于1时，表示当年资金来源不足以偿付当期债务，需要通过短期借款偿付已到期债务。

【**例题 7-6**】 已知某企业借款偿还期为4年，各年税息前利润总额、税后利润、折旧费和摊销费数额如表 7-4 所示。试计算各年的偿债备付率和利息备付率。

解：

各年的偿债备付率和利息备付率计算结果如表 7-4 所示。

表 7-4 偿债备付率和利息备付率计算　　　　　单位：万元

年　份	1	2	3	4
税息前利润	10 317	59 548	109 458	120 636
当期应付利息	74 208	64 932	54 977	43 799
税前利润	−63 891	−5 384	54 481	76 837
所得税（25%）	0	0	0	15 511
税后利润	−63 891	−5 384	54 481	61 326
折旧费	102 314	102 314	102 314	102 314
摊销费	42 543	42 543	42 543	42 543
偿还本金	142 369	152 143	162 595	173 774
还本付息总额	216 577	217 075	217 572	217 573
利息备付率	13.90%	91.71%	199.10%	275.43%
还本付息资金来源	155 174	204 405	254 315	249 982
偿债备付率	0.72	0.94	1.17	1.15

注：在各年的所得税计算中，前两年亏损，不需要缴纳所得税，第3年的盈利不足以弥补以前年度亏损，第4年的利润弥补亏损后为 62 043 元（54 481＋76 837－63 891－5 384＝62 043），应缴纳所得税 15 511 元。

从表 7-4 的计算结果可以看出，该企业前两年的利息备付率均低于1，偿债备付率低于1，表明该企业前两年有较大的还本付息压力；后两年的利息备付率均远大于1，表明该企业后两年的还本付息能力很有保障。

7. 资产负债率

资产负债率是指各期末负债总额同资产总额的比率。其计算公式为：

$$\text{LOAR} = \frac{\text{TL}}{\text{TA}} \times 100\% \tag{7-12}$$

式中：LOAR——资产负债率；
　　　TL——期末负债总额；
　　　TA——期末资产总额。

适度的资产负债率表明企业经营安全、稳健，具有较强的筹资能力，也表明企业和债权人的风险较小。

8. 净现值

1) 净现值的概念

净现值（net present value，NPV）是反映投资方案在计算期内获利能力的动态评价指标。投资方案的净现值是指用一个预定的基准收益率（或设定的折现率）i_c，分别把整个计算期间内各年所发生的净现金流量都折现到投资方案开始实施时的现值之和。

2) 净现值的计算公式

$$\text{NPV} = \sum_{t=0}^{n} (\text{CI} - \text{CO})_t (1 + i_c)^{-t} \tag{7-13}$$

式中：NPV——财务净现值；
　　（CI－CO）$_t$——第 t 年的净现金流量（应注意"＋""－"号）；
　　　i_c——基准收益率；
　　　n——方案计算期。

3) 净现值的评价准则

净现值是评价项目盈利能力的绝对指标，其评价准则如下。

(1) 当 NPV＞0 时，说明该项目在满足基准收益率要求的盈利之外，还能得到超额收益，故该方案可行。

(2) 当 NPV＝0 时，说明该项目基本能满足基准收益率要求的盈利水平，方案勉强可行或有待改进。

(3) 当 NPV＜0 时，说明该项目不能满足基准收益率要求的盈利水平，故该方案不可行。

【例题 7-7】 某项目财务现金流量如表 7-2 所示，已知基准投资收益率为 i_c＝8％，试计算该项目的净现值。

解：

从表 7-2 中可以看出，该项目的净现值 NPV＝495.83（万元）＞0，说明该项目可行。

4) 净现值指标的优点与不足

(1) 净现值指标的优点：净现值指标考虑了资金的时间价值，并全面考虑了项目在整个计算期内的经济状况;经济意义明确直观,能够直接以货币额表示项目的盈利水平;判断直观。

(2) 净现值指标的不足:净现值指标的计算必须首先确定一个符合经济现实的基准收益率,而基准收益率的确定往往是比较困难的;而且在互斥方案评价时,净现值必须慎重考虑互斥方案的寿命,如果互斥方案寿命不等,必须构造一个相同的分析期限,才能进行各个方案之间的比选;同样,净现值不能真正反映项目投资中单位投资的使用效率,不能直接说明在项目运营期间各年的经营成果。

5) 基准收益率的概念及其确定的影响因素

基准收益率也称基准折现率,是企业或行业或投资者以动态的观点所确定的、可接受的投资项目方案最低标准的收益水平。它表明投资决策者对项目资金时间价值的估价,是投资资金应当获得的最低盈利率水平,是评价和判断投资方案在经济上是否可行的依据,是一个重要的经济参数。根据从不同角度编制的现金流量表,计算所需的基准收益率应有所不同。

基准收益率的确定一般以行业的平均收益率为基础,同时综合考虑资金成本、投资风险、通货膨胀及资金限制等影响因素。

对于国家投资项目,进行经济评价时使用的基准收益率是由国家组织测定并发布的行业基准收益率;对于非国家投资项目,则由投资者自行确定,但应考虑以下因素。

(1) 资金成本和机会成本。基准收益率应不低于单位资金成本和单位投资的机会成本,这样才能使资金得到最有效的利用。这一要求可用下式表达:

$$i_c \geqslant i_1 = \max\{\text{单位资金成本}, \text{单位投资机会成本}\} \quad (7-14)$$

当项目完全由企业自有资金投资时,可参考行业基准收益率;可以理解为一种资金的机会成本。假如项目投资来源于自有资金和贷款时,最低收益率不应低于行业平均收益率(或新筹集权益投资的资金成本)与贷款利率的加权平均收益率。如果有几种贷款时,贷款利率应为加权平均贷款利率。

(2) 投资风险。在整个项目计算期内,存在着发生不利于项目环境变化的可能性,这种变化难以预料,即投资者要冒着一定风险做出决策。所以,在确定基准收益率时,仅考虑资金成本、机会成本因素是不够的,还应考虑风险因素。通常,以一个适当的风险贴补率 i_2 来提高 i_c 值。也就是说,以一个较高的收益水平补偿投资者所承担的风险,风险越大,贴补率越高。为此,投资者自然就要求获得较高的利润,否则是不愿去冒风险的。为了限制对风险大、盈利低的项目进行投资,可以采取提高基准收益率的办法来进行项目经济评价。

(3) 通货膨胀。在通货膨胀影响下,各种材料、设备、房屋、土地的价格及人工费都会上升。为反映和评价出拟建项目在未来的真实经济效果,在确定基准收益率时,应考虑通货膨胀因素,结合投入产出价格的选用决定对通货膨胀因素的处理。

(4) 基准收益率的确定。综合以上分析,基准收益率的确定如下。

① 若项目现金流量是按当年价格预测估算的,则应以年通货膨胀率 i_3 修正 i_c 值。

$$i_c = (1+i_1)(1+i_2)(1+i_3) - 1 \approx i_1 + i_2 + i_3 \quad (7-15)$$

② 若项目的现金流量是按基准年不变价格预测估算的，预测结果已排除通货膨胀因素的影响，就不再重复考虑通货膨胀的影响去修正 i_c 值，即：

$$i_c=(1+i_1)(1+i_2)-1\approx i_1+i_2 \qquad (7-16)$$

上述近似处理的条件是 i_1、i_2、i_3 都为小数。

总之，合理确定基准收益率对于投资决策极为重要。确定基准收益率的基础是资金成本和机会成本，而投资风险和通货膨胀是确定基准收益率必须考虑的影响因素。

根据《建设项目经济评价方法与参数》（第三版）等相关资料，我国部分行业建设项目的财务基准收益率测算结果如表 7-5 所示。

表 7-5　我国部分行业建设项目的财务基准收益率测算结果

行　　业	财务基准收益率（融资前税前指标）	财务基准收益率（项目资本金税后指标）
水泥制造业	11%	12%
陆上油田开采	13%	15%
原油加工及石油制品制造	12%	13%
钢铁冶炼	12%	13%
无机化学原料制造	10%	11%
移动通信	10%	12%
火力发电	8%	10%
公路建设	6%	7%
铁路网新线建设	—	3%
水库发电工程	7%	—
城市快速轨道	5%	6%
集中供热	8%	10%
房地产开发项目	12%	13%

9. 净年值

净年值（net annual value，NAV）又称等额年值、等额年金，是指以一定的基准收益率将项目计算期内净现金流量等值换算而成的等额年值。它与前述净现值（NPV）的相同之处是，两者都要在给出的基准收益率的基础上进行计算；不同之处是，净现值法把投资过程的现金流量化为基准期的现值，而净年值法则是把该现金流量化为等额年值。净现值是项目在计算期内获得的超过基准收益率水平的收益现值，而净年值则是项目在计算期内每期（年）的等额超额收益。由于同一现金流量的现值和等额年值是等价的（或等效的），所以净现值法与净年值法在方案评价中能得出相同的结论。而在多方案评价时，特别是各方案的计算期不相同时，应用净年值比净现值更为方便。

1）净年值的计算公式

净年值的计算公式为：

$$\text{NAV} = \left[\sum_{t=0}^{n}(\text{CI}-\text{CO})_t(1+i_c)^{-t}\right](A/P, i_c, n) \qquad (7-17)$$

或

$$NAV = NPV(A/P, i_c, n) \tag{7-18}$$

式（7-17）、（7-18）中，$(A/P, i, n)$ 为资本回收系数。

2）净年值的评价准则

由于 $(A/P, i_c, n) > 0$，由式（7-17）和式（7-18）可知，NAV 与 NPV 总是同为正或同为负，故 NAV 与 NPV 在评价同一个项目时的结论总是一致的，其评价准则如下。

（1）若 NAV≥0，则项目在经济上可以接受。

（2）若 NAV<0，则项目在经济上应予以拒绝。

10. 内部收益率

1）内部收益率的概念

对建设项目而言，内部收益率（internal rate of return，IRR）是指项目净现值为零时所对应指标的收益率。根据图 7-6 可知，内部收益率的实质就是使投资方案在计算期内各年净现金流量的现值累计等于零时的折现率。也就是说，在这个折现率时，项目的现金流入的现值和等于其现金流出的现值和。

内部收益率容易被人误解为是项目初期投资的收益率。事实上，内部收益率的经济含义是投资方案占用的尚未回收资金的获利能力，它取决于项目内部。

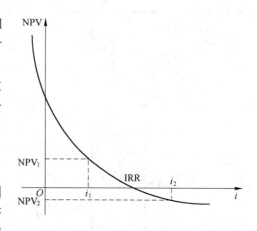

图 7-6 常规投资项目的净现值函数曲线

工程经济中常规投资项目的财务净现值函数曲线在其定义域（即 $-1 < i < +\infty$）内是单调下降的，且递减率逐渐减小。即随着折现率的逐渐增大，财务净现值将由大变小，由正变负，NPV 与 i 之间的关系一般如图 7-6 所示。

按照净现值的评价准则，只要 NPV$(i) \geq 0$，方案或项目就可接受，但由于 NPV(i) 是 i 的递减函数，故折现率 i 定得越高，方案被接受的可能性就越小。很明显，i 可以大到使 NPV$(i) = 0$，这时 FNPV(i) 曲线与横轴相交，i 达到了其临界值 i^*，可以说 i^* 是净现值评价准则的一个分水岭，将 i^* 称为内部收益率。其实质就是使投资方案在计算期内各年净现金流量的现值累计等于零时的折现率。

2）内部收益率的计算公式

对投资项目而言，内部收益率就是净现值为零时的收益率，其数学表达式为：

$$NPV(IRR) = \sum_{t=0}^{n}(CI - CO)_t (1 + IRR)^{-t} = 0 \tag{7-19}$$

式中：IRR——内部收益率。

【例题 7-8】 某投资方案的现金流量如表 7-6 所示，其内部收益率 IRR = 20%。

表 7-6 某投资方案的现金流量表

第 t 期末	0	1	2	3	4	5	6
现金流量 A_t	−1 000	300	300	300	300	300	307

由于已提走的资金是不能再生息的，因此设 F_t 为第 t 期末尚未回收的投资余额，F_0 即是项目计算期初的投资额 A_0。显然，只要在本周期内取得复利利息 $i \times F_{t-1}$，则第 t 期末的未回收投资余额为：

$$F_t = F_{t-1}(1+i) + A_t \qquad (7-20)$$

将 $i =$ IRR $= 20\%$ 代入式 (7-20)，计算出表 7-7 所示的项目的未回收投资在计算期内的恢复过程。与表 7-7 相应的现金流量图如图 7-7 所示。

表 7-7 未回收投资在计算期内的恢复过程

第 t 期末	0	1	2	3	4	5	6
现金流量 A_t	−1 000	300	300	300	300	300	307
第 t 期初未回收投资 F_{t-1}	—	−1 000	−900	780	−636	−463.20	−255.840
第 t 期末的利息 $i \times F_{t-1}$	—	−200	−180	−156	−127.2	−92.64	−51.168
第 t 期末未回收投资 F_t	−1 000	−900	−780	−636	−463.2	−255.84	0

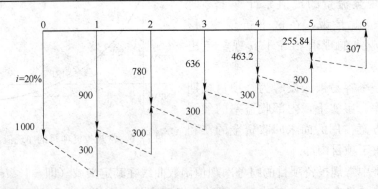

图 7-7 未回收投资现金流量示意图

由此可见，项目的内部收益率是指项目到计算期末正好将未收回的资金全部收回来的折现率，是项目对贷款利率的最大承担能力。

在项目计算期内，由于项目始终处于"偿付"未被回收的投资的状况，内部收益率指标正是项目占用的尚未回收资金的获利能力。它能反映项目自身的盈利能力，其值越高，方案的经济性就越好。因此，在工程经济分析中，内部收益率是考察项目盈利能力的主要动态评价指标。由于内部收益率不是初始投资在整个计算期内的盈利率，因而它不仅受到项目初始投资规模的影响，而且受到项目计算期内各年净收益大小的影响。

内部收益率是一个未知的折现率，由式 (7-19) 可知，求方程式中的折现率需解高次方程，不易求解。在实际工作中，一般通过计算机计算，手算时可采用试算法确定财务内部收益率 FIRR。

试算法确定内部收益率的基本原理如下所述。

首先，试用 i_1 计算，若得 NPV$_1>0$ 时，再试用 $i_2(i_2>i_1)$；若 NPV$_2<0$ 时，则 NPV$=0$ 时的 IRR 一定在 i_1 至 i_2 之间，如图 7-8 所示。此时，可用线性内插法求出

IRR 的近似值，其计算公式为：

$$\text{IRR} = i_1 + \frac{\text{NPV}_1}{\text{NPV}_1 + |\text{NPV}_2|}(i_2 - i_1) \quad (7-21)$$

式中：NPV_1——较低折现率 i_1 时的净现值（正）；
　　　NPV_2——较高折现率 i_2 时的净现值（负）；
　　　i_1——较低折现率，使净现值为正值，
　　　　　　但其接近于零；
　　　i_2——较高折现率，使净现值为负值，
　　　　　　但其接近于零。

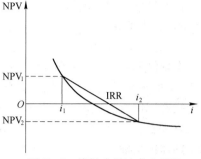

图 7-8　线性内插法求出 IRR

为了保证 IRR 的精度，i_1 与 i_2 之间的差距一般以不超过 2% 为宜，最大不要超过 5%。
采用线性内插法计算 IRR 只适用于具有常规现金流量的投资方案。而对于具有非常规现金流量的方案，由于其内部收益率的存在可能不是唯一的，因此线性内插法就不太适用。

【例题 7-9】 已知某项目财务现金流量表，当折现率为 $i_1 = 11\%$ 时，财务净现值 $\text{NPV}_1 = 1\,756.98$ 万元；当折现率为 $i_1 = 12\%$ 时，财务净现值 $\text{NPV}_2 = -1\,057.31$ 万元。试用线性内插法求出 IRR 的近似值。

解：

$$\text{IRR} = i_1 + \frac{\text{NPV}_1}{\text{NPV}_1 + |\text{NPV}_2|}(i_2 - i_1) = 11\% + \frac{1\,756.98 \times (12\% - 11\%)}{1\,756.98 + |-1\,057.31|} = 11.62\%$$

3）内部收益率的评价准则

内部收益率计算出来后，可通过与基准收益率进行比较来判断方案或项目是否可行。

（1）当 IRR $\geqslant i_c$（基准收益率）时，则项目在经济上可以接受。
（2）当 IRR $< i_c$（基准收益率）时，则项目在经济上应予以拒绝。

4）内部收益率指标的优点与不足

内部收益率指标考虑了资金的时间价值及项目在整个计算期内的经济状况，而且避免了像净现值之类的指标那样需事先确定基准收益率这个难题，而只需要知道基准收益率的大致范围即可。但不足的是内部收益率计算需要大量的与投资项目有关的数据，计算比较麻烦；对于具有非常规现金流量的项目来讲，其内部收益率往往不是唯一的，在某些情况下甚至不存在。

5）IRR 与 NPV 的比较

对独立方案的评价，应用 IRR 评价与应用 NPV 评价的结论是一致的。

从图 7-6 净现值函数曲线可知：当 IRR $> i_1$（基准收益率）时，根据 IRR 评价的判断准则，方案可以接受；从图 7-6 中可见，i_1 对应的 $\text{NPV}(i_1) > 0$，方案也可接受；当 IRR $< i_2$（基准收益率）时，根据 IRR 评价的判断准则，方案不能接受；i_2 对应的 $\text{NPV}(i_2) < 0$，方案也不能接受。

综上分析，用 NPV、IRR 均可对独立方案进行评价，且结论是一致的。NPV 法计算简便，但得不出投资过程收益程度大小的指标，且受外部参数（i_c）的影响；IRR 法较为麻烦，但能反映投资过程的收益程度，而 IRR 的大小不受外部参数影响，完全取

决于投资过程的现金流量。

11. 净现值率

1) 净现值率的概念

净现值率（net present value rate，NPVR）是在 NPV 的基础上发展起来的，可作为 NPV 的一种补充。净现值率是项目净现值与项目全部投资现值之比，其经济含义是单位投资现值所能带来的净现值，是一个考察项目单位投资盈利能力的指标。由于净现值不直接考虑项目投资额的大小，故为考虑投资的利用效率，常用净现值率作为净现值的辅助评价指标。

当对比的两个方案投资额不同时，如果仅以各方案的 NPV 大小来选择方案，可能导致不正确的结论，因为净现值大小只表明盈利总额，不能说明投资的利用效果。单纯以净现值最大作为方案选优的标准，往往导致评价人趋向于选择投资大、盈利多的方案，而忽视盈利额较多，但投资更少，经济效果更好的方案。为此，可采用净现值的相对指标（单位投资的净现值），即净现值率来进行评价。

2) 净现值率的计算公式

净现值率（NPVR）的数学表达式如下：

$$\text{NPVR} = \frac{\text{NPV}}{I_p} \tag{7-22}$$

$$I_p = \sum_{t=0}^{k} I_t (P/F, i_c, t) \tag{7-23}$$

式中：I_p——投资现值；

I_t——第 t 年投资额；

k——建设期年数；

$(P/F, i_c, t)$——现值系数。

3) 净现值率的评价准则

应用 NPVR 评价方案时，对于独立方案评价，应使 NPVR≥0，项目才能接受；对于多方案评价，凡 NPVR＜0 的方案先行淘汰，在余下方案中，应将与投资额、净现值结合起来选择方案，而且在评价时应注意计算投资现值与净现值的折现率应一致。

【例题 7-10】 已知某项目有两种建设方案，A 方案的净现值 $\text{NPV}_A = 43.72$ 万元，投资现值 $I_{pA} = 310.98$ 万元；B 方案的净现值 $\text{NPV}_B = 56.83$ 万元，投资现值 $I_{pB} = 650.28$ 万元。试比较两种建设方案的优劣。

解：

A 方案的净现值率计算如下：

$$\text{NPVR}_A = \frac{\text{NPV}_A}{I_{pA}} = \frac{43.72}{310.98} = 0.14$$

B 方案的净现值率计算如下：

$$\text{NPVR}_B = \frac{\text{NPV}_B}{I_{pB}} = \frac{56.83}{650.28} = 0.09$$

计算结果表明，如果根据净现值大小来选择该项目的建设方案，由于 $\text{NPV}_A =$

43.72 万元、NPV$_B$＝56.83 万元，应该选择 B 方案；如果根据净现值率的大小来选择该项目的建设方案，由于 NPVR$_A$＝0.14、NPVR$_B$＝0.09，应该选择 A 方案。

7.2.3 无约束条件单方案评价的方法

无约束条件单方案评价实质是在"做"与"不做"之间进行选择。无约束条件单方案在经济上是否可接受，取决于方案自身的经济性，即方案的经济效果是否达到或超过了预定的评价标准或水平。欲知这一点，只需通过计算方案的经济效果指标，并按照指标的判别准则加以检验就可做到。这种对方案自身的经济性的检验叫作"绝对经济效果检验"。如果方案通过了绝对经济效果检验，就认为方案在经济上是可行的，是值得投资的；否则，应予以拒绝。

对于无约束条件单方案而言，不论采用静态经济效果指标，还是采用动态经济效果评价指标，其评价结论基本是一致的。

【例题 7-11】 已知某拟建项目在第 1 年初投资 3 500 万元，每年经营收入为 1 900 万元，与销售相关的税金为 50 万元，经营成本为 580 万元，折旧费为 50 万元，利息为 15 万元，估计寿命 6 年，项目寿命期末残值为零。行业基准收益率为 i_c＝10%，行业基准投资回收期 4 年。试对该项目方案进行评价。

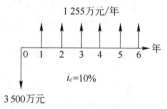

图 7-9 拟建项目的现金流量图

解：

(1) 绘制该项目的现金流量图，如图 7-9 所示。

$$正常年份销售利润（F）＝1\ 900－580－50－50－15＝1\ 205（万元）$$
$$正常年份每年净收益（A）＝1\ 900－580－50－15＝1\ 255（万元）$$

(2) 应用项目总投资收益率指标进行评价。

$$项目总投资收益率（R_z）＝\frac{1\ 205＋15＋50}{3\ 500}\times 100\%＝36\%$$

该项目的总投资收益率 R_z＝36%＞R_c＝10%，所以该项目投资是可行的。

(3) 应用静态投资回收期指标进行评价。

$$P_t＝\frac{3\ 500}{1\ 255}＝2.79（年）$$

P_t＝2.79 年≤P_c＝5 年，表明项目投资能在规定时间内收回，则该项目投资是可行的。

(4) 应用动态投资回收期指标进行评价。该项目财务现金流量表的数据如表 7-8 所示。

表 7-8 某项目财务现金流量表 单位：万元

计算期	0	1	2	3	4	5	6
1. 净现金流量	－3 500	1 255	1 255	1 255	1 255	1 255	1 255
2. 净现金流量现值	－3 500	1 140.91	1 037.19	942.90	857.18	779.26	708.41
3. 累计净现金流量现值	－3 500	－2 359.09	－1 321.90	－379	478.18	1 257.44	1 965.85

计算该项目的动态投资回收期，可以得到：

$$P'_t = (4-1) + \frac{|-379|}{857.18} = 3.44(年)$$

$P'_t = 3.44$ 年 $\leqslant P_c = 5$ 年，表明项目投资能在规定时间内收回，则该项目投资是可行的。

(5) 应用净现值指标进行评价。

$$NPV = -3\,500 + 1\,255 \times (P/A, i_c, n) = -3\,500 + 1\,255 \times 4.355\,3 = 1\,965.90(万元)$$

$NPV = 1\,965.90$ 万元 > 0，表明该方案在满足基准收益率要求的盈利之外，还能得到超额收益，则该项目投资是可行的。

(6) 应用净年值指标进行评价。

$$NAV = 1\,965.90 \times (A/P, i_c, 6) = 1\,965.90 \times 0.229\,6 = 451.37(万元)$$

$NAV = 451.37$ 万元 > 0，则该项目投资是可行的。

(7) 应用内部收益率指标进行评价。

$$NPV = -3\,500 + 1\,255 \times (P/A, IRR, 6) = 0$$

$$(P/A, IRR, 6) = \frac{3\,500}{1\,255} = 2.788\,8$$

$i_1 = 27\%$，$NPV_1 = -3\,500 + 1\,255 \times \frac{(1+27\%)^6 - 1}{27\%(1+27\%)^6} = -3\,500 + 3\,540.34 = 40.34$

$i_2 = 29\%$，$NPV_2 = -3\,500 + 1\,255 \times \frac{(1+29\%)^6 - 1}{29\%(1+29\%)^6} = -3\,500 + 3\,388.52 = -111.48$

$$IRR = i_1 + \frac{NPV_1}{NPV_1 + |NPV_2|}(i_2 - i_1) =$$

$$27\% + \frac{40.34}{40.34 + |-111.48|}(29\% - 27\%) = 27.52\%$$

由于 $IRR = 27.52\% \geqslant i_c = 10\%$，所以该项目投资是可行的。

 小栏目

经济评价指标的电算法

运用 OFFICE 应用软件的 EXCEL 计算功能可以方便快捷地计算建设项目的经济评价指标。具体计算步骤如下。

(1) 打开 EXCEL 软件，新建 EXCEL 文件。

(2) 根据拟建项目的现金流量信息，在新建 EXCEL 文件中输入一组现金流量。

(3) 在 EXCEL 文件页面上方单击插入函数"f_x"，出现【插入函数】界面，在【选择类别】下拉菜单中，选择【财务】，于是在【选择函数】项下显示具体的财务评价指标。

(4) 选择所需要计算的财务指标，如 NPV、IRR 等，然后就会出现【函数参数】窗口。

(5) 在窗口中按照提示输入相关参数，就会得到所需要计算的经济评价指标。

若计算 NPV，则在【Rate】中输入一期的整个阶段的贴现率，在【value1，value2，……】中输入代表支出和收入的 1 至 29 个参数，这些参数要求在时间上均匀分布并出现在每期末，于是就会得到 NPV。以例题 7-11 为例，在【Rate】中输入 10%，在【value1，value2，……】中输入 1 至 6 年末的系列现金流量"1 255，1 255，1 255，1 255，1 255，1 255"，于是得到该系列现金流量的 NPV＝5 465.85 万元，与该项目在 0 时刻的初始投资 3 500 万元相减，便得到该项目投资的 NPV＝1 965.85 万元。

若计算 IRR，则在【Values】中输入均匀分布在每期末的一组数，于是就会得到 IRR。以例题 7-11 为例，在【Values】中输入"－3 500，1 255，1 255，1 255，1 255，1 255，1 255"，于是得到该项目投资的 IRR＝27.52%。

思 考 题

1. 简述建设项目经济评价的概念及主要内容。
2. 简述建设项目经济评价方法的分类。
3. 简述经济评价指标体系的分类及主要评价指标内容。
4. 建设项目经济评价所要解决的两类问题是什么？
5. 何为无约束条件单方案选择？
6. 无约束条件单方案经济评价涉及投资项目的基本假定条件是什么？
7. 简述利息备付率与偿债备付率的区别。
8. 简述净现值指标与内部收益率指标的概念及相互之间的区别。
9. 简述基准收益率的概念及其确定的影响因素。
10. 某大型基础设施项目拟定一个 9 年投资计划，分三期建成，开始投资 60 000 万元，3 年后再投资 80 000 万元，6 年后再投资 40 000 万元。每年的运营费用是：前 3 年每年 1 500 万元，第二个 3 年每年 2 500 万元，最后 3 年每年 3 500 万元，9 年年末残值为 8 000 万元。试用 10% 的基准收益率计算该拟建项目的费用现值和费用年值。
11. 某投资方案初始投资为 120 万元，年销售收入为 100 万元，寿命为 6 年，残值为 10 万元，年经营费用为 50 万元，基准收益率为 10%。试计算该投资方案的财务净现值和财务内部收益率。
12. 现拟投资建一个临时仓库需 80 000 元，该仓库一旦拆除就毫无价值，假定仓库每年净收益为 13 600 元。试计算：

(1) 当该临时仓库使用 8 年时，其内部收益率为多少？

(2) 若希望获得 10% 的收益率，则该仓库至少使用多少年才值得投资？

第 8 章

建设项目的多方案经济比选

8.1 建设项目方案概述

8.1.1 建设项目方案之间的相关性

项目之间的相关性是指采纳或放弃一个项目对其他项目的选择、经济利益或价值的影响。根据项目之间相关性的大小与性质，项目之间的相关性包括正相关性、负相关性、不相关性和不相容性等。

项目之间的正相关性是指一个项目的采纳将提高另一个项目的经济利益或价值，例如建设住宅小区项目与改善该住宅小区的道路交通项目之间就存在正相关性。项目之间的负相关性是指一个项目的采纳将降低另一个项目的经济利益或价值，例如在某条河流两岸修建一座桥梁项目与修建轮渡项目来解决交通问题在经济利益上是负相关的；在北京与上海之间修建高速公路与修建高速铁路项目，在经济利益上两者也是负相关的。项目之间的不相关性是指一个项目的采纳或放弃对另一个项目的经济利益或价值没有影响，例如一个企业在住宅建设项目上的投资与在工业建设项目上的投资就是两个不相关的项目。项目之间的互不相容性是指如果采纳某一项目就自动地（在技术上或经济上）排斥其他任何项目，则在这两个项目之间存在互不相容性，例如在某块地皮投资建住宅项目还是建宾馆项目之间就是互不相容型项目；某建筑物不同设计方案之间的选择，也是互不相容项目的例子，因为只能允许有一个方案被选中。很显然，两个互不相容的方案不可能同时被采纳。

8.1.2 建设资金的定量分配

当可用于投资项目的资金不能满足投资主体采纳全部可行的项目时，就产生了资金的定量分配问题。资金限制对项目决策的影响产生了所谓投资决策的资金约束问题。资金总是有限的，相对于建设项目需求而言是短缺的，因此必须合理地节约地使用资金。建设项目投资决策问题必然是资金约束条件下的投资决策。

一般说来，资金定量分配使投资主体必须从待选方案组中选用某些项目并放弃另一些项目，而这另一些项目从其本身的优点来看，是很可能被选中的。在资金的定量分配条件下，进行多方案选优时，必须搞清资金的来源、限额和资金成本是多少。

8.1.3 建设项目的不可分性

项目的不可分性是指一个项目只能作为一个整体被完全采用或被完全放弃，只要在决策中一个项目被否定了，则整个项目的局部或"一小部分"也不应被采用。全部待选方案的资金需要量，一般很少正好与可利用的资金额相一致。某些大型项目可能需要可利用资金的很大一部分，而一些独立的较小的项目则只需要较少数量的可利用资金。这样，便可能产生在单一大项目和若干小项目之间取舍的项目选择问题。换句话说，由于定量分配资金而采用单一大项目，便自然要放弃采用若干较小的项目。

可以举一个例子来说明。3个投资项目A、B和C，它们都是不可分的，所需资金分别为1 000万元、800万元和800万元，得到的净现值分别为300万元、200万元和200万元。如果公司可利用的资金限额为1 600万元，那么若采用具有最高净现值（NPV＝300万元）的大项目A，就要放弃能够得到净现值共计为400万元的B和C项目。因此，为了决定哪些项目应该采纳或放弃，从项目的不可分性来说，也要求进行项目方案的比较。

8.1.4 建设项目方案的类型

要想正确评价项目方案的经济性，仅凭对单个项目方案评价指标的计算及判别是不够的，还必须了解方案之间的相互关系，从而按照方案之间的相互关系确定适合的评价方法和指标，为最终做出正确的投资决策提供科学依据。

所谓方案类型是指一组备选方案之间所具有的相互关系。这种关系一般分为独立型、互斥型、混合型、互补型、现金流量相关型、组合-互斥型和混合相关型等方案类型。

1. 独立型方案

独立型方案是指方案间互不干扰，即一个方案的选择不影响另一个方案的选择，在选择方案时可以任意组合，直到资源得到充分运用为止。例如，国家为实行西部大开发，要修建若干个飞机场项目、高速公路项目、铁路项目，在满足建设资金的前提下，这些项目可以视为若干个独立型方案。

2. 互斥型方案

互斥型方案是指在若干备选方案中，选择其中一个方案，则其他方案就必然被排斥的一组方案。因此，方案之间具有排他性。例如，在某确定的建设场地新建住宅项目和商场项目两个方案，如果选择其中一个方案，则另一个方案就无法实施，因此这两个方案之间的关系则为互斥型方案。互斥型方案还可按以下因素进行分类。

(1) 按服务寿命长短不同，投资方案可分为以下几种。

① 相同服务寿命的方案，即参与对比或评价的方案的服务寿命均相同。

② 不同服务寿命的方案，即参与对比或评价的方案的服务寿命均不相同。

③ 无限长寿命的方案，即参与对比或评价的方案可视为无限长寿命的工程，如大型水坝、运河工程等。

(2) 按规模不同，投资方案可分为以下几种。

① 相同规模的方案，即参与对比或评价的方案具有相同的产出量或容量，在满足相同功能数量方面的要求具有一致性和可比性。

② 不同规模的方案，即参与对比或评价的方案具有不同的产出量或容量，在满足相同功能数量方面的要求不具有一致性和可比性。

3. 混合型方案

混合型方案是指项目方案群有两个层次，高层次是若干个相互独立的方案，每个独立方案中又存在若干个互斥的方案。例如，某公司的下属子公司分别进行新建、扩建和更新改造 3 个相互独立的项目 A、B、C，而新建 A 项目有 A_1、A_2 两个互斥方案，扩建 B 项目有 B_1、B_2 两个互斥方案，更新改造 C 项目有 C_1、C_2、C_3 三个互斥方案。

4. 互补型方案

互补型方案是指方案之间存在技术经济互补关系的一组方案。某一方案的接受有助于其他方案的接受，方案之间存在着相互补充的关系。根据互补方案之间相互依存的关系，互补方案可能是对称的。例如，建设一个大型非港口电站，必须同时建设铁路、电厂，它们无论在建成时间、建设规模上都要彼此适应，缺少其中任何一个项目，其他项目就不能正常运行，因此它们之间是互补型方案。此外，还存在着大量非对称的经济互补关系，如建造一座建筑物 A 和增加一个空调系统 B，建筑物 A 本身是有用的，增加空调系统 B 后使建筑物 A 更有用，但采用方案 A 并不一定要采用方案 B。

5. 现金流量相关型方案

现金流相关型方案是指在一组方案中，方案之间不完全互斥，也不完全相互依存，但任一方案的取舍会导致其他方案现金流量的变化。例如，某跨江项目考虑两个建设方案，一个是建桥方案 A，另一是轮渡方案 B，两个方案都是收费的，此时，任一方案的实施或放弃都会影响另一方案的现金流量。

6. 组合-互斥型方案

组合-互斥型方案是指在若干可采用的独立方案中，如果有资源约束条件（如受资金、劳动力、材料、设备及其他资源拥有量限制），则只能从中选择一部分方案实施，可以将它们组合为互斥型方案。例如，现有独立方案 A、B、C、D，它们所需的投资分别为 1 000 万元、600 万元、400 万元、300 万元。当资金总额限量为 1 000 万元时，除 A 方案具有完全的排他性，而其他方案由于所需金额不大，可以互相组合。这样，可能选择的方案共有：A、B、C、D、B+C、B+D、C+D 七种组合方案。因此，当受某种资源约束时，独立方案可以组成各种组合方案，这些组合方案之间是互斥或排他的。

在方案评价前，弄清各方案之间属于何种类型是非常重要的，因为方案类型不同，其评价方法、选择和判断的尺度就不同。如果方案类型划分不当，则会带来错误的评价结果。

8.2 建设项目互斥型方案的经济比选

建设项目方案的经济比选是寻求合理的经济和技术方案的必要手段,也是建设项目经济评价的重要内容。建设项目经济评价中宜对互斥型方案和可转化为互斥型方案的方案进行比选。

8.2.1 互斥型方案的类型与选优的比较原则

1. 互斥型方案的类型与比选方案

在建设项目方案选优中,较多的是互斥型方案的比较和选优问题。由于技术的进步,为实现某种目标可能形成众多的工程技术方案。这些方案或是采用不同的技术工艺和设备,或是不同的规模和坐落位置,或是利用不同的原料和半成品,等等。当这些方案在技术上都是可行的,在经济上也是合理的时候,项目经济评价的任务就是从中选择最好的方案。

按互斥型方案寿命是否全相等,互斥型方案分为两类:① 各方案寿命相等的互斥型方案的选择;② 各方案寿命不全相等的互斥型方案的选择。前者自动满足时间可比性的要求,故可直接进行比较;后者则要借助于某些方法进行时间上的变换,在保证时间可比性之后进行选择。

2. 互斥型方案选优的比较原则

如果能够利用货币单位统一度量互斥型各方案的效益和费用,则可以利用下述 4 条比较原则做出判断。

(1) 现金流量的差额评价原则。即评价互斥型方案时,首先计算两个方案的现金流量之差,然后再考虑某一方案比另一方案增加的投资在经济上是否合算。应用差额现金流量法选择方案应遵循以下原则:① 唯有较低投资额的方案被证明是合理时,较高投资额的方案方能与其比较;② 若追加投资是合理的,则应选择投资额较大的方案;反之,则应选择投资额较小的方案。

(2) 比较基准原则。即相对于某一给定的基准收益率而言,如果追加投资收益率大于或等于基准收益率,则应选择投资大的方案;如果追加投资收益率小于基准收益率,则应选择投资小的方案。

(3) 环比原则。即对于互斥型方案的选择,必须将各方案按投资从小到大排序,依次比较,而不能用将各方案与投资最小的方案比较。

当有多个互斥型方案进行比选时,为选出最优方案,各方案除与"0"方案 ["0"方案意味着 NPV(i_c)=0 或者说 IRR=i_c 的方案] 比较外,各方案之间还应进行横向的两两比较。在方案间进行比较时,应采用基准收益率 (i_c) 进行贴现。N 个互斥型方案两两比较的可能性一共有 $N(N-1)/2$ 种,例如 10 个互斥型方案需比较 45 次。因此,在实际比较中可以采用环比原则来减少比较次数。应用环比原则比选互斥型方案的程序如图 8-1 所示。

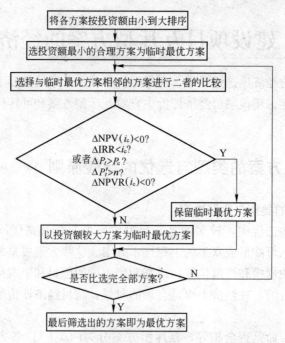

图 8-1 环比原则比选互斥型方案的程序

(4) 时间可比原则。即进行互斥型投资方案比选时，各方案的寿命应该相等，否则必须利用某些方法，如最小公倍数寿命法、研究期法等进行方案寿命上的变换，以保证各方案具有相同的比较时间。

8.2.2 互斥型方案的静态指标比选方法

互斥型方案的静态指标比选方法通常包括增量投资分析法、年折算费用法和综合总费用法等评价方法。

1. 增量投资分析法

增量投资分析法就是通过计算互斥型方案的增量投资收益率和增量投资回收期来判断互斥型方案的相对经济效果，并据此进行方案选优。在互斥型方案评价中，经常会出现的情况是某一个方案的投资额小，但经营成本却较高；而另一方案正相反，其投资额较大，但经营成本却较节省。这样，投资大的方案与投资小的方案就形成了增量的投资，但投资大的方案正好经营成本较低，它比投资小的方案在经营成本上又带来了节约。

1) 增量投资收益率法

增量投资收益率是指增量投资所带来的经营成本上的节约与增量投资之比。

现设 I_A，I_B 分别为 A、B 方案的投资额，C_A、C_B 为 A、B 方案的经营成本。如果 $I_B > I_A$、$C_B < C_A$，则增量投资收益率 $R_{(B-A)}$ 为：

$$R_{(B-A)} = \frac{C_A - C_B}{I_B - I_A} \times 100\% \qquad (8-1)$$

若计算出来的增量投资利润率大于基准投资利润率,则投资大的方案可行,它表明投资的增量(I_B-I_A),完全可以由经营费的节约(C_A-C_B)来得到补偿。反之,投资小的方案为优选方案。

2) 增量投资回收期法

增量投资回收期是指用互斥型方案经营成本的节约来补偿其增量投资的年限。

当各年经营成本的节约(C_A-C_B)基本相同时,其计算公式为:

$$P_{t(B-A)}=\frac{I_B-I_A}{C_A-C_B} \qquad (8-2)$$

当各年经营成本的节约(C_A-C_B)差异较大时,其计算公式为:

$$(I_B-I_A)=\sum_{t=1}^{P_{t(B-A)}}(C_A-C_B)_t \qquad (8-3)$$

若计算出来的增量投资回收期小于基准投资回收期,则投资大的方案就是可行的;反之,新方案不可行。

【例题 8-1】 某拟建项目有两个建设方案:A 方案投资为 4 000 万元,年经营成本为 2 800 万元;B 方案投资为 5 000 万元,年经营成本为 2 500 万元,两个方案的计算期相同。现假设两个方案同时投入使用,效益相同,若基准投资收益率为 15%,基准投资回收期为 4 年。试分别用增量投资收益率法和增量投资回收期法选择最优方案。

解:

(1) 增量投资收益率法。

计算 A、B 两个方案的增量投资收益率为:

$$R_{(B-A)}=\frac{2\,800-2\,500}{5\,000-4\,000}\times100\%=30\%>15\%$$

由于 B 方案的增量投资收益率大于基准投资收益率,故 B 方案为优选方案。

(2) 增量投资回收期法。

计算 A、B 两个方案的增量投资回收期为:

$$P_{t(B-A)}=\frac{5\,000-4\,000}{2\,800-2\,500}=3.3(年)<4(年)$$

由于 B 方案的增量投资回收期小于基准投资回收期,故 B 方案为优选方案。

2. 年折算费用法

当互斥型方案个数较多时,用增量投资收益率、增量投资回收期进行方案经济比较,要进行两两比较逐个淘汰,这样比选过程次数比较多。而运用年折算费用法,只需计算各方案的年折算费用,即将投资额用基准投资回收期分摊到各年,再与各年的年经营成本相加。

年折算费用法的计算公式如下:

$$Z_j=\frac{I_j}{P_c}+C_j \qquad (8-4)$$

式中:Z_j——第 j 个方案的年折算费用;

I_j——第 j 个方案的总投资;

P_c——基准投资回收期；

C_j——第 j 个方案的年经营成本。

在多方案比较时，可以方案的年折算费用大小作为评价准则，选择年折算费用最小的方案为最优方案。年折算费用法计算简便，评价准则直观明确，故适用于多方案的评价。

3. 综合总费用法

综合总费用法是指方案的投资与基准投资回收期内年经营成本的总和。

综合总费用法的计算公式如下：

$$S_j = I_j + P_c \times C_j \quad (8-5)$$

式中，S_j 为第 j 方案的综合总费用。

很显然，$S_j = P_c \times Z_j$，故方案的综合总费用即为基准投资回收期内年折算费用的总和。

在互斥型方案评选时，综合总费用最小的方案为最优方案。

8.2.3 互斥型方案的动态指标比选方法

1. 各方案寿命期相等的互斥型方案比选

各方案寿命期相等的互斥型方案进行动态指标比选，可根据不同情况选用效益比选法、费用比选法等。效益比选法包括净现值法（或净年值法、净将来值法）、差额净现值法（或差额净年值法、差额净将来值法）、差额投资内部收益率比较法等评价指标。费用比选法包括费用现值比较法、费用年值比较法。

1）净现值法、净年值法、净将来值法

比较备选方案的净现值（或净年值、净将来值），以净现值（或净年值、净将来值）大的方案为优。当互斥型方案寿命相等时，在已知各投资方案收益与费用的前提下，直接用净现值法、净年值法和净未来值比较法进行方案选优最为简便。

【例题 8-2】 某公司拟生产某种新产品，为此需增加新的生产线，现有 A、B、C 三个互斥型方案，各投资方案的期初投资额、每年年末的销售收益及费用如表 8-1 所示。各投资方案的寿命期均为 6 年，6 年末的残值为零，基准收益率 $i_c = 10\%$。试问选择哪个方案在经济上最有利？

表 8-1 各投资方案的现金流量　　　　　　　　单位：万元

投资方案	初期投资	营业收入	运营费用	净收益
A	2 000	1 200	500	700
B	3 000	1 600	650	950
C	4 000	1 600	450	1 150

解：

为了正确地选择方案，首先将三个方案的现金流量图画出来，如图 8-2 所示。然后分别运用净现值法、净年值法和净将来值法求解。

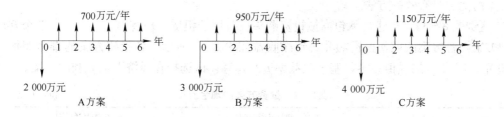

图 8-2 互斥型方案的净现金流量图

(1) 净现值法。这种方法就是将包括期初投资额在内的各期净现金流量换算成现值的比较方法。将各年的净收益折算成现值时，只要利用等额资金现值系数$(P/A, 10\%, 6)=4.35526$即可。各方案的净现值NPV_A、NPV_B、NPV_C计算如下：

$$NPV_A = 700 \times (P/A, 10\%, 6) - 2000 = 1049(万元)$$
$$NPV_B = 950 \times (P/A, 10\%, 6) - 3000 = 1137(万元)$$
$$NPV_C = 1150 \times (P/A, 10\%, 6) - 4000 = 1008(万元)$$

因此 B 方案是最优方案，即相当于现时点产生的超额利润值为 1 137 万元（已排除了 10% 的机会成本）。该方案的净现值较 A 方案多 88 万元，较 C 方案有利 129 万元。

(2) 净年值法。这种方法就是将初期投资额乘以等额资金回收系数$(A/P, 10\%, 6)=0.2296$，再将其折算成等额年值即可。各方案的净年值NAV_A、NAV_B、NAV_C计算如下：

$$NAV_A = 700 - 2000 \times (A/P, 10\%, 6) = 241(万元)$$
$$NAV_B = 950 - 3000 \times (A/P, 10\%, 6) = 261(万元)$$
$$NAV_C = 1150 - 4000 \times (A/P, 10\%, 6) = 232(万元)$$

由此可见，依然是 B 方案最有利。

(3) 净将来值法。这种方法就是将每年的净收益值与等额资金终值系数$(F/A, 10\%, 6)=7.7156$相乘，初期投资额与一次支付终值系数$(F/P, 10\%, 6)=1.7716$相乘，两者再相减即可。各方案的净将来值NFV_A、NFV_B、NFV_C计算如下：

$$NFV_A = 700 \times (F/A, 10\%, 6) - 2000 \times (F/P, 10\%, 6) = 1858(万元)$$
$$NFV_B = 950 \times (F/A, 10\%, 6) - 3000 \times (F/P, 10\%, 6) = 2015(万元)$$
$$NFV_C = 1150 \times (F/A, 10\%, 6) - 4000 \times (F/P, 10\%, 6) = 1787(万元)$$

由此可见，还是 B 方案最有利。

从以上计算结果可以看出，不论采用什么方法都是 B 方案最有利，A 方案次之，最不利的方案是 C 方案。

2) 差额净现值法、差额净年值法、差额将来值法

这是指计算追加投资的净现值或净年值或净将来值，并根据它们的正负来进行互斥型方案比选。在实践中，推测各投资方案的收益与费用的绝对值往往是很不容易的。但是，在很多情况下研究各方案不同的经济要素，找出方案之间现金流量的差额却比较容易。研究比较两方案现金流量的差额，由差额的净现值、净年值或净未来值的正负判定

方案的优劣是有效的方法。

【例题 8-3】 某建筑承包商拟投资购买设备用于租赁，现有 A_1、A_2、A_3 三个互斥型方案，各方案的期初投资额和每年净收益如表 8-2 所示。各投资方案的寿命期均为 10 年，10 年末的残值为零，基准收益率 $i_c=15\%$。试选择在经济上最有利的方案。

表 8-2 投资方案的现金流量 单位：万元

项目方案	期初投资（I）	每年净收益（R）
A_0	NPV(15%)=0	
A_1	5 000	1 400
A_2	8 000	1 900
A_3	10 000	2 500

解：

A_0 称为基准方案，有时所有互斥型方案均不符合条件，应把资金投在其他可以获得基准收益的方案上，这样的方案称为基准方案或零方案。零方案或基准方案的特点在于不管其投资额为多大，其 NPV(i_c)=0 或者说 IRR=i_c。

(1) 将投资方案按投资额由小到大排序为 A_0、A_1、A_2、A_3，其中 A_0 为基准方案。若投资 5 000 万元，每年获得 15% 的基准收益率，则每年度净收益 R_0 为：

$$R_0 = P(A/P, 15\%, 10) = 5\,000 \times 0.199\,25 = 996.25(万元)$$

对方案 A_1 与基准方案 A_0 进行比较，计算这两个方案追加投资的现金流量，如图 8-3 所示。

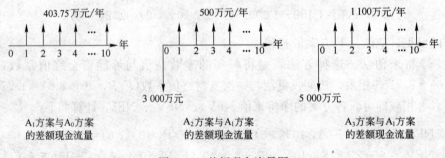

图 8-3 差额现金流量图

按基准收益率 $i_c=15\%$，计算追加投资的净现值 $\Delta NPV_{A_1-A_0}$，则：

$$\Delta NPV_{A_1-A_0} = (1\,400-996.25)(P/A, 15\%, 10) - (5\,000-5\,000) =$$
$$403.75 \times 5.019 = 2\,026.42(万元)$$

因为 $\Delta NPV_{A_1-A_0} > 0$，说明方案 A_0 较劣，应该把它淘汰掉，保留方案 A_1 为临时最优方案。

(2) 对方案 A_2 与方案 A_1 进行比较，计算这两个方案追加投资的现金流量，如图 8-3 所示，并按基准收益率 $i_c=15\%$，计算追加投资的净现值 $\Delta NPV_{A_2-A_1}$，则：

$$\Delta NPV_{A_2-A_1} = (1\,900-1\,400)(P/A, 15\%, 10) - (8\,000-5\,000) =$$

$$500 \times 5.019 - 3000 = -490.50(万元) < 0$$

因为 $\Delta NPV_{A_2-A_1} < 0$，说明方案 A_2 较劣，应该把它淘汰掉，保留方案 A_1 为临时最优方案。

（3）对方案 A_3 与方案 A_1 进行比较，计算这两个方案追加投资的现金流量，如图 8-3 所示，并按基准收益率 $i_c = 15\%$，计算追加投资的净现值 $\Delta NPV_{A_3-A_1}$，则：

$$\Delta NPV_{A_3-A_1} = (2500 - 1400)(P/A, 15\%, 10) - (10000 - 5000) =$$
$$1100 \times 5.019 - 5000 = 520.90(万元) > 0$$

因为 $\Delta NPV_{A_3-A_1} > 0$，说明方案 A_3 优于 A_1，因此 A_3 是最终的最优方案。

由此可见，当互斥型方案寿命相等时，直接比较各方案的 NPV 并取 NPV 最大的方案与上述差额法的选择结果是一致的。这是因为：

$$\Delta NPV_{A-B} = \sum_{t=0}^{n} [(CI_A - CI_B) - (CO_A - CO_B)]_t (1+i_c)^{-t} =$$
$$\sum_{t=0}^{n} (CI_A - CO_A)_t (1+i_c)^{-t} - \sum_{t=0}^{n} (CI_B - CO_B)_t (1+i_c)^{-t} =$$
$$NPV_A(i_c) - NPV_B(i_c) \tag{8-6}$$

故当 $\Delta NPV_{A-B}(i_c) \geq 0$ 时，必有 $NPV_A(i_c) \geq NPV_B(i_c)$ 成立。

另外，还可以运用差额净年值法和净将来值法进行互斥型方案的选优，所选择的最优方案应该和运用差额净现值法所得结论完全一样。

3）差额投资内部收益率法

用差额投资内部收益率（ΔIRR）是指两个投资方案的净现值之差等于零时的内部收益率。具体计算公式如下：

$$\Delta NPV_{A-B} = NPV_A(\Delta IRR) - NPV_B(\Delta IRR) = 0 \tag{8-7}$$

即：

$$\sum_{t=1}^{n} [(CI-CO)_A - (CI-CO)_B](1+\Delta IRR)^{-t} = 0 \tag{8-8}$$

用差额投资内部收益率法进行互斥型方案选优是指首先计算差额投资内部收益率，然后将差额投资内部收益率与设定的基准收益率（i_c）比较。当差额投资内部收益率大于或等于设定的基准收益率时，以投资大的方案为优；反之，则以投资小的方案为优。

【例题 8-4】 以例题 8-3 为例，基准收益率 $i_c = 15\%$。试比较哪个方案在经济上最为有利？

解：

（1）计算方案 A_1 对基准方案 A_0 的追加投资内部收益率 $\Delta IRR_{A_1-A_0}$，使追加投资（A_1-A_0）的净现值等于零，以求出 $\Delta IRR_{A_1-A_0}$。根据图 8-3，则有：

$$1400(P/A, \Delta IRR_{A_1-A_0}, 10) - 996.25(P/A, 15\%, 10) - (5000-5000) = 0$$
$$1400(P/A, \Delta IRR_{A_1-A_0}, 10) = 996.25(P/A, 15\%, 10) = 5000$$
$$(P/A, \Delta IRR_{A_1-A_0}, 10) = 5000/1400 = 3.571$$

利用线性插入法解得：$\Delta \text{IRR}_{A_1-A_0}=25\%>i_c=15\%$。

因为追加投资内部收益率大于基准收益率15%，所以方案 A_1 优于方案 A_0，故应以方案 A_1 为临时最优方案。

（2）计算方案 A_2 对方案 A_1 的追加投资内部收益率 $\Delta \text{IRR}_{A_2-A_1}$。使追加投资（$A_2-A_1$）的净现值等于零，以求出 $\Delta \text{IRR}_{A_2-A_1}$。根据图 8-3，则有：

$$(1\,900-1\,400)(P/A,\Delta \text{IRR}_{A_2-A_1},10)-(8\,000-5\,000)=0$$

解得：$\Delta \text{IRR}_{A_2-A_1}=10.5\%<i_c=15\%$。

因为追加投资内部收益率小于基准收益率15%，所以方案 A_2 劣于方案 A_1，故应去掉方案 A_2，A_1 仍为临时最优方案。

（3）计算方案 A_3 对方案 A_1 的追加投资内部收益率 $\Delta \text{IRR}_{A_3-A_1}$。使追加投资（$A_3-A_1$）的净现值等于零，以求出 $\Delta \text{IRR}_{A_3-A_1}$。根据图 8-3，则有：

$$(2\,500-1\,400)(P/A,\Delta \text{IRR}_{A_3-A_1},10)-(10\,000-5\,000)=0$$

解得：$\Delta \text{IRR}_{A_3-A_1}=17.6\%>i_c=15\%$。

因为追加投资内部收益率大于基准收益率15%，所以方案 A_3 优于方案 A_1，故可去掉方案 A_1。所有方案都已比较完毕，故方案 A_3 为最优方案。

必须指出的是，虽然在多数情况下，采用内部收益率法评价互斥型方案能够得到与追加投资内部收益率法相同的选优结果，但在相当多的情况下，直接按互斥型方案的内部收益率的高低选择方案并不一定能选出在基准收益率下净现值最大的方案。如以例8-3为例，$\text{IRR}_{A_0}=15\%$，$\text{IRR}_{A_1}=25\%$，$\text{IRR}_{A_2}=19.9\%$，$\text{IRR}_{A_3}=21.9\%$。若按IRR数值大小选优，则方案 A_1 为最优方案，这一结论与上述几种比选的结论是不一致的。

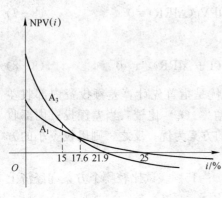

图 8-4 互斥型方案比选

这种不一致，可用图8-4来说明。虽然方案 A_1 的内部收益率大于 A_3，但在 $i_c=15\%$ 处，A_3 的净现值却大于 A_1 的净现值。追加投资内部收益率 $\Delta \text{IRR}_{A_3-A_1}=17.6\%$，表示贴现率为17.6%时，两个方案的净现值相同。由图8-4可见，当给定的基准收益率 $i_c<\Delta \text{IRR}_{A_3-A_1}$，$\text{NPV}_{A_3}(i_c)>\text{NPV}_{A_1}(i_c)$，即 A_3 方案为最优方案；当给定的基准收益率 $i_c>\Delta \text{IRR}_{A_3-A_1}$，$\text{NPV}_{A_3}(i_c)<\text{NPV}_{A_1}(i_c)$，即 A_1 方案为最优方案。因此，和净现值评价方法不同，用内部收益率来比较互斥型方案时，一定要用追加投资内部收益率，而不能直接用内部收益率的大小进行比较。

4）费用现值比较法和费用年值比较法

费用现值比较法是指计算备选方案的总费用现值并进行对比，以费用现值较低的方案为优。费用年值比较法是指计算备选方案的费用年值并进行对比，以费用年值较低的方案为优。

这种方法是指当各方案的效益相同时，只要考虑或者只能考虑比较各方案的费用大小（费用现值或费用年值），费用最小的方案就是最好的方案。在实际中，经常会遇到收益相同的互斥方案比选这类问题。例如，在水力发电和火力发电之间、在铁路运输和公路运输之间、在水泥结构的桥梁和金属结构的桥梁之间进行选择。这类问题的特点是，无论选择哪一种方案，其效益是相同的，或者是无法用货币衡量的。这时，就可以采用费用比较法。

【例题 8-5】 某公司拟购买设备，现有 4 种具有同样功能的设备，使用寿命均为 10 年，残值均为 0，初始投资和年经营费用如表 8-3 所示（$i_c=10\%$）。试问该公司选择哪种设备在经济上更为有利？

表 8-3　设备投资与费用　　　　　　　　　　　　　　　　单位：万元

项目（设备）	A	B	C	D
初始投资	3 000	3 800	4 500	5 000
年经营费	1 800	1 770	1 470	1 320

解：

（1）费用现值比较法。由于 4 种设备功能相同，又因各方案寿命相等保证了时间可比性，故可以利用费用现值（PC）法进行选优。费用现值是投资项目全部开支的现值之和，其计算如下：

$$PC_A(10\%)=3\,000+1\,800(P/A,10\%,10)=14\,060(万元)$$
$$PC_B(10\%)=3\,800+1\,770(P/A,10\%,10)=14\,676(万元)$$
$$PC_C(10\%)=4\,500+1\,470(P/A,10\%,10)=13\,533(万元)$$
$$PC_D(10\%)=5\,000+1\,320(P/A,10\%,10)=13\,111(万元)$$

由于设备 D 的费用现值最小，故选择设备 D 较为有利。

（2）费用年值比较法。将费用现值变换为费用年值（AC），根据年费用最小来选择最优方案，其计算如下：

$$AC_A(10\%)=3\,000(A/P,10\%,10)+1\,800=2\,288(万元)$$
$$AC_B(10\%)=3\,800(A/P,10\%,10)+1\,770=2\,388(万元)$$
$$AC_C(10\%)=4\,500(A/P,10\%,10)+1\,470=2\,202(万元)$$
$$AC_D(10\%)=5\,000(A/P,10\%,10)+1\,320=2\,134(万元)$$

由于设备 D 的费用年值最小，故选择设备 D 较为有利。

5）经济性工程学比较法

上述方法均属于西方工程经济学的传统解法。由日本学者千住镇雄、伏见多美雄、中村善太郎于 20 世纪 50 年代开创的经济性工程学系统地简化了工程经济学的传统解法。在互斥型方案比选中，他们提出"无资格方案"的概念，给出追加投资内部收益率指标排序的图解法，简化了方案选优过程，方便实用。

所谓无资格方案，是指在投资额递增的 N 个方案中，若按投资额排序为 1，2，⋯，

$j-1$, j, $j+1$, $\cdots$, N,而第 j 个方案对第 $j-1$ 个方案的追加投资收益率低于第 $j+1$ 个方案对第 j 个方案的追加投资收益率,则第 j 个方案即为无资格方案。若用横坐标表示投资 I,纵坐标表示纯收入 R,连接各方案位于 R-I 坐标平面上的点,则各折线的斜率即为追加投资收益率。投资依次递增时,各折线必须是上凸的,下凹点对应的方案即为无资格方案,应予以淘汰。如图 8-5 所示的 A_3 即为无资格方案,应去掉。为此,只要将 A_2 与 A_4 直接相连,这样新组成的 $OA_1A_2A_4$ 折线组是上凸的,各方案均为有资格的方案。

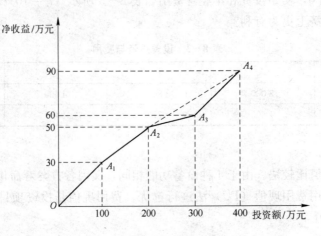

图 8-5 淘汰无资格方案的图解法

经济性工程学的方案选优程序如下所述。

(1) 首先,按投资额由小到大排序后,先根据静态数据淘汰无资格方案,以减少比选方案。

(2) 其次,从剩余方案中比选最优方案。如果方案仅剩两三个,可选用 NPV 或其他差量指标;如果方案个数较多或基准收益率是个变量,则用追加投资内部收益率指标排序法较为简便。追加投资内部收益率指标排序法的程序如图 8-6 所示。

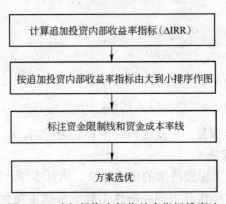

图 8-6 追加投资内部收益率指标排序法

【例题 8-6】 某公司拟从 5 个互斥型方案中选择一个最优方案。各方案的期初投资额及每年末的净收益如表 8-4 所示,寿命期均为 7 年。

试问：

(1) 该公司的基准收益率 $i_c = 12\%$ 且可用资金总额 $I'_{max} = 600$ 万元时，试选择最优方案。

(2) 该公司的基准收益率 $i_c = 8\%$ 且可用资金总额 $I''_{max} = 500$ 万元时，试选择最优方案。

表 8-4 5 个互斥型方案的投资与收益数据

投资方案	初期投资/万元	年净收益/万元	投资方案	初期投资/万元	年净收益/万元
A	200	57	D	500	124
B	300	77	E	600	147
C	400	106			

解：

(1) 淘汰无资格方案。按投资额由小到大排序后，先根据各方案的追加投资收益率淘汰无资格方案，以减少比选方案。追加投资收益率可由下式分别求得：

$$57 \times (P/A, \Delta IRR_{A-A_0}, 7) - 200 = 0$$
$$\Delta IRR_{A-A_0} = 21\%$$
$$(77-57) \times (P/A, \Delta IRR_{B-A}, 7) - (300-200) = 0$$
$$\Delta IRR_{B-A} = 9\%$$
$$(106-77) \times (P/A, \Delta IRR_{C-B}, 7) - (400-300) = 0$$
$$\Delta IRR_{C-B} = 19\%$$
$$(124-106) \times (P/A, \Delta IRR_{D-C}, 7) - (500-400) = 0$$
$$\Delta IRR_{D-C} = 6\%$$
$$(147-124) \times (P/A, \Delta IRR_{E-D}, 7) - (600-500) = 0$$
$$\Delta IRR_{E-D} = 13\%$$

应用追加投资收益率淘汰无资格方案时，可采用图解形式，如图 8-7 所示。由于各方案点所连折线不成单调减少形式（即图 8-7 中粗实线所示），其中 B 方案和 D 方案在虚线下，因此 B、D 方案是无资格方案。

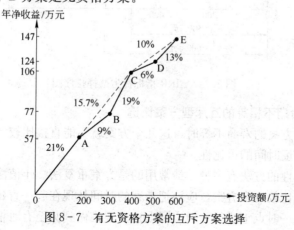

图 8-7 有无资格方案的互斥方案选择

(2) 计算追加投资内部收益率 ΔIRR。由 A 方案到 C 方案的追加投资内部收益率由下式计算：

$$\Delta R(P/A, \Delta IRR_{C-A}, 7) - \Delta I = 0$$
$$(106-57)(P/A, \Delta IRR_{C-A}, 7) - (400-200) = 0$$
$$(P/A, \Delta IRR_{C-A}, 7) = 4.082$$
$$\Delta IRR_{C-A} = 15.7\%$$

由 C 方案到 E 方案的追加投资内部收益率由下式计算：

$$\Delta R(P/A, \Delta IRR_{E-C}, 7) - \Delta I = 0$$
$$(147-106)(P/A, \Delta IRR_{E-C}, 7) - (600-400) = 0$$
$$(P/A, \Delta IRR_{E-C}, 7) = 4.87$$
$$\Delta IRR_{E-C} = 10\%$$

(3) 从剩余 A、C、E 方案中比选最优方案。当该公司的基准收益率 $i_c = 12\%$ 且可用资金总额 $I'_{max} = 600$ 万元时，从图 8-8 中可知，应该选择的最优方案是 C 方案。尽管还剩余 200 万元可用资金，但 E 方案的 $\Delta IRR_{E-C} = 10\% < i_c = 12\%$，所以不投资 E 方案。

当该公司的基准收益率 $i_c = 8\%$ 且可用资金总额 $I''_{max} = 500$ 万元时，从图 8-8 中可知，应该选择的最优方案是 C 方案。尽管 E 方案的 $\Delta IRR_{E-C} = 10\% > i_c = 8\%$ 而应该投资，但投资 E 方案需要 200 万元，而投资 C 方案后只剩余 100 万元，所以只能投资 C 方案。

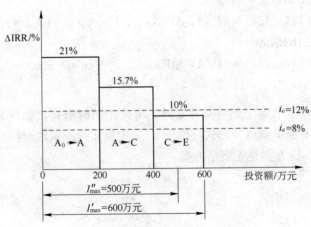

图 8-8 ΔIRR 指标优劣选择排序图

2. 各方案寿命期不相等的互斥型方案比选

当几个互斥型方案的寿命不等时，这几个方案就不能直接比较。为了能比较，必须进行适当处理以保证时间的可比性。

保证时间可比性的方法有多种，最常用的是方案重复法、年值法和研究期法。从理论上讲，为精确地比较两个方案，应该把考察的时间从现在起一直延长到两个方案寿命完全相同的未来某一时点上进行，但实际上这是很难做到甚至有时根本无法做到的。因此，我们不得不根据客观情况，多多少少带有主观随意性地选择一个计算年限，各方案均按预定期限计算，以保证时间的可比性。

1）显方案重复法

显方案重复法是将被比较方案的一个或几个重复若干次或无限次，直至各方案期限相等为止。显然，这一相等期限就是各方案寿命的最小公倍数或无穷大寿命。前者可称为最小公倍数法，后者可称为无穷大寿命法。

（1）最小公倍数法（又称方案重复法）。最小公倍数法是以各备选方案计算期的最小公倍数作为方案选优的共同计算期，并假设各个方案均在这样一个共同的计算期内重复进行，即各备选方案在其计算期结束后，均可按与其原方案计算期内完全相同的现金流量周而复始地循环下去直到共同的计算期。在此基础上计算出各个方案的净现值，以净现值最大的方案为最佳方案。

【例题 8-7】 某公司拟投资购买某种设备，现有设备 A、B 均可满足使用需求，具体数据如表 8-5 所示。设该公司的基准收益率 $i_c=10\%$。试问选择哪台设备在经济上更有利。

表 8-5 寿命不等的互斥型方案

设 备	投资/万元	每年末净收益/万元	寿命/年
A	10	4.0	4
B	20	5.3	6

解：

根据最小公倍数寿命法，假设设备 A、B 方案能够完全重复，然后计算各方案的净现值（或费用现值），取其最大者（或最小者）为最优方案。A、B 设备寿命的最小公倍数寿命为 12 年。在这期间 A 设备重复更新 2 次，B 设备更新 1 次，现金流量如图 8-9 所示。

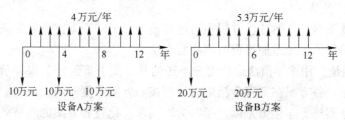

图 8-9 寿命不同的设备的最小公倍数寿命期现金流量

由图 8-9 可知：

$$\text{NPV}_A = 4 \times (P/A, 10\%, 12) - 10 \times (P/F, 10\%, 8) - 10 \times (P/F, 10\%, 4) - 10 = 5.76(万元)$$

$$\text{NPV}_B = 5.3 \times (P/A, 10\%, 12) - 20 \times (P/F, 10\%, 6) - 20 = 4.83(万元)$$

因为 $\text{NPV}_A > \text{NPV}_B$，所以选择 A 设备更有利。

利用最小公倍数法有效地解决了寿命不等的方案之间净现值的可比性问题。但这种方法所依赖的方案可重复实施的假定不是在任何情况下都适用的。对于某些不可再生资源开发型项目,在进行计算期不等的互斥方案选优时,方案可重复实施的假定不再成立,这种情况下就不能用最小公倍数法确定计算期。有的时候最小公倍数法求得的计算期过长,甚至远远超过所需的项目寿命期或计算期的上限,这就降低了所计算方案经济效果指标的可靠性和真实性,故也不适合用最小公倍数法。最小公倍数法(年值法)尽管计算简便,但它不适用于技术更新快的产品和设备方案的比较,因为在没有到公共的计算期之前,某些方案存在的合理性已经成了问题。

(2) 无穷大寿命法。如果几个方案的最小公倍数寿命数值很大,或根本不存在有限的最小公倍数寿命,按上述方法计算非常麻烦。这两种情况可以取无穷大寿命期计算NPV,NPV最大者为最优方案。

因为:

$$NPV = NAV(P/A, i_c, n) = NAV \frac{(1+i_c)^n - 1}{i_c(1+i_c)^n} \quad (8-9)$$

当 $n \to \infty$ 时,方案重复无限次致使寿命无穷大之后的方案净现值为:

$$NPV(i_c) = NAV(i_c) \frac{1}{i_c} \quad (8-10)$$

【例题 8-8】 若以例题 8-7 为例,假设设备 A、B 方案的寿命为无穷大,试问选择哪台设备在经济上更有利?

解:

$$NPV_{A(\infty)} = [4 - 10(A/P, 10\%, 4)](P/A, 10\%, \infty) = 8.5(万元)$$
$$NPV_{B(\infty)} = [5.3 - 20(A/P, 10\%, 6)](P/A, 10\%, \infty) = 7.1(万元)$$

因为 $NPV_{A(\infty)} > NPV_{B(\infty)}$,所以结论同样是选择 A 设备更有利。

2) 隐方案重复法

隐方案重复法是指虽然选优过程不需进行重复,但却以方案重复为前提假设。隐方案重复法包括净年值法和追加投资内部收益率法。

(1) 净年值法。用净年值法进行寿命不等的互斥型方案经济效果评价,实际上隐含着这样一个假定:各方案在其寿命结束时均可按原方案重复实施或以与原方案经济效果水平相同的方案实施。净年值是以"年"为时间单位比较各方案的经济效果,因为一个方案无论重复实施多少次,其净年值是不变的,从而使寿命不等的互斥方案间具有时间可比性。故净年值更适用于评价具有不同计算期的互斥方案的经济效果。

由于无穷大寿命法的 $NPV(i_c) = NAV(i_c)/i_c$,所以若有 $NPV_A > NPV_B$,必有 $NAV_A(i_c) > NAV_B(i_c)$ 成立。因此,直接比较寿命不等的互斥型方案第 1 个周期的 NAV,即可得到与无穷大寿命法一致的结论。对各备选方案净现金流量的净年值(NAV)进行比较,以 $NAV \geq 0$ 且 NAV 最大者为最优方案。

【例题 8-9】 若以例题 8-7 为例,假设用净年值法进行设备 A、B 方案的选优,试问选择哪台设备在经济上更有利?

解:

分别计算设备 A、B 方案的净年值,则有:

$$\text{NAV}_A(0.1)=4-10(A/P,0.1,4)=0.85(万元)$$
$$\text{NAV}_B(0.1)=5.3-20(A/P,0.1,6)=0.71(万元)$$

由于 $\text{NAV}_A(i_c) > \text{NAV}_B(i_c)$，故与显方案重复法结论一致，即选择 A 设备更为经济。

(2) 差额投资内部收益率法。差额投资内部收益率法实际上是净年值法的变形。当互斥型方案寿命不等时，可以利用令两方案净年值相等的方法求解差额投资内部收益率，即：

$$\sum_{t=0}^{n_A} A_{A_t}(P/F,\Delta\text{IRR},t)(A/P,\Delta\text{IRR},n_A) =$$
$$\sum_{t=0}^{n_B} A_{B_t}(P/F,\Delta\text{IRR},t)(A/P,\Delta\text{IRR},n_B) \tag{8-11}$$

式 (8-11) 中，$A_{A_t}=(\text{CI}-\text{CO})_{A_t}$，$A_{B_t}=(\text{CI}-\text{CO})_{B_t}$。

在 ΔIRR 存在的情况下，若 $\Delta\text{IRR} \geq i_c$，则初始投资大的方案为优；若 $0 < \Delta\text{IRR} < i_c$，则初始投资小的方案为优。

【例题 8-10】 若以例题 8-7 为例，假设用差额投资内部收益率法进行设备 A、B 方案的选优，试问选择哪台设备在经济上更有利？

解：

为了求解差额投资内部收益率法，可令 $\text{NAV}_A=\text{NAV}_B$，则有：

$$4-10(A/P,\Delta\text{IRR},4)=5.3-20(A/P,\Delta\text{IRR},6)$$
$$10(A/P,\Delta\text{IRR},4)-20(A/P,\Delta\text{IRR},6)+1.3=0$$

经过估计初值，反复迭代，利用插值公式，可求出 $\Delta\text{IRR}=8\%$。因为差额内部收益率小于基准收益率 $i_c=10\%$，故选择设备 A 更有利。

3) 研究期法

方案重复法、年值法及追加投资内部收益率法实质上都是延长寿命期以达到可比要求，这通常被认为是合理的。但在某些情况下并不符合实际，因为技术进步往往使完全重复是不经济的，甚至在实践中是完全不可能的。一种比较可行的办法是利用研究期法，即选择一段时间作为可比较的计算期。研究期的选择没有特殊的规定，但显然以各方案中寿命最短者为研究期时计算最为简便，而且可以完全避免可重复性假设。

不过，值得注意的是，研究期法涉及寿命未结束方案的未使用价值的处理问题。其处理方式有 3 种：第 1 种承认方案未使用价值，第 2 种不承认未使用价值，第 3 种预测方案未使用价值在研究期末的价值并作为现金流入量。

【例题 8-11】 若以例题 8-7 为例，假设用研究期法进行设备 A、B 方案的选优，试问选择哪台设备在经济上更有利？

解：

(1) 承认未使用价值法。假定取设备 A 方案的寿命 4 年为研究期，并承认设备 B 方案投资使用 6 年的价值，即将设备 B 投资按时间价值分摊到整个寿命期 6 年中，然后取 4 年研究期的净现值与设备 A 方案的净现值相比较，则有：

$$\text{NPV}_A=4\times(P/A,10\%,4)-10=2.68(万元)$$

$$NPV_{B_1}=[5.3-20\times(A/P,10\%,6)](P/A,10\%,4)=2.24(万元)$$

因为 $NPV_A > NPV_{B_1}$，故选择设备 A 方案。

(2) 不承认未使用价值法。如果不承认设备 B 方案投资使用 6 年的价值，则有：

$$NPV_A=4\times(P/A,10\%,4)-10=2.68(万元)$$
$$NPV_{B_2}=[5.3-20\times(A/P,10\%,4)](P/A,10\%,4)=-3.2(万元)$$

因为 $NPV_A > NPV_{B_2}$，故选择设备 A 方案。

(3) 预测未来价值法。假设设备 B 方案在研究期末可以处理回收现金 8 万元，则有：

$$NPV_A=4\times(P/A,10\%,4)-10=2.68(万元)$$
$$NPV_{B_3}=5.3\times(P/A,10\%,4)+8\times(P/F,10\%,4)-20=-2.26(万元)$$

因为 $NPV_A > NPV_{B_3}$，故选择设备 A 方案。

8.3 建设项目独立型方案的经济比选

当各投资项目相互独立时，若资金对所有项目不构成约束，只要分别计算各项目的 NPV 或 IRR，选择所有 $NPV \geq 0$ 或 $IRR \geq i_c$ 的项目即可；若资金不足以分配到全部 $NPV \geq 0$ 的项目时，即形成所谓的资金约束条件下的定量分配问题。资金定量分配问题下独立型项目方案经济比选方法介绍如下。

8.3.1 独立型项目方案选择的互斥化方法

独立型项目方案选择的互斥化方法是工程经济学的传统解法。其具体步骤如下所述。

(1) 首先列出所有可能的项目方案组合。如果能够利用某种方法把各独立型项目方案都组合成相互排斥的方案群，其中每个组合方案代表由若干个项目组成的与其他组合相互排斥的方案，因为每个项目都有两种可能：选择或被拒绝，故 m 个独立型项目方案可以构成 2^m 个互斥型方案。

(2) 从所有可能的方案组合中取出投资额不大于总额资金约束的方案。

(3) 按互斥型方案的选择原则，选出最优项目方案组合。

【例题 8-12】 已知 3 个独立型项目如表 8-6 所示，最大可投资额 $I_{max}=5000$ 万元，试用独立型项目方案互斥化方法求最优项目组合。

表 8-6　3 个独立项目　　　　　　　　　　单位：万元

投资项目	投资（I）	1 年后收入（R）	投资项目	投资（I）	1 年后收入（R）
A	2 000	2 700	C	5 000	5 800
B	3 000	3 750			

解：

如果 A 项目方案被接受，则令 $x_A=1$；反之，则令 $x_A=0$。表 8-6 所示的 3 个独立项目可以构造成如表 8-7 所示的 $8(2^3=8)$ 个所有可能的互斥型方案。

如果 $i_c=10\%$，最大可投资额 $I_{max}=5\,000$ 元，则表 8-7 第（2）栏表示所有不超过 I_{max} 的项目组合，第（3）栏则为各项目组合方案的净现值。显然，第 7 个方案，即项目组合（A+B）为最优。因此，投资于项目 A 和 B 是最优项目组合。

表 8-7 3 个独立项目组合为 8 个互斥项目（$i_c=10\%$） 单位：万元

方案组合	(1)			(2)	(3)
	x_A	x_B	x_C	$\sum I_j x_j \leqslant I_{max}$	$\sum NPV_j x_j$
1	0	0	0	0	0
2	0	0	1	5 000	273
3	0	1	0	3 000	409
4	1	0	0	2 000	455
5	0	1	1	—	—
6	1	0	1	—	—
7	1	1	0	5 000	864
8	1	1	1	—	—

当项目个数较少时这种方法简便实用。但当独立型项目方案数增加时，其组合方案数将成倍增加。例如，5 个独立项目就组成 32 个（$2^5=32$）互斥方案，而 10 个独立项目即将组合成 1 024 个（$2^{10}=1\,024$）互斥方案。由此可见，当项目方案数较大时，使用这种方法是相当麻烦的。不过，这种方法可以保证得到已知条件下最优的项目方案组合。

8.3.2 传统工程经济学的排序法

在传统的工程经济学中，解决资金限额问题下独立型项目方案优化组合时，提出了排序解法和加权内部收益率法。

1. 排序法

传统理论认为，资金限额下的独立型项目方案优化组合的排序法可以用 NPV 指标或 NPVR 指标；同时认为，当项目方案之间投资额相差较大时，宜将 NPV 指标和 NPVR 指标结合使用，以保证正确地确定项目方案的优化组合。

这种排序法是以各投资项目方案的 NPV 或 NPVR 为基准，在一定的资金限制下，选择能使项目组合的 $\sum$NPV 或 $\sum$NPVR 最大的方案。其具体步骤如下所述。

1）根据 i_c 分别计算各项目的 $NPV_j(i_c)$

如果各项目的使用寿命不同，为保证可比性，一般以使用寿命最长的项目的寿命为研究期。为简化计算，可分以下两步来进行。

（1）首先分别计算各项目自身的 NAV，即：

$$\text{NAV}_j(i_c) = \left[\sum_{t=0}^{n_j}(\text{CI}-\text{CO})_{jt}(1+i_c)^{-t}\right](A/P, i_c, n_j) \quad (j=1,2,\cdots,m) \quad (8-12)$$

（2）在可重复假设下，计算各项目在研究期 N 内的 NPV，即：

$$\text{NPV}_j(i_c) = \text{NAV}_j(P/A, i_c, N) \quad (8-13)$$

2）按各方案的 NPV 由大到小排序

按各方案的 NPV 由大到小排序（排序时可剔除那些 NPV＜0 的项目）。如用 NPVR 排序，则进一步计算各项目的 $\text{NPVR}_j(i_c)$ 后再排序。

3）按各项目 NPV 或 NPVR 的大小选择项目组合

在资金限额条件下，按各项目 NPV 或 NPVR 的大小选择项目组合，计算出各组合的累计投资直至累计投资额等于或略小于资金限额为止，这时的项目方案组合即为应选择的项目方案优化组合。

【例题 8-13】 某企业有 6 个相互独立的投资项目，数据如表 8-8 所示。若企业只能筹集到 35 万元的投资资金，且 $i_c=14\%$。试问：企业应选择哪些投资项目加以组合？

表 8-8 投资项目数据 单位：万元

独立项目	初始投资（I）	寿命/年	年净收益
A	10	6	2.87
B	15	9	2.93
C	8	5	2.68
D	21	3	9.50
E	13	10	2.60
F	6	4	2.54

解：

根据排序法的计算步骤，首先计算 6 个相互独立的投资项目的 NPV，为了保证时间的可比性，以使用寿命最长的 E 项目的寿命 10 年作为研究期。则 A 项目的 NAV、NPV 和 NPVR 计算如下：

$\text{NAV}_A(14\%)=2.87-I_A(A/P, i_c, n_A)=2.87-10\times(A/P, 14\%, 6)=0.30（万元）$
$\text{NPV}_A(14\%)=\text{NAV}_A(P/A, 14\%, 10)=0.30\times(P/A, 14\%, 10)=1.57（万元）$
$\text{NPVR}_A(14\%)=\text{NPV}_A(14\%)/I_A=1.57/10\approx0.16$

同理，可以计算 B、C、D、E、F 项目的 NAV、NPV 和 NPVR，计算结果如表 8-9 所示。如果用 NPV 指标进行排序，从表 8-9 中可知，应选择 F、D、C 3 个项目；如果用 NPVR 指标进行排序，从表 8-9 中可知，应选择 F、C、A 3 个项目，二者结论并不一致。

如果选择 F、D、C 3 个项目方案组合，则：

$$\sum\text{NPV} = 2.51+2.37+1.83 = 6.71（万元）$$

如果选择 F、C、A 3 个项目方案组合，则：

$$\sum \text{NPV} = 2.51 + 1.83 + 1.57 = 5.91(万元)$$

根据利润最大化原则,最优组合应为 F、D、C 3 个项目组合,而非 F、C、A 3 个项目组合。这表明用 NPVR 排序并不保证获得最优项目组合方案。

表 8-9 用 NPV 指标和 NPVR 指标排序求解

投资项目	NPV 排序法求解				投资项目	NPVR 排序法求解			
	NPV/万元	排序	投资/万元	累计投资/万元		NPVR	排序	投资/万元	累计投资/万元
F	2.51	①	6	6	F	0.42	①	6	6
D	2.37	②	21	27	C	0.23	②	8	14
C	1.83	③	8	35(用完)	A	0.16	③	10	24
A	1.57	④	10		D	0.11	④	21	超出
E	0.56	⑤	13		E	0.04	⑤	13	
B	−0.54	舍弃			B	−0.54	舍弃		

如果改用内部收益率排序求解,由于各项目方案 IRR 排序为:$\text{IRR}_F = 25\%$;$\text{IRR}_C = 20\%$;$\text{IRR}_A = 18\%$;$\text{IRR}_D = 17\%$;$\text{IRR}_E = 15\%$;$\text{IRR}_B = 13\%$。

故最优组合方案应为 F、C、A 3 个项目组合,与 NPVR 排序法结论一致,因此用内部收益率排序法也不一定保证能得到最优项目组合方案。据此,传统工程经济学提出了加权内部收益率法。

2. 加权内部收益率法

加权内部收益率法是指以项目的内部收益率为基准,在资金约束条件之内,选择能使加权内部收益率最高的项目组合的方法。其计算步骤如下:

(1) 计算各项目方案的内部收益率 IRR_j。

(2) 按各项目方案的 IRR 由大到小排序,并剔除 $\text{IRR} < i_c$ 的项目。

(3) 根据资金约束条件,选择加权内部收益率 IRR^* 最高的项目组合为最佳的项目组合方案。

其 IRR^* 计算公式如下:

$$\text{IRR}^* = \left[\sum I_j \times \text{IRR}_j + I_{\max} - \sum I_j \times i_c\right]/I_{\max} \qquad (8-14)$$

式中:I_j——第 j 个项目的期初投资额;
$I_{\max}$——投资约束条件。

由式 (8-14) 可知,IRR^* 是以各项目投资额为权数(剩余资金额为 i_c 的权数)的加权平均值。

【例题 8-14】 用加权内部收益率法重新求解例题 8-13,$i_c = 14\%$。

解:

首先计算各方案的内部收益率,内部收益率的排序如表 8-10 所示。

表 8-10　各投资方案的内部收益率排序计算表

项目方案	投资额/万元	IRR/%	排　　序
F	6	25	①
C	8	20	②
A	10	18	③
D	21	17	④
E	13	15	⑤
B	15	13	舍弃

从表 8-10 中可知，若以各投资方案的内部收益率进行排序，则最优排序为 F、C、A，剩余资金为 11 万元，故加权内部收益率计算如下：

$$IRR^*_{(F,C,A)} = (6\times 25\% + 8\times 20\% + 10\times 18\% + 11\times 14\%)/35 = 18.4\%$$

若在不超出资金限制的条件下，还可以有 F、C、D，C、A、E，F、A、E 等项目组合方案，依上述公式可分别计算加权内部收益率：

$$IRR^*_{(F,C,D)} = (6\times 25\% + 8\times 20\% + 21\times 17\%)/35 = 19.1\%$$
$$IRR^*_{(F,A,E)} = (6\times 25\% + 10\times 20\% + 13\times 15\% + 16\times 14\%)/35 = 17.4\%$$
$$IRR^*_{(C,A,E)} = (8\times 20\% + 10\times 18\% + 13\times 15\% + 4\times 14\%)/35 = 16.9\%$$

显然以 F、C、D 项目组合方案的加权内部收益率（19.1%）为最大，应为最佳项目组合。

这个结论虽与互斥化方法的选择是一致的，但并不能下结论说这种方法保证可以获得最优解。例如在本例中，F、C、D，F、A、E，C、A、E 和 F、C、A 等项目组合实为互斥方案，用加权内部收益率（IRR^*）最大化方法并不一定保证能得到真正的最优解。因为，在相当多的情况下，直接按互斥型方案的内部收益率的高低选择方案并不一定保证能选出在基准收益率下净现值最大的方案。

8.3.3　经济性工程学的双向排序均衡法

日本学者千住镇雄、伏见多美雄等人开创了双向排序均衡法。该方法首先根据资源效率指标的大小确定独立项目的优先顺序，然后根据资源约束条件确定最优项目组合。这种方法是对工程经济学的互斥化方法的有效改进，简便而且有效。

双向排序均衡法选择了内部收益率指标进行独立型投资项目优化组合，其比较选优程序如图 8-10 所示。排序法的具体解法如下。

(1) 计算各投资项目方案的 IRR，由大到小排序并绘图。
(2) 计算资金成本率并由小到大排序且绘图。
(3) 计算并在图中标注资金限制条件。
(4) 选择 $IRR \geqslant i_c$ 且资金约束条件允许的项目组合。

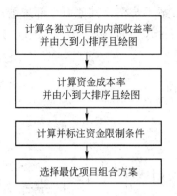

图 8-10 经济性工程学的双向排序均衡法

【例题 8-15】 有 8 个互相独立的投资方案 A、B、C、D、E、F、G、H，投资的寿命期为 1 年，投资额及 1 年后的净收益如表 8-11 所示。

表 8-11 各个方案的投资额及净收益　　　　　　　　　　单位：万元

投资方案	投资额（I）	净收益（R）	投资方案	投资额（I）	净收益（R）
A	500	570	E	750	810
B	600	750	F	850	1 020
C	700	910	G	900	1 035
D	750	885	H	1 000	1 120

当资金的条件如下时，最优的选择是什么？

(1) 资金的数量没有限制，但资本的利率为下述 3 种情况：① $i=10\%$；② $i=13\%$；③ $i=16\%$。

(2) 资金的利率率 $i=10\%$，可利用的资金总额为 3 500 万元时。

(3) 资金为 1 000 万元时，资金的利率为 10%，此后每增加 1 000 万元时资金成本率增加 2%，最多可利用的资金额为 4 000 万元时。

解：

首先计算各独立方案的内部收益率。根据下列公式可求出各独立方案的内部收益率。

$$R \times (P/F, \text{IRR}, 1) - I = 0$$

$$R \times \frac{1}{1+\text{IRR}} - I = 0$$

各个独立方案的内部收益率可求得如下：

$\text{IRR}_A = 14\%$；$\text{IRR}_B = 25\%$；$\text{IRR}_C = 30\%$；$\text{IRR}_D = 18\%$

$\text{IRR}_E = 8\%$；$\text{IRR}_F = 20\%$；$\text{IRR}_G = 15\%$；$\text{IRR}_H = 12\%$

将上述各独立方案按其内部收益率由大到小排序并绘图，如图 8-11 所示，并将资本的利率用虚线由小至大向右排列，利用该图即可得到本题的答案如下。

(1) $i=10\%$时，只有 E 方案不合格，其他可全部采纳；$i=13\%$时，E 和 H 方案不合格，其他方案可全部采纳；$i=16\%$时，A、E、G、H 方案不合格，其他方案可全部采纳。

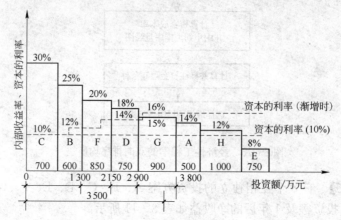

图 8-11　独立项目方案优劣选择排序图

(2) 由大至小取 C、B、F、D 方案，总投资为 2 900 万元，因资金限额为 3 500 万元，所余资金 600 万元无法实施 G 方案；但 A 方案投资为 500 万元，且其收益率 14%>10%，因而剩余资金可实施 A 方案。所以，此时选择的最优方案组合是 C、B、F、D、A。

(3) 此时资本的利率如图 8-11 中的虚线所示，按内部收益率的大小依次进行选择。尽管资金的总额为 4 000 万元。但除 C、B、F、D 方案之外，资本的利率皆大于方案的内部收益率，因此最终选择的方案组合是 C、B、F、D。

值得注意的是，当资金的限额与所选投资方案投资额之和不完全吻合时，应将紧后一两个方案轮换位置比较看哪个方案最优后，即可得到最终选择的方案组合。

8.4　建设项目混合型方案的经济比选

现实中存在着大量的混合型方案选择问题，即若干个独立方案中每个独立方案又存在若干个互斥方案情况下如何选择方案的问题。混合型项目方案的选择与独立型项目方案的选择一样，可以分为资金无限制和资金有限制两类。如果资金无限制，只要从各独立方案中选择互斥型方案中净现值（或净年值）最大且不小于零的方案加以组合即可。当资金有限时，选择方法比较复杂：一种方法是西方工程经济学的方法，即混合型方案的互斥化方法；另一种方法是日本经济性工程学的方法，即追加投资效率指标排序法。

8.4.1　混合型项目方案的互斥化方法

混合型项目方案的互斥化方法是指将混合型项目方案组合成互斥型的方案群，然后根据互斥型方案选优的方法选择最优项目组合。

例如，某企业有 A、B 两家工厂，各自提出投资项目 A、B，项目 A 由互斥方案 A_1

或 A_2 实现，项目 B 可由互斥方案 B_1 或 B_2 实现。这两个投资项目方案群可以组成表 8-12 所示的 9 个互相排斥的方案，然后根据本章前面介绍的互斥型方案选优方法进行选择。但是，当混合型方案的互斥型方案群较多时，运用互斥化方法选择最优项目组合将会非常复杂。

表 8-12 混合型方案转化为互斥型方案

互斥型方案	A_1	A_2	B_1	B_2
1	0	0	0	0
2	0	0	0	1
3	0	0	1	0
4	0	1	0	0
5	1	0	0	0
6	0	1	0	1
7	0	1	1	0
8	1	0	0	1
9	1	0	1	0

8.4.2 混合型方案的追加投资效率指标排序法

混合型方案的追加投资效率指标排序法的计算程序如下。
(1) 首先计算各方案的追加投资内部收益率 ΔIRR。
(2) 淘汰无资格方案，重新计算无资格方案被淘汰后的追加投资内部收益率 ΔIRR。
(3) 按追加投资内部收益率 ΔIRR 由大到小对项目方案进行排序并绘图。
(4) 在图中标注资金成本率和资金供给约束条件。
(5) 选择最优项目组合。
其计算步骤如图 8-12 所示。

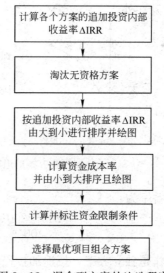

图 8-12 混合型方案的比选程序

【例题 8-16】 某公司下属的 A、B、C 三个子公司单位分别制定投资寿命期为 1 年的投资计划，各单位之间的投资彼此互不影响（即互相独立），其投资额和投资后的净收益如表 8-13 所示。各单位内部的投资方案是互斥的。当该公司的资金总额为 400 万元和 500 万元时，该公司应该选择哪些方案？设该公司的基准收益率 $i_c=10\%$。

表 8-13 A、B、C 三个子公司的投资方案　　　　　　　　　单位：万元

A 子公司			B 子公司			C 子公司		
方案	投资额（I）	净收益（R）	方案	投资额（I）	净收益（R）	方案	投资额（I）	净收益（R）
A_1	100	130	B_1	100	148	C_1	100	115
A_2	200	245	B_2	200	260	C_2	200	240
A_3	300	354				C_3	300	346

解：

首先求出各方案的追加投资内部收益率。根据下列公式可求出各独立方案的追加投资内部收益率。

$$\Delta R \times (P/F, \Delta \text{IRR}, 1) - \Delta I = 0$$

$$\Delta R \times \frac{1}{1+\Delta \text{IRR}} - \Delta I = 0$$

$$\Delta \text{IRR} = \frac{\Delta R - \Delta I}{\Delta I} \times 100\%$$

各个方案的追加投资内部收益率可求得如下：

$$\Delta \text{IRR}_{A_1-A_0}=30\%；\Delta \text{IRR}_{A_2-A_1}=15\%；\Delta \text{IRR}_{A_3-A_2}=9\%$$
$$\Delta \text{IRR}_{B_1-B_0}=48\%；\Delta \text{IRR}_{B_2-B_1}=12\%$$
$$\Delta \text{IRR}_{C_1-C_0}=15\%；\Delta \text{IRR}_{C_2-C_1}=25\%；\Delta \text{IRR}_{C_3-C_2}=6\%$$

将上述追加投资内部收益率画成互斥方案选择图（见图 8-13）。由图 8-13 可知，C_1 方案是无资格方案，将其排除在外。

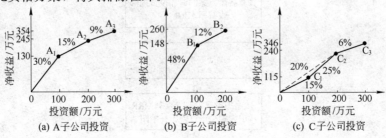

(a) A 子公司投资　　(b) B 子公司投资　　(c) C 子公司投资

图 8-13　A、B、C 3 个子公司投资方案的追加投资收益率

求出新的追加投资内部收益率为：

$$\Delta \text{IRR}_{C_2-C_0} = \frac{\Delta R - \Delta I}{\Delta I} \times 100\% = \frac{240-200}{200} \times 100\% = 20\%$$

将上述各追加投资方案看作是独立方案，按追加投资内部收益率的大小为序依次排列，即可选出最优方案（见图 8-14）。

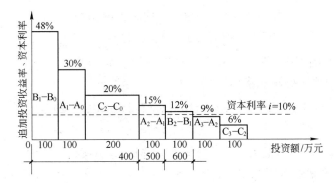

图 8-14 混合型方案优劣选择排序图

当资金的数额为 400 万元时，应选 $(B_1-B_0)+(A_1-A_0)+(C_2-C_0)=B_1+A_1+C_2$，即 A_1、B_1、C_2 为最优方案组合。

当资金数额为 500 万元时，应选 $(B_1-B_0)+(A_1-A_0)+(C_2-C_0)+(A_2-A_1)=B_1+C_2+A_2$，即应选 A_2、B_1、C_2 方案组合。因由 A_2 方案（投资 200 万元）再追加 100 万元而成 A_3 方案时，其追加投资内部收益率为 9%<10%；C_2 方案追加成 C_3 方案时，追加投资内部收益率为 6%<10%，因此，即使是资金充裕也不宜再追加投资。

8.4.3 混合型项目方案的投资决策权问题

当我们处理混合型项目方案投资决策时，如果将决策权下放给各个独立项目决策人，利用 NPV（或 NAV、NFV）指标从各独立项目互斥方案中选出最优方案，然后利用投资效率指标从独立项目被选中的最优方案中选择最优项目组合，那么往往会造成所选择的最优项目组合不是真正的最优项目组合。

【例题 8-17】 某总公司有 A、B、C 3 个子公司，各子公司的投资项目间是相互独立的，各项目又分别由相互替代的方案构成，数据如表 8-14 所示，投资方案均为期 1 年，基准收益率为 $i_c=10\%$。该公司资金有限，仅有 400 万元可供投资。试求该总公司应该如何进行项目投资决策？

表 8-14 3 个子公司的投资项目方案   单位：万元

A 子公司			B 子公司			C 子公司		
方案	投资额(I)	净收益(R)	方案	投资额(I)	净收益(R)	方案	投资额(I)	净收益(R)
A_1	100	130	B_1	100	148	C_1	100	115
A_2	200	245	B_2	200	260	C_2	200	240
A_3	300	354				C_3	300	346

解：

(1) 如果由各子公司先选择子公司的最优方案，然后由公司对 A、B、C 子公司选择的方案再加以选择，则最优项目组合的选择计算如下。

A 子公司各方案的 NFV 指标计算如下：

$$NFV_{A_1}=130-100(1+0.1)=20(万元)$$

$$\text{NFV}_{A_2} = 245 - 200(1+0.1) = 25(万元)$$
$$\text{NFV}_{A_3} = 354 - 300(1+0.1) = 24(万元)$$

因为 A_2 方案的 NFV 最大，A 子公司应该选择 A_2 方案。

B 子公司各方案的 NFV 指标计算如下：

$$\text{NFV}_{B_1} = 148 - 100(1+0.1) = 38(万元)$$
$$\text{NFV}_{B_2} = 260 - 200(1+0.1) = 40(万元)$$

因为 B_2 方案的 NFV 最大，B 子公司应该选择 B_2 方案。

C 子公司各方案的 NFV 指标计算如下：

$$\text{NFV}_{C_1} = 115 - 100(1+0.1) = 5(万元)$$
$$\text{NFV}_{C_2} = 240 - 200(1+0.1) = 20(万元)$$
$$\text{NFV}_{C_3} = 346 - 300(1+0.1) = 16(万元)$$

因为 C_2 方案的 NFV 最大，C 子公司应该选择 C_2 方案。

这样，总计净终值为 85 万元，投资额为 600 万元。由于公司只有 400 万元预算，因此，从公司作出投资决策看来，必须从这 3 个方案中放弃 1 个。由于 $\text{NFV}_{C_2} = 20$ 万元 $< \text{NFV}_{A_2} < \text{NFV}_{B_2}$，故总公司决策将放弃 C_2 方案，最优项目组合为 A_2、B_2，净终值总计为 65 万元。

（2）如果不是由各子公司先选择子公司的最优方案，而直接由总公司对全部方案加以选择，则最优项目组合选择计算如下所述。

利用混合型方案的追加投资内部收益率指标排序法，先淘汰无资格方案 C_1，分别计算各独立项目中互斥型方案的追加投资内部收益率，然后将各方案 ΔIRR 由大到小排序绘制成图 8-15，标出资金成本线 i_c 和资金约束线。从图 8-15 中可知，最优方案组合应为 A_1、B_1、C_2，其净终值总计最大为 78 万元，优于原组合 A_2、B_2。

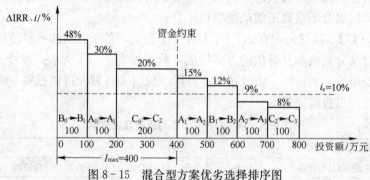

图 8-15 混合型方案优劣选择排序图

由此可得出结论：如果先由子公司分别选定最优方案后，再由总公司从选定的最优方案中选择最优项目组合的方法可能会得不到最优项目组合。正确的投资决策方法是分别将各子公司所有投资方案上报总公司，由总公司统一决策，即投资决策权应该集中于总公司。

思 考 题

1. 建设项目方案之间的相关性包括哪些种类？

2. 简述建设项目的不可分性的概念。
3. 建设项目方案之间的方案类型包括哪些？其各自的特征如何？
4. 互斥型方案的类型与选优的比较原则是什么？
5. 互斥型方案的静态指标选优方法通常有哪些？
6. 各方案寿命期相等的互斥型方案选优方法有哪些？
7. 各方案寿命期不相等的互斥型方案选优方法有哪些？
8. 独立型项目方案的选择方法有哪些？
9. 某企业正在研究互相独立的投资方案 A、B、C。3 个方案的投资额均为 5 000 万元，每年年末的净收益 A 为 800 万元，B 为 700 万元，C 为 600 万元，投资的寿命期均为 20 年。

(1) 试问如无特殊情况，应该优先选择哪个投资方案？

(2) 现假设各投资方案的情况不相同：A 方案是企业内工厂的扩建问题；B 方案是公共工程，其投资的一半（2 500 万元）可以由市政府提供 20 年无息贷款，在第 20 年末偿还；C 方案是引进外资的企业，其中的 4 000 万元可以按 4% 的利率获得，在 20 年内等额还本付息。则现在又是哪个方案有利？

10. 已知 3 个互斥方案 A、B 和 C，各个方案的期初投资与收支情况如表 8-15 所示，基准收益率为 15%，试分别用净现值法和内部收益率法进行方案选优。

表 8-15 各方案期初投资与收支情况

方案	初始投资/万元	年收入/万元	年支出/万元	寿命期/年
A	3 000	1 800	800	5
B	3 650	2 200	1 000	5
C	4 500	2 600	1 200	5

11. 某施工机械有 A、B 两种不同的型号，其有关经济参数如表 8-16 所示，利率为 10%，试问购买哪种型号的机械在经济上更为有利？

表 8-16 A、B 两种不同的型号机械的经济参数   单位：万元

方案	初始投资	年收入	年支出	残值	寿命期/年
A	12	7	0.6	2	10
B	9	7	0.85	1	8

12. 某企业现有互相独立的 8 个投资方案，其初期投资额和每期期末的净收益如表 8-17 所示，每期净收益都相等，各方案的寿命期均为 8 年，基准收益率为 10%。因资金总额有限，需将各投资方案进行优劣排序，以便按资金的限额条件予以选择。

(1) 求出按各方案的净现值大小的排列顺序？

(2) 独立方案优先排列的指标应该是什么？当资金限额为 500 万元时，用该指标对该企业的方案进行优先排序的顺序是什么？这种选择的净现值是多少？

(3) 在相同金额的制约条件下，若以净现值指标进行优先排序，则该企业应做何种选择？此种选择的净现值为多少？请将结果与上述的结果进行比较。

表 8-17 各个独立方案的投资额及净收益   单位：万元

投资方案	初期投资额	年净收益	投资方案	期初投资额	年净收益
A	100	34.2	E	180	55.6
B	140	45.6	F	170	49.6
C	80	30.0	G	60	21.6
D	150	45.0	H	120	38.0

13. 某石油化工联合企业下属的 3 个工厂 A、B 和 C 分别提出各自的技术改造方案，如表 8-18 所示。A、B 和 C 是相互独立的，但各厂投资项目均由若干互斥方案实现。假定各方案的寿命均为 8 年，设 $i_c=15\%$，资金限制分别为：(1) 4 000 万元；(2) 6 000 万元；(3) 8 000 万元。试问在上述资金限制下，如何从整个企业角度做出最优投资决策。

表 8-18 混合型项目方案的数据   单位：万元

项目	方案	初始投资（I）	年末净收益（R）
A	A_1	1 000	380
	A_2	2 000	690
	A_3	3 000	880
B	B_1	1 000	190
	B_2	2 000	550
	B_3	3 000	750
	B_4	4 000	920
C	C_1	2 000	860
	C_2	3 000	1 090
	C_3	4 000	1 540

14. 某企业下设有 3 个工厂 A、B 和 C，各厂都有几个互斥的技术改造方案，如表 8-19 所示，各方案的寿命期均为 10 年。该企业可以从 X、Y 和 Z 银行获得资金来源。X 银行的利率是 10%，可以获得贷款 3 000 万元；Y 银行的利率是 12%，可以获得贷款 3 000 万元，Z 银行的利率是 15%，可以获得贷款 3 000 万元。当然也可以不贷款。试解答下述问题：

(1) 假如每个工厂都可以采用维持现状的方案（即不投资方案），那么怎样筹措资金？选择哪些方案为好？

(2) B 工厂的方案是改善工作环境的方案，由于关系到作业安全，不能维持现状。那么此时应如何筹措资金？选择哪些方案为好？

表 8-19 各个方案的投资额及净收益   单位：万元

投资方案	初期投资额	比现状增加的年净收益	投资方案	期初投资额（I）	比现状增加的年净收益
A_1	1 000	272	B_3	3 000	456
A_2	2 000	511	C_1	1 000	509
B_1	1 000	150	C_2	2 000	639
B_2	2 000	326	C_3	3 000	878

第 9 章 建设项目的财务评价

9.1 财务评价概述

9.1.1 建设项目的分类

根据《建设项目经济评价方法与参数》（第三版）规定：按照项目的目标，建设项目分为经营性项目和非经营性项目；按照项目的产出性质，分为公共项目和非公共项目；按照项目的投资管理形式，分为政府投资项目和企业投资项目；按照项目与企业原有资产的关系，分为新建项目和改扩建项目；按照项目的融资主体，分为新设法人项目和既有法人项目。本书以新设法人项目和既有法人项目为对象开展财务评价。

新设法人项目是指由新组建的项目法人负责融资，并承担融资责任和风险。原来所称的新建项目一般应归为新设法人项目。既有法人项目是由现有法人进行融资活动，并承担融资责任和风险。既有法人项目大多是依托现有企业进行建设，项目建成后仍由现有企业管理，并不组建新的项目法人。依托现有企业进行改扩建与技术改造的项目和由现有企业发起的新建项目均属此类。

9.1.2 财务评价的概念

财务评价是在国家现行财税制度和价格体系的前提下，从项目的角度出发，计算项目范围内的财务效益和费用，编制财务报表，计算财务评价指标，分析项目的盈利能力和清偿能力，评价项目在财务上的可行性。

财务评价应在初步确定的建设方案、投资估算和融资方案的基础上进行，财务评价结果又可以反馈到方案设计中，用于方案比选，优化方案设计。

9.1.3 财务评价的内容

1. 按项目的性质分类

建设项目财务评价的内容应根据项目的性质和目标确定。

对于经营性项目,财务评价应通过编制财务分析报表,计算财务指标,分析项目的盈利能力、偿债能力和财务生存能力,判断项目的财务可接收性,明确项目对财务主体及投资者的价值贡献,为项目决策提供依据。

对于非经营性项目,财务分析应主要分析项目的财务生存能力。财务生存能力分析应在财务分析辅助表及利润与利润分配表的基础上编制财务计划现金流量表,通过考察项目计算期内的投资、融资和经营活动所产生的各项现金流入和流出,计算净现金流量和累计盈余资金,分析项目是否有足够的净现金流量维持正常运营,以实现财务可持续性。

2. 按是否考虑融资方案分类

建设项目财务评价可分为融资前分析和融资后分析。一般宜先进行融资前分析,在融资前分析结论满足要求的情况下,初步设定融资方案,再进行融资后分析。

(1) 融资前分析。融资前分析应以动态分析为主、静态分析为辅。融资前动态分析应以营业收入、建设投资、经营成本和流动资金的估算为基础,考察整个计算期内现金流入和现金流出,编制项目投资现金流量表,计算项目投资内部收益率和净现值等指标。融资前分析排除了融资方案变化的影响,从项目投资总获利能力的角度考察项目方案设计的合理性。融资前分析计算的相关指标应作为初步投资决策与融资方案研究的依据与基础。

(2) 融资后分析。融资后分析应以融资前分析和初步的融资方案为基础,考察项目在拟定融资条件下的盈利能力、偿债能力和财务生存能力,判断项目方案在融资条件下的可行性。融资后分析用于比选融资方案,帮助投资者做出融资决策。

9.1.4 财务评价的作用

财务评价对企业投资决策、金融机构提供贷款及有关部门审批项目都具有十分重要的意义。

(1) 财务评价是建设项目决策分析与评价的重要组成部分。对建设项目的评价应从多角度、多方面进行,无论是在对建设项目的前评价、中间评价和后评价中财务评价都是必不可少的重要内容。在对建设项目的前评价——决策分析与评价的各个阶段中,无论是机会研究、项目建议书、初步可行性研究报告,还是可行性研究报告,财务评价都是其中的重要组成部分。

(2) 财务评价是建设项目投资决策的重要依据。在项目决策所涉及的范围中,财务评价虽然不是唯一的决策依据,但却是重要的决策依据。在市场经济条件下,绝大部分项目的有关各方根据财务评价结果做出相应的决策:项目发起人决策是否发起或进一步推进该项目;投资人决策是否投资于该项目;债权人决策是否贷款给该项目;各级项目审批部门在做出是否批准该项目的决策时，财务评价结论也是重要的决策依据之一。具体说来，财务评价中的盈利能力分析结论是投资决策的基本依据，其中项目资本金盈利能力分析结论同时也是融资决策的依据；偿债能力分析结论不仅是债权人决策贷款与否的依据，也是投资人确定融资方案的重要依据。

（3）财务评价在项目或方案比选中起着重要作用。建设项目决策分析与评价的关键是方案比选。无论是在规模、技术、工程等方面都必须通过方案比选予以优化，使项目整体更趋于合理，此时项目财务数据和指标往往是重要的比选依据。在投资机会不止一个的情况下，如何从多个备选项目中择优，往往是项目发起人、投资者，甚至政府有关部门关心的事情，财务评价的结果在项目或方案比选中所起的重要作用是不言而喻的。

（4）财务评价是项目投资各方谈判签约与平等合作的重要依据。目前，投资主体多元化已成为项目融资的主流，存在着多种形式的合作方式，主要有国内合资或合作的项目、中外合资或合作的项目、多个外商参与的合资或合作的项目等。而项目投资各方合同条款的拟定、谈判和合同正式签约的重要依据就是建设项目的财务评价结果。因此，财务评价结果起着促使投资各方平等合作的重要作用。

9.1.5 财务评价应遵循的基本原则

1. 费用与效益计算范围的一致性原则

为了正确评价建设项目的获利能力，必须遵循费用与效益计算范围的一致性原则。如果在投资估算中包括了某项工程，那么因建设了该工程而增加的效益就应该考虑，否则就低估了项目的效益；反之，如果考虑了该工程对项目效益的贡献，但投资却未计算进去，那么项目的效益就会被高估。只有将投入和产出的估算限定在同一范围内，计算的净效益才是投入的真实回报。

2. 费用与效益识别的"有无对比"原则

"有无对比"是国际上项目评价中通用的费用与效益识别的基本原则，项目评价的许多方面都需要遵循这条原则，财务评价也不例外。《建设项目经济评价方法与参数》（第三版）通过"有无对比"坚持定量分析与定性分析相结合、以定量分析为主的原则。所谓"有"，是指实施项目后的将来状况。所谓"无"，是指不实施项目时的将来状况。在识别项目的效益和费用时，必须注意只有"有无对比"差额部分才是由于项目的建设增加的效益和费用，即增量效益和费用。采用有无对比的方法，就是为了识别那些真正应该算作项目效益的部分，即增量效益，排除那些由于其他原因产生的效益；同时，也要找出与增量效益相对应的增量费用，只有这样才能真正体现项目投资的净效益。

"有无对比"法直接适用于依托老厂进行的改扩建与技术改造项目、停缓建后又恢复建设项目的增量效益分析。对于从无到有进行建设的新项目，也同样适用该原则，只是通常认为无项目与现状相同，其效益与费用均为零。

3. 动态分析与静态分析相结合、以动态分析为主的原则

国际通行的财务评价都是以动态分析方法为主，即根据资金时间价值原理，考虑项

目整个计算期内各年的效益和费用，采用现金流量分析的方法，计算内部收益率和净现值等评价指标。《建设项目经济评价方法与参数》（第三版）采用了动态分析与静态分析相结合，以动态分析为主的原则制定出一整套项目评价方法与指标体系。2002年由国家计委办公厅发文试行的《投资项目可行性研究指南》同样采用这条原则。

4. 基础数据确定中的稳妥原则

财务评价结果的准确性取决于基础数据的可靠性。财务评价中需要的大量基础数据都来自预测和估计，难免有不确定性。为了使财务评价结果能提供较为可靠的信息，避免人为的乐观估计所带来的风险，更好地满足投资决策需要，在基础数据的确定和选取中遵循稳妥原则是十分必要的。

9.1.6 财务评价的方法体系

《建设项目经济评价方法与参数》（第三版）所采用的方法体系在总体上基本与国际接轨，即以现金流量的现值分析为基础的一整套分析方法与指标体系。由于从不同角度进行的财务分析和由此计算的财务指标，只能从某个侧面反映项目的财务效益情况，因此财务评价设置了一套完整的财务报表，据此计算一系列指标并进行分析，该财务评价方法以考虑资金时间价值的现金流量分析为主体，辅之以反映财务状况的指标，形成了一整套系统的，既是国际上能接受的，又符合我国特点的财务评价方法体系。当然，现行财务评价的方法体系也保留了某些中国特色，主要是成本费用、营业收入和相关税费的估算，为了要适应中国会计制度和税法，不可避免地具有中国特色。

9.1.7 财务评价的主要步骤

财务评价是在确定的建设方案、投资估算和融资方案的基础上进行财务可行性研究。其主要操作步骤如下。

（1）选取财务评价基础数据与参数，包括主要投入品和产出品的财务价格、税率、利率、汇率、计算期、固定资产折旧率、无形资产和递延资产摊销年限、生产负荷及基准收益率等基础数据和参数。

（2）计算营业收入，估算成本费用。

（3）编制财务评价报表，主要有财务现金流量表、损益和利润分配表、资金来源与运用表、借款偿还计划表。

（4）计算财务评价指标，进行盈利能力分析、偿债能力分析和财务生存能力分析。

（5）进行不确定性分析，包括敏感性分析和盈亏平衡分析。

（6）编写财务评价报告。

财务评价的内容和步骤及与财务效益和费用估算的关系如图9-1所示。

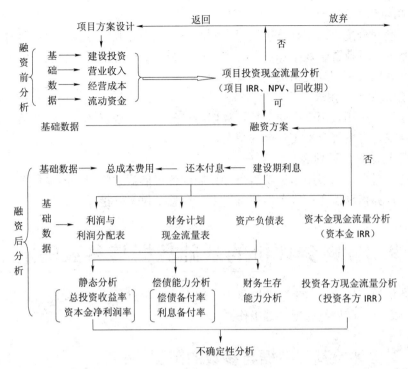

图 9-1 财务评价操作程序图

9.1.8 财务评价报表

财务评价报表主要有财务现金流量表、利润与利润分配表、资金来源与运用表、借款还本付息计划表等。

1. 财务现金流量表

财务现金流量表分为以下几种。

1) 项目投资现金流量表

项目投资现金流量表是以新建项目为一个独立系统,从项目融资前的角度进行设置。它将项目建设所需的总投资作为计算基础,反映项目在整个计算期(包括建设期和生产经营期)内现金的流入和流出。通过项目投资现金流量表,可计算项目财务内部收益率、财务净现值和投资回收期等评价指标,并可考察项目的盈利能力,为各个方案进行比较建立共同的基础。

2) 项目资本金现金流量表

项目资本金现金流量表是在拟定的融资方案下,从项目资本金出资者整体的角度来确定其现金流入和现金流出,计算项目资本金财务内部收益率指标,考察项目资本金可获得的收益水平。

3) 投资各方现金流量表

投资各方现金流量表应从投资各方实际收入和支出的角度来确定其现金流入和现金流出,计算投资各方的财务内部收益率指标,考察投资各方可能获得的收益水平。

2. 利润与利润分配表

利润与利润分配表用于计算项目投资利润率。表中，利润栏目反映项目计算期内各年的营业收入、营业税金及附加、总成本费用、利润总额等情况；利润分配栏目反映所得税税后利润以及利润分配情况。

3. 资金来源与运用表

资金来源与运用表用于反映项目计算期各年的投资、融资及生产经营活动的资金流入、流出情况，考察资金平衡和余缺情况。

4. 借款还本付息计划表

借款还本付息计划表用于反映项目计算期内各年借款的使用、还本付息，以及偿债资金来源，计算借款偿还期或者偿债备付率、利息备付率等指标。

9.2 财务评价的基础数据与参数确定

财务评价的基础数据与参数选取是否合理直接影响财务评价的结论，所以在进行财务分析计算之前，应做好这项基础工作。

9.2.1 财务评价基础数据与参数的范围

财务评价涉及的基础数据很多，按其作用可以分为两类：一类是计算用数据和参数；另一类是判别用参数，或称基准参数。

1. 计算用数据和参数

计算用数据和参数可分为初级数据和派生数据两类。财务评价需要大量的初级数据，例如产出品数量、销售价格、原材料及燃料动力消耗量及价格、人员数量和工资、折旧和摊销年限、成本计算中的各种费率、各种税率、汇率、利率、计算期和运营负荷等计算用数据和参数。成本费用、营业收入、营业税金及附加、增值税等可以看作是为财务分析所用的计算用数据，它们是通过初级数据计算出来的，可以称为派生数据。初级数据应是最受关注的数据，它们的确定是否合理，将直接影响成本费用、营业收入等的估算，进而影响财务评价结果的可信度。因此，在进行财务分析之前，必须做好这些基础性工作。

2. 判别用参数

判别用参数是用于判别项目效益是否满足要求的基准参数，如基准收益率或最低可接受收益率、基准投资回收期、基准投资利润率及偿债备付率等比率指标。判别用参数往往需要通过专门分析和测算得到，或者直接采用有关部门或行业的发布值，或者由投资者自行确定。这类基准参数决定着对项目效益的判断，是取舍项目的重要依据。

9.2.2 财务评价的价格体系

1. 影响价格变动因素的分类

影响价格变动的因素很多，但归纳起来分为两类。

1）相对价格变动因素

相对价格是指商品间的价格比例关系。导致商品相对价格发生变化的因素很复杂，例如供应量的变化、价格政策的变化、劳动生产率变化等可能引起商品间比价的改变；消费水平变化、消费习惯改变、可替代产品的出现等引起供求关系发生变化，从而使供求均衡价格发生变化，引起商品间比价的改变等。

2）绝对价格变动因素

绝对价格是指用货币单位表示的商品价格水平。绝对价格变动一般体现为物价总水平的变化，即因货币贬值（通货膨胀）引起的所有商品价格的普遍上涨，或因货币升值（通货紧缩）引起的所有商品价格的普遍低落。

2. 财务评价涉及的价格体系

财务评价涉及的价格体系有三种，即固定价格体系、实价体系和时价体系，同时涉及三种价格，即基价、实价、时价。

1）基价

基价是指以基年价格水平表示的，不考虑其后价格变动的价格，也称固定价格。如果采用基价，项目计算期内各年价格都是相同的，这就形成了财务评价的固定价格体系。一般选择评价工作进行的年份为基年，也有选择预计的开始建设年份的。例如某项目财务评价在2002年进行，一般选择2002年为基年。假定某货物A在2002年的价格为100元，即其基价为100元，是以2002年价格水平表示的。基价是确定项目涉及的各种货物预测价格的基础，也是估算建设投资的基础。

2）时价

时价是指任何时候的当时市场价格。它既包含相对价格变动影响，又包含绝对价格变动影响，以当时的价格水平来表示的。以基价为基础，按照预计的各种货物的不同价格上涨率（可称为时价上涨率），可分别求出它们在计算期内任何一年的时价。假定货物A的时价上涨率为2%，在2002年基价100元的基础上，2003年的时价应为[100×(1+2%)]，即102元。若2004年货物A的时价上涨率为3%，则2004年货物A的时价为[100×(1+2%)×(1+3%)]，即105.06元。设基价为P_b，时价为P_c，各年的时价上涨率为c_i，$i=1-n$，c_i可以各年相同，也可以不同，则第n年的时价为：

$$P_{cn}=P_b\times(1+c_1)\times(1+c_2)\times\cdots\times(1+c_n) \qquad (9-1)$$

若各年c_i相同，则有：

$$P_{cn}=P_n\times(1+c_i)^n \qquad (9-2)$$

3）实价

实价是指以基年价格水平表示的，只反映相对价格变动因素影响的价格。可以由时价中扣除通货膨胀因素影响来求得实价。若通货膨胀率为3.5%，则2003年货物A的实价为[102/(1+3.5%)]，即98.55元。这可以说明，虽然看起来2003年A的价格比2002年上涨了2%，但扣除通货膨胀影响后，货物A的实际价格反而比2002年降低了，这有可能是由于某种原因使得其相对价格发生了变动。如果把实际价格的变化率称为实价上涨率，那么货物 A 的实价上涨率为：

$$\frac{1+2\%}{1+3.5\%}-1=-1.45\%$$

只有当时价上涨率大于通货膨胀率时，该货物的实价上涨率才会大于 0，此时说明该货物价格上涨超过物价总水平的上涨。设第 i 年的实价上涨率为 r_i，通货膨胀率为 f_i，各年的时价上涨率 c_i 和通货膨胀率 f_i 都不变，则有：

$$r_i=\frac{(1+c_i)^i}{(1+f_i)^i}-1 \qquad (9-3)$$

如果货物间的相对价格保持不变，即实价上涨率为零，那么实价值就等于基价值，同时意味着各种货物的时价上涨率相同，亦即各种货物的时价上涨率等于通货膨胀率。

3. 财务评价的取价原则

1）财务评价应采用预测价格

财务评价是对拟建项目未来的效益与费用进行分析，而无论投入还是产出的未来价格都会发生各种各样的变化，为了合理反映项目的效益和财务状况，财务评价应采用预测价格。预测价格应考虑价格变动因素，即各种产品相对价格变动和价格总水平变动（通货膨胀或者通货紧缩）。由于建设期和生产经营期的投入产出情况不同，应区别对待。基于在投资估算中已经预留了建设期涨价预备费，因此建筑材料和设备等投入品可采用一个固定的价格计算投资费用，其价格不必年年变动。生产运营期的投入品和产出品，应根据具体情况选用固定价格或者变动价格进行财务评价。

2）盈利能力分析原则上应采用的价格体系

进行盈利能力分析，原则上一般采用只考虑相对价格变动因素的预测价格，计算不含通货膨胀因素的财务内部收益率等盈利性指标，不反映通货膨胀因素对盈利能力的影响，即采用实价体系。采用实价体系为基础计算净现值和内部收益率及进行现金流量分析是国际上比较通行的做法。这样做便于投资者考察投资的实际盈利能力。因为实价值排除了通货膨胀因素的影响，消除了因通货膨胀（物价总水平上涨）带来的"浮肿利润"，所以能够相对真实地反映投资的盈利能力，为投资决策提供较为可靠的依据。如果采用含通货膨胀因素的时价进行盈利能力分析，特别是当对投入和产出采用同一时价上涨率时，就有可能使未来收益大大增加，因此形成"浮肿利润"，夸大项目的盈利能力。

3）偿债能力分析原则上应采用的价格体系

进行偿债能力分析，预测计算期内可能存在较为严重的通货膨胀时，原则上应采用包括通货膨胀影响的变动价格计算偿债能力指标，反映通货膨胀因素对偿债能力的影响，即采用时价体系。采用时价体系进行财务预测，编制损益表、资金来源与运用表及资产负债表，有利于描述项目计算期内各年当时的财务状况，相对合理地进行偿债能力分析，这也是国际上比较通行的做法。

为了满足实际投资的需要，在投资估算中必须包含通货膨胀因素引起投资增长的部分，一般通过计算涨价预备费来体现。同样，在融资计划中也应包括这部分费用，在投入运营后的还款计划中自然包括该部分费用的偿还。因此，只有采用既包括相对价格变化，又包含通货膨胀因素影响在内的时价体系表示的投资费用、融资数额进行计算，才能真实反映项目的清偿能力。

4) 有关财务价格是否应该包含增值税的处理

在财务评价中，计算销售（营业）收入及生产成本所采用的价格，可以是含增值税的价格，也可以是不含增值税的价格，应在评价时说明采用何种计价方法。《投资项目可行性研究指南》中的财务评价报表均是按含增值税的价格设计的。对于在财务分析的表格中采用含税价格还是不含税价格，历年多有争论。按照增值税条例规定的方法计算增值税，只要处理和计算得当，采用价格是否含增值税，一般不会对项目效益的计算产生影响。

下面举例说明采用含增值税价格和不含增值税价格两种情况对损益表主要科目的影响是相同的，如表9-1所示。

表9-1 采用不同价格对损益表主要科目的影响

科 目	含增值税价格/元	不含增值税价格/元	说 明
销售收入	234	200	
销售税金及附加	1.7	1.7	按增值税额的10%计算（17×10%=1.7）
增值税	17		
总成本费用	167	150	其中外购原材料燃料动力费用117（含税）
利润总额	48.3	48.3	

表9-1中增值税额的计算说明如下。

(1) 假定投入与产出的增值税率都为17%。

(2) 销项税额=[含税收入÷(1+增值税率)]×增值税率=不含税收入×增值税率=
   [234÷(1+17%)]×17%=34元。

(3) 进项税额=[外购原材料、燃料动力含税成本÷(1+增值税率)]×增值税率=
   外购原材料、燃料动力不含税成本×增值税率=
   [117÷(1+17%)]×17%=100×17%=17元。

(4) 增值税额=销项税额-进项税额=34-17=17元。

(5) 当采用含增值税时的利润总额=234-1.7-17-167=48.3元。

(6) 当不采用含增值税时的利润总额=200-1.7-150=48.3元。

4. 财务评价所采用价格体系的简化

在实践中，并不要求对所有项目，或在所有情况下，都必须全部采用上述价格体系进行财务评价，多数情况下都允许根据具体情况适当简化。根据《建设项目经济评价方法与参数》（第三版）规定，财务分析应采用以市场价格体系为基础的预测价格：① 在建设期内，一般应考虑投入的相对价格变动及价格总水平变动；② 在运营期内，若能合理判断未来市场价格变动趋势，投入与产出可采用相对变动价格；若难以确定投入与产出的价格变动，一般可采用项目运营期初的价格；有要求时，也可考虑价格总水平的变动。

9.2.3 财务基准收益率

1. 财务基准收益率的设定

财务评价中最重要的基准参数是财务基准收益率。财务基准收益率是项目财务可行性和方案比选的主要依据，在本质上体现了投资者对资金时间价值的判断和对项目风险程度的估计。政府作为一类特殊的投资者，它的财务基准收益率由国家确定；政府以外的其他各类投资主体，原则上应根据资金成本和风险收益自行决定项目的财务基准收益率，或将其认可的项目最低可接受财务收益率作为项目的基准折现率。

2. 财务基准收益率的确定要与所采用价格体系相协调

财务基准收益率的确定要与所采用价格体系相协调是指采用价格是否包含通货膨胀因素的问题。如果计算期内考虑通货膨胀，并采用时价计算内部收益率，则确定财务基准收益率时也应考虑通货膨胀因素，反之亦然。是否含通货膨胀因素的财务基准收益率之间、财务内部收益率之间的关系近似为：

$$i'_c \cong i_c + f \tag{9-4}$$

$$IRR' \cong IRR + f \tag{9-5}$$

式中：i_c——不含通货膨胀因素的财务基准收益率；

i'_c——含通货膨胀因素的财务基准收益率；

IRR——不含通货膨胀因素的财务内部收益率；

IRR'——含通货膨胀因素的财务内部收益率；

f——通货膨胀率。

3. 项目投资内部收益率的基准参数

对于项目投资内部收益率来说，其基准参数可采用行业或专业（总）公司统一发布并执行的财务基准收益率，或由评价者自行设定。设定时常考虑行业边际收益率、银行贷款利率、资本金的资金成本等因素。近年来，采用项目加权平均资金成本（国外简称WACC）为基础来确定项目财务基准收益率的做法已经越来越多。关于项目的加权平均资金成本的构成与计算详见本书第6章。

4. 项目资本金内部收益率的基准参数

对于项目资本金内部收益率来说，其基准参数应为最低可接受收益率。它的确定主要取决于当时的资本收益水平及资本金所有者对权益资金收益的要求，涉及资金机会成本的概念，还与投资者对风险的态度有关。最低可接受收益率最好按该项目所有资本金投资者对权益资金收益的综合要求选取；资本金投资者没有明确要求的，可以采用社会平均或行业平均的权益资金收益水平。

5. 投资各方内部收益率的基准参数

投资各方内部收益率的基准参数为投资各方对投资收益水平的最低期望值，也可称为最低可接受收益率。它只能由各投资者自行确定，因为不同投资者的决策理念、资本实力和承受风险能力有很大差异，可能会对不同项目有不同的收益水平要求。

9.3 新设法人项目的财务评价

新设法人项目财务评价的主要内容是在编制财务报表的基础上进行盈利能力分析、偿债能力分析和抗风险能力分析。

9.3.1 新设法人项目的盈利能力分析

盈利能力分析是项目财务评价的主要内容之一，是在编制现金流量表的基础上，计算财务内部收益率、财务净现值、投资回收期等指标。其中财务内部收益率为项目的主要盈利性指标，其他指标可根据项目特点及财务评价的目的、要求等选用。

按分析范围和对象不同，财务内部收益率可分为项目投资财务内部收益率、项目资本金收益率（即项目资本金财务内部收益率）和投资各方收益率（即投资各方财务内部收益率）。财务内部收益率可根据财务现金流量表中的净现金流量，用试差法计算，也可采用专用软件的财务函数计算。

1. 项目投资财务内部收益率

项目投资财务内部收益率是指考察项目融资方案确定前（未计算借款利息）且在缴纳所得税前整个项目的盈利能力，供决策者进行项目方案比选和银行金融机构进行信贷决策时参考。

由于项目各融资方案的利率不尽相同，所得税税率与享受的优惠政策也可能不同，所以在计算项目投资财务内部收益率时，不考虑利息支出和所得税，这是为了保持项目方案的可比性。

2. 项目资本金内部收益率

项目资本金收益率是以项目资本金为计算基础，考察所得税税后资本金可能获得的收益水平。

3. 投资各方财务内部收益率

投资各方财务内部收益率是以投资各方出资额为计算基础，考察投资各方可能获得的收益水平。

项目财务内部收益率（IRR）的判别依据应采用行业发布或者评价人员设定的财务基准收益率（i_c）。当 IRR$>i_c$ 时，即认为项目的盈利能力能够满足要求。资本金和投资各方内部收益率应与出资方最低期望收益率对比，以判断投资方收益水平。

9.3.2 新设法人项目的偿债能力分析

项目偿债能力分析主要是根据借款偿还计划表等有关财务报表，计算借款偿还期、利息备付率、偿债备付率等指标，评价项目借款偿债能力。如果采用借款偿还期指标，可不再计算备付率；如果计算备付率，则不再计算借款偿还期指标。

9.3.3 新设法人项目财务评价案例

1. 项目概况

某化学纤维厂是新设法人项目。该项目财务评价是在可行性研究完成市场需求预测、生产规模、工艺技术方案、原材料、燃料及动力的供应、建厂条件和厂址方案、公用工程和辅助设施、环境保护、工厂组织和劳动定员及项目实施规划诸方面的研究论证和多方案比较后,在确定了最佳方案的基础上进行的。行业基准收益率 $i_c=12\%$,基准投资回收期为 10.3 年。

项目生产国内外市场均较紧俏的某种化纤产品 N。这种产品是纺织品不可缺少的原料,国内市场供不应求,每年需要一定数量的进口。项目投产后产品可以替代进口。主要技术和设备拟从国外引进。厂址位于城市近郊,占用一般农田 250 亩,靠近铁路、公路、码头,交通运输方便。靠近主要原料和燃料产地,供应有保证。水、电供应可靠。

该项目主要设施包括生产主车间、与工艺生产相适应的辅助生产设施、公用工程及有关的生产管理、生活福利等设施。

2. 基础数据

1) 生产规模和产品方案

生产规模为年产 2.3 万吨 N 产品。产品方案为棉型及毛型两种,以棉型为主。

2) 实施进度

项目拟 3 年建成,第 4 年投产,第 4 年生产负荷达到设计能力的 70%,第 5 年达到 90%,第 6 年达到 100%。生产期按 15 年计算,计算期为 18 年。

3) 项目投入总资金的估算及资金来源

(1) 项目投入总资金的估算。项目投入总资金的估算如表 9-2 所示。其中外汇按 1 美元=6.30 元人民币计算。

表 9-2 项目投入总资金的估算汇总表　　　　单位:万元(或万美元)

序号	费用名称	投资额 合计	其中:外汇	占项目投入总资金的比例	估算说明
1	建设投资	52 205	3 923	88.05%	
1.1	建设投资静态部分	46 198	3 454	77.92%	
1.1.1	建筑工程费	5 593	0	9.43%	
1.1.2	设备及工器具购置费	23 995	2 029	40.47%	
1.1.3	安装工程费	9 364	870	15.79%	
1.1.4	工程建设其他费	3 240	241	5.46%	
	其中:土地费用	612	0	1.03%	
1.1.5	基本预备费	4 006	314	6.76%	
1.2	建设投资动态部分	6 007	469	10.13%	
1.2.1	价差预备费	1 303	0	2.20%	
1.2.2	建设期利息	4 704	469	7.93%	
2	流动资金	7 084	0	11.95%	
3	项目投入总资金(1+2)	59 289	3 923	100.00%	

（2）项目流动资金的估算。项目流动资金的估算采用分项详细估算法进行估算，估算总额为7 084万元。流动资金的估算如表9-3所示。

表9-3 流动资金估算表　　　　　　　　　　　　　　单位：万元

序号	项目	最低周转天数	周转次数	投产期		达产期			
				4	5	6	7	…	18
1	流动资产			5 997	7 711	8 567	8 567	…	
1.1	应收账款	30	12	1 194	1 535	1 705	1 705	…	
1.2	存货			4 769	6 132	6 813	6 813	…	
1.2.1	原材料							…	
1.2.2	燃料							…	
1.2.3	在产品							…	
1.2.4	产成品							…	
1.3	现金	15	24	34	44	49	49	…	
2	流动负债			1 038	1 335	1 483	1 483		
2.1	应付账款	30	12	1 038	1 335	1 483	1 483		
3	流动资金（1-2）			4 959	6 376	7 084	7 084		
4	流动资金本年增加额			4 959	1 417	708	0		

（3）资金来源。项目资本金为16 000万元，其中2 125万元用于流动资金，其余为借款，外汇全部通过中国银行向国外借款，年利率为9%；建设投资所含人民币部分由中国建设银行提供贷款，年利率为9.72%，流动资金的70%由中国工商银行贷款，年利率为8.64%。银行要求的长期借款偿还期限为10年。

4）分年资金投入计划

建设期分年资金投入计划按第1年20%、第2年55%、第3年25%的比例分配。计算建设期的分年资金投入计划时，按不考虑建设期利息的建设投资总额来计算比例分配。运营期分年资金投入计划（占流动资金总额的比例）按第4年70%、第5年20%、第6年10%的比例分配。分年资金投入计划表如表9-4所示。

自有资金投入第1年为2 775万元，第2年为7 631万元，第3年为3 469万元。建设投资人民币贷款第1年为2 373万元，第2年为6 527万元，第3年为2 966万元。建

表9-4 分年资金投入计划表　　　　　　　　　　　　单位：万元

序号	名称	人民币						外币		
		1年	2年	3年	4年	5年	6年	1年	2年	3年
	分年计划/%	20	55	25	70	20	10	20	55	25
1	建设投资（不含建设期利息）	5 148	14 158	6 435				4 352	11 968	5 440
2	建设利息	115	559	1 075				196	948	1 817
3	流动资金				4 959	1 417	708			
4	项目投入总资金（1+2+3）	5 263	14 717	7 510	4 959	1 417	708	4 548	12 916	7 257

设投资外币贷款第 1 年为 4 352 万元，第 2 年为 11 968 万元，第 3 年为 5 440 万元。建设期各年利息计算如下：

建设期第 1 年利息为 $= 2\,373 \times 9.72\% \div 2 + 4\,352 \times 9\% \div 2 = 115 + 196 = 311$（万元）

建设期第 2 年利息为 $= (2\,373 + 115 + 6\,527 \div 2) \times 9.72\% +$
$(4\,352 + 196 + 11\,968 \div 2) \times 9\% = 559 + 948 = 1\,507$（万元）

建设期第 3 年利息为 $= (2\,373 + 115 + 6\,527 + 559 + 2\,966 \div 2) \times 9.72\% +$
$(4\,352 + 196 + 11\,968 + 948 + 5\,440 \div 2) \times 9\% =$
$1\,075 + 1\,817 = 2\,892$（万元）

5) 工资及福利费估算

全厂定员为 1 100 人，其中管理人员 100 人，技术人员 200 人，工人 800 人，全年工资及福利费的估算如表 9-5 所示（其中福利费按工资总额的 14% 计取），全年工资及福利合计为 1 801 万元。

3. 项目财务评价报表

1) 年营业收入和年营业税金及附加的估算

N 产品年产 2.3 万吨，产品销售价格是根据财务评价的定价原则，考虑该产品属国内外市场较紧俏产品，在一段时间内仍呈供不应求状态，经分析论证确定产品销售价格以近几年国内市场已实现的价格为基础，预测到生产期初的市场价格，每吨出厂价按 15 400 元计算，含增值税的出厂单价为 18 018 元（15 400×1.17＝18 018 元）。年营业收入估算值在正常年份为 41 441 万元（含增值税）。

年营业税金及附加按国家规定计取，产品缴纳增值税，增值税率为 17%，城市维护建设税按增值税的 7% 计取，教育费附加按增值税的 3% 计取。营业税金及附加的估算值在正常生产年份为 300 万元，增值税的估算值在正常生产年份为 2 994 万元。年营业收入、年营业税金及附加和增值税的估算如表 9-6 所示。

2) 产品总成本费用的估算

根据需要，该项目分别做了外购原材料费用估算表、外购燃料动力费用估算表和总成本费用估算表。总成本费用的估算如表 9-7 所示，外购原材料费用的估算如表 9-8 所示，外购燃料动力费用的估算如表 9-9 所示。

总成本费用的估算说明如下。

(1) 为了与产品销售价格相对应，所有的原材料、辅助材料及燃料动力价格均以近几年市场已实现的价格为基础，预测到生产期初的价格。特别对占比重较大的原料 A 进行了分析论证，该种原料在市场上趋于供求均衡，并且在一段时期内均衡状态变化不大，所以采用的预测价格是现行市场价格，每吨到厂价按 5 100 元计算（不含增值税）。

(2) 固定资产折旧、无形资产及递延资产摊销的计算。在建设投资中，工程建设其他费用除土地费用进入固定资产原值外，其余费用均作为无形资产及递延资产。

固定资产原值为49 577万元（52 205－3 240＋612＝49 577万元），按平均年限法计算折旧，折旧年限为15年，残值率为5.5%，年折旧额为3 123万元。固定资产折旧的估算如表9-10所示。

无形资产为1 700万元，按10年摊销，年摊销费为170万元。递延资产为928万元，按5年摊销，年摊销费为186万元。无形资产及递延资产摊销的估算如表9-11所示。

（3）修理费的计算。修理费按年折旧额的50%计取，每年1 562万元。

（4）借款利息的计算。借款还本付息计划如表9-12所示。生产经营期间应计利息计入财务费用。

流动资金借款利息计入财务费用，正常年份应计利息为428万元。

（5）其他费用的计算。其他费用是在制造费用、营业费用、管理费用中扣除工资及福利费、折旧费、摊销费、修理费后的费用。为简化计算，该费用按工资及福利费的50%计取，每年约为900万元。

土地使用税每年为120万元，则其他费用共计每年为1 020万元。

3）利润与利润分配

利润与利润分配如表9-13所示。

4）财务辅助报表的主要数据传递关系

项目财务评价过程涉及还本付息表、总成本费用表、利润与利润分配表三个辅助报表，弄清楚这三个辅助报表中的相关数据是如何传递的，对看懂整个财务评价报表至关重要。图9-2表示了这三个报表之间数据传递的逻辑过程。

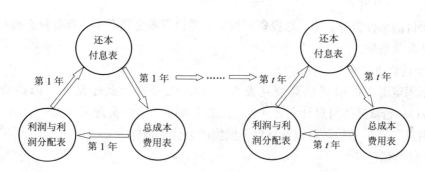

图9-2 财务评价报表中三表联动的逻辑关系

4. 财务评价结果分析

1）财务盈利能力分析

（1）项目投资现金流量表。项目投资现金流量表如表9-14所示。根据该表可计算以下财务评价指标：项目投资内部收益率为17.87%，项目财务净现值（$i_c=12\%$）为17 732.70万元，投资回收期（从建设期算起）为7.75年。项目投资内部收益率大于行业基准收益率，说明盈利能力满足了行业最低要求；财务净现值大于零，说明该项目在财务上是可以考虑接受的；投资回收期小于行业基准投资回收期10.3年，说明该项目投资能按时收回。

(2) 项目资本金现金流量表。项目资本金现金流量表如表 9-15 所示。根据该表可计算以下财务评价指标：项目资本金收益率为 19.32%，大于行业基准收益率。

(3) 利润与利润分配表、项目投入总资金估算表。根据利润与利润分配表、项目投入总资金估算表可计算以下财务评价指标。

总投资收益率（ROI）：

$$\text{ROI} = \frac{(F+Y+D)}{I} \times 100\% = \frac{9\ 387 + 428 + 3\ 123}{59\ 289} \times 100\% = 21.82\%$$

项目资本金收益率（R_e）：

$$R_e = \frac{(F+D)}{Q} \times 100\% = \frac{9\ 387 + 3\ 123}{16\ 000} \times 100\% = 78.19\%$$

总投资利润率（R'_z）：

$$R'_z = \frac{(F+Y)}{I} \times 100\% = \frac{9\ 387 + 428}{59\ 289} \times 100\% = 16.55\%$$

项目资本金利润率（ROE）：

$$\text{ROE} = \frac{F}{Q} \times 100\% = \frac{9\ 387}{16\ 000} \times 100\% = 58.67\%$$

式中：F——正常年份利润总额（本例采用 14 年至 18 年间的每年数据）。

Y——正常年贷款利息（本例采用 14 年至 18 年间的每年数据）。

I——总投资（包括建设投资和流动资金）。

D——折旧费（本例采用 14 年至 18 年间的每年数据）。

Q——自有资金。

该项目的总投资收益率、总投资利润率、项目资本金利润率、自有资金利润率均大于行业基准收益率。

2) 偿债能力分析

根据固定资产折旧费估算表（表 9-10）、无形资产及递延资产摊销费估算表（表 9-11）、借款还本付息计划表（表 9-12）、利润与利润分配表（表 9-13）、资金来源与运用表（表 9-16），可以计算以下偿债能力分析指标。

(1) 借款偿还期。

$$P_d = (借款偿还后出现盈余的年份数 - 1) + \frac{当年应偿还借款额}{当年可用于还款的收益额} =$$

$$(9-1) + \frac{2\ 457}{8\ 378} = 8.50\ 年 < 10\ 年$$

(2) 利息备付率。本例的本利息备付率按整个借款期计算。

$$\text{ICR} = \frac{\text{EBIT}}{\text{PI}} \times 100\% = \frac{利润总额 + 借款利息支付}{借款利息支付} =$$

$$\frac{118\ 410 + 19\ 257}{19\ 257} = 7.15 > 1.0$$

表 9-5 工资及福利费估算表

单位:万元

序号	项目		合计	计算期/年					
				1	2	3	4 (生产负荷70%)	5 (生产负荷90%)	6~18 (生产负荷100%)
1	工人	人数	12 000				800	800	800
		人均年工资	1.163				1.163	1.163	1.163
		工资额	13 950				930	930	930
2	技术人员	人数	3 000				200	200	200
		人均年工资	2.0				2.0	2.0	2.0
		工资额	6 000				400	400	400
3	管理人员	人数	1 500				100	100	100
		人均年工资	2.5				2.5	2.5	2.5
		工资额	3 750				250	250	250
4	工资总额		23 700				1 580	1 580	1 580
5	福利费		3 315				221	221	221
	合计		27 015				1 801	1 801	1 801

表 9-6 营业收入、营业税金及附加和增值税估算表

单位：万元

序号	项 目	合 计	计算期/年					
			1	2	3	4（生产负荷70%）	5（生产负荷90%）	6~18（生产负荷100%）
1	营业收入	605 039				29 009	37 297	41 441
	单价（含增值税）（元/吨）	18 018				18 018	18 018	18 018
	销售量（吨）	335 800				16 100	20 700	23 000
	销项税额	87 907				4 215	5 419	6 021
2	营业税金及附加	4 380				210	270	300
2.1	消费税	0				0	0	0
2.2	城市维护建设税（7%）	3 066				147	189	210
2.3	教育费附加（3%）	1 314				63	81	90
3	增值税（17%）	43 713				2 096	2 695	2 994
	销项税额	87 907				4 215	5 419	6 021
	进项税额	44 194				2 119	2 724	3 027

注：含增值税的销售单价=15 400×(1+17%)=18 018（元/吨）。
单位产品进项税额=外购原材料、燃料及动力费÷(1+增值税率)×增值税率=(6 847+892)×17%=1 316（元/吨）。
单位产品销项税额=销售单价(不含增值税)×增值税率=销售单价÷(1+增值税)×增值税率=15 400×17%=2 618（元/吨）。
单位产品增值税应纳税额=单位产品销项税额-单位产品进项税额=2 618-1 316=1 302（元/吨）。
城市维护建设税应纳税额=(增值税+消费税)的实纳税额×7%=1 302×7%=91（元/吨）。
应纳教育费附加额=(增值税+消费税)的实纳税额×3%=1 302×3%=39（元/吨）。

第9章 建设项目的财务评价

表 9-7 总成本费用估算表

单位：万元

序号	项目	合计	计算期/年											
			1~3	4	5	6	7	8	9	10	11	12	13	14~18
1	外购原材料费	269 006		12 898	16 583	18 425	18 425	18 425	18 425	18 425	18 425	18 425	18 425	18 425
2	外购燃料及动力费	35 055		1 681	2 161	2 401	2 401	2 401	2 401	2 401	2 401	2 401	2 401	2 401
3	工资及福利费	27 015		1 801	1 801	1 801	1 801	1 801	1 801	1 801	1 801	1 801	1 801	1 801
4	修理费	23 425		1 562	1 562	1 562	1 562	1 562	1 562	1 562	1 562	1 562	1 562	1 562
5	折旧费	46 850		3 123	3 123	3 123	3 123	3 123	3 123	3 123	3 123	3 123	3 123	3 123
6	摊销费	2 628		356	356	356	356	356	170	170	170	170	170	0
7	利息支付	19 257		3 793	3 575	3 085	2 406	1 683	863	428	428	428	428	428
8	其他费用	15 300		1 020	1 020	1 020	1 020	1 020	1 020	1 020	1 020	1 020	1 020	1 020
	其中：土地使用费	1 800		120	120	120	120	120	120	120	120	120	120	120
9	总成本费用合计(1+2+3+…+8)	438 536		26 234	30 181	31 773	31 094	30 371	29 365	28 930	28 930	28 930	28 930	28 760
	其中：可变成本 (1+2)	304 061		14 579	18 744	20 826	20 826	20 826	20 826	20 826	20 826	20 826	20 826	20 826
	固定成本 (3+4+5+6+7+8)	134 475		11 655	11 437	10 947	10 268	9 545	8 539	8 104	8 104	8 104	8 104	7 934
10	经营成本 (9-5-6-7)	369 801		18 962	23 127	25 209	25 209	25 209	25 209	25 209	25 209	25 209	25 209	25 209

注：第 4 年利息支付=3 548+（4 959-2 125）×8.64%=3 793（万元）。
第 5 年利息支付=3 208+（2 834+1 417）×8.64%=3 575（万元）。
第 6 年利息支付=2 657+（2 834+1 417+708）×8.64%=3 085（万元）。
第 7 年利息支付=1 978+4 959×8.64%=2 406（万元）。
第 8 年利息支付=1 255+4 959×8.64%=1 255+428=1 683（万元）。
第 9 年利息支付=435+4 959×8.64%=435+428=863（万元）。
第 10~18 年末的流动资金利息支付=4 959×8.64%=428（万元）。

表 9-8 外购原材料费用估算表

单位：万元

序号	项目	合计	计算期/年				
			1	2	3	4（生产负荷70%）	5（生产负荷90%）	6~18（生产负荷100%）
1	原材料费用	205 773				9 866	12 685	14 094
	原材料A购置费	205 773				9 866	12 685	14 094
	单价（含增值税）（元/吨）| 6 128				5 967	5 967	5 967
	数量（吨）| 335 800				16 535	21 259	23 621
	进项税额	29 886				1 433	1 842	2 047
2	辅助材料费用	63 233				3 032	3 898	4 331
	进项税额	9 198				441	567	630
3	其他材料费用	0				0	0	0
	进项税额	0				0	0	0
4	外购原材料费合计	269 006				12 898	16 583	18 425
5	外购原材料进项税额合计	39 084				1 874	2 409	2 677

注：原材料单价不含增值税是指生产单位产品所需原材料的价款，不含增值税后为5 100元/吨，含增值税后为5 100×（1+17%）=5 967元/吨。
辅助材料单价不含增值税是指生产单位产品所需辅助材料的价款，不含增值税后为1 609元/吨，含增值税后为1 609×（1+17%）=1 883元/吨。
当产品生产负荷为16 100吨时，原材料购置费=5 967×16 535=9 866（万元），进项税额=9 866÷1.17×17%=1 433（万元）。
辅助材料费用=1 883×16 100=3 032（万元），进项税额=3 032÷1.17×17%=441（万元）。
当产品生产负荷为20 700吨时，原材料购置费=5 967×21 259=12 685（万元），进项税额=12 685÷1.17×17%=1 842（万元）。
辅助材料费用=1 883×20 700=3 898（万元），进项税额=3 898÷1.17×17%=567（万元）。
当产品生产负荷为23 000吨时，原材料购置费=5 967×23 621=14 094（万元），进项税额=14 094÷1.17×17%=2 047（万元）。
辅助材料费用=1 883×23 000=4 331（万元），进项税额=4 331÷1.17×17%=630（万元）。

表 9-9 外购燃料动力费用估算表

单位：万元

序号	项目	合计	计算期/年				
			1	2	3	4（生产负荷70%）	5（生产负荷90%）	6~18（生产负荷100%）
1	燃料费用	16 659				799	1 027	1 141
	燃料购置费	16 659				799	1 027	1 141
	单价（含增值税）（元/吨）	496				496	496	496
	数量（吨）	335 800				16 100	20 700	23 000
	进项税额	2 423				116	149	166
2	动力费用	18 396				882	1 134	1 260
	动力购置费	18 396				882	1 134	1 260
	单价（含增值税）（元/吨）	548				548	548	548
	数量（吨）	335 800				16 100	20 700	23 000
	进项税额	2 687				129	166	184
3	外购燃料及动力费用合计	35 055				1 681	2 161	2 401
4	外购燃料及动力进项税额合计	5 110				245	315	350

注：燃料包括煤和水，燃料单价是指生产单位产品所需燃料的费用，不含增值税时单价为 104+320=424 元/吨，含增值税后的单价=424×(1+17%)=496(元/吨)。
动力包括电，动力单价是指生产单位产品所需动力的费用，不含增值税时单价为 468 元/吨，含增值税后的单价=468×(1+17%)=548(元/吨)。
当产品生产数量为 16 100 吨时，燃料购置费=496×16 100=799(万元)，进项税额=799÷1.17×17%=116(万元)。
动力费用=548×16 100=882(万元)，进项税额=882÷1.17×17%=129(万元)。
当产品生产数量为 20 700 吨时，燃料购置费=496×20 700=1 027(万元)，进项税额=1 027÷1.17×17%=149(万元)。
动力费用=548×20 700=1 134(万元)，进项税额=1 134÷1.17×17%=166(万元)。
当产品生产数量为 23 000 吨时，燃料购置费=496×23 000=1 141(万元)，进项税额=1 141÷1.17×17%=166(万元)。
动力费用=548×23 000=1 260(万元)，进项税额=1 260÷1.17×17%=184(万元)。

表 9 - 10 固定资产折旧费估算表

单位：万元

序号	项目	计算期/年																	
		1	2	3	4	5	6	7	8	9	10	11	12	13	14	15	16	17	18
1	固定资产原值				49 577	49 577	49 577	49 577	49 577	49 577	49 577	49 577	49 577	49 577	49 577	49 577	49 577	49 577	49 577
2	本年折旧费				3 123	3 123	3 123	3 123	3 123	3 123	3 123	3 123	3 123	3 123	3 123	3 123	3 123	3 123	3 123
3	净值				46 454	43 330	40 207	37 084	33 960	30 837	27 714	24 590	21 467	18 343	15 220	12 097	8 973	5 850	2 727

表 9 - 11 无形资产及递延资产摊销费估算表

单位：万元

序号	项目	计算期/年																	
		1	2	3	4	5	6	7	8	9	10	11	12	13	14	15	16	17	18
1	无形资产				1 700	1 530	1 360	1 190	1 020	850	680	510	340	170					
	原值				1 700	1 700	1 700	1 700	1 700	1 700	1 700	1 700	1 700	1 700					
	本年摊销费				170	170	170	170	170	170	170	170	170	170					
	净值				1 530	1 360	1 190	1 020	850	680	510	340	170	0					
2	递延资产				928	742	557	371	186										
	原值				928	928	928	928	928										
	本年摊销费				186	186	186	186	186										
	净值				742	557	371	186	0										
3	合计				2 628	2 272	1 917	1 561	1 206	850	680	510	340	170	-170				
	原值				2 628	2 628	2 628	2 628	2 628	1 700	1 700	1 700	1 700	1 700					
	本年摊销费				356	356	356	356	356	170	170	170	170	170					
	净值				2 272	1 917	1 561	1 206	850	680	510	340	170	0					

第9章 建设项目的财务评价

表 9-12 借款还本付息计划表

单位：万元

序号	项目	合计	1	2	3	4	5	6	7	8	9
1	借款										
1.1	年初本息余额	173 679	0	7 036	27 038	38 335	34 557	28 432	20 889	12 914	4 477
1.2	本年借款	33 626	6 725	18 495	8 406						
1.3	本年应计利息	17 790	311	1 507	2 892	3 548	3 208	2 657	1 978	1 255	435
1.4	本年还本付息	51 417				7 326	9 333	10 200	9 953	9 691	4 912
	其中：还本	38 335				3 778	6 125	7 543	7 975	8 436	4 477
	付息	13 081				3 548	3 208	2 657	1 978	1 255	435
1.5	年末本息余额	101 269	7 036	27 038	38 335	34 557	28 432	20 889	12 914	4 477	0
2	还本资金来源	42 750				3 778	6 125	7 543	7 975	8 436	8 892
2.1	当年可用于还本的未分配利润	22 062				299	2 647	4 064	4 497	4 957	5 599
2.2	当年可用于还本的折旧和摊销	20 688				3 479	3 479	3 479	3 479	3 479	3 293
2.3	以前年度结余可用于还本资金	0				0	0	0	0	0	0
2.4	可用于还款的其他资金	0				0	0	0	0	0	0

注：建设期末贷款本息和为 38 335 万元，其中外币借款本息和为 24 720 万元，人民币借款本息和为 13 615 万元，外币借款年利率为 9%，人民币借款利率为 9.72%，在投产后按最大偿还能力偿还建设期本息。先偿还外币，再偿还人民币。

第 4 年末的利息为 24 720×9%＋13 615×9.72%＝2 225＋1 323＝3 548（万元）。

第 5 年末的利息为 (24 720－3 778)×9%＋13 615×9.72%＝20 942×9%＋1 323＝3 208（万元）。

第 6 年末的利息为 (24 720－3 778－6 125)×9%＋13 615×9.72%＝14 817×9%＋1 323＝2 657（万元）。

第 7 年末的利息为 (24 720－3 778－6 125－7 543)×9%＋13 615×9.72%＝7 274×9%＋1 323＝1 978（万元）。

第 8 年末的利息为 [13 615－(7 975－7 274)]×9.72%＝1 255（万元）。

第 9 年末可用于偿还建设期本息的资金有 8 892 万元（其中可供分配利润为 5 599 万元，折旧与摊销 3 293 万元），而第 9 年末只需还本付息 4 477 万元，故 9 年末就偿还完建设期借款，即第 9 年的可供分配利润还借款为 4 477 万元。

用第 9 年末可用于偿还建设期本息和(12 914－8 436)×9.72%＝4 477 万元。

表 9-13 利润与利润分配表

单位：万元

序号	项目	合计	计算期/年 1	2	3	4	5	6	7	8	9	10	11	12	13	14	15	16	17	18
1	营业收入	605 039				29 009	37 297	41 441	41 441	41 441	41 441	41 441	41 441	41 441	41 441	41 441	41 441	41 441	41 441	41 441
2	营业税金及附加	4 380				210	270	300	300	300	300	300	300	300	300	300	300	300	300	300
3	增值税	43 713				2 096	2 695	2 994	2 994	2 994	2 994	2 994	2 994	2 994	2 994	2 994	2 994	2 994	2 994	2 994
4	总成本费用	438 536				26 234	30 181	31 773	31 094	30 371	29 365	28 930	28 930	28 930	28 930	28 760	28 760	28 760	28 760	28 760
5	利润总额 (1-2-3-4)	118 410				469	4 151	6 374	7 053	7 776	8 782	9 217	9 217	9 217	9 217	9 387	9 387	9 387	9 387	9 387
6	弥补以前年度亏损	0				0	0	0	0	0	0	0	0	0	0	0	0	0	0	0
7	应纳税所得额 (5-6)	118 410				469	4 151	6 374	7 053	7 776	8 782	9 217	9 217	9 217	9 217	9 387	9 387	9 387	9 387	9 387
8	所得税 (25%)	29 602				117	1 038	1 594	1 763	1 944	2 195	2 304	2 304	2 304	2 304	2 347	2 347	2 347	2 347	2 347
9	税后利润 (5-8)	88 807				352	3 114	4 781	5 290	5 832	6 586	6 913	6 913	6 913	6 913	7 040	7 040	7 040	7 040	7 040
10	提取法定盈余公积金	8 881				35	311	478	529	583	659	691	691	691	691	704	704	704	704	704
11	提取公益金	4 440				18	156	239	265	292	329	346	346	346	346	352	352	352	352	352
12	提取任意盈余公积金	0				0	0	0	0	0	0	0	0	0	0	0	0	0	0	0
13	可供分配利润 (9-10-11-12)	75 486				299	2 647	4 064	4 497	4 957	5 599	5 876	5 876	5 876	5 876	5 984	5 984	5 984	5 984	5 984
14	应付利润（股利分配）	54 545				0	0	0	0	0	1 121	5 876	5 876	5 876	5 876	5 984	5 984	5 984	5 984	5 984
15	未分配利润 (13-14)	20 941				299	2 647	4 064	4 497	4 957	4 477	0	0	0	0	0	0	0	0	0
16	累计未分配利润	247 631				299	2 946	7 009	11 506	16 463	20 941	20 941	20 941	20 941	20 941	20 941	20 941	20 941	20 941	20 941

注：法定盈余公积金按照税后利润10%的比例提取；公益金按照税后利润的5%的比例提取；不提任意盈余公积金。

每年可供分配利润全部用于应付利润。第9年末可供分配利润为5 599万元，支付长期借款本金4 477万元，应付利润为1 121万元。

在长期借款清偿后，每年可供分配利润全部用于应付利润。

若企业发生亏损，发生的年度亏损可以用下一年度的利润弥补；下一年度利润不足弥补的，可以在5年内用所得税前利润延续弥补，用缴纳所得税后利润延续5年未弥补的亏损，用缴纳所得税后的利润弥补。

表 9-14 项目投资现金流量表

单位:万元

序号	项目	合计	计算期(年)																	
			1	2	3	4	5	6	7	8	9	10	11	12	13	14	15	16	17	18
1	现金流入	614 850	0	0	0	29 009	37 297	41 441	41 441	41 441	41 441	41 441	41 441	41 441	41 441	41 441	41 441	41 441	41 441	51 252
1.1	营业收入	605 039				29 009	37 297	41 441	41 441	41 441	41 441	41 441	41 441	41 441	41 441	41 441	41 441	41 441	41 441	41 441
1.2	回收固定资产余值	2 727																		2 727
1.3	回收流动资金	7 084																		7 084
1.4	其他现金流入	0																		
2	现金流出	472 179	9 500	26 126	11 875	26 227	27 509	29 211	28 503	28 503	28 503	28 203	28 503	28 503	28 503	28 503	28 503	28 503	28 503	28 503
2.1	建设投资(不含建设期利息)	47 501	9 500	26 126	11 875															
2.2	流动资金	7 084				4 959	1 417	708												
2.3	经营成本	369 801				18 962	23 127	25 209	25 209	25 209	25 209	25 209	25 209	25 209	25 209	25 209	25 209	25 209	25 209	25 209
2.4	营业税金及附加	4 080				210	270	300	300	300	300	300	300	300	300	300	300	300	300	300
2.5	增值税	43 713				2 096	2 695	2 994	2 994	2 994	2 994	2 994	2 994	2 994	2 994	2 994	2 994	2 994	2 994	2 994
2.6	其他现金流出	0																		
3	净现金流量(1−2)	142 670	−9 500	−26 126	−11 875	2 782	9 788	12 230	12 938	12 938	12 938	13 238	12 938	12 938	12 938	12 938	12 938	12 938	12 938	22 749
4	累计净现金流量	142 670	−9 500	−35 626	−47 501	−44 719	−34 931	−22 700	−9 762	3 176	16 115	29 353	42 291	55 230	68 168	81 106	94 045	106 983	119 921	142 670

计算指标:项目投资财务内部收益率为 17.87%。
　　　　　项目财务净现值($i_c=12\%$)为 17 732.70 万元。
　　　　　投资回收期(从建设期算起)为 7.75 年。

表 9-15 项目资本金现金流量表

单位：万元

序号	项目	合计	计算期/年																
			1	2	3	4	5	6	7	8	9	10	11	12	13	14	15	16	17	18
1	现金流入	614 850				29 009	37 297	41 441	41 441	41 441	41 441	41 441	41 441	41 441	41 441	41 441	41 441	41 441	41 441	51 252
1.1	营业收入	605 039				29 009	37 297	41 441	41 441	41 441	41 441	41 441	41 441	41 441	41 441	41 441	41 441	41 441	41 441	41 441
1.2	回收固定资产余值	2 727																		2 727
1.3	回收流动资金	7 084																		7 084
1.4	其他现金流入	0																		
2	现金流出	526 048	2 775	7 631	3 469	31 081	36 830	40 724	40 647	40 566	36 039	31 235	31 235	31 235	31 235	31 277	31 277	31 277	31 277	36 236
2.1	项目资本金	16 000	2 775	7 631	3 469	2 125	270													
2.2	借款本金偿还	43 294				3 778	6 125	7 543	7 975	8 436	4 477									
2.3	借款利息支付	19 257				3 793	3 575	3 085	2 406	1 683	863	428	428	428	428	428	428	428	428	428
2.4	经营成本	369 801				18 962	23 127	25 209	25 209	25 209	25 209	25 209	25 209	25 209	25 209	25 209	25 209	25 209	25 209	25 209
2.5	营业税金及附加	4 380				210	270	300	300	300	300	300	300	300	300	300	300	300	300	300
2.6	增值税	43 713				2 096	2 695	2 994	2 994	2 994	2 994	2 994	2 994	2 994	2 994	2 994	2 994	2 994	2 994	2 994
2.7	所得税	29 602				117	1 038	1 594	1 763	1 944	2 195	2 304	2 304	2 304	2 304	2 347	2 347	2 347	2 347	2 347
2.8	其他现金流出	0																		
3	净现金流量 (1-2)	88 802	-2 775	-7 631	-3 469	-2 072	467	717	794	875	5 402	10 206	10 206	10 206	10 206	10 164	10 164	10 164	10 164	15 015

计算指标：项目资本金财务内部收益率为19.32%。

第 9 章 建设项目的财务评价

表 9-16 资金来源与运用表

单位：万元

序号	项目	合计	计算期/年																	
			1	2	3	4	5	6	7	8	9	10	11	12	13	14	15	16	17	18
1	资金流入	666 439	8 935	24 570	11 164	33 968	38 714	42 149	41 441	41 441	41 441	41 441	41 441	41 441	41 441	41 441	41 441	41 441	41 441	51 088
1.1	营业收入	605 039				29 009	37 297	41 441	41 441	41 441	41 441	41 441	41 441	41 441	41 441	41 441	41 441	41 441	41 441
1.2	长期借款	30 794	6 160	16 939	7 695															
1.3	短期借款	4 959				2 834	1 417	708												
1.4	发行债券	0																		
1.5	项目资本金	16 000	2 775	7 631	3 469	2 125														
1.6	其他	9 647																		9 647
2	资金流出	619 399	8 935	24 570	11 164	33 859	38 234	41 447	40 674	40 603	37 407	37 383	37 383	37 383	37 383	37 536	37 536	37 536	37 536	42 833
2.1	经营成本	368 381				18 867	23 032	25 114	25 114	25 114	25 114	25 114	25 114	25 114	25 114	25 114	25 114	25 114	25 114	25 114
2.2	营业税金及附加	4 380				210	270	300	300	300	300	300	300	300	300	300	300	300	300	300
2.3	增值税	43 713				2 096	2 695	2 994	2 994	2 994	2 994	2 994	2 994	2 994	2 994	2 994	2 994	2 994	2 994	2 994
2.4	所得税	41 067				358	1 575	2 304	2 519	2 752	3 057	3 136	3 136	3 136	3 136	3 192	3 192	3 192	3 192	3 192
2.5	建设投资(不含建设期利息)	44 669	8 935	24 570	11 164															
2.6	流动资金	7 084				4 959	1 417	708												
2.7	各种利息支出	17 694				3 503	3 277	2 801	2 150	1 444	667	428	428	428	428	428	428	428	428	428
2.8	偿还债务本金	35 112				3 866	5 968	7 226	7 597	7 999	2 457									
2.9	分配股利或利润	52 340									2 818	5 411	5 411	5 411	5 411	5 508	5 508	5 508	5 508	5 846
2.10	其他	4 959																		4 959
3	资金盈余	47 040				109	480	702	767	838	4 034	4 058	4 058	4 058	4 058	3 905	3 905	3 905	3 905	8 255
4	累计资金盈余	47 040				109	589	1 291	2 058	2 896	6 930	10 989	15 047	19 105	23 164	27 069	30 974	34 879	38 784	47 040

注：资金盈余包括提取法定盈余公积金、提取公益金、折旧费、摊销费、回收流动资金和固定资产残值减去偿还流动资金借款。

(3) 偿债备付率。本例的偿债备付率按项目的整个借款期计算。

$$DSCR = \frac{EBITAD - T_{AX}}{PD} =$$

$$\frac{固定资产折旧费+无形及递延资产摊销费+税后利润+应付利息}{借款利息支付+借款本金偿还} =$$

$$\frac{46\,850 + 2\,628 + 88\,807 + 19\,257}{19\,257 + 38\,335} = 2.734 > 1.0$$

本例中，借款偿还期能满足银行要求的期限，利息备付率、偿债备付率均满足评价标准，说明该项目偿债能力有保证。

9.4 既有法人项目的财务评价

9.4.1 既有法人项目概述

1. 既有法人项目的特点

与新设法人项目相比，既有法人项目的财务评价牵扯面广，需要数据多，复杂程度高。究其原因，它涉及企业与项目两个层次，"有项目"和"无项目"两个方面。其特殊之处主要在于以下几个方面。

(1) 在不同程度上利用了原有资产和资源，以增量调动存量，以较小的新增投入取得较大的效益。

(2) 原来已在生产，若不改扩建，原有状况也会发生变化，因此效益与费用的识别和计算较新设法人项目复杂。

(3) 建设期内建设与生产可能同步进行。

(4) 项目与企业既有联系，又有区别。既要考察项目给企业带来的效益，又要考察企业整体财务状况。

(5) 项目的效益和费用可随项目的目标不同而有很大的差别，既有法人项目的目标各异，或是依托老厂新增生产线或车间，生产新品种；或是在老装置上进行技术改造，降耗、节能、提高产品质量；或是扩大老品种的生产能力，提高产量；或是达到环境保护要求；或是上述两项以上兼而有之。因此，其效益可能表现在不同方面。

既有法人项目的费用多样，不仅包括新增投资、新增成本费用，还可能包括因改造引起的停产损失和部分原有资产的拆除和迁移费用等。

2. 项目范围的界定

一般来说，拟建项目是在企业现有基础上进行的，涉及范围可能是企业整体改造，也可能是部分改建，或者扩建、新建项目。因此，应科学地划分和界定效益与费用的计算范围。如果拟建项目建成后能够独立经营，形成相对独立的核算单位，项目所涉及的范围就是财务评价的对象；如果项目投产后的生产运营与现有企业无法分开，也不能单独计算项目发生的效益与费用，应将整个企业作为项目财务评价的对象。

例如某企业有 A、B、C 三个生产车间，拟建项目仅涉及对 A 车间的扩产，而 A 车间与其他车间仅有简单的供料关系，投入产出关系明晰，此时为简化工作，可仅将项目范围局限在 A 车间，其他均界定为"项目范围外"。但如果 A、B、C 三个车间关系紧密，其效益或费用难以明确分开，就只能将项目范围界定在整个企业。

3. 效益与费用数据的选取

对于既有法人项目的财务评价，强调"有无对比"，进行增量分析。即通过对"有项目"和"无项目"两种情况下效益和费用的比较，求得增量的效益和费用数据，并计算财务指标，作为投资决策的依据。"有项目"方案和"无项目"方案比选实际上属于互斥型方案范畴，因此可能涉及以下 5 种数据。

（1）现状数据，反映项目实施前的费用和效益现状，是单一的状态值。

（2）"有项目"数据，是预测项目实施后各年的效益与费用状况的数据。

（3）"无项目"数据，是预测在不实施该项目的情况下，原企业各年的效益与费用状况的数据。

（4）"增量"数据，是指"有项目"数据减去"无项目"数据的差额，用于增量分析。

（5）"新增数据"，是指"有项目"相对"现状"的变化额，即"有项目"效益与费用数据和现状数据的差额。

在这五套数据中，"无项目"数据的预测是一个难点，也是增量分析的关键所在。

现状数据是固定不变的，"无项目"数据是很可能发生变化的，如果不区分项目的具体情况，一律简单地用现状数据代替无项目数据，可能会影响增量数据的可靠性，进而影响财务评价结果的准确性。

4. 计算期的确定

进行"有项目"与"无项目"对比时，效益与费用的计算范围、计算期应保持一致，且具有可比性。为使计算期保持一致，应以"有项目"的计算期为基准，对"无项目"的计算期进行调整。在一般情况下，可假设通过追加投资（局部更新或者全部更新）使"无项目"时的生产运营期延长到与"有项目"的计算期相同，并在计算期末将固定资产余值回收。在某些情况下，假设通过追加投资延长其寿命期，在技术上不可行或者经济上明显不合理时，应设定"无项目"的生产运营适时终止，其后各年的现金流量为零。

5. 关于沉没成本

沉没成本也称沉没费用，是指过去已经发生的，在当前决策中可不予考虑的费用。沉没费用起源于过去的决策，与当前决策无关。在既有法人项目融资的财务评价中，沉没成本的概念得到了应用。即在项目增量盈利能力分析中，认为已有资产应作为沉没费用考虑，无论其是否在项目中得到应用。原因是从"有无对比"的角度看，没有当前项目，原有的资产也不能发挥潜力，故在计算项目增量投资和新增投资时，原有资产不应计入。

例如过去企业为以后发展预留的厂房等，若没有当前项目，这笔已花的费用也无法收回，故应计为沉没费用。如果该厂房能够脱离原有企业售出，并有明确的出售意向，或者该厂房已有明确的租出意向，此时在无项目效益预测中可以加以反映。当前项目利用企业原有设施的潜在能力的，不论其潜力有多大，已花费投资也都作为沉没费用。如果该企业将明确可以外销的产品或水、电、汽等转供该项目，那么也可以在无项目效益预测中加以考虑。

9.4.2 既有法人项目的盈利能力分析

既有法人项目强调以"有项目"和"无项目"对比得到的增量数据进行增量分析为主，以增量分析的结果作为财务评价的主要依据。其主要报表为项目增量财务现金流量表、资本金增量财务现金流量表。依据该表计算的指标有项目增量财务内部收益率、增量财务净现值和增量投资回收期及资本金增量内部收益率。这些指标的含义、计算及判别基准均与新设法人项目相同，只是依据的报表不同，采用的是"有无对比"的增量数据。

9.4.3 既有法人项目的偿债能力分析

对于新设法人项目，项目即为企业。而对于既有法人项目，根据项目范围界定的不同，可能分项目和企业两个层次。

1. 项目层次的借款偿还能力

首先可以进行项目层次的偿债能力分析，编制借款还本付息计划表，并分析拟建项目用自身产生的新增收益偿还新增债务的能力，不需要另筹资金偿还，选择计算利息备付率和偿债备付率或借款偿还期指标。需注意这种做法一般要以无项目等于现状数据为前提。

根据计算出的拟建项目偿债能力指标，可分为两种情况：一是拟建项目自身有偿债能力；二是拟建项目自身无偿债能力，需要企业另外筹资偿还。由于银行等金融机构的贷款是贷给企业法人而不是贷给项目的，银行评审时，一般是根据企业的整体资产负债结构和偿债能力决定是否贷款。有的时候，虽然项目自身无偿债能力，但是整个企业信誉好，偿债能力强，银行也可能给予贷款；有的时候，虽然项目有偿债能力，但企业整体信誉差，负债高，偿债能力弱，银行也可能不予贷款。银行等金融机构决定是否贷款，需要考察企业的整体财务能力，评价既有企业的财务状况和各笔借款的综合偿债能力。

2. 企业层次的借款偿还能力

银行等金融机构为了考察企业的整体经济实力，决定是否贷款，往往在考察现有企业财务状况的同时还要了解企业各笔借款的综合偿债能力。为了满足债权人要求，不仅需要提供项目建设前3～5年的企业主要财务报表，还需要编制企业在拟建项目建设期和投产后3～5年内（或项目偿还期内）的综合借款还本付息计划表、利润与利润分配表、资金来源与运用表和资产负债表，以便分析企业整体偿债能力。

【例题 9-1】 某企业项目设备生产线的重估值为 400 万元。若进行技术改造，则其中 200 万元的设备将在改造后继续留用，剩余设备拆除后可以变卖 200 万元。进行技术改造估计新增投资为 600 万元，改造后预测每年净收益为 200 万元，而不改造每年的净收益预测只有 80 万元。假定进行技术改造和不进行改造的项目寿命期均为 8 年，基准收益率 $i_c=10\%$。试计算该企业进行项目技术改造在经济上是否合算？

解：

绘出"有项目"和"无项目"的现金流量图，如图 9-3 所示。

$$NPV_{无}=-400+80(P/A,10\%,8)=26.79(万元)$$

$$NPV_有 = -400-600+200+200(P/A, 10\%, 8) = 266.98(万元)$$

因为 $NPV_有 > NPV_无$，所以该企业进行项目技术改造在经济上是合算的。

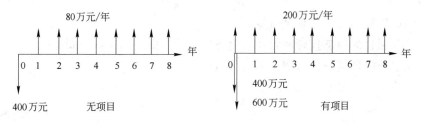

图9-3 无项目和有项目的现金流量图

思 考 题

1. 建设项目财务评价中的项目分类与特点有哪些？
2. 建设项目财务评价的概念如何？
3. 建设项目财务评价应遵循的基本原则有哪些？
4. 建设项目财务评价的内容与步骤有哪些？
5. 建设项目财务评价报表包括哪些？各有什么作用？
6. 建设项目财务评价的基础数据与参数分类有哪些？
7. 财务评价涉及的价格体系包括哪些？
8. 财务评价的取价原则包括哪些？
9. 财务基准收益率的确定与所采用价格体系的关系如何处理？
10. 新设法人项目盈利能力分析的内容包括哪些？
11. 新设法人项目偿债能力分析的内容包括哪些？
12. 既有法人项目的财务评价应注意的问题有哪些？
13. 既有法人项目的财务评价所涉及的效益与费用数据包括哪些？
14. 既有法人项目的偿债能力分析有哪些特点？
15. 案例分析题。

案 例 一

某企业拟全部使用自有资金建设市场急需产品的工业项目，建设期为1年，运营期为6年。项目投产第1年当地政府决定扶持该产品生产的启动经费为100万元，其他基本数据如下：

(1) 建设投资为1000万元。预计全部形成固定资产，固定资产使用年限为10年，期末残值为100万元。项目投产当年又投入资本金200元作为运营期的流动资金。

(2) 正常年份的年营业收入为800万元，经营成本为300万元，产品营业税金及附加税率为6%，所得税率为25%，行业基准收益率为10%，基准投资回收期为6年。

(3) 投产第1年达到设计生产能力的80%，预计这一年的营业收入、经营成本和总成本费用均按正常年份的80%计算；以后各年均达到设计生产能力。

(4) 项目运营 3 年后，预计需花费 20 万元更新新型自动控制设备配件才能维持以后的正常运营需要，该维持运营投资按当期费用计入年度总成本费用。

问题：

(1) 编制拟建项目财务现金流量表。

(2) 计算项目的静态投资回收期、财务净现值及财务内部收益指标。

(3) 从财务的角度分析拟建项目的可行性。

案 例 二

(1) 某拟建项目固定资产投资估算总额为 3 600 万元，其中：预计形成固定资产 3 060 万元（含建设期贷款利息 60 万元），无形资产 540 万元。固定资产使用年限为 10 年，残值率为 4%，固定资产余值在项目运营期末收回。该项目的建设期为 2 年，运营期为 6 年。

(2) 项目的资金投入、收益、成本等基础数据如表 9-17 所示。

表 9-17 某建设项目资金投入、收益及成本表 单位：万元

序号	项目	年份				
		1	2	3	4	5~8
1	建设投资 　其中：资本金 　　　　借款本金	1 200	340 2 000			
2	流动资金 　其中：资本金 　　　　借款本金			300 100	400	
3	年销售量/万件			60	120	120
4	年经营成本			1 682	3 230	3 230

(3) 建设投资借款合同规定的还款方式为：运营期的前 4 年等额还本，利息照付。借款利率为 6%（按年计息）；流动资金借款利率为 4%（按年计息）。

(4) 无形资产在运营期的 6 年中均匀摊入成本。

(5) 流动资金为 800 万元，在项目的运营期末全部收回。

(6) 设计生产能力为年产量 120 万件某种产品，产品售价为 38 元/件，营业税金及附加税率为 6%，所得税率为 25%，行业基准收益率为 8%。

(7) 行业平均总投资收益率为 10%，资本金净利润率为 15%。

(8) 应付投资者各方股利按股东会事先约定计取：运营期前两年按可供投资者分配利润的 10% 计取，以后各年均按 30% 计取，亏损年份不计取。期初未分配利润作为企业继续投资或扩大生产的资金积累。

(9) 本项目不考虑计提任意盈余公积金。

问题：

(1) 编制借款还本付息计划表、总成本费用估算表、利润与利润分配表。

(2) 计算项目总投资收益率和项目资本金净利润率。
(3) 编制项目资本金现金流量表,计算项目的动态投资回收期和财务净现值。
(4) 从财务的角度评价项目的可行性。

案 例 三

某拟建工业生产项目的基础数据如下。

(1) 固定资产投资估算总额为 5 263.90 万元（其中包括无形资产 600 万元），建设期为 2 年,运营期为 8 年。

(2) 该项目固定资产的投资来源为自有资金和贷款。自有资金在建设期内均衡投入；贷款总额为 2 000 万元,在建设期内每年贷款 1 000 万元。贷款年利率为 10%（按年计息）。贷款合同规定的还款方式为：运营期的前 4 年等额还本付息。无形资产在运营期的 8 年中均匀摊入成本。固定资产残值为 300 万元,按直线法折旧,折旧年限为 12 年。所得税税率为 25%。

(3) 本项目第 3 年投产,当年达产率为 70%,第 4 年达产率为 90%,以后各年均达到设计生产能力。流动资金全部为自有资金。

(4) 股东会约定正常年份按可供投资者分配利润的 50% 提取应付投资者各方的股利。运营期的前两年,按正常年份的 70% 和 90% 计算。

(5) 项目的资金投入、收益与成本如表 9-18 所示。

表 9-18 建设项目资金投入、收益与成本费用　　　　　　　单位：万元

序号	项目	年份				
		1	2	3	4	5~10
1	建设投资 其中：资本金 　　　贷款本金	1 529.45 1 000	1 529.45 1 000			
2	营业收入			3 500	4 500	5 000
3	营业税金及附加			210	270	300
4	经营成本			2 490.84	3 202.51	3 558.34
5	流动资产（现金＋应收账款＋存货＋预付账款）			532	684	760
6	流动负债（应付账款＋预收账款）			89.83	115.50	128.33
7	流动资金（5－6）			442.17	568.50	631.67

问题：

(1) 计算建设期贷款利息和运营期固定资产折旧费、无形资产摊销费。
(2) 编制项目的借款还本付息计划表、总成本费用表、利润与利润分配表。
(3) 编制项目投资现金流量表和项目资本金现金流量表。
(4) 从财务评价的角度分析该项目的可行性。

第10章 国民经济评价

10.1 国民经济评价概述

10.1.1 国民经济评价的概念及必要性

1. 国民经济评价的概念

国民经济评价是在合理配置社会资源的前提下，从国家经济整体利益的角度出发，计算项目对国民经济的贡献，分析项目的经济效益、效果和对社会的影响，评价项目在宏观经济上的合理性。对于财务现金流量不能全面、真实地反映其经济价值，需要进行国民经济评价的项目，应将国民经济评价的结论作为项目决策的主要依据之一。

2. 国民经济评价的必要性

(1) 国民经济评价为政府在资源配置中的决策提供参考依据。从国家经济发展和社会利益角度来看，存在一个基本的经济课题，即如何把有限的资源有效地分配给各种不同的经济用途，包括如何控制工程项目投资等。有限的资源包括劳动力、土地、各种自然资源、资金等。在完全的市场经济中，由市场配置资源，"看不见的手"通过市场机制调节资源的流向。在非完全的市场经济中，政府在资源配置中发挥一定的作用，项目的国民经济评价对项目的经济效益进行分析评价，为政府在资源配置中的决策提供参考依据。

(2) 国民经济评价能够全面反映项目对于国民经济的贡献与代价。项目的财务评价是站在企业投资者的立场考察项目的经济效益，而企业与国家处于不同的立场，企业的利益并不总是与国家和社会的利益完全一致。项目的财务盈利性并不一定能够全面正确地反映项目对于国民经济的贡献和代价。至少在三个方面，项目对于社会的影响可能没有被正确地反映：国家对于项目实施的征税及财务补贴、市场价格的扭曲及项目的外部费用和效益。

10.1.2 国民经济评价的范围和内容

1. 国民经济评价的范围

在市场经济充分发达的条件下，依赖市场调节的行业项目，投资通常由投资者自行决策，政府不必参与具体的项目决策。这类项目政府调节的主要作用发挥在构建合理有效的市场机制，而不在具体的项目投资决策。因此，这类项目不必进行国民经济评价，只进行财务评价。财务评价是从项目角度考察项目的盈利能力和偿债能力，在市场经济条件下，大部分项目的财务评价结论可以满足投资决策的要求。

但对于财务价格扭曲、不能真实反映项目产出的经济价值、财务成本不能包含项目对资源的全部消耗、财务效益不能包含项目产出的全部经济效果的项目，需要进行国民经济评价，从国民经济的角度评价项目是否可行。下列类型的项目应做国民经济评价：具有垄断特征的项目、产出具有公共产品特征的项目、外部效果显著的项目、资源开发项目、涉及国家经济安全的项目、受过度行政干预的项目。

2. 国民经济评价的内容

国民经济评价的内容主要是识别经济效益与经济费用，计算和选取影子价格，编制国民经济评价报表，计算国民经济评价指标并进行方案比选。

10.1.3 国民经济评价的基本要求

（1）采用费用与效益比较的理论方法。国民经济评价采用费用-效益分析方法，即费用与效益比较的理论方法，寻求以最小的投入（费用）获取最大的产出（效益）；国民经济评价采用"有无对比"方法识别项目的费用和效益；采取影子价格理论方法估算各项费用和效益；采用现金流量分析方法，使用报表分析，采用内部收益率、净现值等经济盈利性指标进行定量的经济费用效益分析。

（2）遵循费用与效益的计算范围对应一致的基本原则。在国民经济评价中，需要计算项目的外部费用和外部效益。在外部费用和外部效益计算中，计算范围的确定需要仔细分析。容易出现的一种偏差是效益的扩大化。一种谨慎的解决办法是，在衡量一项效益是否应当计入本项目的外部效益时，分析一下带来这种效益是否还需要本项目以外其他的投入（费用）。

（3）项目方案优化遵循基本的经济分析法则。国民经济评价目标是资源的合理配置，使资源使用获得最大的经济效益。在实践中，通常采取总量效益最大化或单位效率最大化两种方法。从资源最有效利用角度考虑，总量效益最大化是基本原则。在使用单位效率最大化方法时，需要分析是否会与总量效益最大化的原则相冲突。

10.1.4 国民经济评价与财务评价的关系

1. 国民经济评价与财务评价的共同点

（1）两种评价方法相同。它们都是经济效果评价，都使用基本的经济评价理论，即效益与费用比较的理论方法。同时，它们都要寻求以最小的投入获取最大的产出，都要考虑资金的时间价值，都采用内部收益率、净现值等盈利性指标评价工程项目的经济效果。

（2）两种评价的基础工作相同。两种分析都要在完成产品需求预测、工艺技术选择、投资估算、资金筹措方案等可行性研究内容的基础上进行。国民经济评价利用财务评价中所已经使用过的数据资料，以财务评价为基础进行所需要的调整计算，得到国民经济评价的结论。

（3）两种评价的计算期相同。无论国民经济评价还是财务评价，都使用相同的计算期，包括建设期和运营期。

2. 国民经济评价与财务评价的区别

（1）两种评价的基本出发点不同。财务评价是站在项目的层次上，从项目经营者、投资者、未来债权人的角度分析项目在财务上能够生存的可能性，分析各方的实际收益或损失，分析投资或贷款的风险及收益。国民经济评价则是站在国民经济的层次上，从全社会的角度分析项目的国民经济费用和效益。

（2）两种评价中费用和效益的含义和划分范围不同。财务评价只根据项目直接发生的财务收支来计算项目的费用和效益。国民经济评价则从全社会的角度考察项目的费用和效益，此时项目的有些收入和支出，从全社会的角度考虑，不能作为社会费用或收益，例如税金、补贴、国内银行贷款利息。

（3）两种评价所使用价格体系不同。财务评价使用实际的市场预测价格，国民经济评价则使用一套专用的影子价格体系。

（4）两种评价使用的参数不同。如衡量盈利性指标内部收益率，财务评价中用财务基准收益率，国民经济评价中则用社会折现率，财务基准收益率依行业的不同而不同，而社会折现率在全国各行业各地区都是一致的。

（5）两种评价的内容不同。财务评价主要有两个方面，一是盈利能力分析，另一个是偿债能力分析。而国民经济评价则只做盈利能力分析，不做偿债能力分析。

10.2　经济效益与费用的识别

10.2.1　经济效益与费用识别的基本原则与要求

1. 经济效益与费用识别的基本原则

根据《建设项目经济评价方法与参数》（第三版）的规定：经济效益的计算应遵循支付意愿（WTP）原则和（或）接受补偿意愿（WTA）原则；经济费用的计算应遵循机会成本原则。经济效益和经济费用可直接识别，也可通过调整财务效益和财务费用得到。

进行国民经济评价首先要对项目的经济效益与费用进行识别和划分，也就是要认清所评价的项目在哪些方面对整个国民经济产生费用，又在哪些方面产生效益。识别和划分费用与效益的基本原则是：凡是项目对国民经济所作的贡献，均计为项目的经济效益；凡是国民经济为项目所付出的代价，均计为项目的经济费用。也就是说，项目的国民经济效益是指项目对国民经济所作的贡献，包括项目的直接效益和间接效益；项目的国民经济费用是指国民经济为项目付出的代价，包括直接费用和间接费用。

2. 经济效益与费用识别的要求

根据《建设项目经济评价方法与参数》（第三版），建设项目经济效益与费用的识别应符合下列要求。

（1）遵循有无对比的原则。判别建设项目的经济效益与费用，要使用"有无对比"的方法，即将"有"项目（项目实施）与"无"项目（项目不实施）的情况加以对比，以确定某项经济效益与费用的存在。

（2）对项目所涉及的所有成员及群体的费用和效益做全面的分析。

（3）正确识别正面和负面外部效果，防止误算、漏算或重复计算。

（4）合理确定效益和费用的空间范围和时间跨度。

（5）正确识别和调整转移支付，根据不同情况区别对待。

10.2.2 直接效益与直接费用

1. 直接效益

直接效益是指由项目产出物直接生成，并在项目范围内计算的经济效益。直接效益一般表现为：增加项目产出物或者服务的数量以满足国内需求的效益；替代效益较低的相同或类似企业的产出物或者服务，使被替代企业减产（停产），从而减少国家有用资源耗费或者损失的效益；增加出口或者减少进口，从而增加或者节支的外汇等。项目的直接效益大多在财务评价中能够得以反映。

2. 直接费用

直接费用是指项目使用投入物所形成的，并在项目范围内计算的费用。直接费用一般表现为：其他部门为本项目提供投入物，需要扩大生产规模所耗用的资源费用；减少对其他项目或者最终消费投入物的供应而放弃的效益；增加进口或者减少出口，从而耗用或者减少的外汇等。项目的直接费用一般在项目的财务评价中能够得到反映。

10.2.3 间接效益与间接费用

项目的间接效益与费用比直接效益与费用的识别和计算要困难得多。通常把与项目相关的间接效益与费用统称为外部效果。外部效果是指项目的产出或投入无意识地给他人带来费用或效益，且项目却没有为此付出代价或为此获得收益。为防止外部效果计算扩大化，项目的外部效果一般只计算一次相关效果，不应连续计算。

1. 间接效益

间接效益是指由项目引起而在直接效益中没有得到反映的效益。例如，项目使用劳动力，使得劳动力熟练化，由没有特别技术的非熟练劳动力经训练而转变为熟练劳动力；再比如技术扩散的效益；还有城市地下轨道交通的建设使得地铁沿线附近的房地产升值的效益。间接效益一般在财务评价中不会得到反映。

根据《建设项目经济评价方法与参数》(第三版)，项目间接效益的识别应遵循以下原则。

（1）如果项目的产出效果表现为对人力资本、生命延续或疾病预防等方面的影响，如教育项目、卫生项目、环境改善工程或交通运输项目等，应根据项目的具体情况，测算人力资本增值的价值、可能减少死亡的价值，以及对健康影响的价值，并将量化结果纳入项目经济费用效益分析的框架之中。

（2）效益表现为费用节约的项目，应根据"有无对比"分析，计算节约的经济费用，计入项目相应的经济效益。

（3）对于表现为时间节约的运输项目，其经济价值应采用"有无对比"的方法，根据不同人群、货物、出行目的等，区别下列情况来计算时间节约价值。

① 根据不同人群及不同出行目的对时间的敏感程度，分析受益者为得到这种节约所愿意支付的货币数量，测算出行时间节约的价值。

② 根据不同货物对时间的敏感程度，分析受益者为得到这种节约所愿意支付的价格，测算其时间节约的价值。

2. 间接费用

间接费用是指由项目引起而在项目的直接费用中没有得到反映的费用，例如项目对自然环境造成的损害、项目产品大量出口而引起我国这种产品出口价格下降，等等。外部费用一般在项目的财务评价中没有得到反映。

1) 环境及生态影响

有些项目会对自然环境产生污染，对生态环境造成破坏，主要包括：排放污水造成水污染；排放有害气体和粉尘造成大气污染；噪声污染；放射性污染；临时性的或永久性的交通阻塞、航道阻塞；对自然生态造成破坏。项目造成的环境污染和生态破坏，是项目的一种外部费用。根据《建设项目经济评价方法与参数》(第三版)，环境及生态影响的外部效益和费用，应根据项目的时间范围和空间范围、具体特点、评价的深度要求及资料占有情况，采用适当的评估方法与技术对环境影响的外部效果进行识别、量化和货币化。

2) 技术扩散效果

一个技术先进项目的实施，由于技术人员的流动，技术在社会上扩散和推广，整个社会都将受益。但这类外部效果通常难于定量计算，一般只做定性说明。

3) 产业关联效果

项目的"上游"企业是指为该项目提供原材料或半成品的企业，项目的实施可能会刺激这些"上游"企业得到发展，增加新的生产能力或是使原有生产能力得到更充分的利用。例如，兴建汽车厂会对为汽车厂生产零部件的企业产生刺激，对钢铁生产企业产生刺激。项目的"下游"企业是指使用项目的产出物作为原材料或半成品的企业，项目的产品可能会对下游企业的经济效益产生影响，使其闲置的生产能力得到充分利用，或使其在生产上节约成本。如果在国内已经有了很大的电视机生产能力而显像管生产能力不足时，兴建显像管生产厂会对电视机厂的生产产生刺激。显像管产量增加，价格下降，可以刺激电视机的生产和消费。大多数情况下，项目的产业关联效果可以在项目的投入和产出物的影子价格中得到反映，不应再计算间接效果。也有些间接影响难于反映在影子价格中，需要作为项目的外部效果计算。

10.2.4 转移支付

项目的某些财务收益和支出,从国民经济的角度看,并没有造成资源的实际增加或者减少,而是国民经济内部的"转移支付",不计作项目的国民经济效益与费用。转移支付的主要内容包括:① 国家和地方政府的税收;② 国内银行借款利息;③ 国家和地方政府给予项目的补贴。

如果以项目的财务评价为基础进行国民经济评价时,应从财务效益与费用中剔除在国民经济评价中计作转移支付的部分。

10.3 经济效益与费用的估算

10.3.1 影子价格的概念

影子价格是指计算国民经济效益与费用时专用的价格,是能够真实反映项目投入物和产出物真实经济价值的计算价格,是反映市场供求状况和资源稀缺程度、使资源得到合理配置的计算价格。根据《建设项目经济评价方法与参数》(第三版),经济效益和经济费用应采用影子价格计算。

影子价格应当根据项目的投入物和产出物对国民经济的影响,从"有无对比"的角度研究确定。项目使用了投入物,将造成两种影响:对国民经济造成资源消耗或挤占其他用户。项目生产的产品及提供的服务也会造成两种影响:用户使用得到效益或挤占其他供应者的市场份额。

10.3.2 市场定价货物的影子价格

随着我国市场经济发展和贸易范围的扩大,大部分货物的价格由市场形成,价格可以近似反映其真实价值。若该货物或服务处于竞争性市场环境中,市场价格能够反映支付意愿或机会成本,则进行国民经济评价时,应采用市场价格作为计算项目投入物或产出物影子价格的依据。

1. 可外贸货物的影子价格

外贸货物是指项目使用或生产某种货物将直接或间接影响国家对这种货物的进口或出口,包括:项目产出物中直接出口、间接出口和替代进口的货物;项目投入物中直接进口、间接进口和减少出口的货物。

可外贸货物的影子价格以口岸价为基础进行计算,以反映其价格取值具有国际竞争力。其计算公式为:

出口产出的影子价格(出厂价)＝离岸价(FOB)×影子汇率－出口费用 (10－1)

进口投入的影子价格(到厂价)＝到岸价(CIF)×影子汇率＋进口费用 (10－2)

贸易费用是指外经贸机构为进出口货物所耗用的、用影子价格计算的流通费用，包括货物的储运、再包装、短途运输、装卸、保险、检验等环节的费用支出，以及资金占用的机会成本，但不包括长途运输费用。贸易费用一般用货物的口岸价乘以贸易费率来计算。贸易费率由项目评价人员根据项目所在地区流通领域的特点和项目的实际情况测定。

2. 非外贸货物的影子价格

非外贸货物的影子价格是指以市场价格加上或者减去国内运杂费作为影子价格。投入物影子价格为到厂价，产出物影子价格为出厂价，即：

$$投入物影子价格（到厂价）= 市场价格 + 国内运杂费 \quad (10-3)$$

$$产出物影子价格（出厂价）= 市场价格 - 国内运杂费 \quad (10-4)$$

10.3.3　政府调控价格货物的影子价格

有些货物或者服务不完全由市场机制形成价格，而是由政府调控价格，例如由政府发布指导价、最高限价和最低限价等。这些货物或者服务的价格不能完全反映其真实价值。在进行国民经济评价时，应对这些货物或者服务的影子价格采用特殊方法确定。确定影子价格的原则，投入物按成本分解法、机会成本定价，产出物按消费者支付意愿定价。

成本分解法是确定非外贸货物影子价格的一个重要方法，用成本分解法对某种货物的成本进行分解并用影子价格进行调整换算，得到该货物的分解成本。分解成本是指某种货物的制造生产所需要耗费的全部社会资源的价值，这种耗费包括各种物料投入及人工、土地等投入，也包括资本投入所应分摊的机会成本费用，这种耗费的价值都以影子价格计算。

支付意愿是指消费者为获得某种商品或服务所愿意付出的价格。在国民经济评价中采用消费者支付意愿测定影子价格也是常用的方法。

机会成本是指用于项目的某种资源若不用于本项目而用于其他替代机会，在所有其他替代机会中所能获得的最大效益。在国民经济评价中采用机会成本也是测定影子价格的重要方法之一。

现将几种主要的政府调控价格产品及服务的影子价格介绍如下。

(1) 电价。电价作为项目投入物的影子价格，一般按完全成本分解定价，电力过剩时按可变成本分解定价。电价作为项目产出物的影子价格可按电力对当地经济的边际贡献率定价。

(2) 铁路运价。铁路运价作为项目投入物的影子价格，一般按完全成本分解定价，对运能富裕的地区，按可变成本分解定价。

(3) 水价。水价作为项目投入物的影子价格，按后备水源的边际成本分解定价，或者按恢复水功能的成本计算。水价作为项目产出物的影子价格，按消费者支付意愿或者按消费者承受能力加政府补贴计算。

10.3.4 特殊投入物的影子价格

项目的特殊投入物是指项目在建设、生产运营中使用的劳动力、土地和自然资源等。项目使用这些特殊投入物所发生的国民经济费用，应分别采用下列方法确定其影子价格。

1. 影子工资

影子工资反映国民经济为项目使用劳动力所付出的真实代价，由劳动力机会成本与因劳动力转移而引起的新增资源耗费两部分构成，即：

$$劳动力的影子工资 = 劳动力机会成本 + 新增资源消耗 \quad (10-5)$$

劳动力机会成本是指劳动力如果不就业于拟建项目而从事于其他生产经营活动所创造的最大效益。它与劳动力的技术熟练程度和供求状况（过剩与稀缺）有关，技术越熟练，稀缺程度越高，其机会成本越高，反之越低。新增资源耗费是指项目使用劳动力，由于劳动者就业或者迁移而增加的城市管理费用和城市交通等基础设施投资的费用。

2. 土地的影子价格

土地是一种重要的经济资源，项目占用的土地无论是否实际支付财务成本，均应根据土地用途的机会成本原则或消费者支付意愿的原则计算其影子价格。土地的影子价格反映土地用于该拟建项目后，不能再用于其他目的所放弃的国民经济效益，以及国民经济为其增加的资源消耗。土地的影子价格按农用土地和城镇土地分别计算。

1) 生产性用地的影子价格

生产性用地主要是指农业、林业、牧业、渔业及其他生产性用地，按照这些生产性用地未来可以提供的产出物的效益及因改变土地用途而发生的新增资源消耗进行计算，即：

$$土地的影子价格 = 土地机会成本 + 新增资源消耗 \quad (10-6)$$

土地机会成本按项目占用土地后国家放弃的该土地最佳可替代用途的净效益计算。土地影子价格中新增资源消耗一般包括拆迁费用和劳动力安置费用。

农用土地影子价格可从机会成本和新增资源消耗两方面计算，也可在财务评价中土地费用的基础上调整计算。后一种的具体做法是：属于机会成本性质的费用，如土地补偿费、青苗补偿费等，按机会成本的计算方法调整计算；属于新增资源消耗费用，如拆迁费用、剩余劳动力安置费用、养老保险费用等，按影子价格调整计算；属于转移支付的，如粮食开发基金、耕地占用税等，应予以剔除。

2) 非生产性用地的影子价格

对于非生产性用地，如住宅、休闲用地等，应按照支付愿意的原则，根据市场交易价格测算其影子价格。

3. 自然资源的影子价格

自然资源影子价格是指各种自然资源是一种特殊的投入物，项目使用的矿产资源、水资源、森林资源等都是对国家资源的占用和消耗。矿产等不可再生自然资源的影子价格按资源的机会成本计算，水和森林等可再生自然资源的影子价格按资源再生费用计算。

10.4 国民经济评价的指标与报表编制

10.4.1 国民经济评价的指标

1. 经济净现值

经济净现值（ENPV）是指项目按照社会折现率将项目计算期内各年的经济净效益流量折算到建设期初的现值之和，是经济费用效益分析的主要评价指标。其计算公式为：

$$\text{ENPV} = \sum_{t=1}^{n}(B-C)_t(1+i_s)^{-t} \tag{10-7}$$

式中：B——经济效益流量；
C——经济费用流量；
$(B-C)_t$——第 t 期的经济净效益流量；
n——项目计算期；
i_s——社会折现率。

项目经济净现值等于或者大于零，说明项目可以达到符合社会折现率要求的效率水平，则该项目从经济资源配置的角度可以接受。经济净现值越大，表示项目所带来的经济效益的绝对值越大。项目经济净现值是反映项目对国民经济净贡献的绝对指标。

2. 经济内部收益率

经济内部收益率（EIRR）是指项目在计算期内经济净效益流量的现值累计等于零时的折现率，是经济费用效益分析的辅助评价指标。其计算公式为：

$$\sum_{t=1}^{n}(B-C)_t(1+\text{EIRR})^{-t} = 0 \tag{10-8}$$

如果经济内部收益率等于或者大于社会折现率，表示项目资源配置的经济效益达到了可以被接受的水平。

3. 效益费用比

效益费用比（R_{BC}）是指项目在计算期内效益流量的现值与费用流量的现值的比率，是经济费用效益分析的辅助评价指标。其计算公式为：

$$R_{BC} = \frac{\sum_{t=1}^{n}B_t(1+i_s)^{-t}}{\sum_{t=1}^{n}C_t(1+i_s)^{-t}} \tag{10-9}$$

式中：B_t——第 t 期的经济效益；
C_t——第 t 期的经济费用。

如果效益费用比大于1，表明项目资源配置的经济效益达到了可以被接受的水平。

10.4.2 国民经济评价报表的编制

编制国民经济评价报表是进行国民经济评价的基础工作之一。国民经济评价报表包括项目投资经济费用效益流量表（见表10-1）、经济费用效益分析投资费用估算调整表、经济费用效益分析经营费用估算调整表、项目直接效益估算调整表、项目间接费用估算表、项目间接效益估算表。国民经济费用效益流量表一般在项目财务评价的基础上进行调整编制，有些项目也可以直接编制。

1. 在财务评价的基础上编制国民经济效益费用流量表

以项目财务评价为基础编制国民经济费用效益流量表，应注意合理调整效益与费用的范围和内容。

（1）剔除转移支付。转移支付代表购买力的转移行为，接受转移支付的一方所获得的效益与付出方所产生的费用相等，转移支付行为本身没有导致新增资源的发生。在经济费用效益分析中，税赋、补贴、借款和利息属于转移支付，所以应将项目投资现金流量表中列支的营业税金及附加、增值税、补贴、国内借款利息作为转移支付剔除。

（2）计算外部效益与外部费用。计算外部效益与外部费用时，应根据项目的具体情况确定可以量化的项目外部效益和外部费用；要分析确定哪些是项目重要的外部效果，需要采用什么方法估算，并保持效益费用的计算口径一致。

表10-1 项目投资经济费用效益流量表   单位：万元

序号	项　　目	合计	计算期					
			1	2	3	4	…	n
1	效益流量							
1.1	项目直接效益							
1.2	资产余值回收							
1.3	项目间接效益							
2	费用流量							
2.1	建设投资							
2.2	维持运营投资							
2.3	流动资金							
2.4	经营费用							
2.5	项目间接费用							
3	净效益流量（1-2）							

计算指标：经济内部收益率　　　　%。
　　　　　经济净现值（$i_s=$　　%）　　万元。

（3）调整建设投资，用影子价格、影子汇率逐项调整构成投资的各项费用，剔除价差预备费、税金、国内借款建设期利息等转移支付项目。进口设备价格调整通常要剔除进口关税、增值税等转移支付。建筑工程费和安装工程费按材料费、劳动力的影子价格进行调整；土地费用按土地影子价格进行调整。

（4）调整流动资金。财务账目中的应收、应付款项及现金并没有实际耗用国民经济资源，在国民经济评价中应将其从流动资金中剔除。如果财务评价中的流动资金是采用扩大指标法进行估算的，国民经济评价仍应按扩大指标法，以调整后的营业收入、经营费用等乘以相应的流动资金指标系数进行估算；如果财务评价中的流动资金是采用分项详细估算法进行估算的，则应用影子价格重新分项估算。

（5）调整经营费用。用影子价格调整各项经营费用，对主要原材料、燃料及动力费用用影子价格进行调整；对劳动工资及福利费用影子工资进行调整。

（6）调整营业收入。用影子价格调整计算项目产出物的营业收入。

（7）调整外汇价值。对于国民经济评价各项营业收入和费用支出中的外汇部分，应用影子汇率进行调整，计算外汇价值。从国外引入的资金和向国外支付的投资收益、贷款本息，也应用影子汇率进行调整。

2. 直接编制国民经济费用效益流量表

有些行业的项目可能需要直接进行国民经济评价，判断项目的经济合理性。可按以下步骤直接编制国民经济费用效益流量表。

（1）确定国民经济效益、费用的计算范围，包括直接效益、直接费用和间接效益、间接费用。

（2）测算各种主要投入物的影子价格和产出物的影子价格（交通运输项目国民经济效益不按产出物影子价格计算，而是采用由于节约运输时间、费用等计算效益），并在此基础上对各项国民经济效益和费用进行估算。

（3）编制国民经济费用效益流量表。

10.5 国民经济评价的参数

国民经济评价的参数是国民经济评价的基础。正确理解和使用评价参数，对正确计算费用、效益和评价指标，以及比选优化方案具有重要的作用。国民经济评价的参数有两类：一类是计算、衡量项目的经济费用效益的各类计算参数，如各种货物、服务、土地、自然资源、汇率和工资等的影子价格，由行业或者项目评价人员测定；另一类是判断项目经济合理性的判据参数，如社会折现率，这些通用参数由有关专门机构或组织测算和发布。

10.5.1 社会折现率

社会折现率是指建设项目国民经济评价中衡量经济内部收益率的基准值，也是计算项目经济净现值的折现率，是项目经济可行性和方案比选的主要判据。社会折现率应根据国家的社会经济发展目标、发展战略、发展优先顺序、发展水平、宏观调控意图、社会成员的费用效益时间偏好、社会投资收益水平、资金供给状况、资金机会成本等因素综合测定。《建设项目经济评价方法与参数》（第三版）规定：结合当前的实际情况，目前社会折现率取值为 8%；对于受益期长的建设项目，如果远期效益较大，效益实现的风险较小，社会折现率可适当降低，但不应低于 6%。

10.5.2 影子汇率

影子汇率是指能够正确反映国家外汇经济价值的汇率。在建设项目的国民经济评价中，项目的进口投入物和出口产出物应采用影子汇率换算系数调整计算进出口外汇收支的价值。在国民经济评价中，影子汇率可通过影子汇率换算系数来计算，影子汇率换算系数是影子汇率与国家外汇牌价的比值。影子汇率应按下式来计算：

$$影子汇率 = 外汇牌价 \times 影子汇率换算系数 \qquad (10-10)$$

根据目前我国外汇收支状况、主要进出口商品的国内价格与国外价格的比较、出口换汇成本及进出口关税等因素综合分析，目前我国的影子汇率换算系数取值为 1.08。例如，当美元的外汇牌价 = 6.20 元/美元，美元的影子汇率 = 美元的外汇牌价 × 影子汇率换算系数 = 6.20 × 1.08 = 6.70 元/美元。

10.5.3 影子工资

影子工资是指建设项目使用劳动力资源而使社会付出的代价。国民经济评价中以影子工资计算劳动力费用。影子工资由劳动力的边际产出和劳动就业或者转移而引起的社会资源耗费两部分构成。在国民经济评价中，影子工资作为国民经济费用计入经营费用。

影子工资一般通过影子工资换算系数来计算。影子工资换算系数是指影子工资与项目财务评价中劳动力工资之间的比值。影子工资可按照下式来计算：

$$影子工资 = 财务工资 \times 影子工资换算系数 \qquad (10-11)$$

根据目前我国劳动力市场状况，技术劳动力的工资报酬一般可由市场供求决定，即影子工资一般可以财务实际支付工资来计算；对于非技术性劳动力，根据我国非技术劳动力就业状况，其影子工资换算系数一般取为 0.25~0.8。

思 考 题

1. 简述国民经济评价的基本要求。
2. 简述国民经济评价与财务评价的关系。
3. 简述经济效益与费用的基本原则。
4. 简述直接效益与直接费用、间接效益与间接费用的概念。
5. 影子价格的概念如何？特殊投入物的影子价格如何确定？
6. 影子工资、土地影子价格应如何确定？
7. 简述国民经济评价指标的计算和判断标准。
8. 简述国民经济评价参数的种类和概念。

第 11 章

不确定性与风险分析

11.1 不确定性分析

11.1.1 不确定性分析的概念

项目经济评价所采用的基本变量都是对未来的预测和假设,因而具有一定程度的不确定性。通过对拟建项目具有较大影响的不确定性因素进行分析,计算基本变量的增减变化引起项目财务或经济效益指标的变化,找出最敏感的因素及其临界点,预测项目可能承担的风险,使项目的投资决策建立在较为稳妥的基础上。

这里所说的不确定性分析包含了不确定性分析与风险分析两项内容,严格来讲,两者是有差异的。其区别就在于不确定性分析是不知道未来可能发生的结果,或不知道各种结果发生的可能性,由此产生的问题称为不确定性问题;风险分析是知道未来可能发生的各种结果的概率,由此产生的问题称为风险问题。人们习惯于将以上两种分析方法统称为不确定性分析。

11.1.2 不确定性产生的原因

在现实社会里,一个拟建项目的所有未来结果都是未知的。因为影响方案经济效果的各种因素(比如市场需求和各种价格)的未来变化带有不确定性,而且由于测算方案现金流量时,各种数据(比如投资额、产量)缺乏足够的信息或测算方法上的误差,使得方案经济效果评价指标值带有不确定性。因此可以说,不确定性是所有项目固有的内在特性。只是对不同的项目,这种不确定性的程度有大有小。一般情况下,产生不确定性或风险的主要原因如下所述。

(1) 项目数据的统计偏差。这是指由于原始统计上的误差、统计样本点的不足、公式或模型的套用不合理等所造成的误差。比如说,项目固定资产投资和流动资金是项目经济评价中重要的基础数据,但在实际中,往往会由于各种原因而高估或低估其数额,从而影响项目评价的结果。

(2) 通货膨胀。由于有通货膨胀的存在,会产生物价的浮动,从而会影响项目评价中所用的价格,进而导致诸如年销售收入、年经营成本等数据与实际发生偏差。

(3) 技术进步。技术进步会引起新老产品和工艺的替代,这样,根据原有技术条件和生产水平所估计出的年销售收入等指标就会与实际值发生偏差。

(4) 市场供求结构的变化。这种变化会影响到产品的市场供求状况,进而对某些指标值产生影响。

(5) 其他外部影响因素。如政府政策的变化,新的法律、法规的颁布,国际政治经济形势的变化等,均会对项目的经济效果产生一定的甚至是难以预料的影响。

当然,还有其他一些影响因素。在项目经济评价中,如果要全面分析这些因素的变化对项目经济效果的影响是十分困难的,因此在实际工作中,往往需要着重分析和把握那些对项目影响大的关键因素,以期取得较好的效果。

11.1.3 不确定性分析的作用

不确定性分析是项目经济评价中的一个重要内容。因为前面所讲的项目经济评价都是以一些确定的数据为基础,如项目总投资、建设期、年营业收入、年经营成本、年利率、设备残值等指标值,认为它们都是已知的,是确定的,即使是对某个指标值所做的估计或预测,也认为是可靠、有效的。但实际上,由于前述各种影响因素的存在,这些指标值与其实际值之间往往存在着差异,这样就对项目评价的结果产生了影响。如果不对此进行分析,仅凭一些基础数据所做的确定性分析为依据来取舍项目,就可能会导致投资决策的失误。比如说,某项目的标准折现率 i_c 定为 8%,根据项目基础数据求出的项目投资财务内部收益率为 10%,由于内部收益率大于标准折现率,根据方案评价准则自然会认为项目是可行的。但如果凭此就做出投资决策则是欠周到的,因为我们还没有考虑到不确定性问题。如果在项目实施的过程中存在通货膨胀,并且通货膨胀率高于 2%,则项目的风险就很大,甚至会变成不可行的。因此,为了有效地减少不确定性因素对项目经济效果的影响,提高项目的风险防范能力,进而提高项目投资决策的科学性和可靠性,除对项目进行确定性分析以外,还很有必要对项目进行不确定性分析。

11.1.4 不确定性分析的内容和方法

常用的不确定分析方法有盈亏平衡分析和敏感性分析。在具体应用时,要在综合考虑项目的类型、特点,决策者的要求,相应的人力、财力,以及项目对国民经济的影响程度等条件下来选择。一般来讲,盈亏平衡分析只适用于项目的财务评价,而敏感性分析则可用于财务评价和国民经济评价。

11.2 盈亏平衡分析

11.2.1 盈亏平衡分析的概念

盈亏平衡分析是指通过对产品产量、成本、利润相互关系的分析,计算项目达产年的盈亏平衡点,分析项目成本与收入的平衡关系,判断项目对产出品数量变化的适应能力和抗风险能力,故亦称量本利分析。

根据成本总额对产量的依存关系,全部成本可以分成固定成本和变动成本两部分。在一定期间把成本分解成固定成本和变动成本两部分后,再同时考虑收入和利润,建立关于成本、产销量和利润三者关系的数学模型。这个数学模型的表达形式为:

$$利润 = 营业收入 - 总成本 - 税金 \tag{11-1}$$

11.2.2 线性盈亏平衡分析

1. 线性盈亏平衡分析的基本公式

假设产量等于销售量,并且项目的营业收入与总成本费用均是产量的线性函数,则式(11-1)中:

营业收入 = 单位产品售价 × 销量

总成本费用 = 变动成本 + 固定成本 = 单位变动成本 × 产量 + 固定成本

营业税金 = (单位产品营业税金 + 单位产品增值税) × 销售量

将营业收入、总成本费用和营业税金的公式带入利润的公式,则利润的数学公式如下:

$$B = P \times Q - C_V \times Q - C_F - T \times Q \tag{11-2}$$

式中:B——利润;
P——单位产品售价;
Q——产销量;
T——单位产品营业税金及附加(当投入产出都按不含税价格时,T 不包括增值税);
C_V——单位产品变动成本;
C_F——固定总成本。

式(11-2)明确表达了量本利之间的数量关系,是基本的损益方程式。它含有相互联系的 6 个变量,给定其中 5 个,便可求出另一个变量的值。

将式(11-2)的关系反映在直角坐标系中,即成为基本的量本利图,如图 11-1 所示。

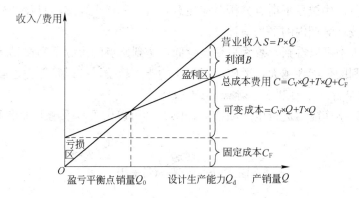

图 11-1 线性盈亏平衡分析图

图 11-1 中的横坐标为产销量，在这里假定产出量等于销售量。纵坐标为金额（总成本和营业收入）。假定在一定时期内，产品价格不变时，营业收入 S 随产销数量的增加而增加，呈线性函数关系，在图形上就是以零为起点的斜线。产品总成本 C 是固定总成本和变动总成本之和，当单位产品的变动成本和营业税金不变时，总成本也呈线性变化。

从图 11-1 可知，营业收入线与总成本线的交点是盈亏平衡点（break-even point，BEP），也叫保本点，表明企业在此产销量下总收入与总成本相等，既没有利润，也不发生亏损。在此基础上，增加产销量，营业收入超过总成本费用，收入线与成本线之间的距离为利润值，形成盈利区；反之，形成亏损区。

所谓盈亏平衡分析，就是将项目投产后的产销量作为不确定因素，通过计算企业或项目的盈亏平衡点的产销量，据此分析判断不确定性因素对方案经济效果的影响程度，说明方案实施的风险大小及投资项目承担风险的能力，为投资决策提供科学依据。根据生产成本及营业收入与产销量之间是否呈线性关系，盈亏平衡分析又可进一步分为线性盈亏平衡分析和非线性盈亏平衡分析。

2. 线性盈亏平衡分析的前提条件

(1) 生产量等于销售量。
(2) 生产量变化，单位可变成本不变，从而使总生产成本成为生产量的线性函数。
(3) 生产量变化，销售单价不变，从而使营业收入成为销售量的线性函数。
(4) 只生产单一产品，或者生产多种产品，但可以换算为单一产品计算。

3. 建设项目盈亏平衡点（BEP）的表达形式

1) 以产销量（工程量）表示盈亏平衡点的盈亏平衡分析方法

从图 11-1 可见，当企业在小于 Q_0 的产销量下组织生产，则项目亏损；在大于 Q_0 的产销量下组织生产，则项目盈利。显然产销量 Q_0 是盈亏平衡点（BEP）的一个重要表达形式。令式（11-2）中利润 $B=0$，即可导出以产销量表示的盈亏平衡点 BEP(Q)，其计算式如下：

$$\mathrm{BEP}(Q)=\frac{C_F}{P-C_V-T} \qquad (11-3)$$

对建设项目运用盈亏平衡点分析时应注意：盈亏平衡点要按项目投产后的正常年份计算，而不能按计算期内的平均值计算。

从图 11-1 中可以看到，盈亏平衡点越低，达到此点的盈亏平衡产销量就越少，项目投产后的盈利的可能性越大，适应市场变化的能力越强，抗风险能力也越强。

2) 以销售单价表示的盈亏平衡点 BEP（P）

如果按设计生产能力进行生产和销售，BEP 还可以由盈亏平衡点价格 BEP（P）来表达，即：

$$\text{BEP}(P) = \frac{C_F}{Q} + C_V + T \tag{11-4}$$

3) 以生产能力利用率表示的盈亏平衡点 BEP（%）

用生产能力利用率表示的盈亏平衡点是指盈亏平衡点销售量占企业正常销售量的比重。所谓正常销售量，是指正常市场和正常开工情况下，企业的销售数量也可以用销售金额来表示。

$$\text{BEP}(\%) = \frac{\text{BEP}(Q)}{Q} = \frac{C_F}{(P - C_V - T) \times Q} \tag{11-5}$$

4) 以销售额表示的盈亏平衡点销售额 BEP（S）

单一产品企业在现代经济中只占少数，大部分企业产销多种产品。多品种企业可以使用销售额来表示盈亏平衡点。

$$\text{BEP}(S) = \frac{P \times C_F}{P - C_V - T} \tag{11-6}$$

【例题 11-1】 项目设计生产能力为年产 50 万件产品，根据资料分析，估计单位产品价格为 100 元，单位产品可变成本为 80 元，固定成本为 300 万元，试用产量、生产能力利用率、销售额、单位产品价格分别表示项目的盈亏平衡点。已知该产品销售税金及附加的合并税率为价格的 5%，试计算该项目的产量、价格、生产能力利用率、销售额的盈亏平衡点。

解：

由公式 (11-3)、(11-4)、(11-5)、(11-6) 计算可得：

$$\text{BEP}(Q) = \frac{C_F}{P - C_V - T} = \frac{300}{100 - 80 - 100 \times 5\%} = 20(万件)$$

由 $\text{BEP}(P) = \frac{C_F}{Q} + C_V + T = \frac{300}{50} + 80 + \text{BEP}(P) \times 5\%$ 可得：

$$\text{BEP}(P) = \frac{86}{1 - 5\%} = 90.53(元)$$

$$\text{BEP}(\%) = \frac{C_F}{(P - C_V - T) \times Q} = \frac{300}{(100 - 80 - 100 \times 5\%) \times 50} \times 100\% = 40\%$$

$$\text{BEP}(S) = \frac{P \times C_F}{P - C_V - T} = \frac{100 \times 300}{100 - 80 - 100 \times 5\%} = 2\,000(万元)$$

盈亏平衡点反映了项目对市场变化的适应能力和抗风险能力。从图 11-1 中可以看出，盈亏平衡点越低，达到此点的盈亏平衡产量和收益或成本也就越少，项目投产后的盈利的可能性越大，适应市场变化的能力越强，抗风险能力也越强。根据经验，若 BEP(%)<70%，则项目相当安全，或者说可以承受较大的风险。

线性盈亏平衡分析方法简单明了，但这种方法在应用中有一定的局限性，主要表现在实际的生产经营过程中，收益和支出与产品产量之间的关系往往是呈现出一种非线性的关系，这时就需要用到非线性盈亏平衡分析方法。

11.2.3 非线性盈亏平衡分析

在垄断竞争下，随着项目产销量的增加，市场上产品的单位价格就要下降，因而营业收入与产销量之间是非线性关系；同时，企业增加产量时原材料价格可能上涨，同时要多支付一些加班费、奖金及设备维修费，使产品的单位可变成本增加，从而总成本与产销量之间也成非线性关系。这种情况下盈亏平衡点可能出现一个以上，如图 11-2 所示。

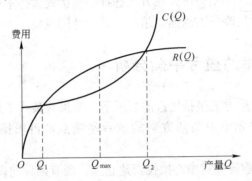

图 11-2 非线性盈亏平衡分析图

【例题 11-2】 某企业投产以后，正常年份的年固定成本为 66 000 元，单位变动成本为 28 元，单位销售价为 55 元。由于原材料整批购买，每多生产一件产品，单位变动成本可降低 0.001 元；销量每增加一件产品，售价下降 0.003 5 元。试求盈亏平衡点及最大利润时的销售量。

问题：

(1) 求盈亏平衡点的产量 Q_1 和 Q_2。

(2) 求最大利润时的产量 Q_{max}。

解：

(1) 单位产品的售价为：$(55-0.003\,5Q)$；单位产品的变动成本为：$(28-0.001Q)$。

$$C(Q)=66\,000+(28-0.001Q)Q=66\,000+28Q-0.001Q^2$$
$$R(Q)=(55-0.003\,5Q)Q=55Q-0.003\,5Q^2$$

根据盈亏平衡原理：

$$C(Q)=R(Q)$$

即

$$66\,000+28Q-0.001Q^2=55Q-0.003\,5Q^2$$

$$0.0025Q^2 - 27Q + 66\,000 = 0$$

解得:
$$Q_1 = 3\,470 \text{(件)}$$
$$Q_2 = 7\,060 \text{(件)}$$

(2) 由 $B = R - C$ 可得:
$$B = -0.0025Q^2 + 27Q - 66\,000$$

令 $B'(Q) = 0$,可得:
$$-0.005Q + 27 = 0$$
$$Q_{max} = \frac{27}{0.005} = 5\,400 \text{(件)}$$

如果一个企业生产多种产品,可换算成单一产品,或选择其中一种不确定性最大的产品进行分析。运用盈亏平衡分析,在方案选择时应优先选择平衡点较低者,盈亏平衡点越低意味着项目的抗风险能力越强,越能承受意外的风险。

11.2.4 互斥方案的盈亏平衡分析

在需要对若干个互斥方案进行比选的情况下,如果有某一个共有的不确定因素影响这些方案的取舍,可以先求出两两方案的盈亏平衡点,再根据盈亏平衡点进行方案取舍。

【例题 11-3】某物流配送中心拟投资建仓库,现有两种建设方案:方案 A 初始投资为 7 000 万元,预期年净收益 1 500 万元;方案 B 初始投资 17 000 万元,预期年收益 3 500 万元。由于该项目的市场寿命具有较大的不确定性,试分析采用何种方案比较经济(如果给定基准收益率为 15%,不考虑期末资产残值)。

解:

设项目寿命期为 n 年,则:
$$\text{NPV}_A = -7\,000 + 1\,500(P/A, 15\%, n)$$
$$\text{NPV}_B = -17\,000 + 3\,500(P/A, 15\%, n)$$

当 $\text{NPV}_A = \text{NPV}_B$ 时,有:
$$-7\,000 + 1\,500(P/A, 15\%, n) = -17\,000 + 3\,500(P/A, 15\%, n)$$
$$(P/A, 15\%, n) = 5$$

查复利系数表得:$n \approx 10$ 年。

这就是以项目寿命期为共有变量时,方案 A 与方案 B 的盈亏平衡点,如图 11-3 所示。从图 11-3 中可知:如果根据市场预测项目寿命期小于 10 年,应采用方案 A;如果寿命期在 10 年以上,则应采用方案 B。由于方案 B 年净收益比较高,项目寿命期延长对方案 B 有利。

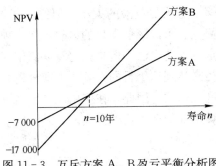

图 11-3 互斥方案 A、B 盈亏平衡分析图

【例题 11-4】 某房地产开发商拟投资开发建设住宅项目,建筑面积为 5 000 m² 到 10 000 m²,现有 A、B、C 三种建设方案,各方案的技术经济数据如表 11-1 所示。现假设资本利率为 5%,试确定各建设方案经济合理的建筑面积范围。

表 11-1 各方案的技术经济数据

方　案	造价/(元/m²)	运营费/万元	寿命/年
方案 A	1 200	35	50
方案 B	1 450	25	50
方案 C	1 750	15	50

解:

假设建筑面积为 x,则各方案的年度总成本分别为:

$$AC(x)_A = 1\,200x(A/P, 5, 50) + 350\,000$$
$$AC(x)_B = 1\,450x(A/P, 5, 50) + 250\,000$$
$$AC(x)_C = 1\,750x(A/P, 5, 50) + 150\,000$$

令: $AC(x)_A = AC(x)_B$,求得 $x_{AB} = 7\,299$ m²;
$AC(x)_B = AC(x)_C$,求得 $x_{BC} = 6\,083$ m²;
$AC(x)_A = AC(x)_C$,求得 $x_{AC} = 6\,636$ m²。

以横轴表示建筑面积,纵轴表示年度总成本,绘出盈亏平衡分析图,如图 11-4 所示。从图 11-4 中可以看出,当建筑面积小于 6 083 m² 时,方案 C 为优;当建筑面积为 6 083～7 299 m² 时,方案 B 为优;当建筑面积为大于 7 299 m² 时,方案 A 为优。

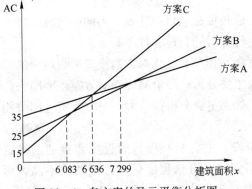

图 11-4 各方案的盈亏平衡分析图

盈亏平衡分析虽然能够度量项目风险的大小，但并不能揭示产生项目风险的根源。虽然我们知道降低盈亏平衡点就可以降低项目的风险，提高项目的安全性，也知道降低盈亏平衡点可采取降低固定成本的方法，但是如何降低固定成本，应该采取哪些可行的方法或通过哪些有效的途径来达到这个目的，盈亏平衡分析并没有给出答案，还需采用其他一些方法来帮助达到这个目的。因此，在应用盈亏平衡分析时，应注意使用的场合及欲达到的目的，以便能够正确的运用这种方法。

11.3 敏感性分析

11.3.1 敏感性分析的概念

建设项目经济评价中的敏感性分析是指分析不确定性因素增减变化对财务或经济评价指标的影响，并计算敏感度系数和临界点，找出敏感因素。

一个项目在其建设与生产经营的过程中，由于项目内外部环境的变化，许多因素都会发生变化。一般将产品价格、产品成本、产品产量（生产负荷）、主要原材料价格、建设投资、工期、汇率等作为考察的不确定因素。敏感性分析不仅可以使决策者了解不确定因素对评价指标的影响，从而提高决策的准确性，还可以启发评价者对那些较为敏感的因素重新进行分析研究，以提高预测的可靠性。

敏感性分析有单因素敏感性分析和多因素敏感性分析两种。通常只要求进行单因素敏感性分析。敏感性分析结果应采用敏感性分析表和敏感性分析图来表示。

11.3.2 单因素敏感性分析

单因素敏感性分析是对单一不确定因素变化的影响进行分析，即假设各不确定性因素之间相互独立，每次只考察一个因素，其他因素保持不变，以分析这个可变因素对经济评价指标的影响程度和敏感程度。单因素敏感性分析是敏感性分析的基本方法。

单因素敏感性分析一般按以下步骤进行。

1. 确定分析指标

分析指标的确定一般是根据项目的特点、不同的研究阶段、实际需求情况和指标的重要程度来选择，与进行分析的目标和任务有关。

如果主要分析方案状态和参数变化对方案投资回收快慢的影响，则可选用投资回收期作为分析指标；如果主要分析产品价格波动对方案超额净收益的影响，则可选用财务净现值作为分析指标；如果主要分析投资大小对方案资金回收能力的影响，则可选用财务内部收益率指标等。

如果在机会研究阶段，主要是对项目的设想和鉴别，确定投资方向和投资机会。此时，各种经济数据不完整，可信程度低，深度要求不高，可选用静态的评价指标，常采用的指标是投资收益率和投资回收期。如果在初步可行性研究和可行性研究阶段，则需选用动态的评价指标，常用财务净现值、财务内部收益率，也可以辅之以投资回收期。

由于敏感性分析是在确定性经济分析的基础上进行的，一般而言，敏感性分析的指标应与确定性经济评价指标一致，不应超出确定性经济评价指标的范围而另立新的分析指标。

2. 选择需要分析的不确定性因素

影响项目经济评价指标的不确定性因素很多，但事实上没有必要对所有的不确定因素都进行敏感性分析，而只需选择一些主要的影响因素。选择需要分析的不确定性因素时主要考虑以下两条原则：第一，预计这些因素在其可能变动的范围内对经济评价指标的影响较大；第二，对在确定性经济分析中采用该因素的数据的准确性把握不大。选定不确定性因素时应当把这两条原则结合起来进行。

对于一般投资项目来说，通常从以下几方面选择项目敏感性分析中的影响因素：① 项目投资；② 项目寿命年限；③ 项目在寿命期末的残值；④ 经营成本，特别是变动成本；⑤ 产品价格；⑥ 产销量；⑦ 项目建设年限、投产期限和产出水平达到设计能力期限；⑧ 利率、汇率、基准折现率。

3. 分析每个不确定性因素的波动程度及其对分析指标可能带来的增减变化情况

首先，对所选定的不确定性因素，应根据实际情况设定这些因素的变动幅度，其他因素固定不变。因素的变化可以按照一定的变化幅度（如±5%、±10%、±20%等）改变它的数值。其次，计算不确定性因素每次变动对经济评价指标的影响。对每一因素的每一次变动，均重复以上计算。然后，把因素变动及相应指标变动结果用表（如表 11-2 所示）或图（如图 11-6 所示）的形式表示出来，以便于测定敏感因素。

4. 确定敏感性因素

敏感性分析的目的在于寻求敏感因素。由于各因素的变化都会引起经济指标一定的变化，但其影响程度却各不相同。有些因素可能仅发生较小幅度的变化就能引起经济评价指标发生大的变动，而另一些因素即使发生了较大幅度的变化，对经济评价指标的影响也不是太大。前一类因素称为敏感性因素，后一类因素称为非敏感性因素。敏感性分析的目的在于寻求敏感因素，可以通过计算敏感度系数和临界点来判断。

1）敏感度系数

敏感度系数是项目评价指标变化率与不确定性因素变化率之比。其计算公式为：

$$S_{AF} = \frac{\Delta A/A}{\Delta F/F} \tag{11-7}$$

式中：S_{AF}——敏感度系数；

$\Delta F/F$——不确定因素 F 的变化率（%）；

$\Delta A/A$——不确定因素 F 发生 $\triangle F$ 变化率时，评价指标 A 的相应变化率（%）。

S_{AF} 值越大，表明评价指标 A 对于不确定因素 F 越敏感；反之，则越不敏感。

【例题 11-5】 某项目基本方案的财务净现值 NPV＝121.21 万元，现假设影响财务净现值大小的 3 个主要因素投资额、产品价格和经营成本变动幅度分别为±10%，每个因素单独变动后的财务净现值列在表 11-2 中。试计算财务净现值对投资额、产品价格和经营成本的敏感度系数。

表11-2 单因素变化对财务净现值（NPV）大小的影响 　　　　　　单位：万元

变化幅度 项　目	-20%	-10%	0	10%	20%	平均+1%	平均-1%
投 资 额	361.21	241.21	121.21	1.21	-118.79	-9.90%	9.90%
产品价格	-308.91	-93.85	121.21	336.28	551.34	17.75%	-17.75%
经营成本	293.26	207.24	121.21	35.19	-50.83	-7.10%	7.10%

解：

财务净现值对投资额的敏感度系数计算如下：

$$S_{AF}=\frac{\Delta A/A}{\Delta F/F}=\frac{\frac{241.21-121.21}{121.21}\times 100\%}{-10\%-0}=-9.9 \text{ 或 } S_{AF}=\frac{\frac{1.21-121.21}{121.21}\times 100\%}{10\%-0}=-9.9$$

同理，财务净现值对产品价格的敏感度系数的计算结果为17.75。财务净现值对经营成本的敏感度系数的计算结果为-7.10。根据计算所得财务净现值对投资额、产品价格和经营成本的敏感度系数，可知财务净现值对产品价格的变动最敏感。

2）临界点

临界点是指不确定因素的变化使项目由可行变为不可行的临界数值。超过极限，项目的效益指标将不可行。例如，当产品价格下降到某一值时，财务内部收益率将刚好等于基准收益率，此点称为产品价格下降的临界点。临界点可用临界点百分比或者临界值分别表示某一变量的变化达到一定的百分比或者一定数值时，项目的效益指标将从可行转变为不可行。临界点可用专用软件的财务函数计算，也可由敏感性分析图直接求得近似值。

5. 方案选择

如果进行敏感性分析的目的是对不同的投资项目或某一项目的不同方案进行选择，一般应选择敏感程度小、承受风险能力强、可靠性大的项目或方案。

【例题11-6】 某投资方案设计年生产能力为10万台，计划项目投产时总投资为1 200万元，其中建设投资为1 150万元，流动资金为50万元，预计产品价格为39元/台，营业税金及附加为营业收入的10%，年经营成本为140万元，方案寿命期为10年，到期时预计固定资产余值为30万元，基准折现率为10%。试进行投资额、单位产品价格、经营成本等影响因素对该投资方案做敏感性分析。

解：

所绘制的现金流量图如图11-5所示。

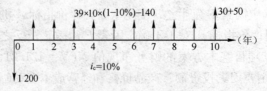

图11-5 现金流量图

选择净现值为敏感性分析的对象。根据净现值的计算公式，可计算出项目在初始条件下的净现值。

$$FNPV_0 = -1\,200 + [39 \times 10 \times (1-10\%) - 140] \times (P/A, 10\%, 10) + 80 \times (1+10\%)^{-10} = 121.21(万元)$$

由于 $FNPV_0 > 0$，该项目是可行的。

以下对项目进行敏感性分析。

取定三个因素：投资额、产品价格和经营成本，然后令其逐一在初始值的基础上按 $\pm 10\%$、$\pm 20\%$ 的变化幅度变动，分别计算相对应的财务净现值的变化情况，得出结果如表 11-2 及图 11-6 所示。

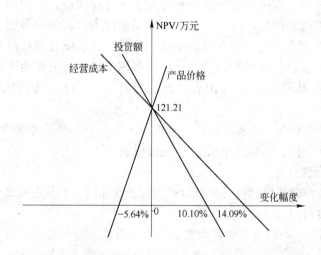

图 11-6　单因素敏感性分析图

由表 11-2 和图 11-6 可以看出，在各个变量因素变化率相同的情况下，产品价格的变动对净现值的影响程度最大。当其他因素均不发生变化时，产品价格每下降 1%，净现值下降 17.75%，并且还可以看出，当产品价格下降幅度超过 5.64% 时，财务净现值将由正变负，亦即项目由可行变为不可行。对财务净现值影响较大的因素是投资额，当其他因素均不发生变化时，投资额每增加 1%，财务净现值将下降 9.90%，当投资额增加的幅度超过 10.10% 时，财务净现值由正变负，项目变为不可行。对财务净现值影响最小的因素是经营成本，在其他因素均不发生变化的情况下，经营成本每上升 1%，财务净现值下降 7.10%，当经营成本上升幅度超过 14.09% 时，财务净现值由正变负，项目变为不可行。

由此可见，按财务净现值对各个因素的敏感程度来排序，依次是产品价格、投资额、经营成本，最敏感的因素是产品价格。因此，从方案决策的角度来讲，应该对产品价格进行进一步更准确的测算，因为从项目风险的角度来讲，如果未来产品价格发生变化的可能性较大，则意味着这一投资项目的风险性亦较大。

需要说明的是，单因素敏感性分析虽然对于项目分析中不确定因素的处理是一种简便易行、有效实用的变化方法，适用于分析最敏感的因素，但它是以假定其他因素不变为前提，而这种假定条件在实际经济活动中是很难实现的。

11.3.3 多因素敏感性分析

多因素敏感性分析是对两个或两个以上互相独立的不确定因素同时变化时，分析这些变化的因素对经济评价指标的影响程度和敏感程度。

单因素敏感性分析的方法简单，但其不足在于忽略了各因素之间相互作用的可能性。实际上，一个因素的变动往往也伴随着其他因素的变动。例如，固定资产投资的变化可能导致设备残值的变化；产品价格的变化可能引起需求量的变化，从而引起市场销售量的变化，等等。多因素敏感性分析考虑了这种相关性，因而能反映几个因素同时变动对项目评价指标产生的综合影响，弥补了单因素分析的局限性，更全面地揭示了事物的本质。因此，在对一些有特殊要求的项目进行敏感性分析时，除进行单因素敏感性分析外，还应进行多因素敏感性分析。多因素敏感性分析由于要考虑可能发生的各种因素不同变动情况的多种组合，因此计算起来要比单因素敏感性分析复杂得多。

多因素敏感性分析的方法有两种：一是把一次改变一个参数的敏感性分析方法应用到多参数的敏感性分析；二是采用乐观-悲观分析法。

1. 敏感面分析法

一次改变一个参数的敏感性分析可以得到敏感性曲线。如果分析 2 个参数同时变化的敏感性，则可以得到敏感面。

【例题 11-7】 某项目有关数据如表 11-3 所示。假定最关键的可变因素为初始投资与年收入，并考虑它们同时发生变化，试进行该项目净年值指标的敏感性分析。

表 11-3 某项目有关数据表　　　　　　　　　　单位：万元

项　目	初始投资	寿命/年	残　值	年收入	年支出	折现率
估计值	10 000	5	2 000	5 000	2 200	8%

解：

令 x、y 分别代表初始投资及年收入变化的百分数，则可得项目必须满足下式才能成为可行：

$$\text{NAV} = -10\,000(1+x)(A/P, 8\%, 5) + 5\,000(1+y) - 2\,200 + 2\,000(A/F, 8\%, 5) = 636.32 - 2\,504.60x + 500y$$

如果 NAV≥0 或 $636.32 - 2\,504.60x + 500y \geq 0$，则该投资方案可以盈利 8% 以上。将以上不等式绘制成图形，就得到如图 11-7 所示的 NAV=0 时直线上下的两个区域。这是一个直线方程，在临界线上 NAV=0，在临界线左上方的区域 NAV>0，在临界线右下方的区域 NAV<0，其中所希望的区域 NAV≥0 占优势。如果预计造成±20%的估计误差，则 NAV 对投资增加比较敏感。例如投资增加 10%，年收入减少 10%，则 NAV<0，此时便达不到 8%的基准收益率。

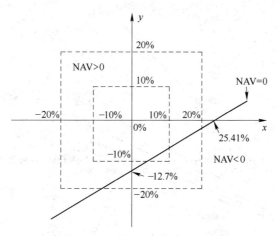

图 11-7　2 个参数的敏感性分析图

【例题 11-8】 假设上例中寿命也是一个重要的敏感性参数，试进行初始投资、年收入和寿命 3 个参数同时变化的敏感性分析。

解：

要推导出一个三维的敏感性分析数学表达式是困难的。但可以先根据每一个可能的方案寿命画出来的一组盈亏线来考察 NAV，然后根据结果考察改变这 3 个参数的估计误差的敏感性。

设以 t（寿命）为自变量，则有：

$$\text{NAV}(t) = -10\,000(1+x)(A/P, 8\%, t) + 5\,000(1+y) - 2\,200 + 2\,000(A/F, 8\%, t) \geq 0$$

$\text{NAV}(2) = -1\,846.62 - 5\,607.70x + 5\,000y \geq 0$

$y \geq 0.369 + 1.121x$

$\text{NAV}(3) = -464.24 - 3\,880.30x + 5\,000y \geq 0$

$y \geq 0.093 + 0.776x$

$\text{NAV}(4) = -224.64 - 3\,019.20x + 5\,000y \geq 0$

$y \geq -0.045 + 0.604x$

$\text{NAV}(5) = -636.32 - 2\,504.60x + 5\,000y \geq 0$

$y \geq -0.127 + 0.500x$

$\text{NAV}(6) = -909.44 - 2\,163.20x + 5\,000y \geq 0$

$y \geq -0.182 + 0.433x$

$\text{NAV}(7) = -1\,121.15 - 1\,920.70x + 5\,000y \geq 0$

$y \geq 0.224 + 0.384x$

根据以上方程可画出如图 11-8 所示的一组盈亏线。在寿命盈亏线上的区域 NAV>0，在盈亏线以下的区域 NAV<0。

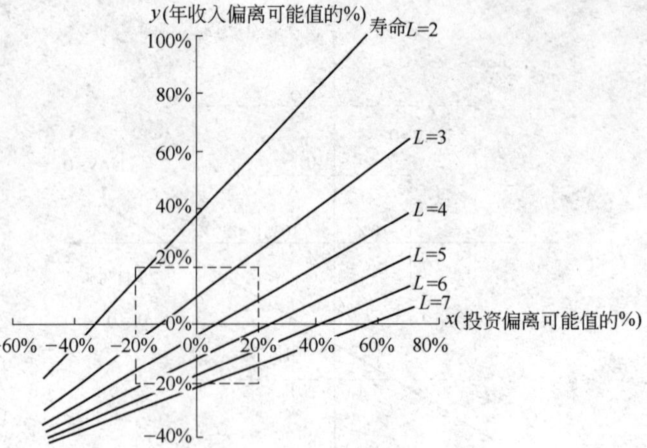

图 11-8　3个参数的敏感性分析图

由图 11-8 看出，在初始投资（x）和年收入（y）偏离最可能值±20%的变化范围内，当 $t=5,6,7$ 时，均显示良好的投资盈利效果。但当 $t=4$ 时，所需投资和年收入的允许变动范围非常小。例如，当 $t=4$ 时，如果投资增加 20%，为了使 NAV＞0，年收入至少必须增加 7.5%。

2. 乐观-悲观分析法

多因素敏感性分析要考虑可能发生的多种因素不同变动幅度的多种组合，计算起来要比单因素敏感性分析复杂得多。当分析的不确定因素不超过 3 个，且指标计算比较简单时，可以采用乐观-悲观分析法。

乐观-悲观分析法的基本思路是：对技术方案的各种参数分别给出三个预测值（估计值），即悲观的预测值 P，最可能的预测值 M，乐观的预测值 O。根据这三种预测值即可对技术方案进行敏感性分析并做出评价。

【例题 11-9】 某企业准备购置新设备，投资、寿命等数据如表 11-4 所示。假设 $i_c=8\%$，试就使用寿命、年支出和年营业收入三项因素按最有利、很可能和很不利三种情况进行净现值敏感性分析。

表 11-4　新设备的相关数据　　　　　　　　单位：万元

因素 因素变化	总投资	使用寿命	年销售收入	年支出
最有利（O）	15	18	11	2
很可能（M）	15	10	7	4.3
最不利（P）	15	8	5	5.7

解：

计算过程如表 11-5 所示。

在表 11-4 中最大的 NPV 是 69.35 万元，即寿命、营业收入、年支出均处于最有利状态时：

$$NPV=(11-2)\times(P/A,8\%,18)-15=9\times 9.372-15=69.35（万元）$$

在表 11-4 中，最小的 NPV 是 -21.56 万元，即寿命在 O 状态，营业收入和年支出在 P 状态时：

$$NPV=(5-5.7)\times(P/A,8\%,18)-15=-0.7\times9.372-15=-21.56(万元)$$

表 11-5 乐观-悲观敏感性分析　　　　　　　　　单位：万元

净现值	年支出								
	O			M			P		
年销售收入	寿命								
	O	M	P	O	M	P	O	M	P
O	69.35	45.39	36.72	47.79	29.89	23.50	34.67	20.56	15.46
M	31.86	18.55	13.74	10.3	3.12	0.52	-2.82	-6.28	-7.53
P	13.12	5.13	2.24	8.44	-10.30	-10.98	-21.56	-19.70	-19.00

综上所述，敏感性分析在一定程度上就各种不确定因素的变动对方案经济效果的影响做了定量描述。这有助于决策者了解方案的风险情况，有助于确定在决策过程中及各方案实施过程中需要重点研究与控制的因素。但是，敏感性分析没有考虑各种不确定因素在未来发生变化的概率，这可能会影响分析结论的准确性。实际上，各种不确定因素在未来发生某一幅度变动的概率一般是有所不同的。可能有这样的情况，通过敏感性分析找出的某一敏感因素未来发生不利变动的概率很小，因而实际上所带来的风险并不大，以至于可以忽略不计；而另一个不太敏感的因素未来发生不利变动的概率却很大，实际上所带来的风险比那个敏感因素更大。这种问题是敏感性分析所无法解决的，必须借助于风险概率分析方法。

11.4 风险分析

建设项目风险分析是在市场预测、技术方案、工程方案、融资方案和社会评价论证中已进行的初步风险分析的基础上，进一步综合分析识别拟建项目在建设和运营中潜在的主要风险因素，揭示风险来源，判别风险程度，提出规避风险对策，降低风险损失。

11.4.1 项目风险概述

1. 项目风险的概念

项目风险是指在项目决策和项目实施过程中，造成项目实际结果达不到预期目标的不确定性。项目风险的不确定性包含损失的不确定性和收益的不确定性。这里所指项目风险是损失的不确定性。

2. 项目风险的基本性质

项目风险具有以下基本性质：① 项目风险的客观性；② 项目风险的不确定性；③ 项目风险的不利性；④ 项目风险的可变性；⑤ 项目风险的相对性；⑥ 项目风险的可测性。

3. 项目风险的分类

在可行性研究阶段，主要有以下几类风险。

(1) 市场风险。市场风险一般来自三个方面：一是市场供需实际情况与预测值发生偏离；二是项目产品市场竞争力或者竞争对手情况发生重大变化；三是项目产品和主要原材料的实际价格与预测价格发生较大偏离。

(2) 资源风险。资源风险主要指资源开发项目，如金属矿、非金属矿、石油、天然气等矿产资源的储量、品位、可采储量、工程量等与预测发生较大偏离，导致项目开采成本增加，产量降低或者开采期缩短。

(3) 技术风险。项目采用技术（包括引进技术）的先进性、可靠性、适用性和可得性与预测方案发生重大变化，从而导致生产能力利用率降低，生产成本增加，产品质量达不到预期要求等。

(4) 工程风险。工程地质条件、水文地质条件与预测发生重大变化，导致工程量增加、投资增加、工期拖长。

(5) 资金风险。资金供应不足或者来源中断导致项目工期拖期甚至被迫终止；利率、汇率变化导致融资成本升高。

(6) 政策风险。政策风险主要指国内外政治经济条件发生重大变化或者政府政策做出重大调整，项目原定目标难以实现甚至无法实现。

(7) 外部协作条件风险。交通运输、供水、供电等主要外部协作配套条件发生重大变化，给项目建设和运营带来困难。

(8) 社会风险。预测的社会条件、社会环境发生变化，给项目建设和运营带来损失。

4. 项目风险等级的划分

项目风险等级按风险因素对投资项目影响程度和风险发生的可能性大小进行划分，风险等级分为一般风险、较大风险、严重风险和灾难性风险。

(1) 一般风险，是指风险发生的可能性不大，或者即使发生，造成的损失较小，一般不影响项目的可行性。

(2) 较大风险，是指风险发生的可能性较大，或者发生后造成的损失较大，但造成的损失程度是项目可以承受的。

(3) 严重风险，有两种情况：一是风险发生的可能性大，风险造成的损失大，使项目由可行变为不可行；二是风险发生后造成的损失严重，但是风险发生的概率很小，采取有效的防范措施，项目仍然可以正常实施。

(4) 灾难性风险，是指风险发生的可能性很大，一旦发生将产生灾难性后果，项目无法承受。

11.4.2 项目风险分析

1. 项目风险分析的概念

项目风险分析是指风险管理主体通过风险识别、风险评价去认识项目的风险，并以此为基础，合理地使用风险回避、风险控制、风险分散、风险转移等管理方法、技术和手段对项目的风险进行有效的控制。

2. 项目风险分析的程序

项目风险分析的程序是指对项目风险进行管理的一个系统的、循环的工作流程，包括风险识别、风险评估、风险对策决策、实施决策、风险实施监控5个方面的内容。

1）风险识别

风险识别是风险管理中的首要步骤，是指通过一定的方式，系统而全面地识别影响项目目标实现的风险事件并加以适当归类的过程，并记录每个风险因素所具有的特点。必要时，还需对风险事件的后果做出定性的估计。

2）风险评估

风险评估是将项目风险事件的发生可能性和损失后果进行定量化的过程。这个过程在系统地识别项目风险与合理地做出风险对策决策之间起着重要的桥梁作用。风险评估的结果主要在于确定各种风险事件发生的概率及其对项目目标影响的严重程度，如项目投资增加的数额、工期延误的天数等。

3）风险对策决策

风险对策决策是确定项目风险事件最佳对策组合的过程。一般来说，风险管理中所运用的对策有4种：风险回避、风险控制、风险自留和风险转移。这些风险对策的适用对象各不相同，需要根据风险评价的结果，对不同的风险事件选择最适宜的风险对策，从而形成最佳的风险对策组合。

4）实施决策

对风险对策所做出的决策还需要进一步落实到具体的计划和措施。例如，在决定进行风险控制时，要制定预防计划、灾难计划、应急计划等；在决定购买工程保险时，要选择保险公司，确定恰当的保险范围、免赔额、保险费等。这些都是实施风险对策决策的重要内容。

5）风险实施监控

在项目工程实施过程中，要对各项风险对策的执行情况不断地进行跟踪检查，并评价各项风险对策的执行效果；当项目实施条件发生变化时，要确定是否需要提出不同的风险应对策略。因为随着项目的不断进展和相关措施的实施，影响项目目标实现的各种因素都在发生变化，只有适时地对风险实施进行监控，才能发现新的风险因素，并及时对风险管理计划和措施进行修改和完善。

11.4.3 项目风险的概率分析

概率分析是运用概率方法和数理统计方法对风险因素的概率分布和风险因素对评价指标的影响进行定量分析。

概率分析首先预测风险因素发生的概率，将风险因素作为自变量，预测其取值范围和概率分布；再将选定的评价指标作为因变量，测算评价指标的相应取值范围和概率分布，计算评价指标的期望值，以及项目成功的概率。

1. 概率分析的步骤

概率分析一般按下列步骤进行。

（1）选定一个或几个评价指标，通常是将财务内部收益率、财务净现值等作为评价指标。

（2）选定需要进行概率分析的风险因素，通常有产品价格、销售量、主要原材料价格、投资额，以及外汇汇率等。针对项目的不同情况，通过敏感性分析，选择最为敏感的因素进行概率分析。

（3）预测风险因素变化的取值范围及概率分布。一般分为两种情况：一是单因素概率分析，即设定一个自变量因素变化，其他因素均不变化，进行概率分析；二是多因素概率分析，即设定多个自变量因素同时变化，进行概率分析。

（4）根据测定的风险因素值和概率分布，计算评价指标的相应取值和概率分布。

（5）计算评价指标的期望值和项目可接受的概率。

（6）分析计算结果，判断其可接受性，研究减轻和控制风险因素的措施。

风险因素概率分布的测定是概率分析的关键，也是进行概率分析的基础。例如，将产品售价作为概率分析的风险因素，需要测定产品售价的可能区间和在可能区间内各价位发生变化的概率。风险因素概率分布的测定方法应根据评价需要及资料的可得性和费用条件来选择，或者通过专家调查法确定，或者用历史统计资料和数理统计分析方法进行测定。

概率分析的方法有很多，这些方法大多是以项目经济评价指标（主要是NPV）的期望值的计算过程和计算结果为基础的。这里介绍项目净现值的期望值法和决策树法，计算项目净现值的期望值及净现值大于或等于零时的累计概率，以判断项目承担风险的能力。

2. 净现值的期望值

期望值是用来描述随机变量的一个主要参数。期望值是在大量重复事件中随机变量取值的平均值。换句话说，期望值是随机变量所有可能取值的加权平均值，权重为各种可能取值出现的概率。

项目净现值的期望值及方差计算公式如下：

$$E(\text{NPV}) = \sum_{i=1}^{n} \text{NPV}_i \times P_i \tag{11-8}$$

$$D(\text{NPV}) = \sum [\text{NPV}_i - E(\text{NPV})]^2 P_i \tag{11-9}$$

式中：$E(\text{NPV})$——随机变量NPV的期望值；

NPV_i——随机变量NPV的各种取值；

P_i——NPV取值NPV_i时所对应的概率值。

【例题11-10】 已知某投资方案各种因素可能出现的数值及其对应的概率如表11-6所示。假设投资发生在期初，年净现金流量均发生在各年的年末。已知标准折现率为10%，试求其净现值的期望值。

表11-6 投资方案变量因素值及其概率

投资额/万元		年净收益/万元		寿命期/年	
数 值	概 率	数 值	概 率	数 值	概 率
120	30%	20	25%	10	100%
150	50%	28	40%		
175	20%	33	35%		

解：

根据各因素的取值范围，共有 9 种不同的组合状态。根据净现值的计算公式，可求出各种状态的净现值及其对应的概率如表 11-7 所示。

根据净现值的期望值计算公式，可求出：

$$E(\text{NPV}) = 2.89 \times 0.075 + 52.05 \times 0.12 + 82.77 \times 0.105 - 27.11 \times 0.125 + 22.05 \times 0.2 + \\ 52.77 \times 0.175 - 52.11 \times 0.05 - 2.95 \times 0.08 + 27.77 \times 0.07 = 24.51(万元)$$

表 11-7 方案所有组合状态的概率及净现值

投资额/万元	120			150			175		
年净收益/万元	20	28	33	20	28	33	20	28	33
组合概率	0.075	0.12	0.105	0.125	0.2	0.175	0.05	0.08	0.07
净现值/万元	2.89	52.05	82.77	−27.11	22.05	52.77	−52.11	−2.95	27.77

$$D(\text{NPV}) = \sum [\text{NPV}_i - E(\text{NPV})]^2 P_i = \\ [2.89 - 24.51]^2 \times 0.075 + [52.05 - 24.51]^2 \times 0.12 + [82.77 - 24.51]^2 \times \\ 0.105 + [-27.11 - 24.51]^2 \times 0.125 + [22.05 - 24.51]^2 \times 0.2 + [52.77 - \\ 24.51]^2 \times 0.175 + [-52.11 - 24.51]^2 \times 0.05 + [-2.95 - 24.51]^2 \times \\ 0.08 + [27.77 - 24.51]^2 \times 0.07 = 1\,311.18$$

$$\sigma(\text{NPV}) = \sqrt{D(\text{NPV})} = 36.21(万元)$$

离散系数 $C_V = \dfrac{\sigma}{E(\text{NPV})} = \dfrac{36.21}{24.51} = 1.4774$

净现值大于等于零的累计概率为：

$$P(\text{NPV} \geqslant 0) = 0.075 + 0.12 + 0.105 + 0.2 + 0.175 + 0.07 = 0.745 = 74.5\%$$

该项目的净现值的期望值为 24.51 万元，净现值大于或等于零的累计概率为 74.5%，但标准差为 36.21 万元，离散系数为 1.4774，说明项目有较大风险。

【例题 11-11】 假设上题的项目方案净现值服从均值 24.51 万元、标准差为 36.21 万元的正态分布。试求：(1) 项目方案净现值大于等于 0 的概率；(2) 项目方案净现值大于等于 20 万元的概率。

解：

根据概率论的有关知识，若连续型随机变量 X 服从参数为 μ（均值）、σ（标准差）的正态分布，则 X 小于 x_0 的概率为：

$$P(X < x_0) = \Phi\left(\dfrac{x_0 - \mu}{\sigma}\right) \tag{11-10}$$

Φ 值可由附录 F（扫描扉页上的二维码可查看）的标准正态分布表中查出。

(1) 项目净现值大于等于 0 的概率为：

$$P(\text{NPV} \geqslant 0) = 1 - P(\text{NPV} < 0) = 1 - \Phi\left(\dfrac{0 - 24.51}{36.21}\right) = 1 - 1 + \Phi(0.68) = 75.17\%$$

(2) 项目方案净现值大于等于 20 万元的概率为:

$$P(\text{NPV} \geq 20) = 1 - P(\text{NPV} < 20) = 1 - \Phi\left(\frac{20 - 24.51}{36.21}\right) = 1 - 1 + \Phi(0.13) = 55.17\%$$

净现值的期望值在概率分析中是一个非常重要的指标。在对项目进行概率分析时，一般都要计算项目净现值的期望值，以及净现值大于或等于零时的累计概率。累计概率越大，表明项目承担的风险越小。

11.4.4 决策树法

决策树是指将各种可能的方案按阶段绘成图形，每一方案的有关收益或代价和其发生的概率都标注在相应的位置上，然后运用概率方法求出各方案损益的数学期望值，再进行比较，从而得出决策结论。因其整个图形像一棵枝干分明、果繁叶茂的大树，故得名为决策树。决策树法属于风险型决策方法，特别适用于多阶段风险决策分析。

决策树一般由决策点、机会点、方案枝、概率枝等组成。决策树的绘制方法如下：首先确定决策点，决策点一般用"□"表示；然后从决策点引出若干条直线，代表各个备选方案，这些直线称为方案枝；方案枝后面连接一个"○"，称为机会点；从机会点画出的各条直线，称为概率枝，代表将来的不同状态，概率枝后面的数值代表不同方案在不同状态下可获得的收益值。为了便于计算，对决策树中的"□"（决策点）和"○"（机会点）均进行编号。编号的顺序是从左到右，从上到下。画出决策树后，就可以很容易地计算出各个方案的期望值并进行比选。

1. 单级决策问题

当决策问题只涉及一个决策内容时，称为单级决策问题。对于单级决策问题，用决策树来进行分析会十分简单易行。

【例题 11-12】 某项目有两个备选方案 A 和 B，两个方案的寿命期均为 10 年，生产的产品也完全相同，但投资额及年净收益均不相同。方案 A 的投资额为 500 万元，其年净收益在产品销路好时为 150 万元，销路差时为 -50 万元；方案 B 的投资额为 300 万元，其年净收益在产品销路好时为 100 万元，销路差时为 10 万元。根据市场预测，在项目寿命期内，产品销路好的可能性为 70%，销路差的可能性为 30%。已知标准折现率 $i_c = 10\%$，试运用决策树对备选方案进行比选。

解:

首先，画出决策树。此题属于单级决策问题，只有一个决策点，两个备选方案，每个方案又面临着两种状态。由此，可画出其决策树，如图 11-9 所示。

然后，计算各个机会点的期望值:

$$\text{机会点②的期望值} = 150 \times (P/A, 10\%, 10) \times 0.7 - 50 \times (P/A, 10\%, 10) \times 0.3 = 533 (\text{万元})$$

$$\text{机会点③的期望值} = 100 \times (P/A, 10\%, 10) \times 0.7 + 10 \times (P/A, 10\%, 10) \times 0.3 = 448.50 (\text{万元})$$

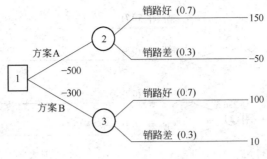

图 11-9 单级决策树

最后，计算各个备选方案净现值的期望值：

方案 A 的净现值的期望值＝533－500＝33（万元）

方案 B 的净现值的期望值＝448.50－300＝148.50（万元）

因此，应该优先选择方案 B。

2. 多级决策问题

当决策问题比较复杂，包含两个和两个以上决策内容时，称为多级决策。对于多级决策问题，同样可用决策树进行分析。

【例题 11-13】 某企业生产的某种产品在市场上供不应求，因此该企业决定投资扩建新厂。据研究分析，该产品 10 年后将升级换代，目前的主要竞争对手也可能扩大生产规模，故提出以下 3 个扩建方案。

方案 A_1：大规模扩建新厂，需投资 3 亿元。据估计，该产品销路好时，每年的净现金流量为 9 000 万元；销路差时，每年的净现金流量为 3 000 万元。

方案 A_2：小规模扩建新厂，需投资 1.4 亿元。据估计，该产品销路好时，每年的净现金流量为 4 000 万元；销路差时，每年的净现金流量为 3 000 万元。

方案 A_3：先小规模扩建新厂，3 年后，若该产品销路好再决定是否再次扩建。若再次扩建，需投资 2 亿元，其生产能力与方案 A_1 相同。

据预测，在今后 10 年内，该产品销路好的概率为 0.7，销路差的概率为 0.3，基准折现率 $i_c=10\%$，不考虑建设期所持续的时间。

问题：

(1) 画出决策树。

(2) 试分析该企业决定应采用哪个方案扩建。

解：

问题（1）的解答如下。

根据所给资料画出二级决策树，如图 11-10 所示。

问题（2）的解答如下。

计算图 11-10 中各机会点的期望值（将计算结果标在各机会点上方）：

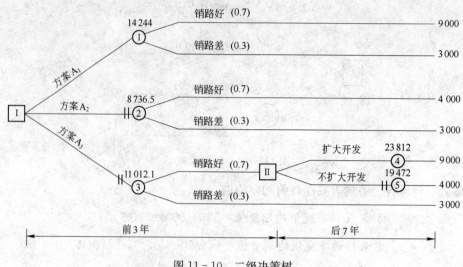

图 11-10 二级决策树

机会点①＝$(9\,000×0.7+3\,000×0.3)×(P/A,10\%,10)-30\,000=$
$7\,200×6.145-30\,000=14\,244$（万元）

机会点②＝$(4\,000×0.7+3\,000×0.3)×(P/A,10\%,10)-14\,000=$
$3\,700×6.145-14\,000=8\,736.5$（万元）

机会点④＝$9\,000×(P/A,10\%,7)-20\,000=9\,000×4.868-20\,000=23\,812$（万元）

机会点⑤＝$4\,000×(P/A,10\%,7)=4\,000×4.868=19\,472$（万元）

对于决策点Ⅱ，机会点④的期望值大于机会点⑤的期望值，因此应采用 3 年后销路好时再次扩建的方案。

机会点③期望值的计算比较复杂，包括以下两种状态下的两个方案。
(1) 销路好状态下的前 3 年小规模扩建，后 7 年再次扩建。
(2) 销路差状态下小规模扩建持续 10 年。

故机会点③的期望值为：

$4\,000×0.7×(P/A,10\%,3)+23\,812×0.7×(P/F,10\%,3)+$
$3\,000×0.3×(P/A,10\%,10)-14\,000=4\,000×0.7×2.487+$
$23\,812×0.7×0.751+3\,000×0.3×6.145-14\,000≈11\,012.1$（万元）

对于决策点Ⅰ的决策，需比较机会点①、②、③的期望值，由于机会点①的期望值最大，故应采用大规模扩建新厂方案。

11.4.5 项目风险的防范对策

风险分析的目的是研究如何降低风险程度或者规避风险，减少风险损失。在预测主要风险因素及其风险程度后，应根据不同风险因素提出相应的规避和防范对策，以期减小可能的损失。项目风险防范对策主要有以下几种。

1. 风险回避

风险回避是彻底规避风险的一种做法，即断绝风险的来源。它对投资项目可行性研究而言，意味着可能彻底改变方案甚至否定项目建设。例如，风险分析显示产品市场存在严重风险，若采取回避风险的对策，应做出缓建或者放弃项目的建议。需要指出的是，回避风险对策在某种程度上意味着丧失项目可能获利的机会，因此只有当风险因素可能造成的损失相当严重或者采取措施防范风险的代价过于昂贵、得不偿失的情况下，才应采用风险回避对策。

2. 风险控制

风险控制是对可控制的风险，提出降低风险发生可能性和减少风险损失程度的措施，并从技术和经济相结合的角度论证拟采取控制风险措施的可行性与合理性。

风险控制是一种主动、积极的风险对策。风险控制可分为预防损失和减少损失两方面的工作。预防损失措施的主要作用在于降低或消除（通常只能做到减少）损失发生的概率，而减少损失措施的作用在于降低损失的严重性或遏制损失的进一步发展，使损失最小化。一般来说，损失控制方案都应当是预防损失措施和减少损失措施的有机结合。在采用风险控制这一风险对策时，所制定的风险控制措施应当形成一个周密的、完整的损失控制计划系统。该计划系统一般应由预防计划（有文献称为安全计划）、灾难计划和应急计划三部分组成。

3. 风险转移

风险转移是指通过契约，将让渡人的风险转移给受让人承担的行为。通过风险转移过程有时可大大降低经济主体的风险程度，因为风险转移可使更多的人共同承担风险，或者受让人预测和控制损失的能力比风险让渡人大得多。风险转移可分为保险转移和非保险转移两种。

（1）非保险转移。包括签订工程承发包合同和工程担保合同转移风险。例如，在建设工程发包阶段，业主可以与设计、采购、施工联合体签订交钥匙工程合同，并在合同中规定相应的违约条款，从而将一部分风险转移给了设计、采购和施工承包商。另外，在工程建设过程中，也可以签订工程保证担保合同将信用风险转移。

（2）保险转移。通过购买保险，项目业主或承包商作为投保人将本应由自己承担的项目风险（包括第三方责任）转移给保险公司，从而使自己免受风险损失。保险这种风险转移形式之所以能得到越来越广泛的运用，原因在于其符合风险分担的基本原则，即保险人较投保人更适宜承担项目有关的风险。对于投保人来说，某些风险的不确定性很大，但是对于保险人来说，这种风险的发生则趋近于客观概率，不确定性降低，即风险降低。凡是属于保险公司可保的险种，都可以通过投保把风险全部或部分地转移给保险公司。

4. 风险自留

风险自留是将可能的风险损失留给拟建项目自己承担。这种方式适用于已知有风险存在，但可获高利回报且甘愿冒险的项目，或者风险损失较小，可以自行承担风险损失的项目。风险自留包括无计划自留和有计划自我保险。

（1）无计划自留，是指风险损失发生后从收入中支付，即不是在损失前做出资金安排。当经济主体没有意识到风险并认为损失不会发生时，或将意识到的与风险有关的最大可能损失显著低估时，就会采用无计划保留方式承担风险。一般来说，无资金保留应当谨慎使用，因为如果实际总损失远远大于预计损失，将引起资金周转困难。

（2）有计划自我保险，是指可能的损失发生前，通过做出各种资金安排以确保损失出现后能及时获得资金以补偿损失。有计划自我保险主要是通过建立风险预留基金的方式来实现。

 小栏目

京沪高速铁路某段的财务评价分析

京沪高速铁路某段根据《铁路建设项目经济评价办法》（第二版）进行评价分析，即在国家现行的财税制度和价格体系的条件下，从企业的财务角度分析，计算项目财务盈利能力和贷款清偿能力，判断该项目的财务可行性。该项目的计算期（含建设期4年）为25年（2000—2024年）。

1. 不同客运收入率方案的财务评价指标

该项目对高速客运收入率进行了多方案研究，各方案的财务评价指标如下表所示。

沪宁高速铁路财务评价指标（运价方案）

财务评价指标	高速客车运价率/[元/(万人·km)]			
	3 000	3 400	3 800	4 000
财务内部收益率/%（全部投资）	10.20	11.78	13.27	13.98
财务内部收益率/%（自有资金）	10.04	11.66	13.17	13.89
财务净现值/万元（全部投资）	1 446 434	2 060 057	2 673 681	2 980 493
财务净现值/万元（自有资金）	1 373 856	1 987 881	2 601 874	2 908 744
静态投资回收期/年（全部投资）	15.03	13.58	12.47	12.03
静态投资回收期/年（自有资金）	15.29	13.59	12.69	12.22
贷款偿还期/年	15.00	15.00	15.00	15.00

根据新线新价及"保本、还贷、微利"的原则，并考虑和其他运输方式的竞争能力，设计推荐中速客运收入率和高速客运收入率分别采用2 300 元/(万人·km)、3 400 元/(万人·km)，其他收入率为12%，则财务评价指标见上表中第三列的计算结果。

由上表可见，本项目全部投资与自有资金的财务内部收益率分别为11.78%、11.66%，均远大于铁路投资项目的基准收益率6.0%；本项目全部投资与自有资金的静态投资回收期分别为13.58年、13.59年，也小于铁路投资项目的基准回收期16.7年，说明本项目的财务评价结论均为可行。

2. 不确定性分析

（1）敏感性分析。由于基础数据多为预测分析，带有一定的不确定性，因此有必要对影响评价指标的主要因素,即运量、土建工程投资、运营成本和运价进行敏感性分析。其财务内部收益率(全部投资)情况如下表所示。

影响因素	增减百分率				
	−20%	−10%	0%	10%	20%
运量	9.11%	10.47%	11.78%	13.04%	14.24%
土建工程投资	13.72%	12.68%	11.78%	10.99%	10.28%
运营成本	12.67%	12.23%	11.78%	11.33%	10.87%
运价	8.39%	10.13%	11.78%	13.35%	14.84%

由上表可知,对于财务内部收益率来说,最敏感的影响因素是运价,其次为运量、土建工程投资和运营成本。在各种因素最不利时,本项目的财务内部收益率均不低于铁路行业基准收益率6%,这说明本项目具有较强的抗风险能力。

(2) 盈亏平衡分析。本项目运营第3、5、10、15年的保本运价盈亏平衡分析如下表所示。

项 目	第3年	第5年	第10年	第15年
高速保本运价/[元/(万人·km)]	1 149	1 380	1 200	1 150
中速保本运价/[元/(万人·km)]	1 130	1 010	830	780

3. 综合评价

从上述主要经济评价指标和不确定性分析结果来看,本项目的财务效益较好,且有很强的风险承受能力;再加上本项目尚有难以用数字表达的社会效益和政治意义,故建议在国民经济投资计划中优先考虑。

思 考 题

1. 简述项目不确定性分析的概念与产生的原因。
2. 线性盈亏平衡分析的前提条件是什么?
3. 降低线性盈亏平衡点的策略有哪些?
4. 敏感性分析的概念和目的是什么?
5. 单因素敏感性分析的步骤是什么?判断敏感性因素的指标有哪些?
6. 项目风险分析的概念与程序是什么?项目风险防范对策有哪些?
7. 某企业生产某种产品,设计年产量为6 000件,每件产品的出厂价格估算为50元,企业每年固定性开支为66 000元,每件产品成本为28元,试求企业的最大可能盈利、企业不盈不亏时的最低产量、企业年利润为5万元时的产量。
8. 某投资项目主要经济参数的估计值为:初始投资为15 000万元,寿命为10年,残值为0,年收入为3 500万元,年支出为1 000万元,投资收益为15%。

问题：

（1）当年收入变化时（假设为±10%、±20%），试对内部收益率的影响进行敏感性分析；

（2）试分析初始投资、年收入与寿命三个参数同时变化时（假设为±10%、±20%）对净现值的敏感性。

9. 某方案需投资 25 000 万元，预期寿命为 5 年，残值为 0，每年净现金流量为随机变量，其可能发生的三种状态的概率及变量值如下：（1）5 000 万元（$P=30\%$）；（2）10 000 万元（$P=50\%$）；（3）12 000 万元（$P=20\%$）。若利率为 12%，试计算项目净现值的期望值与标准差。

10. 某投资项目方案净现值的期望值 $E(NPV)=1\,300$ 万元，净现值方差 $D(NPV)=3.24\times10^6$。试计算：（1）净现值大于 0 的概率；（2）净现值小于 1 500 万元的概率。

11. 某建筑公司拟建设一个预制构件厂，现有 3 种建设方案可供选择——A 方案：一次性投资 3 000 万元建大厂；B 方案：一次性投资 1 600 万元建小厂；C 方案：先投资 1 600 万元建小厂，3 年后若预制构件销路好，再投资 1 400 万元予以扩建。工厂的使用年限按 10 年考虑，则 3 个方案在前 3 年、后 7 年销路好坏的概率和损益值如表 11-8 所示。

表 11-8 3 个方案在前 3 年、后 7 年销路好坏的概率和损益值表

时间	自然状态		概率	各年损益值/(万元/年)		
				建大厂	建小厂不扩建	建小厂后扩建
前 3 年	销路好		0.7	1 000	400	—
	销路差		0.3	－200	100	—
后 7 年	前 3 年销路好	后 7 年销路好	0.9	1 000	400	1 000
		后 7 年销路差	0.1	－200	100	－200
	前 3 年销路差	后 7 年销路好	0	—	—	—
		后 7 年销路差	1.0	－200	100	—

问题：

（1）绘制两级决策的决策树。

（2）试决定应采用哪个方案。

第12章

价值工程

12.1 价值工程概述

12.1.1 价值工程的概念

价值工程（value engineering，VE）是以提高产品（或作业）价值和有效利用资源为目的，通过有组织的创造性工作，寻求用最低的寿命周期成本，可靠地实现使用者所需功能的一种管理技术。价值工程中"工程"一词的概念与日常习惯上讲的土木工程等的"工程"概念不一样。这里"工程"的含义是指为实现提高价值的目标所进行的一系列分析研究的活动。价值工程中所述的"价值"也是一个相对的概念，是指作为某种产品（或作业）所具有的功能与获得该功能的全部费用的比值。它不是对象的使用价值，也不是对象的交换价值，而是对象的比较价值，是作为评价事物有效程度的一种尺度提出来的。这种对比关系可以用下列数学公式表示：

$$V = \frac{F}{C} \tag{12-1}$$

式中：V——价值（value）；

F——研究对象的功能（function），广义讲是指产品或作业的功用和用途；

C——成本，即寿命周期成本（cost）。

价值工程是一门管理技术，但它又不同于一般的工业工程和全面质量管理技术。它们都是以产品设计图纸已给定的技术条件为前提的，因此降低产品成本都有局限性。而价值工程是从产品的功能出发，在设计过程中，重新审核设计图纸，对产品做设计改进，把与用户需求的功能无关的零部件消除掉，更改具有过剩功能的材质和零部件，设计出价值更高的产品。由于它冲破了原来设计图纸的界限，故能大幅度地降低成本。

价值工程是采用系统的工作方法分析产品的功能与成本、效益与费用之间关系。它不仅广泛应用于产品设计和产品开发，而且应用于各种建设工程项目，甚至应用于组织机构的改革。价值工程在建设工程项目中主要应用在规划和设计阶段，因为这两个阶段是提高建设工程项目经济效果的关键环节。

12.1.2 价值工程的特点

由此可见，价值工程涉及价值、功能和寿命周期成本三个基本要素。它具有以下特点。

(1) 价值工程的目标是以最低的寿命周期成本，使产品或作业具备它所必须具备的功能。

产品寿命周期是指产品从被研发、设计、制造、使用直到报废为止的整个时期。产品寿命周期一般可分为自然寿命和经济寿命。价值工程一般以经济寿命来确定产品寿命周期。产品寿命周期成本是指产品从被研发、设计、制造、使用直到报废为止的经济寿命期间所发生的各项成本费用之和。产品寿命周期成本由生产成本和使用及维护成本组成，如图12-1所示。生产成本是指产品在研发、设计、制造、安装调试过程中发生的成本；使用和维护成本是指在使用产品过程中对产品的维护、保养、管理、能耗等方面的成本。

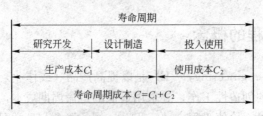

图12-1 寿命周期与寿命周期成本的关系图

(2) 价值工程的核心是对产品或作业进行功能分析。价值工程中的功能是指对象能够满足某种要求的一种属性。具体来说，功能就是效用，例如手表有计时的功能，电冰箱具有冷藏的功能。用户向生产企业购买产品，是要求生产企业提供这种产品的功能，而不是产品的具体结构。企业生产的目的，也是通过生产获得用户所期望的功能，而结构、材质等是实现这些功能的手段，目的是主要的，手段可以广泛选择。因此，运用价值工程分析产品，是在分析功能的基础之上再去研究结构、材质等问题。

(3) 价值工程将产品价值、功能和成本作为一个整体同时来考虑。也就是说，价值工程中对价值、功能、成本的考虑，不是片面和孤立的，而是在确保产品功能的基础上综合考虑生产成本和使用成本，兼顾生产者和用户的利益，创造出总体价值最高的产品。

(4) 价值工程强调不断改革和创新。开拓新构思和新途径，获得新方案，创造新功能载体，从而简化产品结构，节约原材料，提高产品的技术经济效益。

(5) 价值工程要求将功能定量化，即将功能转化为能够与成本直接相比的量化值。

(6) 价值工程是以集体的智慧开展的有计划、有组织的管理活动。开展价值工程，要组织科研、设计、制造、管理、采购、供销、财务等各方面有经验的人员参加，组成一个智力结构合理的集体，发挥集体智慧，博采众长地进行产品设计，以达到提高方案价值的目的。

12.1.3 提高价值的途径

由于价值工程以提高产品价值为目的，这既是用户的需要，又是生产经营者追求的目标，两者的根本利益是一致的。因此，企业应当研究产品功能与成本的最佳匹配。价值工程的基本原理公式 $V=F/C$ 不仅深刻地反映出产品价值与产品功能和实现此功能所耗成本之间的关系，而且也为如何提高价值提供了以下 5 种途径。

(1) 在提高产品功能的同时，又降低产品成本，这是提高价值最为理想的途径。但对生产者要求较高，往往要借助科学技术才能实现。

(2) 在产品成本不变的条件下，通过提高产品的功能，提高利用资源的成果或效用，达到提高产品价值的目的。

(3) 保持产品功能不变的前提下，通过降低成本达到提高价值的目的。

(4) 产品功能有较大幅度提高，产品成本有较少提高。即成本虽然增加了一些，但功能的提高超过了成本的提高，因此价值还是提高了。

(5) 在产品功能略有下降、产品成本大幅度降低的情况下，也可达到提高产品价值的目的。这种情况下功能虽然降低了些，但仍能满足顾客对产品的特定功能要求，即以微小的功能下降换得成本较大的降低，最终也是提高了产品的价值。

12.1.4 价值工程在优化工程设计中的运用

(1) 运用价值工程既提高工程功能，又降低项目投资。例如，某酒厂建设曲酒池有两种方案：甲方案是按照过去的习惯做法，在地面上用花岗岩大石条砌成储酒池，环氧树脂嵌缝，另外加建罩房；乙方案是利用 2 m 以下的硬土层，建四分之三埋于地下、四分之一露出地面的贴瓷砖的钢筋水泥酒池，酒池上建罩房或多层厂房，酒池群形成一个荷载较大的箱体基础，酒池顶板形成罩房的地坪。运用价值工程进行分析，乙方案造价省、功能高。

(2) 在保证工程功能不变的情况下，运用价值工程可降低项目投资。例如上海华东电力设计院承担宝钢自备电厂储灰场长江边围堤筑坝设计任务，原设计为土石堤坝，造价在 1 500 万元以上。设计院通过对钢渣物理性能和化学成分的分析试验，在取得可靠数据以后，设计人员反复计算，细致推敲，证明用钢渣代替抛石在技术上是可行的，为保险起见，他们先搞了 200 m 试验坝（全坝长 2 353 m），取得成功经验后，再大面积施工。经过设计、施工及生产三方共同努力，长江边国内首座钢渣黏土夹心坝提前 1 个月胜利建成，建成大坝稳定而坚固，经受了强台风和长江特高潮位同时袭击而巍然屹立，比原设计方案节省投资 700 多万元，取得了降低投资、保证功能的效果。

(3) 在项目投资不变的情况下，运用价值工程可提高项目功能，因而最终降低建设项目投资。例如人防工程，为了备战需要，国家每年进行大量投资，以往只单纯考虑它具有战时隐蔽功能，平时闲置不用，并且需要投入人工、材料予以维护。近些年来，许多城市在进行人防工程建设时,把它们设计成战时能隐蔽、平时能发挥效益的多功能工程,如哈尔滨市把人防工程建成了多层的"地下城",大大缓解了市中心的拥挤;南京建成的"夫子庙地下商场";鞍山市、天津市建成的车站广场地下商场;北京把许多人防工程稍加修饰,建成招待所或旅馆,这些都大大提高了人防工程功能,并增加了人防工程的经济效益。

(4) 在项目主要功能不变、次要功能略有下降情况下,运用价值工程可使项目投资大幅度降低。例如上海宝山钢铁集团中心试验室四栋厂房日本原设计为钢结构,重庆钢铁设计院在施工单位配合下,建议把日方设计的第一试验室和机械加工室两栋厂房改为混凝土结构,这样虽增加了动力管网、电缆、电线埋设件,但不影响厂房主要功能,却能节约投资 40 万元。

(5) 在项目投资略有上升情况下,运用价值工程可使工程功能大幅度提高。例如,上海某设计院承担某地处要道路口冷饮商品冷库的设计任务。设计院经过认真分析研究,认为原设计方案冷库用于单纯储存冷饮商品,季节性强,设备利用不足,经济效益不高,同时冷库立面光秃,街景十分难看。为此,他们提出改进方案,以冷藏为主,兼搞冷饮品生产,沿街建设一座漂亮生产大楼,街景典雅美观,虽然投资提高,但由于充分发挥制冷设备潜力,投产后企业也取得了较好的经济效益。除了完成仓储计划外,每年生产冷饮品多创利 200 多万元,从微利保本单位变成厚利单位。

12.2 价值工程的基本方法

12.2.1 价值工程的工作步骤

价值工程也像其他技术一样具有自己独特的工作步骤。价值工程的一般工作步骤划分为准备阶段、分析阶段、创新阶段和实施与评价阶段。价值工程的一般工作步骤实质上就是针对产品的功能和成本提出问题、分析问题、解决问题的过程。其一般工作步骤如表 12-1 所示。

表 12-1 价值工程的工作步骤

工作阶段	工作步骤	对应问题
准备阶段	对象选择 组成价值工程工作小组 制定工作计划	1. 价值工程的研究对象是什么? 2. 围绕价值工程对象需要做哪些准备工作?
分析阶段	收集整理信息资料 功能定义 功能整理 功能评价	3. 价值工程对象的功能是什么? 4. 价值工程对象的成本是什么? 5. 价值工程对象的价值是多少?

续表

工作阶段	工作步骤	对应问题
创新阶段	方案创新	6. 有无其他方法可以实行同样功能？
	方案评价	7. 新方案的成本是什么？
	提案编写	8. 新方案能满足功能要求吗？
实施与评价阶段	方案审批	9. 怎样保证新方案的实施？
	方案实施	10. 价值工程活动的效果有多大？
	成果评价	

12.2.2 价值工程对象的选择

1. 价值工程对象选择的一般原则

价值工程的对象选择过程就是收缩研究范围的过程，明确分析研究的目标即主攻方向。因为在生产、建设中技术经济问题是很多的，涉及的范围也很广。为了提高产品价值的目的，价值工程研究对象的选择要从市场需要出发，结合本企业实力系统地某考虑。一般来说，对象的选择有以下几个原则。

（1）从设计方面看，对产品结构复杂、性能和技术指标差距大、体积大、重量大的产品进行价值工程活动，可使产品结构、性能、技术水平得到优化，从而提高产品价值。

（2）从生产方面看，对量多面广、关键部件、工艺复杂、原材料消耗高和废品率高的产品或零部件，特别是对量多、产值比重大的产品，只要成本下降，所取得总的经济效果就大。

（3）从市场销售方面看，选择用户意见多、系统配套差、维修能力低、竞争力差、利润率低的，生命周期较长的，市场上畅销但竞争激烈的新产品、新工艺等进行价值工程活动，以赢得消费者的认同，占领更大的市场份额。

（4）从成本方面看，选择成本高于同类产品、成本比重大的，如材料费、管理费、人工费等，推行价值工程就是要降低成本，以最低的寿命周期成本可靠地实现必要功能。

2. 价值工程对象选择的方法

价值工程对象选择的方法有很多种，不同方法适宜于不同的价值工程对象，根据企业条件选用适宜的方法，就可以取得较好的效果。常用的方法有因素分析法、ABC 分析法、强制确定法、百分比分析法、最合适区域法、价值指数法等。

1）因素分析法

因素分析法，又称经验分析法，是指根据价值工程对象选择应考虑的各种因素，凭借分析人员经验集体研究确定选择对象的一种方法。

2）ABC 分析法

ABC 分析法是指根据研究对象对某项目技术经济指标的影响程度和研究对象数量的比例大小两个因素，把所有研究对象划分为主次有别的 A、B、C 三类的方法。这种方法由意大利经济学家帕累托所提出，其基本原理为"关键的少数和次要的多数"，抓

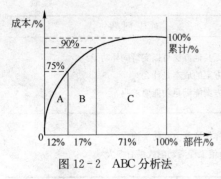

图 12-2 ABC 分析法

住关键的少数可以解决问题的大部分。在价值工程中，这种方法的基本思路是：首先把一个产品的各种部件（或企业的各种产品）按成本的大小由高到低排列起来，并绘成费用累积分配图（见图 12-2）；然后将占总成本 70%～80% 而占零部件总数 10%～20% 的零部件划分为 A 类部件，将占总成本 5%～10% 而占零部件总数 60%～80% 的零部件划分为 C 类，其余为 B 类。其中 A 类零部件是价值工程的主要研究对象。

【例题 12-1】 某住宅楼项目的基础工程部分包括 17 个分项工程，各分项工程的成本见表 12-2。试用 ABC 分析法确定该基础工程中可以作为价值工程开展对象的分项工程。

解：

从表 12-2 分析可知，C20 带形钢筋混凝土基础、干铺碎石垫层、回填土 3 项占累计分项工程数量的 17.65%，而累计成本百分比为 69.66%，故为 A 类；第 8 项至 17 项占累计分项工程数量的 59.82%（1-41.18%=59.82%），而累计成本百分比为 9.84%（1-91.16%=9.84%），故为 C 类；其余为 B 类。

表 12-2 某住宅楼项目基础工程分项工程成本 ABC 分类

序号	分项工程名称	累计分项工程数百分比	成本/元	累计成本/元	累计成本百分比	分类
1	C20 带形钢筋混凝土基础	5.88%	75 588	75 588	41.70%	A
2	干铺碎石垫层	11.76%	32 120	107 708	59.41%	
3	回填土	17.65%	18 567	126 275	69.66%	
4	商品混凝土运费	23.53%	12 991	139 266	76.82%	B
5	C15 钢筋混凝土垫层	29.41%	10 956	150 222	82.87%	
6	排水费	35.29%	8 788	159 010	87.71%	
7	C20 柱下独立钢筋混凝土基础	41.18%	6 256	165 266	91.16%	
8	C15 带形无筋混凝土基础	47.06%	5 678	170 944	94.30%	C
9	C20 矩形钢筋混凝土柱	52.94%	2 792	173 736	95.84%	
10	M5 砂浆砌砖基础	58.82%	2 322	176 058	97.12%	
11	挖土机挖土	64.71%	2 010	178 068	98.23%	
12	推土机场外运费	70.59%	708	178 776	98.62%	
13	履带式挖土机场外运费	76.47%	638	179 414	98.97%	
14	满堂红脚手架	82.35%	628	180 042	99.31%	
15	平整场地	88.24%	612	180 654	99.65%	
16	槽底钎探	94.12%	320	180 974	99.83%	
17	基础防潮层	100.00%	310	181 284	100.00%	
18	总成本		181 284			

3) 强制确定法

强制确定法是以功能重要程度作为选择价值工程对象的一种分析方法。其具体做法为：先求出分析对象的成本系数、功能系数，然后得出价值系数，以揭示出分析对象的功能与成本之间是否相符；如果不相符，价值低的则被选为价值工程的研究对象。这种方法在功能评价和方案评价中也有应用。

强制确定法从功能和成本两方面综合考虑，比较适用、简便，不仅能明确揭示出价值工程的研究对象所在，而且具有数量概念。但这种方法是人为打分，不能准确地反映出功能差距的大小，只适用于部件间功能差别不太大且比较均匀的对象，而且一次分析的部件数目也不能太多，以不超过 10 个为宜。在零部件很多时，可以先用 ABC 法、经验分析法选出重点部件，然后再用强制确定法细选；也可以用逐层分析法，从部件选起，然后在重点部件中选出重点零件。

4) 百分比分析法

这是一种通过分析某种费用或资源对企业的某个技术经济指标的影响程度的大小（百分比）来选择价值工程对象的方法。

5) 最合适区域法

最合适区域法的思路是这样的：价值系数相同的对象，由于各自的成本系数与功能评价系数的绝对值不同，因而对产品价值的实际影响有很大差异。在选择目标时不应把价值系数相同的对象同等看待，而应优先选择对产品实际影响大的对象，至于对产品影响小的，则可根据必要与可能，决定选择与否。

12.2.3　价值工程所需信息资料的收集

价值工程所需的信息资料应视具体情况而定。对于产品分析来说，一般应收集以下几方面的信息资料：① 用户方面的信息资料；② 市场销售方面的信息资料；③ 技术方面的信息资料；④ 经济方面的信息资料；⑤ 本企业的基本资料；⑥ 环境保护方面的信息资料；⑦ 外协方面的信息资料；⑧ 政府和社会有关部门的法律、法规、条例等方面的信息资料。

12.2.4　功能的定义

任何产品都具有使用价值，即功能，这是存在于产品中的一种本质。为了弄清功能的定义，根据功能的不同特性，可以先将功能分为以下几类。

1. 按功能的重要程度分类

按功能的重要程度分类，产品的功能一般可分为基本功能和辅助功能。基本功能就是要达到这种产品的目的所必不可少的功能，是产品的主要功能，如果不具备这种功能，这种产品就失去其存在的价值。辅助功能是为了更有效的实现基本功能而添加的功能，是次要功能，是为了实现基本功能而附加的功能。

2. 按功能的性质分类

按功能的性质分类，产品的功能可划分为使用功能和美学功能。使用功能从功能的内涵上反映其使用属性,而美学功能是从产品外观上反映功能的艺术属性。

3. 按用户的需求分类

按用户的需求分类,产品的功能可分为必要功能和不必要功能。必要功能是指用户所要求的功能及与实现用户所需求功能有关的功能,使用功能、美学功能、基本功能、辅助功能等均为必要功能;不必要功能是不符合用户要求的功能,又包括三类:一是多余功能,二是重复功能,三是过剩功能。因此,价值工程的功能一般是指必要功能。

4. 按功能的量化标准分类

按功能的量化标准分类,产品的功能可分为过剩功能与不足功能。过剩功能是指某些功能虽属必要,但满足需要有余,在数量上超过了用户要求或标准功能水平。不足功能是相对于过剩功能而言的,表现为产品整体功能或零部件功能水平在数量上低于标准功能水平,不能完全满足用户需要。

5. 按总体与局部分类

按总体与局部分类,产品的功能可划分为总体功能和局部功能。总体功能和局部功能之间是目的与手段的关系。总体功能以各局部功能为基础,又呈现出整体的新特征。

上述功能的分类不是功能分析的必要步骤,而是用以分辨和确定各种功能的性质及其重要性。

12.2.5 功能整理

功能整理是用系统的观点将已经定义了的功能加以系统化,找出各局部功能相互之间的逻辑关系,并用图表形式表达,以明确产品的功能系统,从而为功能评价和方案构思提供依据。通过功能整理,应满足以下要求。

(1) 明确功能范围。搞清楚几个基本功能,这些基本功能又是通过什么功能实现的。

(2) 检查功能之间的准确程度。定义下得正确的就肯定下来,不正确的就加以修改,遗漏的就加以补充,不必要的就取消。

(3) 明确功能之间上下位关系和并列关系。即功能之间的目的和手段关系。

功能整理的主要任务就是建立功能系统图。功能系统图是突破了现有产品和零部件的框架所取得的结果,它是按照一定的原则和方式将定义的功能连接起来,从单个到局部,再从局部到整体而形成的一个完整的功能体系,是该产品的设计构思。其一般形式如图 12-3 所示。因此,功能整理的过程也就是绘制功能系统图的过程。

在图 12-3 中,从整体功能 F 开始,由左向右逐级展开,在位于不同级的相邻两个功能之间,左边的功能(上级)称为右边功能(下级)的目标功能,而右边的功能(下级)称为左边功能(上级)的手段功能。

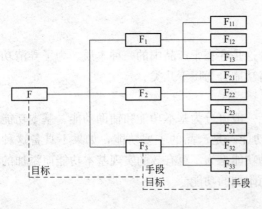

图 12-3 功能系统分析图

12.2.6 功能评价

功能评价是在功能定义与功能整理完成之后，在已定性确定问题的基础上进一步做定量的确定。如前所述，价值 V 是功能和成本的比值，成本 C 是以货币形式数量化的，问题的关键是功能 F 也必须数量化，即都用货币表示后才能把两者直接进行比较。但由于功能性质的不同，其量度单位也就多种多样，如美学功能一般是用美、比较美、不美等概念来表示，它是非定量的。因此，功能评价的基本问题是功能的数量化，即把定性指标转化为数量指标，从而为功能与成本提供可比性。

功能评价，即评定功能的价值，是指找出实现功能的最低费用作为功能的目标成本（又称功能评价值），以功能目标成本为基准，通过与功能现实成本的比较，求出两者的比值（功能价值）和两者的差异值（改善期望值），然后选择功能价值低、改善期望值大的功能作为价值工程活动的重点对象。功能评价工作可以更准确地选择价值工程的研究对象，同时，通过制定目标成本，有利于提高价值工程的工作效率，并增加工作人员的信心。功能评价的程序如图 12-4 所示。

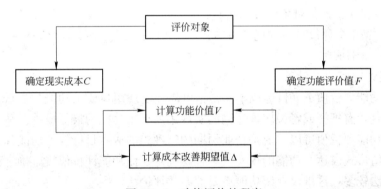

图 12-4 功能评价的程序

1. 功能现实成本 C 的计算

功能现实成本的计算与一般的传统成本核算既有相同点，也有不同之处。两者相同点是指它们在成本费用的构成项目上是完全相同的，如建筑产品的成本费用都是由人工费、材料费、施工机械使用费等构成；而两者的不同之处在于功能现实成本的计算是以对象的功能为单位，而传统的成本核算是以产品或零部件为单位。因此，在计算功能现实成本时，就需要根据传统的成本核算资料，将产品或零部件的现实成本换算成功能的现实成本。具体地讲，当一个零部件只具有一个功能时，该零部件的成本就是它本身的功能成本；当一项功能要由多个零部件共同实现时，该功能的成本就等于这些零部件的功能成本之和。当一个零部件具有多项功能或同时与多项功能有关时，就需要将零部件成本根据具体情况分摊给各项有关功能。

【例题 12-2】 某产品包含甲、乙、丙、丁 4 个零部件，涉及 6 项功能，如表 12-3 所示。试分析以对象的功能为单位的功能现实成本。

解：

各零部件成本按照功能区分解所得的成本分解如表 12-3 所示，F_1，F_2，F_3，F_4，

F_5，F_6 各功能的现实成本为 150，90，250，240，50，220 元。

表 12-3 功能现实成本计算表

零部件			功能区					
序号	名称	成本/元	F_1	F_2	F_3	F_4	F_5	F_6
1	甲	300	100		100			100
2	乙	500		50	150	200		100
3	丙	60				40		20
4	丁	140	50	40			50	
		C	C_1	C_2	C_3	C_4	C_5	C_6
	合计	1 000	150	90	250	240	50	220

2. 成本指数的计算

成本指数是指评价对象的现实成本在全部成本中所占的比率。其计算式如下：

$$C_I = \frac{C_i}{C} \tag{12-2}$$

式中：C_I——第 i 个评价对象的成本指数；

C_i——第 i 个评价对象的现实成本；

C——全部成本。

3. 功能评价值 F 的计算

对象的功能评价值 F（目标成本）是指可靠地实现用户要求功能的最低成本。它可以理解为是企业有把握或者说应该达到的实现用户要求功能的最低成本。从企业目标的角度来看，功能评价值可以看成是企业预期的、理想的成本目标值。功能评价值一般以功能货币价值形式表达。功能的现实成本较易确定，而功能评价值较难确定。计算功能评价值的方法较多，这里仅介绍功能重要性系数评价法。

功能重要性系数评价法是一种根据功能重要性系数确定功能评价值的方法。这种方法是把功能划分为几个功能区（即子系统），并根据各功能区的重要程度和复杂程度，确定各个功能区在总功能中所占的比重，即功能重要性系数，然后将产品的目标成本按功能重要性系数分配给各个功能区作为该功能区的目标成本，即功能评价值。其具体计算步骤如下所述。

1) 确定功能重要性系数

功能重要性系数又称功能评价系数或功能指数，是指评价对象（如零部件等）的功能在整体功能中所占的比率。确定功能重要性系数的关键是对功能进行打分。常用的打分方法有强制打分法（0-1 评分法或 0-4 评分法）、多比例评分法、逻辑评分法、环比评分法等。这里主要介绍强制打分法。

强制评分法，又称 FD 法，包括 0-1 法和 0-4 法两种方法。它是采用一定的评分规则，采用强制对比打分来评定评价对象的功能重要性。

(1) 0-1 法。0-1 评分法是请 5～15 名对产品熟悉的人员参加功能的评价。首先按照功能的重要程度——对比打分，重要的功能打 1 分，相对不重要的功能打 0 分。

【例题 12-3】 某产品包含 5 个零部件 A、B、C、D、E，其中 A 比 B 重要，B 比 C

重要，D 比 A 重要，C 比 E 重要。试计算各零部件的功能重要性系数。

解：

计算结果如表 12-6 所示。表 12-6 中要分析的对象（零部件）自己与自己相比不得分，用"×"表示。最后，根据每个参与人员选择该零部件得到的功能重要性系数 W_i，可以得到该零部件的功能重要性系数平均值 W。

$$W = \frac{\sum_{i=1}^{k} W_i}{k} \qquad (12-3)$$

式中，k 为参加功能评价的人数。

为避免不重要的功能得零分，可将各功能累计得分加 1 分进行修正，用修正后的总分分别去除各功能累计得分即得到功能重要性系数，如表 12-4 所示。

表 12-4 功能重要性系数计算表

零部件	A	B	C	D	E	功能总分	修正得分	功能重要性系数
A	×	1	1	0	1	3	3+1=4	0.27
B	0	×	1	0	1	2	2+1=3	0.20
C	0	0	×	0	1	1	1+1=2	0.13
D	1	1	1	×	1	4	4+1=5	0.33
E	0	0	0	0	×	0	0+1=1	0.07
合 计						10	15	1.00

(2) 0-4 评分法。0-1 评分法中的功能重要程度差别仅为 1 分，不能拉开档次。为弥补这一不足，将分档扩大为 4 级，其打分矩阵仍同 0-1 法。档次划分如下：

F_1 功能比 F_2 功能重要得多：F_1 得 4 分，F_2 得 0 分；

F_1 功能比 F_2 功能重要：F_1 得 3 分，F_2 得 1 分；

F_1 功能比 F_2 功能同等重要：F_1 得 2 分，F_2 得 2 分；

F_1 功能不如 F_2 功能重要：F_1 得 1 分，F_2 得 3 分；

F_1 功能远不如 F_2 重要：F_1 得 0 分，F_2 得 4 分。

强制确定法适用于被评价对象在功能重要程度上的差异不太大，并且评价对象子功能数目不太多的情况。

以各部件功能得分占总分的比例确定各部件功能评价指数的计算公式如下：

$$\text{第 } i \text{ 个评价对象的功能指数 } F_i = \frac{\text{第 } i \text{ 个评价对象的功能得分值 } F_i}{\text{全部功能得分值}} \qquad (12-4)$$

如果功能评价指数大，说明功能重要；反之，功能评价指数小，说明功能不太重要。

【例题 12-4】 某产品包含 5 个零部件 A、B、C、D、E，经过专家评定，对各功能的重要性达成以下共识：B 和 C 同样重要，D 和 E 同样重要，A 相对于 D 很重要，A 相对于 B 较重要。试计算各零部件的功能重要性系数。

解：

各零部件功能重要性系数计算结果如表 12-5 所示。

表 12-5 功能重要性系数计算表

零部件	A	B	C	D	E	得 分	权 重
A	×	3	3	4	4	14	14/40=0.350
B	1	×	2	3	3	9	9/40=0.225
C	1	2	×	3	3	9	9/40=0.225
D	0	1	1	×	2	4	4/40=0.100
E	0	1	1	2	×	4	4/40=0.100
合 计						40	1.00

2）确定功能评价值 F

功能评价值的确定分以下两种情况。

（1）新产品评价设计。一般在产品设计之前，根据市场供需情况、价格、企业利润与成本水平已初步设计了目标成本。因此，在功能重要性系数确定之后，就可将新产品设定的目标成本按已有的功能重要性系数加以分配计算，求得各个功能区的功能评价值，并将此功能评价值作为功能的目标成本。

【例题 12-5】 某新产品设定的目标成本为 10 000 元，该新产品的四个功能区 F_1，F_2，F_3，F_4 的功能重要性系数分别为 0.47，0.32，0.16，0.05，试求该新产品 4 个功能区的功能评价值。

解：

该新产品 4 个功能区的功能评价值的计算结果如表 12-6 所示。

表 12-6 新产品功能评价值计算表

功 能 区 (1)	功能重要性系数 (2)	功能评价值 F (3)=(2)×10 000	功 能 区 (1)	功能重要性系数 (2)	功能评价值 F (3)=(2)×10 000
F_1	0.47	4 700	F_4	0.05	500
F_2	0.32	3 200	合 计	1.00	10 000
F_3	0.16	1 600			

（2）既有产品的改进设计。既有产品应以现实成本为基础计算功能评价值，进而确定功能的目标成本。由于既有产品已有现实成本，就没有必要再假定目标成本。但是，既有产品的现实成本原已分配到各功能区中去的比例不一定合理，这就需要根据改进设计中新确定的功能重要性系数，重新分配既有产品的原有成本。从分配结果看，各功能区新分配成本与原分配成本之间有差异。正确分析和处理这些差异，就能合理确定各功能区的功能评价值，求出产品功能区的目标成本。

【例题 12-6】 某既有产品的现实成本为 500 元，该新产品的四个功能区 F_1，F_2，F_3，F_4 的功能重要性系数分别为 0.47，0.32，0.16，0.05。试求既有产品 4 个功能区的功能评价值及成本降低幅度。

解:

该新产品 4 个功能区的功能评价值及成本降低幅度的计算结果如表 12-7 所示。

表 12-7 既有产品功能评价值计算表

功能区	功能现实成本 (C)/元	功能重要性系数	根据产品现实成本和功能重要性系数重新分配的功能区成本	功能评价值 (F) (或目标成本)	成本降低幅度 $\Delta C = C - F$
	(1)	(2)	(3)=(2)×500	(4)	(5)
F_1	130	0.47	235	130	—
F_2	200	0.32	160	160	40
F_3	80	0.16	80	80	—
F_4	90	0.05	25	25	65
合 计	500	1.00	500	395	105

表 12-7 中第 (3) 栏是把产品的现实成本 $C=500$ 元,按改进设计方案的新功能重要性系数重新分配给各功能区的结果。该分配结果可能有以下 3 种情况。

① 功能区新分配的成本等于现实成本。如 F_3 就属于这种情况,此时应以现实成本作为功能评价值 F。

② 新分配成本小于现实成本。如 F_2 和 F_4 就属于这种情况,此时应以新分配的成本作为功能评价值 F。

③ 新分配的成本大于现实成本。如 F_1 就属于这种情况。为什么会出现这种情况,需要进行具体分析。如果是因为功能重要性系数定高了,经过分析后可以将其适当降低。如因成本确实投入太少,可以允许适当提高一些。

12.2.7 功能价值的计算与分析

通过计算和分析对象的价值 V,可以分析成本功能的合理匹配程度。功能价值 V 的计算方法可分为两大类:功能成本法与功能指数法。

1. 功能成本法

1) 功能价值的计算

功能成本法(又称为绝对值法)是通过一定的测算方法,测定实现应有功能所必须消耗的最低成本,同时计算为实现应有功能所耗费的现实成本,经过分析、对比,求得对象的价值系数和成本降低期望值,确定价值工程的改进对象。其表达式如下:

$$V_i = \frac{F_i}{C_i} \tag{12-5}$$

式中:V_i——第 i 个评价对象的价值系数;
F_i——第 i 个评价对象的功能评价值;
C_i——第 i 个评价对象的现实成本。

一般可采用表 12-8 进行定量分析。

表 12-8　功能评价值与价值系数计算表

序号	子项目	项目				
		功能重要性系数 ①	功能评价值 ②=目标成本×①	现实成本 ③	价值系数 ④=②/③	改善幅度 ⑤=③-②
1	A					
2	B					
3	C					
⋮	⋮					
合　计						

2）功能价值的分析

功能的价值计算出来以后，需要进行分析，以揭示功能与成本的内在联系，确定评价对象是否为功能改进的重点，以及其功能改进的方向及幅度，从而为后面的方案创造工作打下良好的基础。

根据上述计算公式，功能的价值系数计算结果有以下 3 种情况。

（1）$V_i=1$，即功能评价值等于功能现实成本，这表明评价对象的功能现实成本与实现功能所必需的最低成本大致相当。此时评价对象的价值为最佳，一般无需改进。

（2）$V_i<1$，即功能现实成本大于功能评价值，这表明评价对象的现实成本偏高，而功能要求不高。这时一种可能是由于存在着过剩的功能，另一种可能是功能虽无过剩，但实现功能的条件或方法不佳，以致使实现功能的成本大于功能的实际需要。这两种情况都应列入功能改进的范围，并且以剔除过剩功能及降低现实成本为改进方向，使成本与功能比例趋于合理。

（3）$V_i>1$，即功能现实成本低于功能评价值，说明该部件功能比较重要，但分配的成本较少。此时应进行具体分析，功能与成本的分配可能已较理想，或者有不必要的功能，或者应该提高成本。

应注意一个情况，即 $V=0$ 时，要进一步分析。如果是不必要的功能，该部件则取消；但如果是最不重要的必要功能，则要根据实际情况处理。

2. 功能指数法

1）功能价值的计算

功能指数法（又称相对值法）是通过评定各对象功能的重要程度，用功能指数 F_j 表示其功能程度的大小，然后将评价对象的功能指数 F_j 与相对应的成本指数 C_j 进行比较，得出该评价对象的价值指数 V_j，从而确定改进对象，并求出该对象的成本改进期望值。其表达式如下：

$$V_j = \frac{F_j}{C_j} \tag{12-6}$$

式中：V_j——第 j 个评价对象的价值系数；

F_j——第 j 个评价对象的功能指数；

C_j——第 j 个评价对象的成本指数。

功能指数法的特点是用分值来表达功能程度的大小，以便使系统内部的功能与成本具有可比性，由于评价对象的功能水平和成本水平都用它们在总体中所占的比率来表示，这样就可以采用上面的公式方便地、定量地表达评价对象价值的大小。因此，在功能指数法中，价值指数是作为评定对象功能价值的指标。

根据功能重要性系数和成本系数计算价值指数可以通过列表进行，如表 12-9 所示。

表 12-9　价值指数计算表

零部件名称	功能指数①	现实成本②	成本指数③	价值指数④＝①/③
A				
B				
C				
⋮				
合　计	1.00		1.00	

2）功能价值的分析

价值指数的计算结果有以下 3 种情况。

（1）$V_j=1$。此时评价对象的功能比重与成本比重大致平衡，合理匹配，可以认为功能的现实成本是比较合理的。

（2）$V_j<1$。此时评价对象的成本比重大于其功能比重，表明相对于系统内的其他对象而言，目前所占的成本偏高，从而会导致该对象的功能过剩。此时应将评价对象列为改进对象，改善方向主要是降低成本。

（3）$V_j>1$。此时评价对象的成本比重小于其功能比重。出现这种结果的原因可能有三种：第一，由于现实成本偏低，不能满足评价对象实现其应具有的功能要求，致使对象功能偏低，这种情况应列为改进对象，改善方向是增加成本；第二，对象目前具有的功能已经超过了其应该具有的水平，也即存在过剩功能，这种情况也应列为改进对象，改善方向是降低功能水平；第三，对象在技术、经济等方面具有某些特征，在客观上存在着功能很重要而需要消耗的成本却很少的情况，这种情况一般就不应列为改进对象。

从以上的分析可以看出，对产品部件进行价值分析，就是使每个部件的价值系数尽可能趋近于 1。换句话说，在选择价值工程对象的产品和零部件时，应当综合考虑价值系数偏离 1 的程度和改善幅度，优先选择价值系数远小于 1 且改进幅度大的产品或零部件。

12.2.8　确定价值工程对象的改进范围

对产品部件进行价值分析，就是使每个部件的价值系数尽可能趋近于 1。价值工程对象经过以上各个步骤，特别是完成功能评价之后，得到其价值的大小，就明确了改进的方向、目标和具体范围。为此，确定对象改进范围的原则如下所述。

（1）F/C 值低的功能区域，即目标成本与现实成本的比值小于 1，属于低功能领域，基本上都应作为提高功能的对象，通过改进设计使 V 达到 1。

(2) $\Delta C = C - F$ 值大的功能区域。因为（$C-F$）的值反映了成本应降低的绝对值，该值越大，说明成本降低的幅度也越大。当几个功能区域的价值系数同样低时，就要优先选择 ΔC 数值大的功能区域作为重点对象。一般情况下，当 ΔC 大于零时，ΔC 大者为优先改进对象。

(3) 复杂的功能区域。对于复杂的功能区域，说明其功能是通过采用很多零件来实现的。一般说，复杂的功能区域其价值系数也较低。

12.2.9 方案创造

方案创造是从提高对象的功能价值出发，在正确的功能分析和评价的基础上，针对应改进的具体目标，通过创造性的思维活动，提出能够可靠地实现必要功能的新方案。

从某种意义上讲，价值工程可以说是创新工程，方案创造是价值工程取得成功的关键一步。因为前面所论述的一些问题，如选择对象、收集资料、功能成本分析、功能评价等，虽然都很重要，但都是为了方案创造和制定服务的。前面的工作做得再好，如果不能创造出高价值的创新方案，也就不会产生好的效果。所以，从价值工程技术实践来看，方案创造是决定价值工程成败的关键阶段。

方案创造的理论依据是功能载体具有替代性。这种功能载体替代的重点应放在以功能创新的新产品替代原有产品和以功能创新的结构替代原有结构方案。而方案创造的过程是思想高度活跃、进行创造性开发的过程。为了引导和启发创造性的思考，可以采用各种方法，比较常用的方法有以下几种。

1. 头脑风暴法

头脑风暴法（brain storming，BS）是指自由奔放地思考问题。具体地说，就是由对改进对象有较深了解的人员组成的小集体在非常融洽和不受任何限制的气氛中进行讨论、座谈、打破常规、积极思考、互相启发、集思广益，提出创新方案。这种方法可使获得的方案新颖、全面、富于创造性，并可以防止片面和遗漏。这种方法以 5~10 人的小型会议的方式进行为宜，会议的主持者应熟悉研究对象，思想活跃，知识面广，善于启发引导，使会议气氛融洽，使与会者广开思路，畅所欲言。

2. 歌顿法

歌顿法是美国人歌顿（Gorden）在 1964 年提出的。这个方法也是在会议上提方案，但究竟研究什么问题，目的是什么，只有会议的主持人知道，以免其他人受约束。例如，想要研究试制一种新型剪板机，主持会议者请大家就如何把东西切断和分离提出方案。当会议进行到一定时机，再宣布会议的具体要求，在此联想的基础上研究和提出各种新的具体方案。

这种方法的指导思想是把要研究的问题适当抽象，以利于拓展思路。在研究到新方案时，会议主持人开始并不全部摊开要解决的问题，而是只向大家做一番抽象笼统的介绍，要求大家提出各种设想，以激发出有价值的创新方案。这种方法要求会议主持人机智灵活、提问得当。提问太具体，容易限制思路；提问太抽象，则方案可能离题太远。

3. 德尔菲法

德尔菲法（Delphi）是由组织者将研究对象的问题和要求函寄给若干有关专家，使他们在互不商量的情况下提出各种建议和设想，专家返回设想意见，经整理分析后，归纳出若干较合理的方案和建议，再函寄给有关专家征求意见，再回收整理，如此经过几次反复后，专家意见趋向一致，从而最后确定出新的功能实现方案。这种方法的特点是专家们彼此不见面，研究问题时间充裕，可以无顾虑、不受约束地从各种角度提出意见和方案。其缺点是花费时间较长，缺乏面对面的交谈和商议。

4. 专家检查法

这个方法不是靠大家想办法，而是由主管设计的工程师做出设计，提出完成所需功能的办法和生产工艺，然后按顺序请各方面的专家（如材料、生产工艺、工艺装备、成本管理、采购方面）审查。这种方法先由熟悉的人进行审查，以提高效率。

12.2.10 方案评价

方案评价是在方案创造的基础上对新构思方案的技术、经济和社会效果等几方面进行估价，以便于选择最佳方案。

在方案创造阶段提出的设想和方案是多种多样的，能否付诸实施，就必须对各个方案的优缺点和可行性做分析、比较、论证和评价，并在评价过程中对有希望的方案进一步完善。方案评价包括概略评价和详细评价两个阶段。其评价内容和步骤都包括有技术评价、经济评价、社会评价及综合评价，如图12-5所示。在对方案进行评价时，无论是概略评价还是详细评价，一般可先做技术评价，再分别进行经济评价和社会评价，最后再进行综合评价。

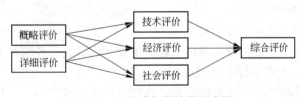

图12-5 方案评价步骤示意图

12.2.11 检查评价与验收

在方案实施过程中，应该对该方案的实施情况进行检查，发现问题及时解决。方案实施完成后，要进行总结、评价与验收。

12.3 价值工程在建设项目方案选择中的应用

同一个建设项目，同一单项、单位工程可以有不同的设计方案，这就会有不同的建设投资和使用费用，可用价值工程原理进行方案的选择。价值工程原理认为，对上位功能进行分析和改善比对下位功能进行分析和改善效果好；对功能领域进行分析和改善比对单个功能进行分析和改善效果好。因此，价值工程既可用于工程项目设计方案的分析选择，也可用于单位工程设计方案的分析选择。现以某公路设计方案为例来说明价值工程在设计方案选择中的运用。

12.3.1 功能分析

1. 功能的定义

公路的功能可以定义为通行车辆。根据公路的等级，可划分为专供汽车行驶的公路和各种混合车辆行驶的公路。该公路的交通量将达到Ⅰ级公路要求，因此其功能是供汽车行驶。

2. 功能分析

功能分析是分析公路的功能。根据公路的组成，从功能的重要度入手进行功能分析。

1) 公路的组成

公路的组成如下所述。

（1）路基工程：包括平面、纵面和横面及纵向排水、防护工程、特殊路基处理等内容。

（2）路面工程：包括路面面层、基层和底基层。

（3）桥涵工程：包括大中桥、小桥和涵洞。

（4）其他工程及沿线设施：包括平面交叉、互通式立交、分离式立交、通道、管理和养护设施、安全设施、服务设施和绿化工程。

2) 公路各组成部分的功能

公路各组成部分的功能如下所述。

（1）公路的路基工程是公路的基础工程，主要是保证公路路堤的稳定性，使公路具有良好的几何线型，为快速行车之用。

（2）路面工程是公路的主要组成部分，作用是传递荷载，防止车辆行驶打滑，保证公路的整体性和平整性，使车辆行驶既平稳又舒适；并避免地表水和雨水渗透到路面底基层，降低公路的承载能力，破坏公路正常使用。

（3）桥涵工程是公路的重要组成部分，是公路的延续。当公路跨越河流山谷时起连接作用，保证车辆行驶畅通。同时，还起排水作用。

（4）其他工程及沿线设施是现代公路建设不可忽视的重要组成部分，特别是对一级公路和高速公路作用更为重要。平面交叉是解决公路与公路或公路与铁路及公路与大车道的交叉问题，但它干扰交通；互通式立交和分离式立交是解决公路与公路或公路与铁路及公路与大车道的立交问题，使交通分流，不影响交通的正常流动；通道是解决公路与非机动车道和人行道交叉问题，多为穿过村镇而设；管理与养护设施是为交通管理所用，高等级公路对此非常需要，它的通信系统和监控系统是为了即时排除交通事故；服务设施是汽车司机的向导，反映公路沿线的信息；安全设施是防止车辆高速行驶时由于某种原因冲出公路造成事故；绿化工程是起美化环境作用，使公路构筑物与两旁的自然景物相协调，为汽车司机和乘客创造优美的环境，使之行驶在公路上视野开阔，享受大自然的美景。

3. 功能整理

功能整理是把各个功能之间的相互关系加以系统化，并将各个功能按一定的逻辑排列起来组成一个体系。经过功能分析，公路的功能可以整理为基本功能和辅助功能，并排列如图 12-6 所示。

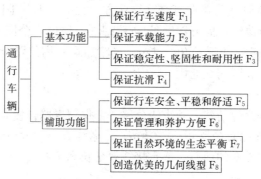

图 12-6 公路的功能整理图

4. 功能评价

功能整理把公路的功能归纳为两类八种。这八种功能在公路功能中占有不同的地位，因而需要确定相对重要性系数。确定相对重要性系数可用多种方法，这里根据用户、设计单位、施工单位三家加权评分法，把用户单位的意见放在首位，结合设计单位、施工单位的意见综合评分，而且三者的权数可分别定为 60%、30% 和 10%，如表 12-10 所示。功能相对重要性系数确定后，在方案创造中就可以功能重要性为基础，结合实施确定具体的方案。

表 12-10 公路的功能评价

功能		用户评分		设计人员评分		施工人员评分		重要系数 $\phi=\dfrac{0.6F_{\mathrm{I}}+0.3F_{\mathrm{II}}+0.1F_{\mathrm{III}}}{100}$
		得分 F_{I}	$F_{\mathrm{I}} \times 0.6$	得分 F_{II}	$F_{\mathrm{II}} \times 0.3$	得分 F_{III}	$F_{\mathrm{III}} \times 0.1$	
基本功能	F_1	40.55	24.33	30.67	9.201	31.75	3.175	0.367 1
	F_2	10.25	6.15	13.45	4.035	13.25	1.325	0.115 1
	F_3	8.15	4.89	12.25	3.675	15.45	1.545	0.101 1
	F_4	9.25	5.55	5.55	1.665	10.55	1.055	0.082 7
辅助功能	F_5	10.75	6.45	10.18	3.054	10.90	1.09	0.105 9
	F_6	10.25	6.15	12.35	4.705	5.25	0.525	0.103 8
	F_7	5.30	3.18	5.33	1.599	10.35	1.035	0.058 1
	F_8	5.50	3.30	10.22	3.066	2.50	0.25	0.066 2
合计		100	60	100	30	100	10	1

12.3.2 公路改建方案的创造

为了实现公路的功能，任何设想都可以提出。根据交通量预测结果，该公路的平均日汽车交通量在 2005 年前后将达到 5 000 辆，在 2015 年前后将达到 2.5 万辆。如采用沿老路进行改建的方案，在2010年左右就达到2.5万辆。我国现行《公路工程技术标准》规定，平均日汽车交通量为5 000～25 000辆时，应选用Ⅰ级公路标准。如按新线方案建成Ⅰ级公路后，大约使用20年便要改建成高速公路。因此，结合自然条件、施工、运营养护、管理等方面的技术经济要求和功能重要性系数，提出三个可能的使用寿命相同的建设方案进行比较。

1. 老线方案（即部分公路沿老公路改建的方案）

该方案的特点是将原有公路在符合路线总方向且前后无其他限制的路段加宽利用，不能利用的路段则进行改线，此方案路长181.2 km，比原有公路短5.4 km。其中利用老路加宽的共长82.6 km，改线长98.6 km。老路加宽利用的路段，在其一侧铺筑辅道供慢车（含非机动车）和区间交通用。

2. 新线方案

新线方案的特点是全部新建一条Ⅰ级公路，并保留老路作慢车道和区间交通用，此方案路长175.2 km，比原有公路短11.4 km，比老线方案短6 km。其基本走向与老线方案平行，并位于老线方案的南侧，终点接线要延长3.7 km。

3. 过渡方案

鉴于目前投资有困难，材料也短缺，为解决眼前急需又适应将来发展，便提出此方案。考虑到征地工作较繁杂，同时以后加宽接长桥涵不可避免地要毁掉一些前期工程，而唯有路面较适宜分期修建。这样便提出路面分期修建（先建成2车道，后加铺2车道），其余一次建成的过渡方案。其走向和三维空间投影外形完全与新线方案一致，只是路面宽度不同而已。

但是，这个方案的通行能力有限，平均日汽车交通量超过7 000辆时就难以适应。而据远景交通量预测结果大约使用到2007年就得扩建，这显然是不经济的。

12.3.3 方案比较

1. 各方案的共同点

上述各方案有共性也有其个性，它们之间有差别，甚至很大，但也有共同点，这就是：适合我国的国情，更适合该路的运输工具各行其道，利于各自扬长避短；并能充分利用老路，挖掘原有公路的潜力。

2. 各方案的优缺点

与新线方案（含过渡方案）相比较，老线方案有以下的缺点和问题：① 里程长6 km，将会长期浪费运力和能源，增加用路者费用；② 改建后的平纵线型标准低，不能充分发挥运输效益，尤其不利于将来进一步提高等级；③ 不可避免穿过集镇和居民区，对行车干扰大，事故隐患大，且污染环境；④ 利用老路地段路基标高不能提高到要求高度，故不能保证强度，从而减少使用寿命；⑤ 施工期间影响交通，亦易造成事故，并影响工程质量和贻误工期；⑥ 拆迁面大，给施工增加困难；⑦ 沿线平交多，村镇多，给管理工作带来困难；⑧ 由于平交多，无法对来往车辆采用收取过路费的办法，使资金筹措发生问题；⑨ 老路沿线人多地少，新线沿线人少地多，纵然老线方案占地少，但社会影响也比新线差；⑩ 不利于发展地区交通，对本地区工农业生产的促进作用不如新线方案大。

老线方案以上的缺点正是新线方案的优点，当然后者也有缺点：① 通过地形比老线方案低 1 m 左右，因而土方工程量大；② 占用土地多，但老线方案新建路基占地很多，因此二者占地数几乎相当；③ 建设期投资比老线方案多 5 100 万元，但经济效益比老线方案大很多，只要 1 年可以补偿。

过渡方案与新线方案相比，投资少 1 亿元但使用四年就得扩建，经济上并不合算。不是资金缺乏到万不得已不应采用。各方案的投资如表 12-11 所示。

表 12-11　各建设方案投资估算　　　　　　　　　　　　单位：万元

各方案名称	老线方案	新线方案	过渡方案
建设期投资	50 074	55 175	45 132
运营期费用	4 690.8	7 157	
寿命期总成本	54 764.8	62 332	
各方案总里程/km	181.20	175.20	175.20
每千米寿命期总成本/(万元/km)	302.23	355.78	

12.3.4　公路改建方案的评价

对于所有提出的方案都应进行评价。方案评价要计算各方案的功能评价系数、成本评价系数和价值系数，最后选择价值系数大者作为最优方案。由于过渡方案使用 4 年就扩建，因而不做评价。

功能评价系数是按照功能要求，采取 10 分制加权评分法对各方案满足功能 F_1 到 F_8 的分数计算的，其结果如表 12-12 所示。成本评价系数计算是根据单位千米总成本除以各方案单位千米总成本之和，计算结果如表 12-13 所示。通过以上分析，我们得出功能评价系数和成本评价系数，取两者的比值作为价值系数，结果如表 12-14 所示。根据价值系数的大小，该公路建设方案应选择新线方案。

表 12-12　功能评价系数计算

评价因素		方案名称	新线方案	老线方案
功能因素	重要系数			
F_1	0.367 1	方案满足分数 S	10	7
F_2	0.115 1		10	8
F_3	0.101 1		10	10
F_4	0.082 7		9	7
F_5	0.105 9		9	6
F_6	0.103 8		10	6
F_7	0.058 1		8	9
F_8	0.066 2		9	6
方案总分		$\sum_j \phi_j S_{ij}$	9.629 0	7.258 7
功能评价系数		$\dfrac{\sum_j \phi_j S_{ij}}{\sum_i \sum_j \phi_j S_{ij}}$	0.570 2	0.429 8

表 12-13 成本评价系数计算

方案名称	单位总成本/(万元/km)	成本系数
老线方案	302.23	0.4593
新线方案	355.78	0.5407

表 12-14 价值系数计算

方案名称	功能评价系数	成本系数	价值系数	最优方案
老线方案	0.4298	0.4593	0.9358	
新线方案	0.5702	0.5407	1.0546	√

12.3.5 方案实施中存在的问题

如果方案得以实施，则存在着以下几个问题。

（1）由于新线方案与其他道路交叉都是采用全封闭立式专用汽车公路，路基标高普遍高出地面 3 m 左右，这比挖方路基对地形环境破坏要小，因填方量大，需大量借土，如无计划取土将影响农业生产、自然环境和生态平衡。

（2）由于修建公路而局部改变或破坏原有农田排灌系统的可能性也是存在的。

（3）路线走向与农田网格化布局不尽协调，这会形成一些边角田地不便耕作。

针对上述情况，设计、施工中都要注意采用切实措施，保护自然环境和生态平衡。

思 考 题

1. 什么是价值工程？价值工程中的价值含义是什么？提高价值有哪些途径？
2. 什么是寿命周期和寿命周期成本？价值工程中为什么要考虑寿命周期成本？
3. 价值工程的一般工作程序是什么？
4. 什么是功能？功能如何分类？
5. 功能分析的目的是什么？功能系统图的要点是什么？
6. 确定功能重要性系数的方法有哪些？
7. 什么是功能评价？常用的评价方法有哪些？
8. 价值工程对象选择的一般原则是什么？价值工程对象选择的方法有哪些？
9. 功能改善目标如何确定？
10. 某建设项目由业主经过设计竞赛的方式，选择了三种设计方案作为候选方案，各候选设计方案对比项目如下所述。

A方案：结构方案为大柱网框架轻墙体系，采用预应力大跨度叠合楼板，墙体材料采用多孔砖及移动式可拆装式分室隔墙，窗户采用中空玻璃断桥铝合金窗，面积利用系数为 93%，单方造价为 1438 元/m²。

B方案：结构方案采用框架剪力墙结构，窗户采用双玻塑钢窗，面积利用系数为

87%，单方造价为 1 108 元/m²。

C方案：结构方案采用砖混结构体系，采用多孔预应力板，墙体材料采用标准黏土砖，窗户采用双玻铝合金窗，面积利用系数为 79%，单方造价为 1 082 元/m²。

各设计方案各功能的权重及各方案的功能得分如表 12-15 所示。

表 12-15 设计方案各功能的权重及各方案的功能得分表

方案功能	功能权重	方案功能得分		
		A	B	C
结构体系	0.25	10	10	8
模板类型	0.05	10	10	9
墙体材料	0.25	8	9	7
面积系数	0.35	9	8	7
窗户类型	0.10	9	7	8

问题：

（1）试述用价值工程原理可得出提高价值的途径。

（2）试应用价值工程方法选择最优设计方案。

（3）为控制工程造价和进一步降低费用，拟针对所选的最优设计方案的土建工程部分，以工程材料费为对象开展价值工程分析。将土建工程划分为四个功能项目，各功能项目评分值及其目前成本如表 12-16 所示。按限额设计要求，目标成本额应控制为 12 170 万元。

表 12-16 各功能项目评分值及其目前成本表

功能项目	功能评分	目前成本/万元	功能项目	功能评分	目前成本/万元
桩基维护工程	10	1 520	装饰工程	38	5 105
地下室工程	11	1 482	合　　计	94	12 812
主体结构工程	35	4 705			

试分析各功能项目的目标成本及其可能降低的额度，并确定功能改进顺序。

11．某房地产公司对某公寓项目的开发征集到若干设计方案，经筛选后对其中较为出色的 4 个设计方案做进一步的技术经济评价。有关专家决定从 5 个方面（分别以 $F_1 \sim F_5$ 表示）对不同方案的功能进行评价，并对各功能的重要性达成以下共识：F_2 和 F_3 同样重要，F_4 和 F_5 同样重要，F_1 相对于 F_4 很重要，F_1 相对于 F_2 较重要。此后，各专家对这 4 个方案的功能满足程度分别打分，其结果如表 12-17 所示。据造价工程师估算，A、B、C、D 四个方案的单方造价分别 1 420 元/m²、1 230 元/m²、1 150 元/m²、1 360 元/m²。

表 12 - 17　4 个方案的功能得分表

方案功能	得分			
	A	B	C	D
F_1	9	10	9	8
F_2	10	10	8	9
F_3	9	9	10	9
F_4	8	8	8	7
F_5	9	7	9	6

问题：

(1) 计算各功能的权重。

(2) 用价值指数法选择最佳设计方案。

12. 某特大城市为改善目前已严重拥堵的长为 20 km 的城市主干道的交通状况，拟投资建设某交通项目，现有地铁、轻轨和高架道路 3 个方案。该 3 个方案的使用寿命均按 50 年计算，分别需每 15 年、10 年、20 年大修 1 次。单位时间价值为 15 元/小时，基准折现率为 8%，其他有关数据如表 12 - 18 所示。

不考虑建设工期的差异，即建设投资均按期初一次性投资考虑，不考虑动拆迁工作和建设期间对交通的影响，3 个方案均不计残值，每年按 360 天计算。

寿命周期成本和系统效率计算结果取整数，系统费用效率的计算结果保留两位小数。

表 12 - 18　各方案基础数据表

方案	地铁	轻轨	高架道路
建设投资/万元	1 000 000	500 000	300 000
年维修和运行费/(万元/年)	10 000	8 000	3 000
每次大修费/(万元/次)	40 000	30 000	20 000
日均客流量/(万人/天)	50	30	25
人均节约时间/(小时/人)	0.7	0.6	0.4
运行收入/(元/人)	3	3	0
土地升值/(万元/年)	50 000	40 000	30 000

问题：

(1) 3 个方案的年度寿命周期成本各为多少？

(2) 若采用寿命周期成本的费用效率法，应选择哪个方案？

(3) 若轻轨每年造成的噪声影响损失为 9 000 万元，将此作为环境成本，则在地铁和轻轨 2 个方案中，哪个方案较好？

第13章 设备更新的经济性分析

13.1 设备的磨损与补偿

13.1.1 设备磨损的类型

设备是企业生产的重要物质条件。企业为了进行生产,必须花费一定的投资,用以购置各种机器设备。设备购置后,无论是使用还是闲置,都会发生磨损。设备在使用(或闲置)过程中将会发生有形磨损(又称物理磨损)和无形磨损(又称精神磨损、经济磨损)。设备磨损是有形磨损和无形磨损共同作用的结果。设备磨损分为两大类,共4种形式。

1. 有形磨损

机械设备在使用(或闲置过程)中,都会发生实体的磨损,这种磨损称为有形磨损(又称物理磨损)。有形磨损分为第Ⅰ种有形磨损和第Ⅱ种有形磨损。

1) 第Ⅰ种有形磨损

设备在使用过程中,在外力的作用下零部件会发生摩擦、振动和疲劳等现象,致使设备的实体产生磨损,称为第Ⅰ种有形磨损。发生第Ⅰ种有形磨损,经常表现为设备的零部件原始尺寸甚至性状的改变、公差配合性质的改变、精度的降低、零部件的损坏等。

2) 第Ⅱ种有形磨损

设备在闲置过程中,由于自然力的作用及管理保养不善而产生的磨损,称为第Ⅱ种有形磨损,如机械生锈、金属腐蚀、橡胶或塑料老化等。

这两种有形磨损都造成设备的技术性陈旧。换句话说,设备的有形磨损导致设备的性能、精度等的降低,使得设备的运行费用和维修费用增加,效率低下,反映了设备使用价值的降低。

2. 无形磨损

无形磨损(又称精神磨损、经济磨损)是由于科学技术进步而不断出现的性能更加完善、生产效率更高的设备使原有设备的价值降低；或者是生产同样结构设备的价值不断降低而使原有设备贬值。显然，在这种情况下，原有设备的价值已不再取决于其最初的生产耗费，而是取决于再生产时的耗费，而且这种耗费也是不断下降的。

1）第Ⅰ种无形磨损

设备的技术结构和性能并没有变化，但由于技术进步，社会劳动生产率水平的提高，相同结构设备的再生产价值降低，致使原设备相对贬值，这种磨损称为第Ⅰ种无形磨损。

2）第Ⅱ种无形磨损

由于科学技术的进步，不断创新出性能更完善、效率更高的设备，使原有设备相对陈旧落后，其经济效益相对降低而发生贬值，称为第Ⅱ种无形磨损。

有形和无形两种磨损都引起机器设备原始价值的贬值，这一点两者是相同的。不同的是，遭受有形磨损的设备，特别是有形磨损严重的设备，在修理之前，常常不能工作；而遭受无形磨损的设备，即使无形磨损很严重，其固定资产物质内容却可能没有磨损，仍然可以使用，只不过继续使用它在经济上是否合算，需要分析研究。

13.1.2 设备磨损的补偿方式

设备发生磨损后，需要进行补偿，以恢复设备的生产能力。由于机器设备遭受磨损的形式不同，补偿磨损的方式也不一样。设备有形磨损的局部补偿是修理，无形磨损的局部补偿是现代化改装；有形磨损和无形磨损的完全补偿则是设备更新，设备更新包括设备购置和设备租赁两种方式。大修理是更换部分已磨损的零部件和调整设备，以恢复设备的生产功能和效率为主；现代化改造是对设备的结构做局部的改进和技术上的革新，如增添新的、必需的零部件，以增加设备的生产功能和效率为主。这两者都属于局部补偿。设备更新是对整个设备进行更换，属于完全补偿。

由于设备总是同时遭受到有形磨损和无形磨损，因此，对其综合磨损后的补偿形式应进行更深入的研究，以确定恰当的补偿方式。设备磨损的类型及补充方式之间的关系如图13-1所示。

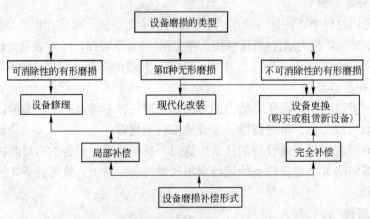

图13-1 设备磨损的类型及补偿方式之间的关系

13.2 设备的经济寿命与估算

13.2.1 设备寿命的概念

设备的寿命在不同需要情况下有不同的内涵和意义。现代设备的寿命不仅要考虑自然寿命，而且还要考虑设备的技术寿命和经济寿命。

1. 设备的自然寿命

设备的自然寿命又称物质寿命。它是指设备从投入使用开始，直到因物质磨损而不能继续使用、报废为止所经历的全部时间。它主要是由设备的有形磨损所决定的。搞好设备维修和保养可延长设备的物质寿命，但不能从根本上避免设备的磨损。任何一台设备磨损到一定程度时，都必须进行更新。因为随着设备使用时间的延长，设备不断老化，维修所支出的费用也逐渐增加，从而出现恶性使用阶段，即经济上不合理的使用阶段。因此，设备的自然寿命不能成为设备更新的估算依据。

2. 设备的技术寿命

由于科学技术迅速发展，一方面，对产品的质量和精度的要求越来越高；另一方面，也不断涌现出技术上更先进、性能更完美的机械设备，这就使得原有设备虽还能继续使用，但已不能保证产品的精度、质量和技术要求而被淘汰。因此，设备的技术寿命就是指设备从投入使用到因技术落后而被淘汰所延续的时间。由此可见，技术寿命主要是由设备的无形磨损所决定的，它一般比自然寿命要短，而且科学技术进步越快，技术寿命越短。所以，在估算设备寿命时，必须考虑设备技术寿命期限的变化特点及其使用的制约或影响。

3. 设备的经济寿命

设备的经济寿命是指设备从投入使用开始，到因继续使用在经济上不合理而被更新所经历的时间。它是由维护费用的提高和使用价值的降低决定的。设备使用年限越长，每年所分摊的设备购置费（年资本费或年资产消耗成本）越少。但是随着设备使用年限的增加，一方面需要更多的维修费维持原有功能；另一方面机器设备的操作成本及原材料、能源耗费也会增加，年运行时间、生产效率、质量将下降。因此，年资产消耗成本的降低会被年度运行成本的增加或收益的下降所抵消。在整个变化过程中，年均总成本（或净年值）是时间的函数，这就存在着使用到某一年份，其净年值最高或年均总成本最低。

如图 13-2 所示，在 N_0 年时，净收益年值减去资产消耗年值最大，即净年值最大。如图 13-3 所示，在 N_0 年时，等值年成本达到最低值。我们称设备从开始使用到其净年值最高（或等值年成本最小）的使用年限 N_0 为设备的经济寿命。所以，设备的经济寿命就是从经济观点（即收益观点或成本观点）确定的设备更新的最佳时刻。

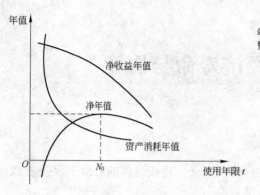
图 13-2 净年值与使用年限的关系

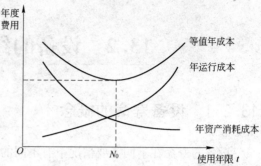
图 13-3 等值年成本与使用年限的关系

4. 设备寿命期限的影响因素

影响设备寿命期限的因素较多，其中主要有：① 设备的技术构成，包括设备的结构及工艺性和技术进步；② 设备成本；③ 加工对象；④ 生产类型；⑤ 工作班次；⑥ 操作水平；⑦ 产品质量；⑧ 维护质量；⑨ 环境要求。

13.2.2 设备经济寿命的确定方法

确定设备经济寿命的方法可以分为静态模式和动态模式两种。

1. 静态模式下设备经济寿命的确定方法

静态模式下，设备经济寿命的确定方法是指在不考虑资金时间价值的基础上计算设备年平均成本 $\overline{C}_N$，使 $\overline{C}_N$ 为最小的 N_0 就是设备的经济寿命。其计算式为：

$$\overline{C}_N = \frac{P - L_N}{N} + \frac{1}{N}\sum_{t=1}^{N} C_t \tag{13-1}$$

式中：$\overline{C}_N$——N 年内设备的年平均使用成本；

P——设备目前的实际价值；

C_t——第 t 年的设备运行成本；

L_N——第 N 年末的设备净残值。

在式 (13-1) 中，$\frac{P - L_N}{N}$ 为设备的平均年度资产消耗成本，而 $\frac{1}{N}\sum_{t=1}^{N} C_t$ 为设备的平均年度运行成本。

【例题 13-1】 某设备目前实际价值为 30 000 元，有关统计资料如表 13-1 所示，求其经济寿命。

表 13-1 某设备有关统计资料 单位：元

使用年限 t	1	2	3	4	5	6	7
年运行成本	5 000	6 000	7 000	9 000	11 500	14 000	17 000
年末残值	15 000	7 500	3 750	1 875	1 000	1 000	1 000

解：

由统计资料可知，该设备在不同使用年限时的年平均使用成本如表 13-2 所示。

表 13-2　设备年平均使用成本计算表　　　　　　　单位：元

使用年限 N (1)	资产消耗成本 $(P-L_N)$ (2)	平均年资产消耗成本 (3)=(2)/(1)	年度运行成本 C_t (4)	运行成本累计 $\sum C_t$ (5)	平均年度运行成本 (6)=(5)/(1)	年平均使用成本 $\overline{C}_N$ (7)=(3)+(6)
1	15 000	15 000	5 000	5 000	5 000	20 000
2	22 500	11 250	6 000	11 000	5 500	16 750
3	26 250	8 750	7 000	18 000	6 000	14 750
4	28 125	7 031	9 000	27 000	6 750	13 781
5	29 000	5 800	11 500	38 500	7 700	13 500
6	29 000	4 833	14 000	52 500	8 750	13 583
7	29 000	4 143	17 000	69 500	9 929	14 072

由计算结果可以看出，该设备在使用 5 年时，其平均使用成本 13 500 元为最低。因此，该设备的经济寿命为 5 年。

由于设备使用时间越长，设备的有形磨损和无形磨损越加剧，从而导致设备的维护修理费用越增加，这种逐年递增的费用 ΔC_t，称为设备的低劣化。用低劣化数值表示设备损耗的方法称为低劣化数值法。如果每年设备的劣化增量是均等的，即 $\Delta C_t = \lambda$，每年劣化呈线性增长。据此，可以简化经济寿命的计算，即：

$$N_0 = \sqrt{\frac{2(P-L_N)}{\lambda}} \tag{13-2}$$

式中：N_0——设备的经济寿命；
　　　λ——设备的低劣化值。

【例题 13-2】 假设有一台设备，目前实际价值 $P=8\,000$ 元，预计残值 $L_N=800$ 元，第一年的设备运行成本 $Q=600$ 元，每年设备的劣化增量是均等的，年劣化值 $\lambda=300$ 元，求该设备的经济寿命。

解：

根据公式（13-2），设备的经济寿命为：

$$N_0 = \sqrt{\frac{2\times(8\,000-800)}{300}} = 7(年)$$

2. 动态模式下设备经济寿命的确定方法

动态模式下，设备经济寿命的确定方法就是在考虑资金的时间价值情况下，计算设备的净年值 NAV 或等值年成本 AC，通过比较年平均效益或年平均费用来确定设备的经济寿命 N_0。其计算公式如下：

$$\mathrm{NAV}(N)=\Big[\sum_{t=0}^{N}(\mathrm{CI}-\mathrm{CO})_t(1+i_c)^{-t}\Big]\frac{i_c(1+i_c)^N}{(1+i_c)^N-1}=$$
$$\sum_{t=0}^{N}(\mathrm{CI}-\mathrm{CO})_t(P/F,i_c,t)(A/P,i_c,N) \tag{13-3}$$

或

$$\mathrm{AC}(N)=\Big[\sum_{t=0}^{N}\mathrm{CO}_t(1+i_c)^{-t}\Big]\frac{i_c(1+i_c)^N}{(1+i_c)^N-1}=$$
$$\sum_{t=0}^{N}\mathrm{CO}_t(P/F,i_c,t)(A/P,i_c,N) \tag{13-4}$$

在式（13-3）、式（13-4）中，如果使用年限 N 为变量，则当 N_0（$0<N_0\leqslant N$）为经济寿命时，应满足：

$$\mathrm{NAV}(N_0)\to 最大(\max)$$
$$\mathrm{AC}(N_0)\to 最小(\min)$$

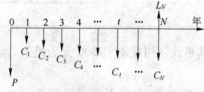

图 13-4 设备现金流量图

如果设备目前实际价值为 P，使用年限为 N 年，设备第 N 年的净残值为 L_N，第 t 年的运行成本为 C_t，基准折现率为 i_c，则其现金流量图如图 13-4 所示。

其经济寿命为年成本 AC 最小时所对应的 N_0，即：

$$\mathrm{AC}_{\min}=P\frac{i_c(1+i_c)^{N_0}}{(1+i_c)^{N_0}-1}+\sum_{t=1}^{N_0}C_t(1+i_c)^{-t}\frac{i_c(1+i_c)^{N_0}}{(1+i_c)^{N_0}-1}-\frac{L_{N_0}}{(1+i_c)^{N_0}}\frac{i_c(1+i_c)^{N_0}}{(1+i_c)^{N_0}-1}=$$
$$(P-L_{N_0})\frac{i_c(1+i_c)^{N_0}}{(1+i_c)^{N_0}-1}+L_{N_0}i_c+\Big[\sum_{t=1}^{N_0}C_t(1+i_c)^{-t}\frac{i_c(1+i_c)^{N_0}}{(1+i_c)^{N_0}-1}\Big]=$$
$$(P_0-L_{N_0})(A/P,i_c,N_0)+L_{N_0}i_c+\sum_{t=1}^{N_0}C_t(P/F,i_c,t)(A/P,i_c,N_0) \tag{13-5}$$

由式（13-3）、式（13-4）、式（13-5）可以看到，用净年值或年成本估算设备的经济寿命的过程是：在已知设备现金流量和利率的情况下，逐年计算出从寿命 1 年到 N 年全部使用期的年等效值，从中找出平均年盈利的最大值，或平均年成本的最小值及其所对应的年限，从而确定设备的经济寿命。

【例题 13-3】 某设备目前实际价值为 30 000 元，有关统计资料如表 13-3 所示，假设利率为 6%。试求该设备在动态模式下的经济寿命。

解：

计算设备不同使用年限的年成本 AC，如表 13-3 所示。从表 13-3 中可以看出，第 6 年的年成本 AC 最小，为 14 405.2 元，因此该设备的经济寿命为 6 年。与静态模式下该设备的经济寿命相比，经济寿命增加了 1 年。

表 13-3 设备不同使用年限的年成本表   单位：元

N	P_0-L_N	$(A/P, 6\%, t)$	$L_N\times 6\%$	$(2)\times(3)+(4)$	C_t	$(P/F, 6\%, t)$	$[\sum(6)\times(7)]\times(3)$	$AC=(5)+(8)$
(1)	(2)	(3)	(4)	(5)	(6)	(7)	(8)	(9)
1	15 000	1.060 0	900	16 800	5 000	0.943 4	5 000	21 800
2	22 500	0.545 4	450	12 721.5	6 000	0.890 0	5 485.1	18 206.6
3	26 250	0.374 1	225	10 045.1	7 000	0.839 6	5 961.0	16 006.1
4	28 125	0.288 6	125.5	8 229.4	9 000	0.792 1	6 656.0	14 885.4
5	29 000	0.237 4	60	6 944.6	11 500	0.747 3	7 515.4	14 460.0
6*	29 000	0.203 4	60	5 958.6	14 000	0.705 0	8 446.6	14 405.2
7	29 000	0.179 1	60	5 253.9	17 000	0.665 1	9 462.5	14 716.4

13.3 设备更新方案的基本原则与时机选择

13.3.1 设备更新

1. 设备更新的概念

设备更新源于设备的磨损，是对设备磨损的补偿方式。从广义上讲，设备更新包括设备修理、现代化改装和设备更换。从狭义上讲，设备更新是指对在用设备的整体更换，也就是用原型新设备或结构更加合理、技术更加完善、性能和生产效率更高、比较经济的新设备来更换已经陈旧、在技术上不能继续使用或在经济上不宜继续使用的旧设备。就实物形态而言，设备更新是用新的设备替换陈旧落后的设备；就价值形态而言，设备更新是设备在运动中消耗掉的价值的重新补偿。设备更新是消除设备有形磨损和无形磨损的重要手段，目的是提高企业生产的现代化水平，尽快地形成新的生产能力。

2. 设备更新的决策

设备更新的决策，就其本质来说，可分为原型更新和新型更新。

原型设备更新是简单更新，就是用结构相同的新设备去更换有形磨损严重而不能继续使用的旧设备。这种更新主要是解决设备的损坏问题，不具有更新技术的性质。

新型设备更新是以结构更先进、技术更完善、效率更高、性能更好、能源和原材料消耗更少的新型设备来替换那些技术上陈旧、在经济上不宜继续使用的旧设备。通常所说的设备更新主要是指新型设备更新，它是技术发展的基础。

设备更新决策是企业生产发展和技术进步的客观需要，对企业的经济效益有着重要的影响。过早的设备更新，将造成资金的浪费，失去其他的收益机会；过迟的设备更新，将造成生产成本的迅速上升，失去竞争的优势。因此，设备是否更新、何时更新、选用何种设备更新，既要考虑技术发展的需要，又要考虑经济方面的效益，这就需要不失时机地做好设备更新决策工作。这属于互斥型方案决策问题。

3. 设备更新方案比选的原则

设备更新方案比选的基本原理和评价方法与互斥型方案比选相同。但在设备更新方案比选时,应遵循如下原则。

1) 不考虑沉没成本

在进行方案比选时,原设备的价值应按目前实际价值计算,而不考虑其沉没成本。因为不论是将该费用考虑进去,还是不予考虑,其结论是相同的。沉没成本一般不会影响方案的新选择。例如,某设备4年前购置时的原始成本是30万元,目前的账面价值是15万元,现在的净残值仅为8万元。在进行设备更新分析时,4年前的原始成本30万元是过去发生的,与现在的决策无关,因此是沉没成本。目前该设备的价值等于净残值8万元。

2) 客观正确地描述新旧设备的现金流量

应该站在一个客观的立场上,遵循供求均衡的原则来考虑原设备目前的价值(或净残值)。只有这样,才能客观地、正确地描述新、旧设备的现金流量。

3) 逐年滚动比较

该原则意指在确定最佳更新时机时,应首先计算现有设备的剩余经济寿命和新设备的经济寿命,然后利用逐年滚动计算方法进行比较。

【例题13-4】 假定某企业在4年前以22 000元购置机器A用于生产产品M。估计其经济寿命为10年,届时净残值2 000元,年度运行成本为7 500元。现在市场上出现了新型机器B,购置费用为24 000元,估计经济寿命为10年,届时净残值为3 000元,年度运行成本为4 000元。如果该企业可无限期地生产并销售M,则该企业将面临一项决策,那就是继续使用机器A(甲方案)还是立即出售机器A并且购置机器B(乙方案)来生产M。假设出售机器A的净现金流入量为6 000元,已知基准折现率为 $i_c = 15\%$。试比较这两个方案的优劣。

解:

在解决这类设备更新问题时,应遵循现金流量的所谓客观原则,亦即把有旧设备的企业是否更新的决策化成另一家没有旧设备的企业是选择旧设备、还是选择新设备这样一个决策。若遵循此客观原则,则甲方案和乙方案的现金流如图13-5、13-6所示。

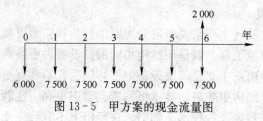

图13-5 甲方案的现金流量图

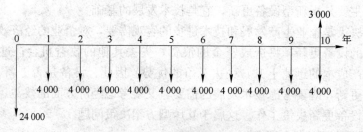

图13-6 乙方案的现金流量图

求解甲乙方案的费用年值 AC 分别为：

$AC_甲 = (6\,000 - 2\,000) \times (A/P, 15\%, 6) + 2\,000 \times 15\% + 7\,500 = 8\,857$（元）

$AC_乙 = (24\,000 - 3\,000) \times (A/P, 15\%, 10) + 3\,000 \times 15\% + 4\,000 = 8\,635$（元）

由于 $AC_甲 < AC_乙$，所以应该选择乙方案。

4. 设备更新经济性分析需要解决的问题

设备更新需要解决如下几个问题。

(1) 大修理是否经济合理？

(2) 设备使用多少年最经济合理？

(3) 什么时间更新设备最经济合理？

(4) 用什么方式更新设备最经济合理？

此外，还涉及租赁好还是购买新设备好的比较。为此，将进一步涉及设备折旧方法的选择。

但无论解决哪个问题，设备更新的经济性分析都是一个对多个互斥方案进行比较选择优化方案的过程，一般应遵循一定的程序并采取相应的策略。

13.3.2 设备更新方案的时机选择

设备更新方案的比选就是对新设备（包括原型设备和新型设备）方案与旧设备方案进行比较分析，也就是决定现在马上购置新设备、淘汰旧设备，还是至少保留使用旧设备一段时间，再用新设备替换旧设备。新设备原始费用高，营运费和维修费低；旧设备原始费用（目前净残值）低，营运费和维修费高。因此，必须进行权衡判断，才能做出正确的选择，一般情况是要进行逐年比较的。因此，就意味着是否将现有设备更新成新设备的互斥方案有如下数种。

(1) 方案 1：现时点更换成新设备，此后每隔 n 年更新一次。

(2) 方案 2：现有设备再使用 1 年，1 年后更新成新设备，此后每隔 n 年更新一次。

(3) 方案 3：现有设备再使用 2 年，2 年后更新成新设备，此后每隔 n 年更新一次。

(4) 方案 m：现有设备再使用 m 年，m 年后更新成新设备，此后每隔 n 年更新一次。

由于新设备方案与旧设备方案的寿命在大多数情况下是不等的，各方案在各自的计算期内的净现值不具有可比性。因此，设备更新方案的比选主要应用的仍然是净年值或年成本。

【例题 13-5】 某企业在 3 年前花 20 000 元购置了一台设备，目前设备的净残值为 10 000 元，估计还能继续使用 5 年。若保留使用 1 年，其年末净残值为 7 000 元，年使用费为 3 000 元；保留使用 2 年，其年末净残值为 5 500 元，年使用费为 4 000 元；保留使用 3 年，其年末净残值为 4 000 元，年使用费为 5 000 元；保留使用 4 年，其年末净残值为 2 500 元，年使用费为 6 000 元；保留使用 5 年，其年末净残值为 1 000 元，年使用费为 7 000 元。现在市场上出现同类新型设备，新设备的原始费用为 15 000 元，使用寿命估计为 10 年，年度使用费估计第 1 年为 1 000 元，以后逐年增加 500 元，该机器一且使用，其净残值为 1 000 元。如果基准折现率 $i_c=8\%$，试问该企业对现有设备是否应进行更新？

解：

原设备的原始费用 20 000 元是 3 年前发生的，是沉没成本，应不予考虑。

(1) 计算原设备和新设备的经济寿命。如果原设备再保留使用 N 年，那么 N 年的年成本 $AC_{旧}$ 按下式计算并列入表 13-4。

$$AC_{旧}=(10\,000-L_{N_0})\times(A/P,8\%,N_0)+L_{N_0}\times 8\%+\sum_{t=1}^{N_0}C_t(P/F,8\%,t)\times(A/P,8\%,N_0)$$

表 13-4　旧设备年成本 $AC_{旧}$ 计算表　　　　　　　　　　　单位：元

N	$P-L_N$	$(A/P,8\%,t)$	$L_N\times 8\%$	(2)×(3)+(4)	C_t	$(P/F,8\%,t)$	$[\sum(6)\times(7)]\times(3)$	$AC_{旧}=$ (5)+(8)
(1)	(2)	(3)	(4)	(5)	(6)	(7)	(8)	(9)
1	3 000	1.080 0	560	3 800.0	3 000	0.925 9	3 000	6 800
2	4 500	0.560 8	440	2 963.6	4 000	0.857 3	3 480.8	54 444.4
3	6 000	0.388 0	320	2 648.0	5 000	0.793 8	3 948.2	6 596.2
4	7 500	0.301 9	200	2 464.3	6 000	0.735 0	4 403.4	6 867.7
5	9 000	0.250 5	80	2 334.5	7 000	0.680 6	4 847.1	7 181.6

可以看出，旧设备保留使用 2 年年成本最低，即为旧设备的经济寿命，此时年成本 $AC_{旧}$ 为 5 444.4 元。

新设备的经济寿命的求解列于表 13-5。从表 13-5 可以看出，新设备的经济寿命为 8 年，其年成本 $AC_{新}=5\,065.1$ 元。

因 $AC_{旧}>AC_{新}$，故应更新现有设备。

表 13-5　新设备的年成本 $AC_{新}$ 计算表　　　　　　　　　　　单位：元

N	$P-L_N$	$(A/P,8\%,t)$	$L_N\times 8\%$	(2)×(3)+(4)	C_t	$(P/F,8\%,t)$	$[\sum(6)\times(7)]\times(3)$	$AC_{新}=$ (5)+(8)
(1)	(2)	(3)	(4)	(5)	(6)	(7)	(8)	(9)
1	14 000	1.080 0	80	15 200.0	1 000	0.925 9	1 000.0	16 200.0
2	14 000	0.560 8	80	7 931.2	1 500	0.857 3	1 240.4	9 171.6
3	14 000	0.388 0	80	5 512.0	2 000	0.793 8	1 474.2	6 986.2
4	14 000	0.301 9	80	4 306.6	2 500	0.735 0	1 701.8	6 008.4
5	14 000	0.250 5	80	3 587.0	3 000	0.680 6	1 923.5	5 510.5
6*	14 000	0.216 3	80	3 108.2	3 500	0.630 2	2 138.0	5 246.2
7	14 000	0.192 1	80	2 769.4	4 000	0.583 5	2 347.2	5 116.6
8	14 000	0.174 0	80	2 516.0	4 500	0.540 3	2 549.1	5 065.1
9	14 000	0.160 1	80	2 321.4	5 000	0.500 2	2 745.9	5 067.3
10	14 000	0.149 0	80	2 166.0	5 500	0.463 2	2 935.1	5 101.1

(2) 设备更新时机的选择。设备更新即便在经济上是有利的，也未必应该立即更新。换言之，设备更新分析还应包括一种所谓的更新时机选择问题。

由表 13-4 和表 13-5 可知：

保留旧设备 1 年：
$$AC_{旧}=6\,800(元)<AC_{新}=16\,200(元)$$

由于旧设备继续使用 1 年的年成本低于新设备的年成本。故不更新旧设备，继续使用旧设备 1 年。

保留旧设备 2 年：
$$AC_{旧}=5\,444.4(元)<AC_{新}=9\,171.6(元)$$

同样，第 2 年不应更新旧设备，再继续使用 1 年。

保留旧设备 3 年：
$$AC_{旧}=6\,596.2(元)<AC_{新}=6\,986.2(元)$$

第 3 年再继续使用旧设备，不应更新。

保留旧设备 4 年：
$$AC_{旧}=6\,867.7(元)>AC_{新}=6\,008.4(元)$$

由此可见，如果不更新，再继续使用旧设备 1 年，其年成本将超过使用新设备的年成本。故第 4 年不能再继续使用旧设备，即应在继续保留使用旧设备 3 年之后更新。

【例题 13-6】 某企业下属的甲工厂使用的自动化生产设备过小，因此想更换成大型设备。但该企业的乙工厂恰好需要这种生产设备，因此想研究是将甲厂的设备移到乙工厂，还是将甲厂的设备在甲地卖掉，乙工厂购入新的生产设备为好的问题。甲厂设备的账面价值为 200 万元，将其在甲地卖掉，则净得金额为 140 万元。此外，与此相同的设备重新在乙地购置，则购置价格为 500 万元。由于将甲厂的设备移到乙厂需拆卸、搬运、再组装，因此需花费 100 万元，与此同时设备的寿命为 8 年。但与新设备相比效率低，所以每年作业费用将多花费 20 万元。新设备的寿命估计为 20 年。试问该设备是移至乙厂好，还是乙厂新购为好？

解：

将设备从甲厂移至乙厂（A 方案）的现金流量是：甲设备的处理价值为 140 万元，移动设备费用为 100 万元，此后 8 年内每年多花费 20 万元作业费用；8 年后按照投资 500 万元购买设备，寿命期为 20 年的现金流量重复。其现金流量如图 13-7 所示。

乙厂购入新设备（B 方案）的现金流量是：现在按照一次性投资 500 万元购买设备，寿命期为 20 年的现金流量重复。其现金流量如图 13-8 所示。

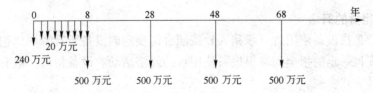

图 13-7　A 方案的现金流量图

从图 13-7、图 13-8 可以看出，本题是现金流量在任何时候都无共同重点的问题，可以应用周期性设备更新的概念，使用年值法求解。

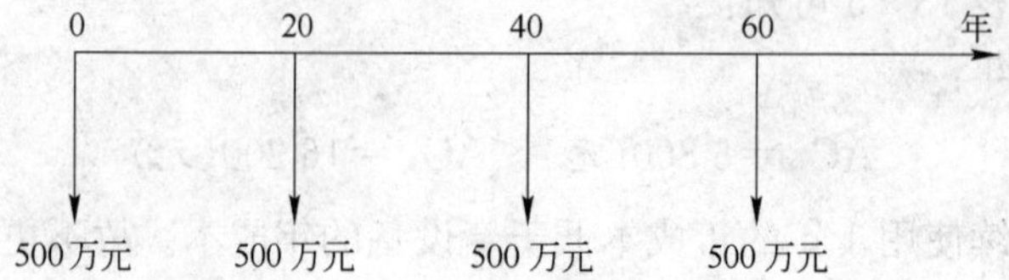

图13-8 B方案的现金流量图

（1）按照无穷大寿命期计算 A、B 方案的费用现值，并进行比较：

$$PC_A = 240 + 20 \times (P/A, 10\%, 8) + 500 \times (A/P, 10\%, 20) \times \frac{1}{0.1} \times (P/F, 10\%, 8) = 620.8 （万元）$$

$$PC_B = 500 \times (A/P, 10\%, 20) \times \frac{1}{0.1} = 587.3 （万元）$$

因为 $PC_A > PC_B$，所以乙厂应该购置新设备较为经济。

（2）如果取 8 年为研究期，则 A、B 方案的费用现值为：

$$PC_A = 240 + 20 \times (P/A, 10\%, 8) = 346.7 （万元）$$
$$PC_B = 500 \times (A/P, 10\%, 20) \times (P/A, 10\%, 8) = 313.4 （万元）$$

因为 $PC_A > PC_B$，所以乙厂应该购置新设备较为经济。

（3）如果取 20 年为研究期，则 A、B 方案的费用现值为：

$$PC_A = 240 + 20 \times (P/A, 10\%, 8) + 500 \times (A/P, 10\%, 20) \times (P/A, 10\%, 12) \times (P/F, 10\%, 8) = 533.3 （万元）$$

$$PC_B = 500 （万元）$$

因为 $PC_A > PC_B$，所以乙厂应该购置新设备较为经济。

13.4 设备租赁与购买方案的经济性分析

13.4.1 影响设备租赁与购买的主要因素

1. 设备租赁的概念

设备租赁是指设备使用者（承租人）按照合同规定向设备所有者（出租人）租借设备，并按期支付一定的租金而取得设备使用权的经济活动。设备租赁一般有融资租赁和经营租赁两种方式。

1）融资租赁

在融资租赁中，租赁双方承担确定时期的租让和付费义务，而不得任意中止和取消租约。这种租赁方式，承租人支付的租金能够完全补偿出租人的成本费用和利润。贵重的设备（如车皮、重型机械设备等）宜采用这种方法。

2）经营租赁

在经营租赁中，租赁双方的任何一方可以随时以一定方式在通知对方后的规定期限内取消或中止租约。在这种租赁方式下，承租人支付的租金通常无法完全补偿出租人的成本费用和利润。临时使用的设备（如车辆、仪器等）通常采用这种方式。

由于租赁具有把融资和融物结合起来的特点，这使得租赁能够提供及时而灵活的资金融通方式，是企业家取得设备进行生产经营的一种重要手段。

对于承租人来说，设备租赁与设备购买相比的优越性在于：① 在资金短缺的情况下，既可用较少资金获得生产急需的设备，也可以引进先进设备，加快技术进步的步伐；② 可获得良好的技术服务；③ 可以保持资金的流动状态，防止呆滞，也不会使企业资产负债状况恶化；④ 可避免通货膨胀和利率波动的冲击，减少投资风险；⑤ 设备租金可在所得税前扣除，能享受税费上的利益。

其不足之处则在于：① 在租赁期间承租人对租用设备无所有权，只有使用权，故承租人无权随意对设备进行改造，不能处置设备，也不能用于担保或抵押贷款；② 设备租赁的总费用比购置设备费用高；③ 长期支付租金，形成长期负债；④ 租赁合同规定严格，毁约要赔偿损失，罚款较多等。

正是由于设备租赁有利有弊，故在租赁前要进行慎重的决策分析。

2. 影响设备租赁的主要因素

影响设备租赁的主要因素有：① 项目的寿命期；② 企业是需要长期占有设备，还是只希望短期需要这种设备；③ 设备的技术性能和生产效率；④ 设备对工程质量（产品质量）的保证程度，对原材料、能源的消耗量，以及生产的安全性；⑤ 设备的成套性、灵活性、维修的难易程度、耐用性、环保性；⑥ 设备的经济寿命；⑦ 技术过时风险的大小；⑧ 设备的资本预算计划，资金可获量，包括自有资金和融通资金；⑨ 提交设备的进度；⑩ 租赁期长短；⑪ 设备租金额，包括总租金额和每租赁期租金额；⑫ 租金的支付方式，包括租赁期起算日、支付日期、支付币种和支付方法等；⑬ 企业经营费用减少与折旧费和利息减少的关系、租赁的节税优惠；⑭ 预付资金（定金）和租赁保证金；⑮ 承租人付给担保人为其租赁交易担保的费用；⑯ 维修方式，即是由企业自行维修，还是由租赁机构提供维修服务；⑰ 租赁期满资产的处理方式；⑱ 租赁机构的信用度、经济实力，以及与承租人的配合情况；⑲ 租赁合同的质量。

3. 影响设备购买的主要因素

影响设备购买的主要因素有：① 项目的寿命期；② 企业是需要长期占有设备，还是只希望短期需要这种设备；③ 设备的技术性能和生产效率；④ 设备对工程质量（产品质量）的保证程度，对原材料、能源的消耗量，以及生产的安全性；⑤ 设备的成套性、灵活性、维修的难易程度、耐用性、环保性；⑥ 设备的经济寿命；⑦ 技术过时风险的大小；⑧ 设备的资本预算计划；资金可获量，包括自有资金和融通资金；融通资金时，借款利息或利率的高低；⑨ 提交设备的进度；⑩ 设备的购置价格；设备价款的支付方式，包括一次支付和分期支付；分期支付分几期，每期间隔时间，每次支付多少；支付币种和支付方法，付款期内的利率是固定利率还是浮动利率等；⑪ 设备的年运转费用和维修费用；⑫ 保险费，包括购买设备的运输保险费，以及设备在使用过程中的各种财产保险费。

总之，企业是否做出购买决策的关键在于技术经济可行性分析。因此，企业在决定进行设备投资之前，必须充分考虑影响设备购买与租赁方案的主要因素，才能获得最佳的经济效益。

13.4.2 设备租赁与购买方案的经济比选方法

采用购买设备或是采用租赁设备应取决于这两种方案在经济上的比较，比较的原则和方法与一般的互斥投资方案比选的方法相同。

1. 设备租赁与购买方案分析的步骤

设备租赁与购买方案分析的步骤如下。

（1）根据企业生产经营目标和技术状况，提出设备更新的投资建议。

（2）拟定若干设备投资、更新方案，包括购买（一次性付款购买和分期付款购买）、租赁方案。

（3）定性分析筛选方案，包括：分析企业财务能力，分析设备技术风险、使用、维修等特点。

（4）定量分析并优选方案，结合其他因素，做出租赁还是购买的投资决策。

2. 设备租赁与购买方案的经济比选方法

设备租赁与购置的经济性比选是互斥方案比选问题，故可运用费用现值法、费用年值法、NPV 法、盈亏平衡法等进行选优。

1）设备租赁方案的净现金流量

采用设备租赁的方案，租赁费可以直接进入成本，其净现金流量为：

$$\text{净现金流量} = \text{销售收入} - \text{经营成本} - \text{租赁费用} - \text{与销售相关的税金} - \text{所得税率} \times$$
$$(\text{销售收入} - \text{经营成本} - \text{租赁费用} - \text{与销售相关的税金}) \quad (13-6)$$

式（13-6）中租赁费用主要包括租赁保证金、租金、担保费。

对于租金的计算主要有附加率法和年金法。

（1）附加率法。附加率法是指在租赁资产的设备货价或概算成本上再加上一个特定的比率来计算租金。每期租金 R 表达式为：

$$R = P\frac{(1+N \times i)}{N} + P \times r = \frac{P}{N} + P(i+r) \quad (13-7)$$

式中：P——租赁资产的价格；

N——还款期数，可按月、季、半年、年计；

i——与还款期数相对应的折现率；

r——附加率。

【例题 13-7】 某租赁公司拟出租给某企业一台设备，设备的价格为 68 万元，租期为 5 年，每年年末支付租金，折现率为 10%，附加率为 4%，试问每年租金为多少？

解：

$$R = 68 \times \frac{(1+5 \times 10\%)}{5} + 68 \times 4\% = 23.12(\text{万元})$$

（2）年金法。年金法是将一项租赁资产价值按相同比率分摊到未来各租赁期间内的租金计算方法。年金法计算有期末支付和期初支付租金之分。

① 期末支付方式是在每期期末等额支付租金。每期租金 R 的表达式为:

$$R = P\frac{i(1+i)^N}{(1+i)^N - 1} \tag{13-8}$$

式中: P——租赁资产的价格;

N——还款期数,可按月、季、半年、年计;

i——与还款期数相对应的折现率。

② 期初支付方式是在每期期初等额支付租金,期初支付要比期末支付提前一期支付租金,如图 13-9 所示。

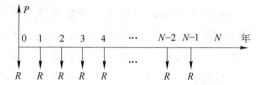

图 13-9 期初支付方式的现金流量图

每期租金 R 的表达式计算如下:

$$R = (P-R)\frac{i(1+i)^{n-1}}{(1+i)^{n-1} - 1} \tag{13-9}$$

式(13-9)经整理可得:

$$R = P\frac{i(1+i)^{N-1}}{(1+i)^N - 1} \tag{13-10}$$

【例题 13-8】 已知折现率为 12%,其余数据与例题 13-7 相同,试分别按每年年末、每年年初支付方式计算租金?

解:

若按年末支付方式:

$$R = 68 \times \frac{12\% \times (1+12\%)^5}{(1+12\%)^5 - 1} = 68 \times 0.2774 = 18.86(万元)$$

若按年初支付方式:

$$R = 68 \times \frac{12\% \times (1+12\%)^{5-1}}{(1+12\%)^5 - 1} = 68 \times 0.2477 = 16.84(万元)$$

2) 设备购买方案的净现金流量

与租赁相同条件下的设备购买方案的净现金流量为:

净现金流量＝销售收入－经营成本－设备购买费－贷款利息－与销售相关的税金－
所得税率×(销售收入－经营成本－折旧－贷款利息－
与销售相关的税金) (13-11)

3) 设备租赁与购买方案的经济比选

对于承租人来说，关键的问题是决定租赁还是购买设备。而设备租赁与购置的经济比选也是互斥方案选优问题，设备寿命相同时可以采用净现值法，设备寿命不同时可以采用年值法。无论用财务净现值法，还是年值法，均以收益效果较大或成本较少的方案为宜。

在假设所得到设备的收入相同的条件下，最简单的方法是将租赁成本和购买成本进行比较。根据互斥方案比选的差量原则，只需比较它们之间的差异部分。从式（13-6）和式（13-11）两式可以看出，只需比较两者净现金流量的差异部分，亦即比较：

设备租赁：所得税率×租赁费－租赁费   (13-12)

设备购置：所得税率×(折旧＋贷款利息)－设备购买费－贷款利息   (13-13)

由于每个企业都要根据利润大小缴纳所得税，按财务制度规定，租赁设备的租金允许计入成本；购买设备每年计提的折旧费也允许计入成本；若用借款购买设备，其每年支付的利息也可以计入成本。在其他费用保持不变的情况下，计入成本越多，则利润总额越少，企业交纳的所得税也越少。因此，在充分考虑各种方式的税收优惠影响下，应该选择税后收益更大或税后成本更小的方案。

【例题 13-9】 某企业需要某种设备，其购置费为 100 000 元。如果借款购买，则每年需按 8% 的借款利率等额支付本利和，借款期和设备使用期均为 5 年，期末设备残值为 5 000 元。这种设备也可以租赁到，每年租赁费为 28 000 元。企业所得税税率为 25%，采用直线折旧，基准贴现率为 10%。试分析企业是采用购置方案，还是租赁方案？

解：

（1）企业若采用购置方案，则相关的计算如下。

① 计算年折旧费。

$$年折旧费 = (100\,000 - 5\,000)/5 = 19\,000(元)$$

② 计算年借款利息。各年支付的本利和按下式计算，则各年的还本付息如表 13-6 所示。

$$A = 100\,000 \times (A/P, 8\%, 5) = 100\,000 \times 0.250\,46 = 25\,046(元)$$

表 13-6 各年剩余本金和还本付息金额   单位：元

年 份	剩余本金	还款金额	其中支付利息
1	100 000	25 046	8 000
2	82 954	25 046	6 636
3	64 544	25 046	5 164
4	44 662	25 046	3 573
5	23 191	25 046	1 855

③ 计算设备购置方案的现值 $PC_{购置}$。当借款购买时，企业可以将所支付的利息及折旧从成本中扣除而免税，并且可以回收残值。因此，借款购买设备的成本现值需扣除折

旧和支付利息的免税金额。

$$\begin{aligned}PC_{购置}=&100\,000-19\,000\times0.25\times(P/A,10\%,5)-8\,000\times0.25\times(P/F,10\%,1)-\\&6\,636\times0.25\times(P/F,10\%,2)-5\,164\times0.25\times(P/F,10\%,3)-3\,573\times\\&0.25\times(P/F,10\%,4)-1\,855\times0.25\times(P/F,10\%,5)-5\,000\times(P/F,10\%,5)=\\&100\,000-19\,000\times0.25\times3.791-8\,000\times0.25\times0.909\,1-6\,636\times0.25\times\\&0.826\,4-5\,164\times0.25\times0.751\,3-3\,573\times0.25\times0.683\,0-1\,855\times0.25\times\\&0.620\,9-5\,000\times0.620\,9=73\,831.10(元)\end{aligned}$$

(2) 计算设备租赁方案的现值 $PC_{租赁}$。当租赁设备时，承租人可以将租金计入成本而免税。故计算设备租赁方案的成本现值时需扣除租金免税金额。

$$\begin{aligned}PC_{租赁}=&28\,000\times(P/A,10\%,5)-28\,000\times0.25\times(P/A,10\%,5)=\\&28\,000\times3.791-7\,000\times3.791=79\,611(元)\end{aligned}$$

因为 $PC_{租赁}>PC_{购置}$，所以从企业角度出发，应该选择购买设备的方案。

【例题 13-10】 某企业急需要一种设备，其购置费为 200 万元，可使用 10 年，期末残值为 20 万元。这种设备也可租到，每年初租赁费为 32 万元。运行费都是 15 万元/年。企业所得税税率为 25%，采用直线折旧法，$i_c=10\%$。试问该企业应采用租赁方案，还是购置方案？

解：

采用年费用比较法，故只比较差异部分。

(1) 企业如果购置该设备，其年购置费 $AC_{购置}$ 为：

$$AC_{购置}=(200-20)\times(A/P,10\%,10)+20\times10\%=31.29(万元)$$

$$年折旧额=(200-20)/10=18(万元)$$

故购置设备方案年费用的差异部分共计为：

$$AC_{购置}=31.29-18\times25\%=26.79(万元)$$

(2) 企业如果租赁该设备，则每年费用的差异部分共计为：

$$AC_{租赁}=32\times(1+10\%)-32\times25\%=27.20(万元)$$

由于 $AC_{租赁}>AC_{购置}$，故购置方案优于租赁方案。

思 考 题

1. 设备磨损的类型有哪些？
2. 设备磨损的补偿方式有哪些？
3. 简述设备寿命的分类及概念。
4. 简述设备更新的概念。
5. 设备更新方案比选的原则有哪些？
6. 设备更新经济性分析需要解决的问题有哪些？

7. 简述设备租赁的种类与概念。

8. 设备租赁与购买方案的净现金流量的差异是什么？

9. 某工业公司正在研究初期投资额为 200 万元的新产品生产设备的经济寿命问题。每年净收益的绝对值难以计算，但估计净收益与上年度相比每年将增加 10 万元。该设备打算长时间周期性更新使用，设备的物理使用年限为 10 年，资本的利率 $i=12\%$。

(1) 若设备的处理价值总是零，该设备的经济寿命为多少年？

(2) 若设备的处理价值第 1 年末为 120 万元，第 2 年年末为 72 万元，……即是前一年的 60% 时，其经济寿命为多少年？

10. 某企业压缩机的购置价为 6 000 万元，第 1 年的运营成本为 1 000 万元，以后每年以 300 万元等额递增。压缩机使用一年后的余值为 3 600 万元，以后每年以 400 万元等额递减，压缩机的最大使用年限为 8 年。若基准收益率为 15%，试用动态方法计算压缩机的经济寿命。

11. 某企业 4 年前出 2 200 万元购置了设备 A，目前设备 A 的剩余寿命为 6 年，寿命终了时的残值为 200 万元，设备 A 每年的运营费用为 700 万元。目前，有一个设备制造厂出售与设备 A 具有相同功效的设备 B，设备 B 售价 2 400 万元，寿命为 10 年，残值为 300 万元，每年运营费用为 400 万元。如果企业购买设备 B，设备制造厂愿意出价 600 万元购买旧设备 A。设基准收益率为 15%，研究期为 6 年，试问该企业是应保留设备 A，还是用设备 B 更新设备 A？

12. 某公司 2 年前用 80 万元购买了一台软水处理机，经济寿命为 7 年，在今后 5 年的服务寿命期中，其年度运行费用分别为 2 万元、10 万元、18 万元、25.3 万元、34 万元，目前的残值为 40 万元，今后各年的残值为 0。目前市场上出现一种新型软水处理机，价格为 70 万元，使用寿命为 5 年，该机器一旦使用就无残值，每年运行费用均为 8 万元。

试问：

(1) 新型机器的经济寿命为几年？

(2) 假设 $i_c=18\%$，如果公司长期经营，是否更新旧软水处理机，何时更新最为有利？

第14章

实物期权理论在项目投资决策中的应用

14.1 期权理论概述

14.1.1 期权的概念及分类

1. 期权的概念

期权（option）是一种赋予持有者在某给定日期（欧式期权）或该日期之前的任何时间（美式期权）以固定价格购进（看涨期权）或售出（看跌期权）一种资产的权利。期权是一种特殊的合约协议，因为它赋予购买者的是做某事的权利而不是义务。购买者仅在执行期权有利时才会利用它，否则期权将被弃之不用。

关于期权，有以下主要术语。

（1）执行期权。通过期权合约购进或售出标的资产的行为称为执行期权。

（2）期权费。为了取得这种权利，期权合约的买方必须向卖方支付一定数额的费用，即期权费。

（3）执行价格。持有人据以购进或出售标的资产的期权合约的固定价格。

（4）到期日。期权到期的那一天。在那一天之后，期权失效。

2. 期权的分类

1）看涨期权和看跌期权

（1）看涨期权是指赋予持有者（期权买方）在一个特定时期以某一固定价格购进相关资产的权利。

例如，某公司股票的一种代表性看涨期权赋予投资者在 2005 年 7 月 15 日或该日之前以 100 元的执行价格购进 100 股股票。假设股价在到期日是每股 130 元，期权的购买者有权以 100 元的执行价格购买。换言之，购买者有权行使看涨期权，即有权以 100 元去买价值 130 元的东西。在到期日，该权利的价值等于 30 元（130 元 − 100 元）。如果在期权到期之日股价更高的话，则看涨期权更有价值。例如，如果该公司的股价在期权到期日是每股 150 元，那么看涨期权的价值为 50 元（150 元－100 元）。如果股价高于执行价格，则称看涨期权处于实值状态，期权价值＝股价－执行价格。当然，普通股股价也可能低于执行价格，此时则称看涨期权处于虚值状态，期权价值＝0，持有者将不会执行期权。例如，如果该公司股票价格在到期日是 90 元，理性投资者就不会行权。因为没有人会为 90 元的股票支付 100 元。由于期权的持有者没有义务行权，因此他可以放弃期权。图 14－1 描述了该公司看涨期权的到期日价值（假设执行价格＝100 元）。

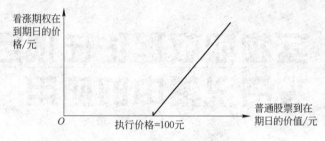

图 14－1　看涨期权的到期日价值

（2）看跌期权是指赋予持有者（期权买方）在一个特定时期以某一固定价格售出相关资产的权利。

例如，某公司看跌期权的执行价格是每股 50 元，并且到期日的每股股价是 40 元。看跌期权的持有者有权以 50 元的价格出售股票，即他能以 40 元的市场价格购买股票并随即可以 50 元的执行价格售出，获得 10 元利润。因此，该看跌期权的价值一定是 10 元。如果股价更低的话，利润会更高。例如，如果股价只有 30 元，期权的价值是 20 元（50 元－30 元）。如果股价低于执行价格，则称看跌期权处于实值状态，期权价值＝执行价格－股价。当然，普通股股价也可能高于执行价格，此时则称看跌期权处于虚值状态，期权价值＝0，持有者将不会执行期权。例如，如果该公司股票价格在到期日是 60 元，理性投资者就不会行权。因为没有人会为把价值 60 元的股票以 50 元售出。因此，看跌期权的持有者会放弃期权，即任由期权过期。图 14－2 描述了该公司看跌期权的到期日价值（假设执行价格＝50 元）。

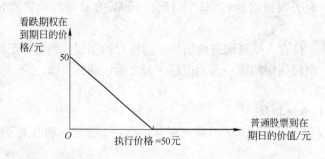

图 14－2　看跌期权的到期日价值

期权作为金融衍生工具的最大魅力在于可以使期权买方将风险锁定在一定范围之内。因此，期权是一种有助于规避风险的理想工具。对于期权买方，可以实现有限的损失和无限的收益，最大的损失为付出的期权费；而对于期权的卖方则恰好相反，损失无限而收益有限，最大的收益为获得的期权费，如图14-3所示。

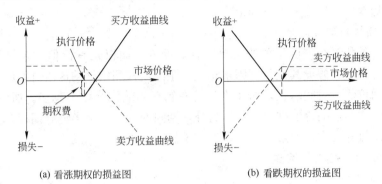

图14-3 期权的损益图

2) 美式期权和欧式期权

美式期权是指赋予持有者（期权买方）可以在期权的有效期内任何时间行使权利或者放弃权利。欧式期权是指赋予持有者（期权买方）只可以在期权合约到期日才能行使权利。由于美式期权赋予期权买方更大的选择空间，因此被较多的交易所采用。

3) 金融期权和实物期权

根据标的资产的性质，期权可分为金融期权和实物期权。金融期权是指以金融资产为标的资产的期权，如外汇期权、利率期权、股票期权、股票价格指数期权等。实物期权是指以实物资产为标的资产的期权，如石油期权、矿产资源期权、新产品研发开发期权、房地产项目投资期权等。

14.1.2 影响期权价值的因素

影响期权价值的因素涉及三个方面：第一是与期权合约相关的因素；第二是与标的资产相关的因素；第三是与金融市场相关的因素。影响期权价值的因素如表14-1所示。

表14-1 影响期权价值的因素表

因素		看涨期权价格	看跌期权价格
与期权合约相关的因素	期权的执行价格上升	上升	下跌
	距离期权到期日的时间增加	上升	上升
与标的资产相关的因素	标的资产的价值上涨	下跌	上升
	标的资产价值的变动性增大	下跌	上升
	标的资产支付的红利增加	上升	上升
与金融市场的相关因素	无风险利率上升	下跌	上升

1. 与期权合约相关的因素

1) 期权的执行价格

执行价格是决定期权是否被执行的一个关键点。执行价格在期权有效期内是固定的。对于看涨期权，投资人获得了以固定价格购买标的资产的权利，期权的价值会随着执行价格的上升而降低；而对于看跌期权，因为投资人是以固定价格出售标的资产，期权的价值将随着执行价格的上升而上升。

2）距离期权到期日的时间

期权是一种和时间密切相关的资产，有效期内，期权是有价值的，但在到期日之后，期权毫无价值。假设其他所有因素相同，距离期权到期日的这段时间的长短将会影响期权的时间价值。时间越长，对于期权持有者获利的机会就会越多。所以期限越长，看涨期权和看跌期权的价值都会增加。另外，期限的长短还会影响到期权执行时所使用的执行价格现值的大小，期限越长，现值越小。

2. 与标的资产相关的因素

1）标的资产的价值

由于期权是一种取决于标的资产价值的资产，因此，在其他条件相同时，标的资产价值的变化会影响期权的价值。由于看涨期权提供了以约定价格购买标的资产的权利，标的资产价值的上升会增加看涨期权的价值。看跌期权则相反，随着标的资产当前价值的上升，期权的价值将降低。

2）标的资产价值的变动性

因为期权购买者的损失最多不会超过其购买期权所支付的期权费，却能从标的资产价格的剧烈变动中获得显著收益，所以标的资产价值的变动性越大，期权的价值越大。这一点，对看涨期权和看跌期权都适用。标的资产的波动影响该资产期权的价格，归根结底，正是由于期权购买者权利和义务、收益和损失的不对称造成的。

3）标的资产支付的红利

由于在期权的有效期内，多数期权的执行价格并不做调整，因此当标的资产支付红利时，标的资产的价格可能会下降，造成看涨期权价值下跌，看跌期权价值上升，即标的资产看涨期权的价值是预期红利支付额的递减函数，因为它使持有标的资产比持有期权更有吸引力；而标的资产看跌期权的价值是预期红利支付额的递增函数。

3. 与金融市场相关的因素

与金融市场相关的因素主要是指期权有效期内的无风险利率。看涨期权的价格也是利率水平的函数。看涨期权的购买者仅在他们执行期权时才支付执行价格。延迟支付能力在利率高时有较大价值，而在利率低时则价值较小，因此看涨期权的价值与利率正相关。利率水平则反向影响看跌期权的价值。随着利率水平上升，执行价格的现值减少，则在未来某时以固定执行价格售出股票的价值较低。

14.1.3　期权定价模型

根据标的资产价值变化形式的连续与否，期权定价模型基本分为两大类：一类是连续时间模型。在连续时间模型中，Black-Scholes 模型是最为有名、应用最为广泛的期权定价模型。另一类是离散时间模型，如二项式、三项式期权定价。

1. Black-Scholes 期权定价模型

在股票价格服从连续运动的条件下，按照 Black-Scholes 模型，期权的价值（C）的计算公式如下：

$$C = S\Phi(d_1) - Xe^{-rt}\Phi(d_2) \tag{14-1}$$

式中：

$$d_1 = \left[\ln\left(\frac{S}{X}\right) + \left(r + \frac{1}{2}\sigma^2\right)t\right]\bigg/\sqrt{\sigma^2 t} \tag{14-2}$$

$$d_2 = d_1 - \sqrt{\sigma^2 t} \tag{14-3}$$

上述公式中包含 6 个参数：① S=现行股价；② X=看涨期权的执行价格；③ r=年连续无风险收益率，连续复利；④ σ^2=股票的连续收益之方差（每年）；⑤ t=至到期日的时间（年）；⑥ $\Phi(d)$=标准正态分布随机变量将小于或等于 d 的概率。

Black-Scholes 期权定价模型是二项式定价模型的一个特例，其直接的应用范围小于二项式定价模型，但它极大地减少了定价所需要的信息量。当标的资产价值呈现出近似连续形式变化时，则宜选择连续时间的 Black-Scholes 模型确定期权的价值。

2. 二项式期权定价模型

在著名的 Black-Scholes 期权定价公式出现之后，Cox、Ross 和 Rubinstein 在论文《期权定价：一种简单的方法》中提出了一种简单的对离散时间的期权定价方法，被称为 Cox-Ross-Rubinstein 二项式期权定价模型。

二项式期权定价模型遵循通过构造一个风险资产和无风险资产的组合来复制期权价值的原理，它也是风险中性的定价方法。用二项式模型描绘的标的资产和期权价值变化的途径如图 14-4 所示。假设标的资产当前价值为 S，到期时的价值或者以比率 u 上涨，或者以比率 d 下跌，而期权的执行价格为 X，期权的价格为 C，则期权到期时，其价格或者为 $C_u = \max\{0, (uS-X)\}$，或者为 $C_d = \max\{0, (dS-X)\}$。随后，用该标的资产和期权构造一个无风险证券组合，该无风险证券组合的收益率必然为无风险收益率 r，因此该证券组合的最终价值为按无风险收益率 r 计算的复利价值，从而可以推导出期权的价值（C）公式：

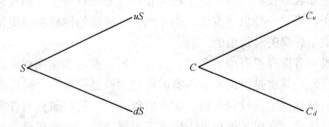

图 14-4 标的资产和期权价格变化的单期二项式图

$$C = \left(\frac{e^{rT}-d}{u-d}\right) \times \left(\frac{C_u}{e^{rT}}\right) + \left(\frac{u-e^{rT}}{u-d}\right) \times \left(\frac{C_d}{e^{rT}}\right) = e^{-rT}\left[\frac{e^{rT}-d}{u-d}C_u + \left(1-\frac{e^{rT}-d}{u-d}\right)C_d\right] \tag{14-4}$$

在不严格的情况下，可以不使用连续复利，则期权的价值（C）公式为：

$$C=\left(\frac{1+r+d}{u-d}\right)\frac{C_u}{1+r}+\left(\frac{u-1-r}{u-d}\right)\frac{C_d}{1+r} \tag{14-5}$$

二项式最大的优点就是简单、直观、适用范围广。当标的资产呈现出明显的离散形式时，选择离散时间的二项式模型会更精确些。

14.2 实物期权理论

14.2.1 实物期权的概念与核心思想

1. 实物期权的概念

自从著名的 Black-Scholes 期权定价公式解决了金融期权的定价问题以来，金融期权市场和期权定价理论获得了长足的发展。针对传统投资决策的净现值法则的缺陷，1977 年，MIT 斯隆管理学院的 Stewart Myers 教授最早认识到期权定价理论可以用来指导投资者对实物投资项目的决策，正式提出了实物期权（real options）的概念。

实物期权是指在不确定性条件下，与金融期权类似的实物资产投资的选择权；或者说，实物期权是金融期权定义的实物资产（非金融资产）的选择权。从本质上讲，实物期权是以期权概念定义的企业对投资的选择权，即企业在面对一个未来项目时，有权利而非义务去决定是否投资。相对于金融期权，实物期权的标的物不再是股票、外汇、期货等金融资产，而是投资项目等实物资产，实物期权的执行价格就是投资项目的成本，实物期权标的资产的市场价格对应于投资项目未来所能产生的现金流，到期时间为距最后决策点的时间。同金融期权一样，实物资产的市场价格（项目的净现值）是随着市场变化而波动的。当市场价格（项目的净现值）大于执行价格（投资成本）时，企业便执行该期权，即选择投资；当市场价格（项目的净现值）小于执行价格（投资成本）时，企业便放弃、迟延或收缩投资。因此，实物期权不仅是一种与金融期权类似的处理投资灵活性的技术方法，更是一种思维方法。当不能为一种实物期权精确定价时，实物期权仍然是一种改善战略思维的有价值的工具。

一般地，就投资者选择投资项目来讲，投资者所具有的实物期权来自三个方面：首先是项目本身的特性；其次是投资者所具有的可变柔性经营策略；最后是投资者所创造的合约。实物期权理论在项目投资评估、矿产资源开发、科技研究与开发等方面为人们提供了新的思路和指导。它在某种程度上带来了投资决策方法的革命。目前，实物期权理论在投资领域中的应用研究是最热门的前沿课题之一。

2. 实物期权的核心思想

实物期权的核心思想不仅与期权的基本特征相承，而且与实物投资决策的特征有关。

1) 投资决策的重要特征

经济学将投资定义为对未来回报的预期而承受瞬时成本的行为。大多数投资决策有以下 3 个重要特征。

（1）投资的全部或部分不能撤销或不可逆性。首先，投资一旦发生，沉没资本不可避免，特别是对那些与特定企业或行业相关的项目而言。同时，由于买卖双方的信息不对称，至少部分不与企业或行业相关的投资项目也是不可回收的。此外，投资不可回收也可能源于政府管制、制度安排或者公司文化的不同。

（2）投资的未来回报是不确定的。一般地，不确定性有两个方面："好"的一面和"不好"的一面。不确定性主要产生于信息的不完全性。我们在做投资决策之前，无法获得全部亟须的决策信息。因此，在做投资决策时，对投资回报的任何估计总是不精确的。投资的这种不确定性与实物期权有着密切的相关性。一般来讲，投资的不确定性越大，实物期权的价值就越大。

（3）投资时机是可选择的或可延迟的。多数投资选择（或投资机会）并不是那种"now or never"的机遇，即"要么现在投资，要么永远不投资"。这是说投资者在投资时机上有一定的回旋余地。投资者可以推迟行动以获得有关未来的更多信息，当然，永远不可能是完全确定的。如果未来信息是关于不确定性的"好的"一面，那么就继续投资；如果未来信息是关于不确定性的"不好"的一面，那就停止投资。通常，投资者选择的自由度越高，投资选择的价值就越大。

大多数投资决策的这三个特征之间的相互作用决定了投资者的最优决策。这种相互作用正是实物期权的核心。

2）实物期权与看涨期权类似

实物期权与看涨期权类似，即以预先设定的执行价格购买一种价值波动的资产的权利而不是义务。若该资产价值上涨，来自投资的净回报也上涨；若该资产价值下降，企业不必投资，而仅仅损失其在获得该投资机会的开支。因此，实物期权（或投资机会）和金融期权一样具备一个必不可少的特征：投资回报与风险分配的不对称性——可能赢得的回报数额大于风险可能带来的损伤数额。

为了更好地理解实物期权的概念，表14-2对实物期权与金融期权进行了比较。

表14-2 实物期权与金融期权的比较

项　目	金　融　期　权	实　物　期　权
标的资产	股票、外汇、期货等	项目投资、矿产资源开发、科技研究与开发等
执行价格	约定的价格	投资成本或支出
市场价格	股票、外汇、期货等的价格	项目的总现值
期　限	到期日	直到投资机会消失
波动性	股价、外汇、期货等不确定性	项目价值的不确定性
贴现率	无风险利率	无风险利率（预期回报率）
不确定性因素的来源	主要源于市场风险	较为复杂，有市场风险，也有非市场风险
公开市场交易	集中市场交易	无

14.2.2　实物期权的基本类型

一个投资项目可以看成是由一个或多个期权所组成的集合，它们分别出现在项目整个有效期内的不同阶段，企业可以根据具体的商业需要立即投资、延迟、停止、扩张等。一种机会就意味着一种选择权，而项目发展的每一次机会、每一个过程都将带来一次新的选择，因而实物期权的种类也颇为繁多。在现实投资过程中，期权并不总是单一的，往往是多种形式并存的，并相互交叉的，即由多种单一期权组合形成多种不同的期权，即复合期权或综合期权。这里仅介绍一些最为常用的期权类型。

1. 推迟投资期权

推迟投资期权（option to defer）是指项目的投资者有权推迟对项目的投资，以解决现在时刻投资项目所面临的不确定性因素。传统的投资分析最终得出的结果是刚性的"投资"或"不投资"两种选择。实际上，除了这两种选择外，还存在着另外一种可能，即对某些项目，企业具有推迟或等待的选择权。在等待的过程中，企业将陆续获得与项目有关的市场、价格、成本等方面的信息。当进一步的信息不利时，投资者可以放弃投资；当进一步的信息有利时，企业可以实施投资。

由于投资项目所具有的推迟期权能够控制投资项目的损失，因此含有推迟投资期权项目的价值要比按传统工具估计的价值大。使用实物期权方法评估投资项目的结果会使得投资者投资于很多被传统投资决策方法放弃的不可回收投资项目。推迟投资期权对房地产开发业、资源开采业、农业等特别有价值，因为这些行业具有较高的不确定性和较长的投资周期，并且这种类型的投资具有不可回收性、投资大的特点。

2. 扩张投资期权

扩张投资期权（option for change scale）是指项目的持有者在未来时间内，如果项目投资效果好，有权增加项目的投资规模。当有利状态出现、投资项目的产出和市场比预期的好时，早期的项目投资能够为未来的规模扩大提供机会，投资者可以不同程度地扩大投资规模和范围。这样就形成了一个扩张投资期权。实际上，扩张投资期权是一种看涨期权或者买权，执行价格则为追加投资，而隐含了扩张期权的项目投资价值则可被看成是传统投资决策方法计算的项目 NPV 加上一个扩张期权价值。由此可见，扩张期权能够提高项目价值。以石油开采为例，如果石油价格上涨，石油公司将追加资本，扩大企业规模，生产出更多的石油。

对企业来讲，扩张期权能够使企业利用未来的一些增长机会，因此扩张期权具有战略性的重要意义。若企业购买一片土地或者某项产品的专利，以便今后更好地利用或开发，这同时就赋予了一个具有战略意义的扩张期权。企业的这类投资项目，如果按照传统决策方法，很可能是要拒绝的项目，但是如果将扩张期权的价值考虑进去，项目价值就会截然不同。通常，扩张期权只有在未来市场发展有利时才被执行。

3. 收缩投资期权

收缩投资期权（option to contract）是指在未来时间内，如果项目投资效果不好，则项目的持有者有权收缩项目的投资规模。例如，如果投资者在投资某一项目后，市场条件变坏（如产品价格下降或生产成本上升等），则投资者可以通过收缩投资项目的规模，降低投资风险。

4. 放弃投资期权

放弃投资期权（option to abandon）是指如果项目的收益不足以弥补投入的成本或市场条件变坏，则投资者有权放弃对项目的继续投资。例如可将石油开发投资分成钻探、基础设施安装、开采、炼油等不同阶段。如果在钻探初期，发现储油量不如原来测算的大，可立即决定终止以后各阶段的投资，以避免更大的损失。依此类推，在分步投资的每一个阶段，其价值都取决于前面各阶段的选择结果。可见，分阶段建设期权适用于风险大、不确定性高的高科技项目，如新药研制等，也适用于开发时间长、资本密集的行业，如发电厂、大型工程，以及风险资本融资项目。

5. 转换投资期权

转换投资期权（option to switch）是指在未来时间内，如果投资项目本身具有动态的可转换的功能，当新的状态和需要出现时，可以将原来的投资转换为适合新状态的项目，即项目的投资者有权在多种决策之间进行相机选择的权利。

转换投资期权包括两种：一是项目所需要投入要素的转换，如煤气价格低、电力价格高时，炼油厂所需要的能源就由电力转为煤气；二是项目产出品的转化，如润滑油的市场需求量大时，炼油厂可将生产汽油转化为生产润滑油。在生产要素的相对价格波动很大的情况下，企业所拥有的转换期权可使其用价格低的原材料代替价格高的原材料，从而降低成本，相应地提高项目价值。而对于产出转换期权，在一些特定行业，要求产品更新换代的速度极快，因为僵硬的生产线只能使企业停滞不前，转换期权的价值对他们来说更大，如汽车制造业、玩具生产业、家电生产业、高科技产业等。

6. 增长投资期权

增长投资期权（option to growth）是指项目的投资者获得初始的投资成功后，在未来时间内能够获得一些新的投资机会。对企业来讲，增长投资期权能够提供将来的一些投资机会，具有十分重要的战略意义。一般来说，企业的许多先行投资项目中，都包含着增长期权。这些项目具有一些共同特点，即项目的价值并不取决于项目本身所产生的净现值的大小，而是表现为企业所提供的未来增长机会，如提供新一代的产品、充足的资源储备、进入市场的通道、企业核心竞争力的加强、战略地位的提高等。

许多早期的投资（例如对研发项目的投资，对未开发土地或有潜在石油储备土地的租赁等投资）可以看作是一系列相关投资项目的前提。早期投资项目的价值与其说来自于预期可以产生现金流的价值，不如说来自于它所能够提供的未来增长机会的价值。增长投资期权存在于所有的基础设施投资项目、公司战略性投资项目、跨国投资项目和战略性兼并的投资项目。

14.2.3　基于实物期权理论的项目决策分析方法

实物期权理论的诞生使人们对以前无法准确估算的各种机会、灵活性能够定价，从而定量地对其进行评估决策。实物期权理论突破了传统决策分析方法的束缚，但它不是对传统方法的简单否定，而是在保留传统方法合理内核的基础上，对不确定性因素及其相应环境的变化做出积极响应的一种思维方式的概括和总结。

Trigeorgis（1988年）回顾了学术界近年来将实物期权应用于投资领域的研究成果之后认为，项目价值可以被视为用传统方法计算的净现值与包含期权的价值之和，提出了项目价值分析的扩展净现值公式，即：

$$项目价值 = 扩展的 NPV = 静态 NPV + 期权价值 \tag{14-6}$$

围绕公式（14-6），以 Trigeorgis 等为代表的学者提出了一种较为完整的项目决策方法的实物期权分析框架，如图14-5所示。该分析框架具有以下特点。

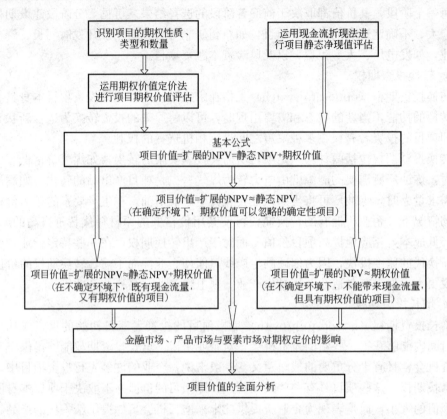

图14-5　基于实物期权的项目决策分析框架

首先，该框架强调扩展的净现值概念。在这样的框架下，一个项目的真实价值就是扩展的NPV，项目的管理柔性和战略价值在这里都得到很好的体现。其次，该框架特别强调期权的溢价问题。尽管由于不确定性高，或者利率高，或者期间长，项目的静态净现值会很低，甚至为负，但同时项目价值的期权溢价也在提高，这样项目总价值就不一定会下降，也不一定为负，因而还是可以考虑进行项目投资。第三，该框架还强调竞争的相互作用对项目价值的影响。考虑到竞争因素，决策者并不总是一味地延迟投资，在以下情况下，决策者还是倾向于更早地行使权利：① 实物期权为竞争对手所分享，竞争者的先期进入会大大损伤项目价值；② 竞争的压力很大时；③ 当项目的不确定性很小，以及利率很低时；④ 竞争缺损超过了因早行使权利而损失的推迟价值，或者是管理柔性价值较小，可以忽略不计时。

应用该实物期权分析框架要注意以下几点。

（1）首先，要注意项目投资实物期权分析框架的核心部分应该是其价值分析概念框架。它所强调的是对项目投资价值构成的理解。一般来说，在确定的环境下，期权价值几乎可以忽略不计，项目的价值基本上是源于项目带来现金流量的净现值。在不确定的环境下，对于那些能直接带来现金流量的项目，做项目价值分析时必须同时考虑现金流量的净现值和期权价值；对于那些不能直接带来现金流量的项目，其项目价值大部分来源于期权价值，这时的期权价值具有一定的战略意义。显而易见，随着不确定性的增加，期权价值占项目投资价值的比例也越来越大。

（2）除了强调项目投资价值的构成外，还必须对期权的性质到底是延迟、放弃，还是增长期权等做出正确、专业的判断，以便形成对项目投资价值更为全面的了解。为了对项目价值做出客观的评估，还必须选择合适的价值评估方法，这包括用 DCF 方法得出项目现金流量的折现值，以及对不同性质的期权采用的不同估价方法，进而将两者综合起来得出项目投资的全面价值。

（3）此外，还应注意到金融市场和产品要素市场对期权定价的影响。就金融市场而言，金融市场为期权定价提供了有益的信息，这包括相似项目现在与未来的市场价值数据、股票价格的历史波动，以及与期权高度相关的证券资产及其证券投资组合；对于产品要素市场而言，因为可能获得各种标的资产的交易价格和历史波动率，便于企业比较和分析项目的吸引力，同时还会为类似的项目提供数据参考，最终会为全方位展现项目投资价值奠定基础。

Trigeorgis 的这种基于实物期权框架的分析方法为所有项目投资提供了一个扩展的、统一的分析方法，即在价值最大化的前提下，将资本预算分析和战略规划结合起来，从而更有利于决策者做出更为科学、客观的决策。因此，项目投资的实物期权分析框架要基于实物期权理念，以价值分析为核心，充分考虑期权的性质、评估方法的选用、市场因素的影响，从而最终形成对项目投资价值的全面了解。

14.2.4 实物期权理论与传统评价方法的比较

1. 传统项目决策分析方法的内涵

传统项目决策分析方法有很多，例如年投资回报率法、投资回收期法、内部收益率法、净现值法，以及作为辅助方法的敏感性分析等。其中，最完善的做法莫过于以现金流量为基础、考虑货币时间价值、计算出各项目"折现的现金流量"，以此作为评价和优选的依据，从而使资金在各个项目上的分配和投放更为客观、更为可比，这就是传统项目决策分析评价方法——现金流量折现法（DCF）。在这种方法下，现金流量与货币时间价值是长期项目投资价值评价的基础，其中净现值（NPV）法则是最为常用的评价标准。即可依据净现值法则对投资项目做出选择：投资净现值为正的项目，拒绝净现值为负的项目；当净现值同为正时，选择净现值最大的项目。

2. 传统项目决策分析方法与实物期权理论的比较分析

1）关于不确定性和投资价值的关系

传统项目决策分析方法隐含着这样的假设：未来以现金流量度量的收益是可以预测的，即未来收益是确定的，将使用预测数据分析得出的结果视为投资的现实，这样做的结果将原本不确定的投资转化为确定性投资的假象，并且认为如果出现不确定性（通过敏感性分析得到），则会降低投资项目的价值。因此，不确定性越大，投资的价值就越小。

实物期权理论认为，未来收益是非常不确定的。因此，对未来以现金流量度量的收益的预测总是粗略的，只能获得其概率分布情况。但是，不确定性越大，使用期权的机会就越大，从而期权的价值就越大。如果投资者能够充分利用柔性管理策略经营这种较高的不确定性，则有可能利用不确定性来增加投资项目的价值。

2）关于投资的可逆性和灵活性、新信息的价值

传统项目决策分析方法隐含着这样的假设：假定投资是可逆的，即无论何种原因，如果市场结果比预期条件差，就可以撤销投资且收回支出；假定投资决策是要么"现在就投资"、要么"永远不投资"的一种当期决策，而且与决策后可能出现的新信息无关。

实物期权理论认为尽管一些投资符合这些条件，但大多数投资并不符合。实物期权理论假设大多数投资是不可逆转的。一旦投资，便至少有部分投资转化为沉没成本；但是，一旦接受某些投资项目后，这些项目也不一定非要固定下来。此外，项目并不是孤立存在的，竞争者之间的相互制约和影响，不仅使市场环境波动加剧，也影响到竞争的参与者之间的决策制定。管理人员能够而且经常利用柔性管理策略来影响项目的现金流量和（或）项目寿命。在实际项目决策分析中，投资时机的选择具有某些灵活性，在获得进一步的信息之前可以延迟决策。显然，传统投资决策方法忽略了项目决策人员所具有的投资"灵活性"的价值，忽视了延期投资使投资人获得更多信息所带来的价值。

3）关于投资项目的寿命

传统项目决策分析方法隐含着这样的假设：一旦投资者决定投资，就要始终坚持投资直到项目的生命终结。这种假设没有考虑到管理者决策的积极主动性、有关投资项目内外信息的不断变化和项目技术的一些不确定性。实际上，随着时间的变化，投资者所面临的投资环境和项目的现金流是不断变化的，在项目的实施过程中，投资者有权采取扩张、收缩、放弃和转换开发项目等多种柔性投资策略，并非一定坚持投资直到项目的生命终结。

4）关于折现率的主观性和客观性

净现值法则用加权平均资本成本或由资本资产定价模型（CAPM）计算风险回报率，而且随着不确定性的增加调整贴现水平，具有相当的主观性因素。因此，NPV法则中的贴现率的确定往往带有主观性。所以，简单地采用NPV法则常常并不能取得满意的评估结果。例如，在实践中，投资者并未按照NPV法则所计算出的最低回报率作为是否投资的标准，其投资回报率往往要高于资本成本的3~4倍，投资者才会真正投资。

实物期权理论中所用的贴现率为无风险利率，客观而准确。这是因为期权定价结果融入了金融市场的规则，不需要根据个人的风险偏好对折现率进行校正。而且，实物期权的价格是根据动态复制的数学思想做出的，在这里，主观输入量是无法立足的。

5）关于项目投资的产出

传统项目决策分析方法隐含着这样的假设：项目投资的产出只表现为单一的净现金流入量。然而，实物期权理论认为，有些项目除了能为企业创造一定量的现金流量外，更多的是为企业今后的发展提供更多的机会或者有用的信息平台。

从上述分析可以看出，传统项目决策分析方法由于是建立在企业经营持续稳定、现金流可预测的基础上，它只能估算企业已经公开的投资机会和现有业务未来的增长所能产生的现金流的价值，而忽略了企业潜在的投资机会可能在未来带来的投资收益，也忽略了企业管理者通过灵活的把握各种投资机会所能给企业带来的增值。因此，传统分析方法的局限性对于实际的投资决策来说是本质性的，从整体上看，现金

流量折现法实质上还是一种静态模型。在评价具有经营灵活性或战略成长性的项目投资决策中，再继续使用传统项目决策分析方法就会导致这些项目价值的低估，甚至导致错误的决策。

由于实物期权理论克服了传统项目决策分析方法的理论缺陷，真实地反映了项目投资的内在灵活性和不确定性，因此实物期权理论是一种更为理想的评价不确定性问题的投资决策方法。实物期权理论和传统项目决策分析方法的主要区别如表14-3所示。

表14-3　实物期权理论与传统项目决策分析方法的比较

序号	比较项目	净现值法则	实物期权理论
1	不确定性的价值	认为不确定性降低投资价值	认为不确定性可能增加投资价值
2	等待风险的策略	降低或规避风险	利用风险开拓机会
3	未来信息的价值	认为未来产生的信息只有有限的价值	认为未来产生的信息价值很高
4	管理者的作用	只承认有形的利润和成本，忽视管理者柔性经营策略的价值	既承认有形的利润和成本，还重视管理者柔性经营策略的价值
5	决策的性质	认为决策的形成是清晰固定的，一旦实施，就不能修改或更新，是一种刚性决策	认为决策的形成受未来产生的信息和管理者的自主决策能力影响，是一种柔性决策
6	决策的次数	当期决策，基本一次性决策	动态决策，多次性决策

14.3　实物期权理论在项目投资决策中的应用

【例题14-1】　某石油公司正在决策是否购买一处油田。卖方的报价为10 000美元，并且急于立即售出。初始钻探成本是500 000美元。公司预期每年内可以采油10 000桶。由于该项目的寿命期可达到百年，故该公司将来自石油的现金流量视为永续年金。目前市场上的油价为每桶30美元，该公司采油成本为24美元，为石油利润支付的税金预计为每桶2美元，因此预期每桶的净利为4美元。因为认为油价以通货膨胀率上涨，所以假定它的每桶现金流量将保持4美元。适当的实际折现率是10%。

试问：

（1）根据上述提供的信息，按照传统的现金流量折现法，该公司应该购买这处油田并进行石油开采吗？

（2）根据对国际市场油价趋势的预测，明年对于石油价格是相当危险的一年。一方面，欧佩克（OPEC）正在考虑一个在未来许多年的实际期限内将油价提高到每桶35美元的长期协议。另一方面，以沙与水的混合物作为燃料的新汽车试验研究目前正在检测中，若这项研发被证明是成功的，则在许多年内石油将被定价为每桶5美元。关于这两方面进展的全部信息将在整一年后揭晓。基于上述信息，该公司应如何决策？

解：

（1）按照传统的现金流量折现法，对于该公司，购买油田项目的净现值为：

$$NPV = -10\,000 - 500\,000 + \frac{4 \times 10\,000}{0.10} = -110\,000(美元)$$

根据净现值法则，该公司不应该投资油田项目。

（2）若油价提高至每桶35美元，则购买油田项目的净现值为：

$$NPV = -10\,000 - 500\,000 + \frac{(37-16-2) \times 10\,000}{0.10} = 1\,390\,000(美元)$$

然而，万一油价跌至每桶5美元，则购买油田项目的净现值为（这里不考虑征税金）：

$$NPV = -10\,000 - 500\,000 + \frac{(5-16) \times 10\,000}{0.10} = -1\,610\,000(美元)$$

可见，若出现这种情况，净现值将比目前购买油田的净现值负得还多。

基于上述信息，该公司应这样决策：① 应该购买该油田；② 对该油田钻探与否的决策应该推迟到有关欧佩克新协议和新汽车试验结论的信息发布之后。

做出上述决策是基于如下理由。

① 假定该油田已经被购买。若该油田已被买下，应该立即开始钻探吗？假如立即开始钻探，那么NPV=-110 000美元。而若将油田钻探与否的决策推迟到1年后新信息揭晓之时，那时就能做出最适宜的选择：若油价降至每桶5美元，则该公司就不应该钻探，这时除了购买油田的10 000美元外，它没有任何损失；若油价涨至每桶35美元，则钻探应立即开始。所以，一旦公司买下油田，实际上就拥有了一个看涨期权：期权费是10 000美元，到期日是1年，执行价格是500 000美元。通过推迟投资期权策略，若油价上涨，公司将只投资500 000美元钻探成本，执行该期权；若油价下跌，公司将节省500 000美元，放弃该期权。

② 应该先将该油田买下来吗？假设现在已经知道这个关于油田钻探的最佳决策，但不知道油价上涨的准确概率，那么是否应该先将该油田买下来呢？该公司的正确决策是：不管油价上涨的概率有多大，都应该将该油田买下。因为当每桶油价为35美元时，投资油田项目的NPV是1 390 000美元，而当每桶油价为5美元时，损失的仅为购买油田成本的10 000美元。从实物期权角度分析，先将油田买下，实际上是购买了一份看涨期权，可以实现有限的损失和非常大的收益。因此，潜在的高收益率显然值得冒风险。

【例题14-2】 某房地产开发商拟对是否购买市区某块地皮并进行开发做投资决策。该地皮规划分两期开发，第1期第1年初开发，第2期第5年初开发。假设该开发商有两种开发可能：（1）只能获得第1期开发权；（2）第1期开发完毕，还可以获得第2期的开发权。房地产开发商预测两种开发模式的现金流量图如图14-6和图14-7所示。开发商第1期在第1年初支付土地使用权出让金及建设费用50 000万元，第1年末至第4年末，每年的销售房款税后收入为10 000万元、20 000万元、30 000万元、10 000万元；第2期在第5年初支付土地使用权出让金和建设费用150 000万元，第5年末至第8年末的销售房款税后收入为30 000万元、60 000万元、90 000万元、30 000万元。假设房地产开发的资金成本为$K=20\%$。

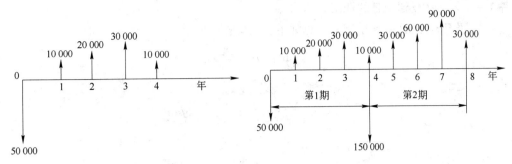

图 14-6 只获得首期开发权的现金流量图　　图 14-7 同时获得两期开发权的现金流量图

解:

(1) 用传统的净现值法则评估投资项目是否可行。试分析该投资项目是否可行。

如果只进行第 1 期开发，则：

$$\text{NPV} = \sum_{t=0}^{t=4}(\text{CI}-\text{CO})_t(1+K)^{-t} = 44\,400 - 50\,000 = -5\,600 \text{ 万元} < 0$$

如果两期都进行开发，则：

$$\text{NPV} = \sum_{t=0}^{t=8}(\text{CI}-\text{CO})_t(1+K)^{-t} = -5\,600 - 8\,100 = -13\,700 \text{ 万元} < 0$$

由于两种开发模式的 NPV<0，因此，根据传统的净现值法则，无论是只进行第 1 期开发，还是两期都进行开发，房地产开发商都不应该购买该地皮进行房地产开发。

(2) 用实物期权理论分析投资项目是否可行。如果房地产开发商能够利用实物期权的战略思想，即只有当未来房地产市场价格走高且证实该开发项目能够获利的时候，才会在第 5 年初投资进行第 2 期开发。这样，投资一个净现值为负的第 1 期开发项目就像购买期权付出期权费用一样，使房地产开发商有权而不是有义务从第 2 期开发机会中获利。房地产开发商第 1 期 NPV=-5 600 万元是从第 2 期开发项目中获得增长期权所必须支付的期权费，而且未来房地产市场价格越不稳定，这种期权的价值就越高。

因此，利用实物期权思想，该项目开发本质上可看作看涨期权，其执行价格是第 2 期在第 5 年初支付的土地使用权出让金和建设费用 150 000 万元。将第 2 期开发项目的现金流量以 20% 的贴现率折现到第 1 年初的现值为 [注：当计息时间无限小时，对应于年资金成本 $K=20\%$ 的连续复利为 (e^K-1)]：

$$\text{PV}_0 = \sum_{t=5}^{8}(\text{CI}-\text{CO})_t(1+K)^{4-t}/(1+e^K-1)^4 =$$

$$\sum_{t=5}^{8}(\text{CI}-\text{CO})_t(1+K)e^{-4K} =$$

$$\left(\frac{30\,000}{(1+20\%)^1}+\frac{60\,000}{(1+20\%)^2}+\frac{90\,000}{(1+20\%)^3}+\frac{30\,000}{(1+20\%)^4}\right)e^{-4\times 0.2} =$$

$$598\,500(\text{万元})$$

假设在该开发项目中，Black-Scholes 模型的参数如下：PV_0(第 2 期开发项目现金流现值)=598 500 万元；X(执行价格)=150 000 万元；σ(标准差)=0.35；r(无风险利率) = 10%；t(至到期日的期限) = 4 年。

按照 Black-Scholes 模型的计算如下：

$$C = V_0 \Phi(d_1) - E e^{-rt} \Phi(d_2)$$

式中：

$$d_1 = \left[\ln\left(\frac{V_0}{E}\right) + \left(r + \frac{1}{2}\sigma^2\right)t\right] / \sqrt{\sigma^2 t}$$

$$d_2 = d_1 - \sqrt{\sigma^2 t}$$

解得：

$$d_1 = \frac{\ln\left(\frac{59\,850}{150\,000}\right) + \left(0.1 + \frac{1}{2} \times 0.35^2\right) \times 4}{\sqrt{0.35^2 \times 4}} = -0.39$$

$$d_2 = -0.3911 - \sqrt{0.35^2 \times 4} = -1.09$$

$$\Phi(d_1) = \Phi(-0.3911) = 0.5 - 0.1517 = 0.3483$$

$$\Phi(d_2) = \Phi(-1.0911) = 0.5 - 0.3621 = 0.1379$$

$$C = 59\,850 \times 0.3483 - 150\,000 e^{-0.1 \times 4} \times 0.1379 = 20\,846 - 13\,866 = 6\,980 (万元)$$

因此，扩展的 NPV = 传统的 NPV + 投资项目的实物期权价值 $C = -5\,600 + 6\,980 = 1\,380$ 万元 > 0。

考虑在该地皮开发中所具有的增长期权价值后，该开发项目的净现值（即扩展的 NPV）大于零。显然，传统的净现值法则低估了投资项目所具有的价值。

因此，根据实物期权理论，房地产开发商的开发策略如下：① 如果只能获得第 1 期的开发权，则放弃该开发项目；② 如果能够获得两期的开发权，则首先购买地皮进行第 1 期开发，4 年后，如果房地产市场价格走高且证实该开发项目能够获利的时候，才会在第 5 年初投资进行第 2 期开发；4 年后，如果房地产市场价格走低且证实该开发项目不能够获利的时候，放弃第 2 期开发权。

【例题 14-3】某公司正在决策是否购买一项期限为 1 年的专利权以投资生产某种产品，购买该专利权需要 150 万元，生产项目投资额预计为 1 050 万元。一年后，若市场条件变好，此项目价值 1 800 万元；若市场条件变差，此项目价值 600 万元。上涨和下跌的概率都是 50%。此项目的期望收益率是 20%，无风险利率为 8%。关于该产品市场条件的全部信息将在 1 年后获知。

试问：

(1) 根据上述提供的信息，按照传统的现金流量折现法，该公司是否应该购买该专利并投资某产品项目？

(2) 根据上述提供的信息，按照实物期权理论，该公司应如何决策？

解：

(1) 按照传统的现金流量折现法，如果该公司购买专利并立刻投资某产品项目，则该项目的净现值为：

$$NPV = (0.5 \times 1\,800 + 0.5 \times 600)/(1 + 20\%) - 1\,050 - 150 = -200 (万元)$$

因为 NPV<0，因此，根据净现值法则，该公司应拒绝此项目。

如果该公司购买专利并在 1 年后投资某产品项目，则该项目的净现值为：

NPV=(0.5×1 800+0.5×600)/(1+20%)−1 050/(1+20%)−150=−25(万元)

因为 NPV<0，因此，根据净现值法则，该公司也应拒绝此项目。

因此，该公司购买一项期限为 1 年的专利权之后，无论现在立即投资还是 1 年后在投资生产项目，按照传统的项目决策方法，都应该拒绝该项目。

（2）由于该公司购买专利权后，有 1 年的决策时间。因此，根据实物期权理论，该公司对该项目的决策实际上拥有一个推迟投资期权：即一年后，市场条件变好，投资该项目；市场条件变差，放弃投资。因此，可以根据二项式期权定价模型对该推迟投资期权进行定价。

根据传统的现金流量折现法，该项目现在的价值为：

$$PV_0=(1\,800×0.5+600×0.5)/(1+20\%)=1\,000(万元)$$

本项目在一年后的价值分别为 1 800 万元和 600 万元。本项目所包含的推迟投资期权的基本参数如下：标的资产当前价值为 $S=1\,000$ 万元，期权的执行价格 X 为投资支出的 1 050 万元，$u=1.8$，$d=0.6$，$T=1$。到期时，期权价格或者为 $C_u=\max\{0,(uS−X)\}=\max\{0,(1\,800−1\,050)\}=750$ 万元，或者为 $C_d=\max\{0,(dS−X)\}=\max\{0,(600−1\,050)\}=0$。

图 14-8 是标的资产和期权价格变化的单期二项式图。

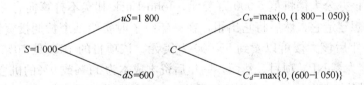

图 14-8 标的资产和期权价格变化的单期二项式图

根据单期二项式期权定价模型公式 (14-1)，可以计算出该推迟投资期权的价值 (C)：

$$C=e^{-rT}\left[\frac{e^{rT}-d}{u-d}C_u+\left(1-\frac{e^{rT}-d}{u-d}\right)C_d\right]=$$

$$e^{-0.08}\left[\frac{e^{0.08}-0.6}{1.8-0.6}×750+\left(1-\frac{e^{0.08}-0.6}{1.8-0.6}\right)×0\right]=276.94(万元)$$

因此，如果对应于购买专利权并立即投资该生产项目，且考虑本项目所包含的推迟投资期权价值，则该投资项目的价值计算如下：

项目价值=扩展的 NPV=静态 NPV+期权价值=−200+276.94=76.94(万元)

如果对应于购买专利权并在 1 年后投资该生产项目，且考虑本项目所包含的推迟投资期权价值，则该投资项目的价值计算如下：

项目价值=扩展的 NPV=静态 NPV+期权价值=−25+276.94=251.94(万元)

考虑本项目所具有的推迟期权价值，该投资项目的价值均大于零。因此，基于上述信息，该公司应这样决策：① 应该立即购买 1 年期限的专利权；② 对该生产项目的投资与否的决策应该推迟到 1 年后获取该产品市场的价格信息之后。

思 考 题

1. 期权概念是什么？何为看涨期权、看跌期权？
2. 影响期权价值的因素有哪些？
3. 简述二项式期权定价模型和 Black-Scholes 期权定价模型的比较。
4. 简述实物期权的概念实物期权的核心思想。
5. 简述实物期权与金融期权的比较。
6. 实物期权的基本类型有哪些？举例说明房地产开发项目决策中存在哪些实物期权类型。
7. 基于实物期权理论的项目决策分析方法的项目价值有什么组成？
8. 传统项目决策分析方法的基本假设是什么？这些假设存在哪些缺陷？
9. 利用 Black-Scholes 期权定价模型给看涨期权定价。基本参数如下：股票价格=62元，执行价格=70元，距到期日的时间=4周，股价的方差=0.35，无风险利率=0.05。
10. John Lusk 是不动产开发商，他拥有在洛杉矶商业区一块土地上建造一座办公大楼的权利。该办公大楼将值 5 000 万美元。John Lusk 其实不打算拥有并经营这座办公大楼，而是想建造它，然后将它出租，在一年终了时卖给某个长期投资者。他估计，从现在起的一年后该大楼可以卖到 55 000 万美元。该项目的 IRR 是 10%，因此 John Lusk 将它确定为零 NPV 项目。然而，一年后资本成本为 11% 或 9% 的机会各半。John Lusk 收到了对其期权的一个 500 美元的报价。试问他应该接受吗？

参 考 文 献

[1] 国家发展改革委员会，中华人民共和国建设部．建设项目经济评价方法与参数［M］．3版．北京：中国计划出版社，2006．
[2] 刘长滨．建筑工程技术经济学［M］．2版．北京：中国建筑工业出版社，2007．
[3] 徐寿波．技术经济学［M］．北京：经济科学出版社，2012．
[4] 赵国杰．工程经济学［M］．2版．天津：天津大学出版社，2003．
[5] 里格斯．工程经济学［M］．北京：中国财政经济出版社，1989．
[6] 全国一级建造师执业资格考试用书编写委员会．建设工程经济［M］．3版．北京：中国建筑工业出版社，2011．
[7] 任隆渭，陈云鹏．工程经济［M］．昆明：云南财经大学出版社，1987．
[8] 注册咨询工程师（投资）考试教材编写委员会．现代咨询方法与实务［M］．北京：中国计划出版社，2003．
[9] 注册咨询工程师（投资）考试教材编写委员会．项目决策分析与评价［M］．北京：中国计划出版社，2003．
[10] 全国造价工程师执业资格考试培训教材编审委员会．建设工程造价案例分析［M］．北京：中国城市出版社，2013．
[11] 叶苏东．项目融资：理论与案例［M］．北京：北京交通大学出版社，2008．
[12] 全国造价工程师执业资格考试培训教材编审委员会．工程造价管理基础理论与相关法规［M］．北京：中国计划出版社，2003．
[13] 刘晓君．工程经济学［M］．北京：中国建筑工业出版社，2003．
[14] 《投资项目可行性研究指南》编写组．投资项目可行性研究指南［M］．北京：中国电力出版社，2002．
[15] 国家计划委员会，中华人民共和国建设部．建设项目经济评价方法与参数［M］．2版．北京：中国计划出版社，1995．
[16] 中国建设监理协会．建设工程投资控制［M］．北京：知识产权出版社，2003．
[17] 全国监理工程师培训教材编写委员会．工程建设投资控制［M］．北京：知识产权出版社，2000．
[18] 全国造价工程师执业资格考试培训教材编审委员会．工程造价案例分析［M］．北京：中国城市出版社，2001．
[19] 邓卫．建筑工程经济［M］．北京：清华大学出版社，2000．
[20] 黄渝祥，邢爱芳．工程经济学［M］．3版．上海：同济大学出版社，2005．
[21] 斯坦纳．工程经济学原理［M］．张芳，杨洪涛，译．2版．北京：经济科学出版社，2005．
[22] 戴大双．项目融资［M］．北京：机械工业出版社，2005．
[23] 陈有安，王学军，尉维斌，肖焕雄．项目融资与风险管理［M］．北京：机械工业出版社，2000．
[24] 王维才，戴淑芬，肖玉新．投资项目可行性分析与项目管理［M］．北京：冶金工业出版社，2000．
[25] 陶靖轩．经济预测与决策［M］．北京：中国计量出版社，2004．
[26] 罗斯．公司理财［M］．吴世农，沈艺峰，王志强，译．北京：机械工业出版社，2003．
[27] 王灏．BT方式在基础设施项目中的应用研究［J］．宏观经济研究，2005（10）：50－53．
[28] 黄达．货币银行学［M］．北京：中国人民大学出版社，2002．
[29] 杨春鹏．实物期权及其应用［M］．上海：复旦大学出版社，2003．

[30] 郁洪良. 金融期权与实物期权: 比较和应用 [M]. 上海: 上海财经大学出版社, 2003.

[31] 罗根斯. 战略、价值与风险: 不动产期权理论 [M]. 宋清秋, 译. 北京: 经济管理出版社, 2003.

[32] 马欣. 高科技项目投资价值评估的实物期权研究 [D]. 北京: 北京交通大学, 2006.

[33] LIU YUMING, LIU CHANGBIN. The research on application of real option theory on investment decision of real estate project [C]//Proceedings of 2005 International Conference on Management Science and Engineering. Orient Academic Forum Special, 2005.

[34] 刘玉明. 实物期权理论在房地产投资项目决策中的应用研究 [J]. 北京交通大学学报, 2006, 5 (2): 33-36.